本书系2015年国家社科基金一般项目"新型城镇化进程中的人口—土地及财政投入的均衡协调发展研究"的最终成果，得到华中师范大学政治学一流学科建设项目的支持。

迈向充分而平衡的
新型城镇化

袁方成 著

中国社会科学出版社

图书在版编目（CIP）数据

迈向充分而平衡的新型城镇化／袁方成著 . —北京：中国社会科学出版社，2022. 8

ISBN 978 – 7 – 5227 – 0518 – 7

Ⅰ. ①迈…　Ⅱ. ①袁…　Ⅲ. ①城市化—协调发展—研究—中国　Ⅳ. ①F299. 21

中国版本图书馆 CIP 数据核字（2022）第 128913 号

出 版 人	赵剑英
责任编辑	孔继萍
责任校对	赵雪姣
责任印制	郝美娜

出　　版	中国社会科学出版社
社　　址	北京鼓楼西大街甲 158 号
邮　　编	100720
网　　址	http://www.csspw.cn
发 行 部	010 – 84083685
门 市 部	010 – 84029450
经　　销	新华书店及其他书店

印　　刷	北京君升印刷有限公司
装　　订	廊坊市广阳区广增装订厂
版　　次	2022 年 8 月第 1 版
印　　次	2022 年 8 月第 1 次印刷

开　　本	710 × 1000　1/16
印　　张	27
字　　数	412 千字
定　　价	158.00 元

序

　　纵观世界发展史，城市化或城镇化是现代国家发展与社会转型的必由之路和必然选择。在乡土中国向城乡中国的艰难转型中，每年有数以万计的农民选择离乡进城，浩浩荡荡的农民进城大军在催生巨大的人口红利效应的同时，也在推动着我国城镇化进程的快速推进。1949 年我国城镇化率仅有 10.64%，到 2021 年我国城镇化率跃升至 64.72%，年均提高 0.74 个百分点。正是得益于城镇化的快速推进以及其在拉动城乡消费内需、推进城镇"扩散效应"、促动城乡产业转型等方面所具有的无法比拟的价值与优势，城乡居民对美好生活的向往也在不断得到满足，我国在世界的经济发展史上也创造了一个又一个的中国奇迹。

　　显然，进入 21 世纪，一路高歌猛进的城镇化发展成绩也并不全然意味着我国当前的城镇化发展战略没有任何缺陷。事实上，我们在享受城镇化带来的巨额发展福利的同时，也在承担着城镇化发展模式转型带来的阵痛：土地城镇化水平远远高于人的城镇化，人的城镇化速度却又无法超越工业城镇化，大量农民工难以市民化、游走于城乡之间，难以平等分享工业化和城镇化的成果，享有与城市市民一样的待遇。由此衍生出的过大的城市规模、过度的旧房拆迁、过重的地方债务负担、过多的环境污染问题以及过杂的社会治理矛盾等问题成为我国城镇化建设的共性特征与普遍难题。

　　城镇化建设中出现的不和谐因素也在驱使我们认真反思。在我国城镇化发展的整体进程中，一个最显著的特征就是见物不见人。城镇化的实质是不同发展内容和约束条件下一个关于经济发展的最优空间、资源与其他要素的组织方式问题。要素之间的关联性意味着，彼此之间存在着相互影响、相互制约和互为条件的关系，而要素间的作用形式与路径也在影响着城镇化建设的具体模式、水平与方向。正是人口向城镇的集聚，产生城镇规模的扩张、形成不同的要素聚合模式以及由此扩散到的空间结构、经济结构与社会结构的变迁，构成城镇化发生的基本原理和逻辑起点。由是，上述城镇化各种症结的产生从根本上可以说是由城镇化系统内部不同的要素配置失衡所致。

正是基于对城镇化发展规律与生发原理认识的不断深化，我国的城镇化发展模式也在经历着迭代升级与缓慢转型的复杂过程。党的十八大以来，以习近平同志为核心的党中央高度重视城镇化的建设工作。2013年中央城镇化工作会议开始提出，要以人为本，推进以人为核心的新型城镇化。党的十九届五中全会提出要完善新型城镇化战略，将其作为新发展阶段构建新发展格局的重要工作抓手。2022 年 5 月 6 日，中共中央在《关于推进以县城为重要载体的城镇化建设的意见》中再次强调要坚持以人为核心推进新型城镇化。总之，以人为核心的新型城镇化发展战略成为我国未来较长一段时间内城镇化的价值遵循与目标导向。

推动以人为核心的新型城镇化是社会发展规律所趋、重塑发展格局所要、澎湃发展动能所及、谋求共同富裕所使。它将人的本质和需求置于城镇化建设的核心位置。在地方政府的经验启示中，以人为本的高质量包容性发展是要把握经济社会发展最本质的规律，坚持产业驱动，创新驱动，把以产业布局和产业结构的持续优化作为新型城镇化持续推进的基础保障；是要始终秉持以人为本的发展战略，围绕农民、准市民和市民不同城镇化的主体自身的生产、生活与服务需求，从户籍政策、土地政策、人才政策、社保政策和产业政策等方面着手，因地制宜提供政策扶持，创新政府统筹管理下的资源优化配置机制，加强制度供给，集成改革创新，打破现有体制机制壁垒；是要立足区域发展的现实约束条件，依托自身资源禀赋，在有效保障农民基本生存利益的前提下逐步提高城乡社会保障水平，激发农民行动意愿，从而调动亿万农民参与城镇化建设的积极性与主动性。

当前，我国城镇化的上半程基本完成。未来，我国在推进以人为核心的城镇化战略进程中还要面对亿万农民工的市民化和半城镇化问题，如何蹄疾步稳的走好我国城镇化的下半程，如何妥善解决未来将近 3 亿农民工的市民化问题？如何有效保障 7 亿农村劳动力在城市生活的可持续发展？如何基本实现未来近 2 亿新增城镇人口迁有所居，居有所乐的政策目标？城市发展日新月异，只有在遵循一定发展规律和建设方针的基础上，才能推动我国城镇化建设从"见物不见人"的传统城镇化发展模式向"望得见山水，记得住乡愁，看得见发展"的充分而平衡的以人为核心的新型城镇化模式迈进！

《迈向充分而平衡的新型城镇化》是袁方成教授承担的 2015 年度国家社科基金一般项目"新型城镇化进程中人口—土地及其财政投入的协调发展研究"（15BZZ045）的成果。作者着力从人口（人的城镇化）、土地（土地城镇化）和财政（财政汲取与分配能力）城镇化发展的三大关键要素进行有机协调，并充分利用土地资源及财政能力着力提升城市空间承载力、政府公共服务力以实现人口城镇化，从而实现以人为中心的积极稳妥的新型城镇化。在他看来，城镇化本质上是城镇人口比重不断提高、基础服务设施不断完善的综合过程。人的城镇化是新型城镇化的核心要义和价值旨归，土地城镇化是新型城镇化的空间载体和物质基础，而政府财政（无论是公共财政抑或土地财政）则是新型城镇化的财力支撑和资金保障。人的城镇化不仅需要土地城镇化作为承载载体，而且需要充足的财政供应作为资金支撑；同时土地城镇化在为人的城镇化以及由此形成的产业城镇化和经济城镇化提供空间载体的同时，因农地用途转置而形成的土地出让金以及房地产税等税费收入，一定程度上增加了地方政府的财政收入，进而为人的城镇化的安置与服务提供资金支持，人口持续向城镇集中势必对既有空间承载能力、公用设施满足程度和公共服务供给水平造成冲击。因此，以人为中心的新型城镇化也必须妥善处理人口、土地和财政三大要素的关系，实现三者的有机协调和充分配置，并由此顺利推进以人为中心的新型城镇化，实现新型城镇化的充分而平衡的发展。

毫无疑问，作者抓住了当前城镇化发展的三大核心要素，并由此得以更深刻地观察和认识当前城镇化发展中出现和面临的困难和问题，并提出如何解决"人往哪里去""地从哪里来""财政如何投"等具有操作性的对策建议。他明确提出并强调人口、土地和财政是新型城镇化进程中具有关联性特性的三大关键要素，未来我国应走要素和政策协同的新型城镇化发展道路。为此，应不断深化户籍制度改革，实现户籍政策粘嵌分离与城乡公共服务政策协同跟进，夯实城市公共服务的制度基础来推进城乡公共服务的政策衔接与并轨，不断完善居住证制度，最大限度推进城乡居民自由流动和农民的市民化；坚持城乡建设用地调控政策与农地产权政策协同推进，完善建设用地制度，规范土地征收程序，保障农民和集体的财产权益，合理规划城市布局和建设空间，提高城市人口承载力，实现土地高效利用；必须深化地方财政体制改革，转变传统严重依赖土地财政支撑城市经营和发展的做法，坚持财政转移支付政策与社会多元融资政策协同促进，明晰政府间事权划分，健全政府之间财政转移支付政策，健全城镇化金融和社会融资体系尤其是降低准入条件，引导社会资本参与公共基础设施建设，形成长效的资金供给。由此，通过深化改革，实现人口、土地和财政三大要素的协同和新型城镇化的协调发展。这些建议针对时弊，给人们以启发，也为促进新型城镇化的发展及实现基本城镇化的目标贡献了自己的真知灼见！

项继权

华中师范大学政治与国际关系学院

目　　录

绪　　论

第一节　研究背景与关键词

一　研究背景

城镇化是伴随工业化快速发展的自然历史过程，其突出特征是非农产业和农村人口在城镇地区的集聚。作为人类社会发展过程中必然出现的客观趋势，城镇化贯穿于世界各国经济社会发展的全过程，是判断一个国家现代化程度的重要标志。[①]

将城镇化置于经济社会发展的宏阔场域中进行考察，可以发现其囊括政治、经济、社会、文化以及生态等多维要素，涉及生产、生活、生态等多个方面，其本质上是城镇人口比重不断提高、基础服务设施不断完善的综合过程。人口持续向城镇集中势必对既有空间承载能力、公用设施满足程度和公共服务供给水平提出新的挑战，由此产生城镇空间、完善基础设施、提升服务能力等措施，这也构成城镇化发展的重要命题。而无论是空间扩张还是设施完善，都需要具有基础性约束作用的土地要素的支撑。财政在公共服务水平提升中的资金支持作用表明，城镇化对政府财政提出了新要求。由是，人口（人的城镇化）、土地（土地城镇化）和财政（财政汲取与分配能力）构成城镇化发展的三大关键要素。

要素之间的关联性意味着，彼此之间存在着相互影响、相互制约和互为条件的关系。其中，人的城镇化是新型城镇化的核心要义和价值旨

---

① 《国家新型城镇化规划（2014—2020年）》，《人民日报》2014年3月16日。

归,土地城镇化是新型城镇化的空间载体和物质基础,而政府财政(无论是公共财政抑或土地财政①)则是新型城镇化的财力支撑和资金保障。人的城镇化不仅需要土地城镇化作为承载体,而且需要充足的财政供应作为资金支撑;土地城镇化在为人的城镇化以及由此形成的产业城镇化和经济城镇化提供空间载体的同时,因农地用途转置而形成的土地出让金以及房地产税等税费收入,一定程度上增加了地方政府的财政收入,进而为人的城镇化的安置与服务提供资金支持。②

要素之间的强关联特性表明,唯有将三者③置于整体性框架中进行全盘考虑,才有可能把握新型城镇化发展的现实情境和真实逻辑,从而实现城乡融合发展和我国现代化发展水平的持续提升。也正是在这个意义上,要求我们既要科学研判各要素的阶段特征、发展态势与基本逻辑,又要准确把握要素与要素之间的内在关联性及其相互支撑关系,进而以系统性、整体性、协同性思维探究三者协调发展的政策取向与发展策略。在此基础上,要深入思考新型城镇化的战略抉择及其未来路径。而上述种种问题解决的始点和动力,则是对我国城镇化发展现状进行现实判断。

改革开放40余年来,伴随着工业化的快速发展,我国城镇化历程呈现出起点低、速度快的特点。1978—2017年,我国城镇常住人口由17245万增加到81347万,城镇化率由17.92%增长至58.52%,大约以年均3.08%的速度逐年增长。党的十八大以来,城镇化更是被新一届政府视为国家长远发展战略和未来中国经济增长的新引擎。

以此为开端,我国城镇化发展加快推进。2014—2018年城镇化率从

---

① 国家财政最为重要的有两块,一是由工商业税收形成的公共财政,二是地方政府通过卖地获取的土地财政收入。土地财政不仅是国家公共财政的有机组成部分,而且是地方政府用于城市基础设施建设的重要资金来源。在两类资金分配上,土地财政主要提供城市基础设施建设(做事),而地方公共财政主要用于城乡公共服务水平的提升和行政人员的工资发放(养人)等,因此有"公共财政养人,土地财政做事"的说法。参见贺雪峰《地权的逻辑Ⅱ:地权变革的真相与谬误》,东方出版社2013年版,第30、32页。

② 以"以地生资"和"以地融资"已成为地方政府提高政府财政收入和基础设施建设的重要来源。尽管这样的收入和融资方式不可持续,但事实上为政府财政收入和城镇人居环境改善和基础设施建设提供了资金保障。

③ 下文若无特别说明,本项研究中的"三者",具体指人的城镇化、土地城镇化和财政能力。

52.6% 提高到 58.5%，年均提高 1.2 个百分点，8000 多万农业转移人口成为城镇居民。[①] 2017 年，我国城镇常住人口比上年末提高 1.17 个百分点，户籍人口城镇化率为 42.35%，比上年末提高 1.15 个百分点。[②] 城镇人口数量的持续增长和城镇化水平的持续攀升表明，我国城镇化发展取得了历史性成就。

需要注意的是，作为一项综合性极强、系统性极高的宏大而复杂的社会工程，城镇化发展事关经济增长、社会进步和人口发展等多维结构变迁，而不仅限于城镇人口数量和城镇化率水平等显性指标的提升，更是居民生活质量提升、关联要素协调发展等隐性内涵丰富的过程。当前，我国已处于城镇化的加速阶段[③]，但高速推进着的城镇化在推动我国经济社会快速发展的同时，仍然呈现发展不平衡和不充分的基本态势，如区域之间和城镇行政层级之间，还体现在关联要素之间尤其是资源约束瓶颈问题以及各类矛盾伴生等方面。集中体现为以下三大矛盾。

土地资源供需困局。即农地资源规模有限与城镇土地刚性需求之间的矛盾。近年来，随着我国城镇化的快速推进，建设用地挤占耕地现象不断加剧，因城镇化而导致的耕地面积不断减少矛盾日益突出。具体来看，其突出表现在城镇建设用地增加与农村土地保护、粗放扩展与闲置浪费以及刚性需求与后备紧缺三大方面。土地是城镇化的物质载体，适量的农地非农化对于城镇化建设能够产生促进作用。然而土地天然兼具

---

① 《2018 年政府工作报告》，中国政府网，http：//www. gov. cn/premier/2018 – 03/22/content_5276608. htm。

② 《中华人民共和国 2017 年国民经济和社会发展统计公报》，国家统计局官网，http：//www. gov. cn/shuju/2018 – 02/28/content_5269506. htm。

③ 美国城市地理学家诺瑟姆（Ray. M. Northam）在对英、美等西方国家工业化进程中城镇化率变化趋势进行分析的基础上，于 1975 年《城市地理学》一书中提出了城镇化发展的一般规律。其认为，一个国家或地区城镇化的轨迹为一条稍被拉平的 "S" 形曲线（即诺瑟姆曲线）。任何一个国家和地区的城镇化均可划分为三个阶段，即在工业化初期，国家或地区的主导产业是轻纺工业，城镇发展缓慢，城镇化率低于 30%，处于城镇化的起步阶段或初级阶段，城市化水平较低，发展速度较慢，每年约增长 0.2%；30%—70% 的城镇化率属于城镇化的加速阶段，人口迅速向城市集聚，城市推进速度加快，年均增长速度高达 1.5%—2%；70% 以上时属于城镇化的后期（稳定）阶段，该阶段存在逆城市化现象，城市病问题突出。参见陈伟《中国农地转用制度研究》，社会科学文献出版社 2014 年版，第 24—25 页。

资源、资产和资本三重属性，因而是集经济生产价值、粮食安全保障和生态安全保障以及推动城镇建设等经济社会功能于一身的非替代性自然资源。

18亿亩红线是不能逾越的耕地界限，而因城镇化导致的耕地面积不断减少，城镇化建设与农地保护之间存在着显著的矛盾。在城镇化推进过程中，受财税制度体系、土地管理制度、GDP用地情结、政绩考核体系等多重因素驱使，我国城市化空间扩展重审批轻开发、重开源轻挖潜、重扩展轻保护，存在着大量批而未供、供而未建的存量土地。那么，如何实现新型城镇化的土地利用从粗放式无限扩展向集约式有序扩展转变、增量型农地非农化向挖潜型存量盘活转变的结构转型，是深入推进城镇化的首要任务。

人地协调发展矛盾。农地大规模非农化与农民权益保护及农民市民化滞后的矛盾。农地非农化与农民市民化的协调发展，是城镇化的核心要义和本质使然。然而，基于制度困境、政绩竞争，地方政府在城镇化进程中"要地不要人""化地不化人"，农民市民化严重滞后于农地非农化。具体表现在土地城镇化快于人口的城镇化、常住人口城镇化快于户籍人口城镇化、人口城镇化快于人的城镇化三大方面。

伴随征地规模的不断扩大，因征地而导致的农民土地权益受损，进而引发征地型群体性事件不断发生。[①] 一味追求"外延式""摊大饼式"的大城镇、大空间扩展，致使土地城镇化规模与速度远远高于人口城镇化。与此同时，农民进入城镇工作生活却难以享受到与城镇市民同样的住房、教育、医疗、卫生等社会公共服务，"同城不同权""半市民化"

---

① 2013年，中国社会科学院发布的《社会蓝皮书：2013年中国社会形势分析与预测》指出，因征地、拆迁而导致的群体性事件占我国群体性事件的一半。城镇化进程中大规模征地拆迁建设已经过去，与之相伴的社会冲突、上访以及群体性事件虽有所缓和，但其仍然是影响我国经济发展、社会稳定的重要因素。据中国社会科学院法学研究所发布的《中国法治发展报告No.12（2014）》显示，2000年1月1日—2013年9月30日，我国百人以上群体性事件共发生871起，其中因拆迁征地而导致的群体性事件97起，占群体性事件的11.14%。参见陆学艺、李培林、陈光金主编《社会蓝皮书：2013年中国社会形势分析与预测》，社会科学文献出版社2012年版，第86页；李林、田禾主编《中国法治发展报告No.12（2014）》，社会科学文献出版社2014年版，第275页。

"半城镇化"现象依然存在甚至日趋严重。因此，如何保障农民的合法权益，有序实现农业转移人口市民化，实现真正意义上人的城镇化，是适应经济新常态，全面建成小康社会决胜阶段的关键任务。

政府财政供给困境。城镇化发展中巨额资金需求与政府财力和资金投入有限矛盾。无论是土地城镇化还是人口城镇化，都需要充足的建设资金投入。就现阶段而言，我国城镇化面临着资金收支矛盾，具体表现在土地资源稀缺与土地财政依赖矛盾、资金有限却需求过高两大矛盾。1994 年推行分税制改革后，中央政府在财权上收而事权留置甚或增加，使得各地都将"经营城市"和"土地财政"作为补充城镇化建设资金的重要甚至根本方式。虽然此举可以为政府及城镇化提供大量资金支持，但是土地财政也面临土地稀缺和耕地红线制约，此外空间扩展也加剧了城镇基础设施和公共服务的投入压力，增大了政府农地补偿及农民安置的支出，造成需求与供给之间的矛盾。如何在推进新型城镇化进程中，拓宽投、融资渠道，开辟地方政府新财源，摆脱政府土地财政依赖，增加政府可支配收入，是解决城镇化进程中财政支撑的基础条件。

新型城镇化建设不仅是一个人口向城镇集聚、土地在城镇扩展，以及财政收入合理配置的过程，也是实现人口、土地及其财政关键要素（以下简称"人—地—财"）相互适应、协调发展的过程。因此，实现三者之间的协调发展，自然成为学术界和实践者现阶段乃至未来研究的重点和实践的焦点。那么，针对存在的诸如人口城镇化与土地城镇化严重失调、户籍人口城镇化增长较慢以及"锦标赛"式土地财政等现象，如何实现工业化、信息化、城镇化以及农业现代化的同步发展，从而实现人的城镇化不仅是新型城镇化建设的根本方向，也成为全体社会成员追求的价值目标。

那么，如何推进"人—地—财"的协调发展，实现以人的城镇化为核心的新型城镇化？随着认识和实践的不断深化，我国城镇化政策经历了从建立到逐渐健全的过程。2008 年，国务院办公厅《关于深化经济体制改革工作意见的通知》指出，要推进城镇建设用地增加规模与吸纳农村人口定居规模相挂钩的试点工作①，至此"人地挂钩"政策进入探索阶段。"人地挂钩"既包括城乡之间又包括地区之间。在将城乡建设用地的增减与农业人口向城市转移、落户定居挂钩，实现城镇建设用地增加与农业人口市民化的最优化的同时，对于那些非本地区的农业转移人口，要在"异地"市民化基础上，确保土地的跨区域调配。

十八届五中全会通过的《中共中央关于国民经济和社会发展第十三个五年规划的建议》指出，要健全财政转移支付同农业转移人口市民化挂钩机制，建立城镇建设用地增加规模同吸纳农业转移人口落户数量挂钩机制。② 在新型城镇化过程中，"人"的城镇化既是起点又是重点更是终点，因此必须以"人"的城镇化为核心、以地的城镇化为载体、以财政供给能力为保障，构建土地、人口和财政动态约束协调机制，实现三者在人的城镇化过程中的合理配置与高效运转。

2016 年中央政府工作报告指出，城镇化是现代化的必由之路，是我国最大的内需潜力和发展动能所在。深入推进新型城镇化建设，就要"建立健全'人地钱'挂钩政策"③。具体来讲，就是要"健全财政转移支付同农业转移人口市民化挂钩机制，建立城镇建设用地增加规模同向农业转移人口落户数量挂钩机制，建立财政性建设资金对城市基础设施补贴数额与城市吸纳农业转移人口落户数量挂钩机制"④。从"人地挂钩"到"人地挂钩"和"人财挂钩"，再到"人地钱"整体挂钩政策的发展，既是我国政府对新型城镇化建设认识的不断深化，也是新型城镇化建设的现实需求。

新型城镇化是消除城乡差距的重要途径，也是新发展阶段过程中构

---

① 杨建波、王莉、许爱国等：《基于人地挂钩平台下的"双指标"转换关系研究》，《干旱区资源与环境》2015 年第 10 期。

② 《中共中央关于制定国民经济和社会发展第十三个五年规划的建议》，《人民日报》2015 年 11 月 4 日。

③ 国务院：《2016 年政府工作报告》，中国政府网，http：//www.gov.cn/guowuyuan/2016 - 03/17/content_5054901.htm。

④ 《中华人民共和国国民经济和社会发展第十三个五年规划纲要》，《人民日报》2016 年 3 月 17 日。

建城乡一体化发展格局最大的内需所在。然而，从实践角度看，当我国城镇化发展步入快车道之时，土地城镇化快于人口城镇化，常住人口城镇化快于户籍人口城镇化①以及由此诱发的系列矛盾进一步固化城乡失衡的利益格局，"同城不同权""半城镇化""半市民化"等问题层出不穷，成为制约我国城乡一体化发展的现实障碍。为此，党的十九届五中全会再次强调要推进以人为核心的新型城镇化，从户籍制度改革入手，统筹土地制度改革和金融财税体制创新，不断完善财政转移支付和城镇新增建设用地规模与农业转移人口市民化挂钩政策，强化基本公共服务保障，加快农业转移人口市民化。②

在传统城镇化难以持续、新型城镇化已然成为推动我国经济社会发展的战略重点和关键举措，深入推进不可逆城镇化建设背景下的"人—土—财"三者之间的协调研究具有重要的理论意义和现实意义。将"人—土—财"作为一个整体，深入探讨在经济进入新常态、土地管理实行"两个最严格"制度和"双保"③目标客观背景下，如何推进以农业转移人口市民化为重点的人的城镇化，不仅可以为解决新型城镇化进程中土地利用结构转型、财政投入不足和"以地生财"的畸形财政等问题提供应对思路，而且对推动地域之间、不同规模城市之间、城市内部之间土地投入、资金投入协调发展，乃至对于全面建成小康社会都具有重要的现实作用。

新型城镇化是一个具有丰富内涵的理论命题。学界关于新型城镇化及其关键要素的研究主要集中在内涵、特征、现状及对策方面，在要素之间相互关系上，主要从人口城镇化与土地城镇化、农地非农化与农民市民化、土地财政与农地非农化等要素之间相互关系上进行研究，鲜有将"人口—土地—财政"放置在一个整体框架下进行研究，因此整体研

---

① 袁方成、陈泽华：《新时代新型城镇化的要素结构及其优化路径》，《华中师范大学学报》（人文社会科学版）2020 年第 3 期。

② 《中共中央关于制定国民经济和社会发展第十四个五年规划和二〇三五年远景目标的建议》，《人民日报》2020 年 11 月 3 日。

③ 在土地管理上，我国实行两个最严格制度，即最严格的耕地保护制度、最严格的节约集约用地制度。"双包"目标指保耕地红线、保经济社会可持续发展。

究三个要素,不仅有助于突破当前单一性要素研究的局限性,而且有助于不断扩展和延伸新型城镇化的研究内容和评价体系,丰富和发展新型城镇化研究方法,实现新型城镇化的协整性研究。

二 关键词

(一) 新型城镇化

城镇化,在部分著作中也称为城市化,是英文 Urbanization 的不同译法。这一概念由西班牙学者 A. Serda 于 1867 年最早在著作《城镇化基本理论》中提出。世界各国 100 多年城镇化发展历程和多学科对城镇化研究的涉猎,使得当前城镇化内涵被不断丰富。也正是在这个意义上,有学者认为,城镇化是一个持续发展着的概念。[①] 国外主要使用城市化一词来表示城市发展程度。独特的城乡发展状况,使得城市化与城镇化在我国同时使用。整体来看,存在着政界使用城镇化,而学界同时使用城镇化与城市化现象[②],近年来更多地使用城镇化一词。随着我国城镇化发展理念的转变和实践的深入推进,学界对城镇化的研

[①] 李超、王海远:《新型城镇化与人口迁转》,广东经济出版社 2014 年版,第 4 页。

[②] 英文 Urbanization,指居住在城市地区的人口比例的增长。联合国人口学会编:《人口学词典》,杨魁信、邵宁译,商务印书馆 1992 年版,第 38 页;城镇化与城市化概念经常在我国学界同时使用,对于两者之间的异同,学界主要有三种观点,第一种观点认为,两者并未有实质性区别,不过是对英文"Urbanization"的不同译法而已,只不过前一种说法比后一种说法更强调镇的作用。参见简新华、黄锟《中国城镇化水平和速度的实证分析与前景预测》,《经济研究》2010 年第 3 期;代表性文献还包括:聂伟、风笑天:《城镇化:概念、目标、挑战与路径》,《学术界》2014 年第 9 期。第二种观点则认为,两者之间不是简单的可以相互替代的关系,而是城市发展的不同阶段。第三种观点认为,城镇化与城市化有本质性区别。城镇化将"市"这个最重要的经济、政治、文化中心抽象掉,将城、镇和市分离开来,违背以市为基础的合理内涵,同时失去了市对城镇规模、地理范畴的自然界定这一外延,成为可由人之意志决定的主观东西。参见田雪原《城镇化还是城市化》,《人口学刊》2013 年第 6 期。本项研究认为,城镇既包括市,也囊括镇,虽然城市含有城镇的意识,但考虑到世界上部分国家镇的人口规模比较小且部分国家没有镇这一行政层级,而在我国镇不仅是行政层级中的一级且量多面广,而且在我国经济社会发展中发挥着重要作用。因此在我国使用"城镇化"比"城市化"更为准确、严密,能够突出我国城镇化的特殊性。如今,无论是党的重大会议还是中央经济工作会议都强调城镇化或新型城镇化,故而本项研究如无特殊说明外,均采用城镇化的概念,与此相对应,本项研究的关键词主要有新型城镇化、土地城镇化和人口城镇化。

究经历了城镇化①向新型城镇化的演变过程。

　　针对传统城镇化存在的农村大量土地非农化、农业转移人口市民化滞后问题，党的十八大报告指出，要"坚持走中国特色新型工业化、信息化、城镇化、农业现代化道路，推动信息化与工业化深度融合、工业化与城镇化良性互动、城镇化和农业现代化相互协调，促进工业化、信息化、城镇化、农业现代化同步发展"②。坚持走新型城镇化道路，促进"四化"同步发展，诸多学者将此作为新型城镇化的最早出处。2012年12月召开的中央经济工作会议首次提出，要"把有序推进农业转移人口市民化作为重要任务抓实抓好。要把生态文明理念和原则全面融入城镇化全过程，走集约、智能、绿色、低碳的新型城镇化道路"③。随着中央各类相关会议对"新型城镇化"的论述和解读，社会各界对"新型城镇化"的了解和理解不断深入（见表0—1）。

---

　　① 城镇化（城市化）是一个涉及多个领域、多元内容的社会、经济演进过程。其概念内涵丰富，学者们基于不同学科对其进行了解读。就现有研究看，学者们主要基于地理学、经济学、人口学、社会学和文化学、劳动学视角对其进行分析。例如，地理学视角将城镇化视为非农产业发展的经济要素向城市集聚的过程，也是居民聚集和经济布局的空间区位再分布的过程，第二产业和第三产业在具备经济地理条件的地域空间聚集，并且在此基础上形成消费地域；经济学视角认为城镇化是农村经济向城市经济转化的过程，其注重经济发展方式和城乡经济的转型。基于人口学视角，认为城镇化的实质是人口非农化过程，是农业富余劳动力逐步向第二、第三产业转移，其演进过程伴随着三次产业结构调整，是第一产业人口不断减少，第二产业和第三产业人口逐渐增加的过程；社会学家则强调城镇化是农村居民在城镇能够享受到城市人的物质和文化生活方式的过程，是引导农村地区群众从旧的生活方式中摆脱出来，让更多的农村居民享受城市文明的过程；文化学则强调城市文化在城市社会化变迁中的重要作用，其密切关注城市文化作为人民追求幸福生活的重要元素；劳动学认为，城镇化是就业在第一、第二、第三次产业之间的分布和结构问题。综合上述六大视角，可以认为城镇化是现代化水平的重要标志，是随着工业化发展，非农产业不断向城镇集聚、农村人口不断向非农产业和城镇转移、农村地域不断向城镇地域转化、城镇数量不断增加和规模不断扩大、城镇生产生活方式和城镇文明不断向农村传播和扩散的历史过程。代表性文献包括：胡杰、李庆云、韦颜秋：《我国新型城镇化存在的问题与演进动力研究综述》，《城市发展研究》2014年第1期；胡鞍钢：《城市化是今后中国经济发展的主要推动力》，《中国人口科学》2003年第6期；崔功豪：《城市地理学》，江苏教育出版社1992年版；简新华、黄锟：《中国城镇化水平和速度的实证分析与前景预测》，《经济研究》2010年第3期；田雪原：《城镇化还是城市化》，《人口学刊》2013年第6期；陈伟：《中国农地转用制度研究》，社会科学文献出版社2014年版，第20—21页。

　　② 胡锦涛：《坚定不移沿着中国特色社会主义道路前进，为全面建成小康社会而奋斗》，《人民日报》2012年11月8日。

　　③ 新华社：《2012年中央经济工作会议》，《新华日报》2011年12月14日。

表0—1　　　　　　　　　　　新型城镇化战略的政策演进

时间	会议/文件	核心内容
2002.11	十六大	首次提出"中国特色的城镇化道路",强调要坚持大中小城市和小城镇协调发展,引导农村劳动力合理有序流动。
2007.11	十七大	重申"中国特色城镇化道路",提出"统筹城乡、布局合理、节约土地、功能完善、以大带小"城镇化原则。
2009.12	中央经济工作会议	强调要合理确定大中小城市和小城镇的功能定位、产业布局和开发边界,形成城镇化新格局。
2011.03	《国民经济和社会发展第十二个五年规划》	强调"中国特色城镇化道路",强调把"稳步推进农业转移人口转为城镇居民"作为推进城镇化的重要任务。
2012.11	十八大	强调"中国特色新型工业化、信息化、城镇化、农业现代化道路";强调加快户籍改革、有序推进农业转移人口市民化,努力实现城镇基本公共服务常住人口全覆盖。
2012.12	中央经济工作会议	首次明确提出"新型城镇化"概念,提出"集约、智能、绿色、低碳"的新型城镇化道路。
2013.11	十八届三中全会	首次强调"推进以人为核心的城镇化";首次提出"中国特色新型城镇化"道路。
2013.12	中央城镇化工作会议	首次重视城镇化的内生激励约束机制问题,明确提出"一挂钩"机制。
2013.12	中央农村工作会议	首次提出"三个1亿人"城镇化目标。
2014.03	《国家新型城镇化规划(2014—2020年)》	首次提出"两挂钩"内生激励约束政策。
2014.07	《国务院关于进一步推进户籍制度改革的意见》	强调调整户口迁移政策、创新人口管理以及合法权益保护在推进新型城镇化过程中的积极作用。
2015.10	《中共中央关于制定国民经济和社会发展第十三个五年规划的建议》	再次强调要深化户籍制度改革、推进以人为核心的新型城镇化。
2015.12	中央城市工作会议	强调对农业转移人口市民化战略研究,统筹推进土地、财政、医疗、养老和住房保障等领域配套改革。

时间	会议/文件	核心内容
2016.02	《国务院关于深入推进新型城镇化建设的若干意见》	强调体制机制改革，首次明确提出"三挂钩"内生激励约束机制。
2016.03	《国民经济和社会发展第十三个五年规划纲要》	完成了中国特色新型城镇化一系列体制机制的顶层设计。
2016.07	《国务院关于实施支持农业转移人口市民化若干财政政策的通知》	提出要建立健全支持农业转移人口市民化的财政政策体系，明确农业转移人口市民化的基本权益、财政支持体系和央地财政支出任务。
2016.09	《国务院办公厅关于印发推动1亿非户籍人口在城市落户方案的通知》	明确推动1亿左右农业转移人口和其他常住人口等非户籍人口在城市落户的目标任务和具体举措，提出要进一步拓宽落户通道和实施相关配套政策。
2017.10	十九大	以城市群为主体构建大中小城市和小城镇协调发展的城镇格局，加快农业转移人口市民化。
2018.03	政府工作报告	提出2018年再进城落户1300万人，加快农业转移人口市民化。
2020.11	《中共中央关于制定国民经济和社会发展第十四个五年规划和二〇三五年远景目标的建议》	推进以人为核心的新型城镇化，完善财政转移支付和城镇新增建设用地规模与农业转移人口市民化挂钩政策，强化基本公共服务保障，加快农业转移人口市民化。

资料来源：根据相关文件整理而成。

　　学界围绕"新型城镇化"一词形成了一系列见解独到的学术成果。从研究内容上看，学界对于新型城镇化的研究主要集中在内涵、特征、意义、问题、测度、路径等方面。

　　新型城镇化之"新"背景。当前，我国的城镇化问题主要集中在以下几点：一是城镇化、工业化和农业现代化发展相对不同步，城镇化严重滞后于工业化；二是人口城镇化严重滞后于土地城镇化，"半城镇化""不完全市民化""半市民化"明显①；三是户籍人口城镇化严重滞后于

---

① 朱孔来、李俊杰：《"半城镇化"现象及解决对策》，《宏观经济管理》2012年第9期。

常住人口城镇化。[①] 土地城镇化与人的城镇化严重失衡是新型城镇化的现实命题，其主要集中在以下三个方面：因农地非农化盲目扩张且粗放使用，导致增长速度的严重失衡、因土地指标稀缺与土地资源闲置导致的空间结构失衡以及因"重地轻人"与转化不畅导致的发展质量失衡。[②]

传统城镇化向新型城镇化转型，需实现六大转型：（1）新方向。即从偏重土地城镇化向重视人的城镇化转变，基本公共服务由户籍人口独享向常住人口全覆盖转变。（2）新目标。即从数量增长型城镇化向质量提高型城镇化转变。（3）新模式。即城市资源配置从政府主导向市场主导转变。（4）新方式。即从粗放式高物耗向集约低碳绿色转变。（5）新路径。即发展城市群与中小城市"两条腿"走路，人口异地转移与就地城镇化并重；（6）新动力。城镇化与工业化、信息化、农业现代化"四化同步"，实现"产城融合"[③]（见表0—2）。

表0—2　　　　　　　　　　传统城镇化与新型城镇化的比较

		传统城镇化	新型城镇化
区别	时代背景	农业经济、计划经济向市场经济转轨时期	工业经济、市场经济深入发展时期
	侧重方向	城镇偏向发展、空间城镇化、人口城镇化、城镇数量	"四化"同步、城镇与乡村协调发展、空间城镇化与人的城镇化良性互动、城镇质量
	推进主体	政府主导	政府、企业、农民工、市民
	发展模式	"自上而下"为主，"自下而上"为辅	"自上而下"顶层设计与"自下而上"实践探索
	动力机制	传统工业化	农业现代化、新型工业化、信息化
	关键领域	制度改革	制度创新、机制联动
联系		新型城镇化概念是在传统城镇化概念基础上进一步展开的，其在人口集聚、非农产业扩大、城镇空间扩展和城镇化观念意识转化上并无显著差异，只是在实现过程内涵、目标、内容、方式上有所区别，更加强调协调性、适应性和全面性。	

① 胡杰、李庆云、韦颜秋：《我国新型城镇化存在的问题与演进动力研究综述》，《城市发展研究》2014年第1期。

② 袁方成、康红军：《新型城镇化进程中的"人—地"失衡及其突破》，《国家行政学院学报》2016年第4期。

③ 辜胜阻：《新型城镇化与经济转型》，科学出版社2014年版，第1页。

新型城镇化之"新"特征。新型城镇化以"人"的城镇化为核心，其不同于以"物"的城镇化为核心的传统城镇化，要求农村公共性与城镇化公共性对接、并轨，保障城乡居民公平、公正地享有同一、统一的公共性。① 换言之，也就是要由过去片面注重追求城市规模扩大、空间扩张，改变为以提升城市的文化、公共服务等内涵为中心，真正使城镇成为具有较高品质的宜居之所。②

作为集人口转移和结构调整于一体的"二元"发展型城镇化，新型城镇化既是人口城镇化率不断提升的过程，又是区域"城市性"③ 程度不断提升的过程。人口城镇化仅是新型城镇化的外部特征，而区域"城市性"才是新型城镇化的本质特征。从这个意义上讲，中国新型城镇化之路大致可以分为两大阶段，即城市化率和城市性的双重提升阶段和"城市性"的持续提升阶段，其中前者可称为成长阶段，后者可称为成熟阶段。④

从变迁逻辑来看，新型城镇化具有鲜明的独特性和创新性，表现为从片面追求城镇化率的传统城镇化向"五位一体"战略布局引领下注重"四化"协同进步、不同城市规模协调整合发展的新型结构转型，具有明显整合性特征；推动城乡二元对立向城乡一体化转变，建设任务仍然艰巨；由单一行政主导向多元主体共同参与和协调推进联动转变，呈现建设主体多元性特征；由以经济发展为主向人的全面发展转移，凸显建设本质人本性特征。⑤

新型城镇化之"新"路径。人的城镇化是新型城镇化的核心和主体。实现传统城镇化向新型城镇化转变，观念变革是先导。也就是要在注重

① 吴业苗：《新型城镇化发展的公共性诉求及其实现》，《湘湖论坛》2018 年第 3 期。
② 中国金融 40 人论坛课题组：《加快推进新型城镇化：对若干重大体制改革问题的认识与政策建议》，《中国社会科学》2013 年第 7 期。
③ 所谓城市性，是指城市生活所具有的特性，亦即城市生活区别于乡村生活的特征。路易·涡思（Louis Wirth）最早对城市性概念进行过界定。在涡思看来，城市性内涵应该包括三个方面：一是城市的人口规模较大，二是城市的人口密度较大，三是城市的人口和生活方式具有较大的异质性。
④ 蒋晓岚、程必定：《我国新型城镇化发展阶段性特征与发展趋势研究》，《区域经济评论》2013 年第 2 期。
⑤ 徐选国、杨君：《人本视角下的新型城镇化建设：本质、特征及其可选路径》，《南京农业大学学报》（社会科学版）2014 年第 2 期。

城镇化速度同时追求城镇化的整体效益，缩小城乡、地区差距，降低乃至取消农业转移人口市民化准入门槛，从城镇生态、服务设施、经济、文化等单要素分离式向多要素包容式、和谐式转型，从行政主导式城镇化向城镇多元主体权利均等性转变。①

推动农业转移人口市民化，实现人的全面发展，是新型城镇化的核心内容。深入推进新型城镇化，必须规划先行，实现规划的科学性；要对政府与市场之间的关系进行有效协调，通过健全市场主导、政府引导的实现机制来推进城镇化；以调整产业结构为途径实现城镇化、工业化、信息化和农业现代化之间的有效协调与良性互动；要从户籍制度、土地制度、就业制度、社保制度和投融资等多项制度协同改革和协调新农村建设多维路径出发，健全城镇化体制机制，消除发展障碍。应以民生、可持续发展和质量为内涵，以追求平等、幸福、转型、绿色、健康和集约为核心目标，以实现区域统筹与协调一体、产业升级与低碳转型、生态文明和集约高效、制度改革与体制创新为重点内容的崭新的城镇化进程②，在推动主体上，既强调顶层设计的规划引领作用，又注重地方经验探索的实践创新作用。

城镇化的有序发展离不开政府与社会良性互动。新型城镇化区别于传统行政主导性城镇化，从政社互构视角来看，新型城镇化是"人类社会的择优选择与积累性选择相结合的有机进化过程"，是现代化进程与现代性建构的统一过程，在这个过程中，社会能够与国家共享现代化成果。③

（二）土地城镇化

土地城镇化是伴随工业化不断推进、农业人口向城镇集中的自然历史过程，其对经济社会发展起着基础性的促进或制约作用。作为一个带有全局性、根本性、战略性问题，土地城镇化既包括农用地向城镇建设

---

① 徐林、曹红华：《从测度到引导：新型城镇化的"星系"模型及其评价体系》，《公共管理学报》2014 年第 1 期。

② 单卓然、黄亚平：《"新型城镇化"概念内涵、目标内容、规划策略及认知误区解析》，《城市规划学刊》2013 年第 2 期。

③ 董阳、王娟：《从"国家的视角"到"社会建构的视角"——新型城镇化问题研究综述》，《城市发展研究》2014 年第 3 期。

用地转变，也包括其他建设用地（农村建设用地和城市建设用地）向城镇建设用地转变[①]。其主要涉及农村土地的权属转化、形态转变、用途转换以及城镇土地内部调整与更新。[②]

从土地权属转变角度看，可将其视作农村各类用地和未用地向城镇经济社会用途土地的转变过程，是土地农村集体所有向土地国家所有转变的过程。[③] 从利用形态转变角度看，土地城镇化是通过土地利用方式和利用程度的变化，由农村形态向城市形态转化，形成更集约的空间配置和更高效率的土地结构形态的过程。[④] 土地城镇是城镇化在空间上的表征，基本与 "农地非农化"[⑤] "农地城镇化" 概念

[①] 张飞、孔伟：《我国土地城镇化的时空特征及机理研究》，《地域研究与开发》2014 年第 5 期。

[②] 陈凤桂、张虹鸥、吴旗韬：《我国人口城镇化与土地城镇化协调发展研究》，《人文地理》2010 年第 5 期。

[③] 姚士谋、陆大道、王聪等：《中国城镇化需要综合性的科学思维：探索适应中国国情的城镇化方式》，《地理研究》2011 年第 11 期；其他代表性文献还包括鲁德银：《土地城镇化的中国模式剖析》，《商业时代》2010 年第 13 期；鲁德银：《论中国特色的土地城镇化道路》，《农村经济》2010 年第 8 期；王丽艳、郑丹、游斌：《实现人口城镇化与土地城镇化良性互动发展问题研究》，《当代经济研究》2014 年第 12 期。

[④] 蔡卫红：《福建省土地城镇化快于人口城镇化的现状及成因分析》，《福建论坛》（人文社会科学版）2013 年第 7 期。

[⑤] 农地非农化是伴随工业化、城镇化和经济发展的普遍现象，是农地不同产业的再分配，即农地在农业利用和建设利用之间用途竞争配置的过程。因 "农地" 概念界定不同，围绕土地用途变化，学界主要从以下三个视角对农地非农化进行定义：一是将农地非农化界定为用于农业生产的全部土地转化为城乡建设用地的过程；二是认为农地非农化既包括农村耕地转换为城市建设用地，也包括农村建设用地转换为城市建设用地；三是认为农地非农化是农村耕地向农村建设用地和城市建设用地的转换。农地非农化涉及土地利用和所有权性质变更两个方面，即因农业用地转化为城市住宅、工业以及商业等用地涉及的土地利用性质的变更，农民集体所有土地变更为城市国家全民所有的所有权变化。新中国成立以来，我国进行了多次农地非农化制度改革。改革开放前，我国土地征用强调保护被征地农民的利益和节约用地；1982—1986 年实施的《国家建设征用土地条例》则突出土地征用的强制性；1987—1998 年，在强调征地强制性的同时，对农地非农化的程序、补偿以及供应畸形规定，突出国有土地的有偿使用。在前一阶段基础上，1999—2003 年，农地非农化强调耕地保护的重要性；2004 年以来，在保持农地非农化制度总体框架下，强调对征用与征收的区分、征地程序的完善以及监督制度。整体来看，我国的农地非农化制度演进呈现如下几大特征：由于 "公共利益" 的模糊性，征地越来越背离公共利益的目的性；对农地非农化的审批权限进行有效规范；强调对失地农民利益保护以及走农地非农化的市场化路线。参见王万茂《土地资源部门间分配与耕地保护》，《中国土地科学》1997 年第 2 期；张宏斌、贾生华《土地非农化调控机制分析》，《经济研究》2001 年第 12 期；陈江龙、曲福田《农地非农化与粮食安全：理论与实证分析》，《南京农业大学学报》2006 年第 2 期；胡伟艳《城乡转型与农地非农化的互动关系》，科学出版社 2012年版，第 36 页；张飞《中国农地非农化中的政府行为研究——基于中央与地方政府之间博弈的分析》，中国社会科学出版社 2014 年版，第 31—41 页。

一致①（见图0—1）。

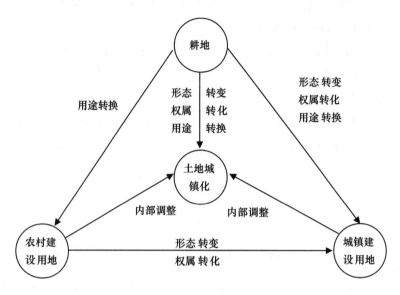

图0—1 土地城镇化概念解析

综合地看，土地城镇化不仅包括因农地非农化造成的农用地或者耕地的减少形成的城镇空间增长，还包括城乡建设用地内部的结构调整，具体包括由农村宅基地、农村属性的独立建设用地向城镇及移民点以及城镇属性的独立建设用地的转变两个方面。②

土地城镇化的空间特征。我国的城镇化是集阶段性、区域性和层次性于一体的土地利用过程。不同规模城市不同阶段、同一城市不同阶段、同一阶段不同城市之间在土地利用过程中具有明显的异质性。就时序而言，我国土地城镇化水平年度增长速度波动较大，大致经历了城镇化水平较低的慢速增长，快速城镇化时期的快速增长、波动增长、平稳增长

---

① 吕萍：《土地城市化与价格机制研究》，中国人民大学出版社2008年版；其他代表性文献还有蔡卫红：《福建省土地城镇化快于人口城镇化的现状及成因分析》，《福建论坛》（人文社会科学版）2013年第7期。

② 李昕、文婧、林坚：《土地城镇化及相关问题研究综述》，《地理科学进展》2012年第8期；其他代表性文献还包括，郭付友、李诚固、陈才等：《2003年以来东北地区人口城镇化与土地城镇化时空耦合特征》，《经济地理》2015年第9期。

以及高速增长五大阶段，整体上呈现土地城镇化快于人口城镇化特征；从空间来看，土地城镇化具有明显的区域特征，总体上呈现东部＞西部＞中部特征；省际土地城镇化水平增长幅度差别较大，省级土地城镇化水平空间峰值效应显著，土地城镇化与人口城镇化匹配关系省际差异明显。[①]

土地城镇化的动力机制。土地城镇化是制度、经济、房产、金融、人口等多重因素共同作用的结果。以 20 世纪 90 年代中期为界，我国土地城镇化具有不同的成因。1990 年以前，受改革开放政策、户籍制度政策以及工业优先发展影响，我国土地扩展迅速，是工业化和人口城镇化的必然结果。[②] 后期因"过度强调建设大规模城市"导致土地城镇化速度加快，出现以圈地谋求发展空间为特征的土地城镇化[③]，使得以大量开发区设立和房地产开发为代表的城镇建设用地增加。[④]

当前我国的土地管理制度、财税分配制度、干部考核制度是影响土地城镇化的关键因素。在我国政府垄断土地一级市场的情况下，地方政府在农地非农化过程中发挥着主导作用；我国实行土地有偿使用制度，高额的土地出让金极大地激发了政府农地非农化的积极性[⑤]；而现行的土地管理法律的不完善、土地监察力度不严以及土地市场制度的不完善，使得地方政府在农地非农化违法后很少受到法律的追责，约束机制的不健全一定程度上助长了地方政府推动农地非农化的进程。[⑥]

1994 年实行的分税制财税改革使中央政府"财权上收"而"事权留

---

① 张飞、孔伟：《我国土地城镇化的时空特征及机理研究》，《地域研究与开发》2014 年第 5 期。

② 陆大道、姚士谋、李国平：《基于我国国情的城镇化过程综合分析》，《经济地理》2007 年第 6 期。

③ Lin G. C. S. , "Reproducing spaces of Chinese urbanization: New city – based and land – centred urban transformation", *Urban Studies*, Vol. 44, No. 9, 2007, pp. 1827 – 1855.

④ 李昕、文婧、林坚：《土地城镇化及相关问题研究综述》，《地理科学进展》2012 年第 8 期。

⑤ 顾欣：《我国农地非农化进程的微观驱动机制研究》，《南通大学学报》（社会科学版）2015 年第 3 期。

⑥ 张飞：《中国农地非农化中的政府行为研究——基于中央与地方政府之间博弈的分析》，中国社会科学出版社 2014 年版，第 14 页。

置或者增加"，财权和事权的不对等使得地方政府财政收支从"盈余剪刀"转向"盈余赤字"①，为弥补不断扩大的财政赤字，地方政府迫切需要从预算收入之外寻求"谋财之道"，而通过农地征用获得土地出让金以充实非预算资金，成为分税制改革后地方政府筹集资金的普遍方式。② 唯"GDP 增速"的政绩考核指标进一步助长了地方政府过度农地非农化行为，为了获得更多的土地财政收入，突出任期政绩，往往借农地转让短期受益之便，大肆扩大农地扩展规模。③

对照制度变迁的成本，我国现行的土地城镇化制度是一项典型的政府强制性制度安排。在这一制度安排下，地方政府直接全面地介入土地产权交易，通过土地流转契约将农村集体所有土地国有化，而多方主体利益博弈则是该制度的外在表现。基于该制度，土地城镇化维持成本过高，而新的制度安排会给地方政府带来较多的变革成本。基于此，通过土地确权、顶层设计等相关措施，变革的维持成本将相应降低，预期效果会更为理想。④

经济增长是一个国家现代化的重要标志，促进地区经济增长、产业发展和增加财政收入是地方政府推进土地城镇化的重要驱动因素。分税制改革后，为推动地区经济增长，开辟新的财政收入来源，尽快完成城市建设的资本原始积累，地方政府往往以"公共利益"为由大肆推进土地城镇化进程，推进农地非农化，"以地生财"成为地方政府的最佳选

①　郭志勇、顾乃华：《制度变迁、土地财政与外延式城市扩张———一个解释我国城市化和产业结构虚高现象的新视角》，《社会科学研究》2013 年第 1 期。

②　操小娟：《土地利益调整中的地方政府行为分析》，《中国软科学》2004 年第 5 期；其他代表性的研究文献还包括王磊荣：《当前我国农村土地违法案件存在的原因和对策》，《农业经济问题》2007 年第 6 期；陶然、陆曦、苏福兵等：《地区竞争格局演变下的中国转轨：财政激励和发展模式反思》，《经济研究》2009 年第 1 期；李尚蒲、罗必良：《我国土地财政规模估计》，《中央财经大学学报》2010 年第 5 期；龙开胜、陈利根：《中国土地违法现象的影响因素分析———基于 1999—2008 年省际面板数据》，《资源科学》2011 年第 6 期。

③　陈燕、张飞：《我国农地过度非农化的经济学解释》，《经济体制改革》2009 年第 2 期。其他代表性研究文献还包括陈伟、王喆：《中国农地转用的制度框架及其软约束问题》，《中国人口·资源与环境》2014 年第 3 期。

④　刘磊、王文东、寇永哲：《中国农村土地城镇化制度安排的维持与变革成本分析》，《青海社会科学》2015 年第 5 期。

择。此外，后任政府为抵挡以往政府倒贴"三通一平"留下的亏损，往往通过圈占土地获得土地增值收益来实现。[①] 就产业发展而言，"农业发展是农地非农化的前提"，第二产业和第三产业的快速发展，客观上需要源源不断的土地作为产业发展的物质和空间载体，而以农地非农化为表征的土地城镇化顺应了产业发展的土地需求。[②]

土地财政冲动是地方政府主导土地城镇化的根本原因，而房价的不断上涨则是土地财政实现的支撑和保障。[③] 由于房价的波动不仅会影响土地出让金变动，而且对预算内的直接税收和间接税收产生影响。就现阶段而言，房地产价格主要通过满足地方政府土地财政需求进而引致土地征收与出让需求、支撑房地产开发和交易活动以及引起人们购房需求，进而导致土地引致需求增加三种方式推动土地城镇化的扩展。[④]

厂商和政府是土地市场的需求方与供给方，获取土地财政收入最大化是土地开发和供给的根本原则，而对土地进行改造则是土地出售的前期工作。由于从银行等金融中介机构获取贷款方式对土地进行购买和改造则是土地市场供求双方融资的主要途径，因此厂商和政府如能从银行取得贷款，且土地市场存在群体性投机行为时，政府就会增加土地开发的面积，从而使得土地城镇化的速度随着金融支持力度的提高而加快。[⑤] 人口向城市集中是城市化的必然现象。城市人口的增加既是城市扩展的最初动力，也是农村土地非农化的重要原因，人口向城镇转移对于建设用地的增加具有显著的刚性需求，其直接或间接地影响着土地利用结构

---

① 温铁军、朱守银：《土地资本的增值收益及其分配——县以下地方政府资本原始积累与农村小城镇建设中的土地问题》，《中国土地》1996 年第 4 期。

② 谢方：《基于产业集群的农村非农化研究》，博士学位论文，西北农林科技大学，2008 年。

③ 宫汝凯：《分税制改革、土地财政和房价水平》，《世界经济文汇》2012 年第 4 期。

④ 李永乐、舒帮荣、吴群：《房地产价格与土地城镇化：传导机制与实证研究》，《中国土地科学》2013 年第 11 期。

⑤ 李宝礼、胡雪萍：《我国土地城镇化过快的生成与演化——基于金融支持过度假说的研究》，《经济经纬》2016 年第 1 期。

的调整和转换。①

土地城镇化的利益博弈。作为城镇化的空间保障，农地非农建设使用与土地利用过程中的相关利益主体行为倾向存在着直接或间接关系，相关利益主体主要涉及政府（包括中央政府和各级地方政府）、村民委员会、土地开发商和村民四类利益主体。各利益主体围绕自身利益最大化进行博弈。

中央政府与地方政府之间不仅存在行政隶属关系，而且存在明显的层层委托、分级代理的委托代理关系和利益博弈关系。② 地方政府与土地开发商之间的关系往往是"利益共同体"和"利益矛盾体"的统一③；地方政府与农民之间的关系是一种典型的"零和博弈"，地方政府集土地垄断权和强制执行权于一体，是利益分配主体中占优势的一方，而农民力量弱小，自我意志无法上升为法律，始终处于弱势一方④；地方政府与

---

① 周庆奎、王岳龙：《大中城市周边农地非农化进程驱动机制分析——基于中国 130 个城市面板数据的检验》，《经济评论》2010 年第 2 期；[美] R. T. 伊利、E. W. 莫尔豪斯：《土地经济学原理》，滕维藻译，商务印书馆 1982 年版；此外，美国学者 Bogue 对美国 1929—1954 年城市人口增长数量与农地非农化研究发现，城市人口每增加 1 个，约需要增加 0.105 亩的农地非农占用。梅都斯通过对美国西部 1950—1960 年 44 个县的航测发现，每增加 1 个人需要 0.008—0.174 亩土地非农化。参见文献 Bogue, D. J., *Metropolitan Growth and the Conversion of Land to Non-Agricultural Use*, Studies in Population Distribution, 1956；[美] 德内拉·梅多斯、乔根·兰德斯、丹尼斯·梅多斯：《增长的极限》，李涛、王智勇译，机械工业出版社 2013 年版。

② 为实现地区经济增长和获得高额土地出让金，地方政府往往利用信息优势，采取机会主义行为损害中央政府利益，导致中央政府和地方政府之间的委托代理关系失灵。代表性研究文献是：肖轶、魏朝富、尹珂：《农地非农化中不同利益主体博弈行为分析》，《中国人口·资源与环境》2011 年第 3 期。

③ 一方面，土地开发商从地方政府那里低成本获得土地，因土地开发产生的就业增加和财政增长，又一定程度上促进了地区经济的发展；另一方面，受土地出让金利益影响，地方政府与土地开发商之间极易形成讨价还价关系。参见邓大才《制度失灵：农地交易失控之源》，《调研世界》2004 年第 2 期。其他代表性研究文献还包括任净、车贵堂：《规范土地征用过程中利益博弈的对策分析》，《经济研究导刊》2008 年第 17 期；刘守英、周飞舟、邵挺：《土地制度改革与转变发展方式》，中国发展出版社 2012 年版。

④ 叶继红、顾桥：《我国地方政府土地征用行为的产权和利益博弈分析》，《江西社会科学》2006 年第 2 期。其他代表性研究文献还包括李长健、徐海萍、辛晨：《权力、权利和利益的博弈——我国当前土地征收问题的法律与经济分析》，《经济体制改革》2008 年第 2 期；沈恒胜：《土地冲突中农民与政府的博弈后果及悖论》，《东南学术》2012 年第 4 期；王海全、龚晓：《我国农地改革路向的产权经济学分析》，《湖北经济学院学报》2005 年第 5 期。

村集体之间的关系也是一种典型的零和博弈关系。由于村集体集"理性经济人""政府代理人"和"村民代表人"于一身，理性人身份促使其竭力获得最大化利益，另一方面村民代表人的角色使得其与地方政府之间就农地非农化利益进行协商。①

　　土地城镇化的增值收益分配。对于农地非农使用的增值收益分配，目前理论界主要形成了"涨价归公论""涨价归农说"和"公私兼顾说"三种观点。一是涨价归公说。基于经济活动的"贡献原则"，认为土地增值完全来自于整个社会经济的发展，是人口的集聚和生产需求等多重要素共同导致而非个人劳动或投资引起的，因而其应当基本归社会所有。②在我国，虽实行城乡二元土地制度，但农村集体土地转为城市国有土地时，必须由国家征用，其背后的逻辑就是"涨价归公"，即土地价值增值来源于国家基础设施建设。③因此在土地增值收益分配上，应坚持全民共享、区域共享的原则，由全社会共享土地增值收益，既照顾以农业生产为主的边远地区农民利益，又照顾粮食主产区地区利益，而非仅仅考虑失地农民和城郊区利益。④

　　二是"涨价归农说"，认为农地所有人在农地转变成非农建设用地过程中，产权人权利本身的价值，不是由农地资源成本决定的，而是产权人在一定条件下放弃使用土地的经济补偿，因此应将土地转移过程中的增值收益主要返给农业和农民⑤，而失地农民在等到全额补偿后，应缴纳

　　① 罗森、赵俊：《我国农地管理的主体行为与博弈分析》，《科学经济社会》2012年第2期。其他代表性研究文献还包括丁同民、孟繁华：《我国农地非农化收益分配中的博弈分析》，《河南社会科学》2014年第1期；崔艺红：《农地征收活动中利益主体博弈的法律调控》，《农村经济》2009年第9期。

　　② 张期陈、胡志平：《论被征农地增值收益的归属》，《中南财经政法大学学报》2010年第6期。其他代表性研究文献还包括周诚：《关于我国农地转非自然增值分配理论的新思考》，《农业经济问题》2006年第12期；梁爽：《土地非农化过程中的收益分配及其合理性评价》，《中国土地科学》2009年第1期。

　　③ 刘守英、周飞舟、邵挺：《土地制度改革与转变发展方式》，中国发展出版社2012年版，第28页。

　　④ 李太森：《新型城镇化建设中的土地制度创新》，郑州大学出版社2016年版，第44页。

　　⑤ 臧俊梅：《农地非农化中土地增值分配与失地农民权益保障研究》，《农业经济问题》2008年第2期。

土地增值税，将因社会进行基础设施建设而增加的土地价值归还于社会。但在"农"的具体界定上，究竟应将土地增值部分给予失地农民，还是农业转移人口，学者们存在认知差异。华生认为，农业转移人口进城务工推动了土地增值收益，应将增值收益应给予城镇化主体，即农业转移人口[①]，而以周其仁为代表的绝大多数学者认为，增值收益源于土地，土地来源于失地农民，应将土地增值收益给予失地农民。

三是"公私兼顾说"。认为土地增值是由于土地用途转换来的，土地的外力增值不应归土地所有者，应归之于社会；土地开发权属于国家或全民，开发收益应收归国家，由国家分配，由此土地的增值收益应该以公促私，公私兼顾。[②]

(三) 人口城镇化

人口城镇化[③]是农村人口不断向城镇集中的异地城镇化或农村地区本身的城镇化相结合的过程，从此角度出发，人口城镇化必然涉及农村人口向城镇转移地域转变、农民身份向市民身份的转化，同时也是由农业为主向非农就业的职业转变过程。[④]

综合性地看，人口城镇化是以城乡居民、物质精神全面发展为核心目的，以契约精神和传统精神为价值取向，以农业转移人口异地市民化和农村城镇化为发展形态，以城乡利益格局调整为主要抓手，旨在实现城市和农村的协调发展。[⑤] 因此，人的城镇化是传统城镇化发展的价值转向，人的全面自由发展是其本质内涵，凸显农民的主体性地位是其现实

---

① 华生：《新土改：土地制度改革焦点难点辨析》，东方出版社 2015 年版，第 46 页；华生：《城市化转型与土地陷阱》，东方出版社 2013 年版，第 220 页。

② 高静：《试重构城镇化进程中农地转非的土地增值分配机制》，《城市发展研究》2011 年第 2 期。

③ 学界对于人口城镇化和人口城市化并无明确界定，甚至有时候将两者混用，故而本项研究将人口城市化研究统一纳入对人口城镇化综述中，在文献引用上仍保留原文献的表述。

④ 胡燕燕、曹卫东：《近三十年来我国城镇化协调性演化研究》，《城市规划》2016 年第 2 期；其他代表性文献还包括任奕颖、金兆怀、李刚：《农村人口城镇化的制约因素与对策思考》，《经济纵横》2015 年第 6 期。

⑤ 邬志辉、姜超：《人的城镇化：内涵、要素与教育能力》，《当代教育与文化》2014 年第 5 期。

指向。①

依据迁入地与迁出地距离远近，可将人口城镇化划分为"就地城镇化"和"异地城镇化"两类。其中，前者指农村人口不需要远距离迁徙，其以距家较近的市镇为主要迁移方向，也就是以地级市和县级城镇为核心的城镇化；而后者则指跨省或跨地级市的长距离流动。②

人口城镇化的区域差异。我国人口城镇化具有明显的区域和层级特征，总体上呈现人口城镇化滞后于土地城镇化，户籍人口城镇化滞后于常住人口城镇化现状。在区域差异上，东部地区人口城镇化水平最高，中部次之而西部最低；区域内部一般呈现沿海城市高于内陆城市，经济发展水平高的城市高于水平低的城市；从行政层级来看，地级及以上城市人口城镇化水平较高而县级及以下小城镇相对较低；从省级层面来看，中国的人口城镇化水平也呈现出"东高西低"局面。③

人口城镇化的影响因素。我国人口城镇化存在的区域和层级差异是地区间经济社会综合发展水平差异的集中体现。④ 造成区域人口城镇化水平差异显著的原因主要有区域自然资源环境、地区社会经济发展水平和国家区域发展政策以及农业转移人口市民化的意愿和能力。我国地域广阔，地形地貌复杂，区域自然环境限制是影响人口城镇化的基础条件；地区经济发展水平是人口城镇化的决定因素，而国家区域发展政策对于人口城镇化水平具有重要的影响作用⑤，而农业转移人口市民化的意愿和能力则深刻地影响着人口城镇化。

资源禀赋是影响人口城市化的基础性因素，其对人口城市化水平的影响具有明显的异质性。整体上，矿产资源对人口城市化产生积极促进作用。基于资源禀赋不同，在资源丰裕区，资源是人口城市化的内生性

①　姚毓春：《人的城镇化的政治经济学逻辑》，《当代经济研究》2014 年第 7 期。

②　李强、陈振华、张莹：《就近城镇化与就地城镇化》，《广东社会科学》2015 年第 1 期。

③　秦佳、李建民：《中国人口城镇化的空间差异与影响因素》，《人口研究》2013 年第 2 期。

④　刘炜：《城市化发展需正视的八个问题》，《经济学家》2006 年第 1 期。

⑤　刘盛和、蒋芳、张擎：《我国城市化发展的区域差异及协调发展对策》，《人口研究》2007 年第 3 期。

动力因素，其不仅参与生产，而且作为稀缺性商品获取产品收入，从而影响产业结构，进而在人口城市化动力结构中占据重要地位，而对于资源匮乏城市，资源是外生性要素，其对人口城市化并不构成独立的驱动力，而主要通过工业化、市场化和科技力量作用人口城市化。①

人口城镇化与空间城镇化相伴相生。人口城镇化始终伴随经济快速发展，经济增长是人口城镇化的基本动力。而飞速发展的工业化、社会主义市场经济的建立及其不断完善、对外开放、固定资产投资等经济增长要素则构成的人口城镇化的动力源泉。②

人口城市化的关键是基本公共服务均等化。基于纵向财权分配和横向晋升竞争，地方政府往往将有助于提升地方财政收入和个人升迁晋升的财政投入到道路、交通等生产性公共物品中，而对于制约人口城市化水平、对地区经济增长短期影响不明显的诸如教育、医疗、卫生等非生产性公共物品，投入较少甚至不愿投入。城市财政支出偏向严重制约着人口城市化进程。③

基础设施与人口城市化水平之间存在单向的因果关系，基础设施对人口城市化水平的提高具有明显作用但作用偏小。在类别上，基础设施对人口城市化水平提升具有明显的序列，其中社会服务类影响最大，文教卫类次之，交通运输、邮电通信、仓储类再次之，水电煤最小。基础设施与人口城市化水平非简单的线性增长关系，而呈现倒"U"形结构，

---

① 韩淑娟：《资源禀赋对中国人口城市化发展的影响》，《中国人口·资源与环境》2014 年第 7 期。

② 林毅夫：《中国城市发展与农业现代化》，《北京大学学报》（哲学社会科学版）2002 年第 4 期；代表性文献还包括：韩淑娟：《资源禀赋对中国人口城市化发展的影响》，《中国人口·资源与环境》2014 年第 7 期。

③ 张秀利、祝志勇：《城镇化推进与居民消费关系的实证：伪城镇化及其破解》，《财经理论与实践》2015 年第 6 期。其他代表性文献还包括：赵领娣、张磊：《财政分权、人口集聚与民生类公共品供给》，《中国人口·资源与环境》2013 年第 12 期；罗丽丽、彭代彦：《城市偏向、滞后城市化与城乡收入差距——基于省级面板数据的实证分析》，《农村经济》2016 年第 2 期；韩民春、刘甲炎：《财政基本建设投资对人口城市化的影响——基于 VAR 模型的实证分析》，《城市问题》2013 年第 12 期。

具有明显的门槛效应。①

以银行信贷为主要手段的金融发展是现阶段我国城镇化的重要融资手段。政府对银行信贷资金的占有与土地城镇化之间存在密切联系，当政府对银行信贷资金占有的能力越强时，土地城镇化的扩展速度会越快，这就导致人口城镇化严重滞后于土地城镇化。②

基于广义进化综合理论③中的"系统""组织层次""会聚"等核心概念，并与系统进化思想联结在一起，分析人口在地域上的空间分布问题，可以发现，人口城市化进程是物质世界系统进化的必然，其根本动力来自城市内能流相对于农村内能流的进化优势。④

还有学者从人口城镇化的重要流向——县域的视角进行探讨，通过分析县域人口城镇化的内生影响因子，发现生产总值、农林牧渔业人员、城乡收入比和人口发展功能区划是影响县域人口城镇化的主要因素。⑤

人口城镇化的效应作用。人口城镇化既是社会生产力发展的产物，也是国家经济健康发展的必然选择。随着城市化的不断推进，人口向城镇集中主要通过影响产业结构、城市居民消费能力、地区自主创新能力、政府消费能力以及技术溢出能力等方式驱动经济发展。但在推动经济增长的具体过程中，人口向城镇集中的影响作用具有明显的区域异质性。⑥

————————

① 张卫东、石大千：《基础设施建设对人口城市化水平的影响》，《城市问题》2015 年第 11 期。

② 李宝礼、胡雪萍：《金融发展会造成人口城镇化滞后于土地城镇化吗？——基于安徽省 16 个地级市面板数据的研究》，《华东经济管理》2014 年第 12 期。

③ 20 世纪 80 年代，以拉兹洛为代表的美国一批系统哲学家创立广义进化综合理论。该理论认为，进化是第三种状态下的系统，亦即远离热平衡和化学平衡的系统所发生的过程。参见 ［美］E. 拉兹洛《进化——广义综合理论》，闵家胤译，社会科学文献出版社 1988 年版。

④ 史学斌：《基于广义进化综合理论的人口城市化动力机制研究——一个系统学研究范式》，《农村经济》2013 年第 2 期。

⑤ 江易华：《县域人口城镇化的影响因素分析》，《统计观察》2012 年第 11 期。

⑥ 孔晓妮、邓峰基于 2005—2013 年全国除西藏外的 30 个省份面板数据，通过建立空间面板数据模型分析发现，人口城市化渠道城市经济增长具有明显的空间异质性。在东部，人口城市化主要通过影响产业结构、居民消费水平、自主创新能力驱动经济增长，而中部则是通过影响技术溢出与扩散能力、政府消费能力以及自主创新能力驱动，西部地区则是通过影响产业结构、城市居民消费能力、地区自主创新能力、政府消费能力以及技术溢出能力等多重因素作用的结果。参见孔晓妮、邓峰《人口城市化驱动经济增长机制的实证研究》，《人口与经济》2015 年第 6 期。

　　人口优化配置和推动农村人口向城镇集中居住是国家主体功能区价值目标的根本途径。在人多地少阻碍农业、农村和农民发展的同时，推动农业转移人口市民化，既有利于人力资源的有效配置，解决隐性失业，也可以改善农村居民的生活质量，缓解人与自然矛盾，发挥主体功能区战略在推动人口向城镇转移进程中的积极作用。①

　　人口城镇化的推进路径。收入水平是人口城镇化的重要条件。提高农民收入、保障转移人口合法权利，无论对主动城镇化还是被动城镇化，都具有重要意义。而以"三块地"为基础的土地承包经营权、宅基地使用权和集体收益分配权的土地财产权利能够有效增加农民收入水平。就主动城镇化而言，土地承包经营权的资本化、可转让与抵押的宅基地使用权以及集体资产的分配均能提高居民收入，进而实现人口主动城镇化，而集体资产的分配、土地征收补偿与集体经营性建设用地直接入市等方式的集体收益分配权也能从不同程度上增加农民收入，提高"被动城镇化"水平。②

　　解决好人的城镇化的问题是中国新转折的基础。③ 而户籍制度、土地制度、税收制度以及社会福利制度等均是制约人的城镇化的重要制度，因此健全"人地财"挂钩机制这一新型城镇化的内生发展机制，"以人为核心，以地为载体，以财为支撑"之核心，在坚持农地"三权分置"基础上，一方面推动财政转移支付与人的市民化改革联动，化解地方政府在推动人的城镇化进程中资金制约问题，为"户地"改革提供强有力保障；另一方面，抓住"土地"这一基础保障，将转移人口市民化与城镇建设用地增加相挂钩，消除土地指标行政配置的固有缺陷，既解决"空城""鬼城"现象，又解决人口地区集聚而住房不足困境；再者，做好"财政"这一关键，将制约人口城镇化基础设施建设资金不足与人的市民化相挂钩，强化基建资金与人的城镇化动态调整，是推进人的城镇化的

---

　　① 丁四保、宋玉祥、王荣成：《农村人口城市化是实现主体功能区价值目标的根本途径》，《经济地理》2009 年第 8 期。

　　② 张广辉、魏建：《农民土地财产权利与人口城镇化》，《学术月刊》2016 年第 3 期。

　　③ 华生：《新土改：土地制度改革焦点难点辨析》，东方出版社 2015 年版，第 228 页。

应然之道。[①]

　　针对我国人口城镇化率偏低的现状，推进人口城镇化应从推动人口城镇化与非农业化协调发展、健全社会保障体系、优化区域内外教育资源均衡配置及完善城镇基础设施建设和公共服务等方面采取系列措施，以扩大城镇就业、户籍制度改革为基本导向，大力提高人口城镇化水平和质量，推动城乡公共服务均等化，走出一条中国特色人口城镇化道路。[②]

第二节　研究思路与分析框架

一　研究思路

　　新型城镇化是我国现代化的必由之路，是释放人口红利、扩大内需、撬动经济社会发展的重要动力。与重地轻人的传统城镇化不同，其以人的城镇化为核心，强调土地要素的节约集约利用与均衡协调配置，重视农业转移人口的城市融入与权利保障，要求强化政府财政的有效供给并撬动社会资本在城镇化进程中的资金支撑作用。

　　本书立足新型城镇化发展的宏观背景，以加快农业转移人口市民化、促进土地资源优化配置和财政资金有效供给及其相互协调为研究目标，坚持宏观分析与微观考察相结合，既重视对三大关联性要素发展的现实情景、内在目标和约束条件进行宏观层面的考察，又注重对国内外典型地方经验进行深入分析。在此基础上将三者置于整体性分析框架中，研究如何实现要素之间的协调配置与均衡发展。

　　依循上述分析逻辑，本书认为科学预判农业转移人口的规模以及与之相匹配的土地要素与财政资金的潜在需求，深入分析各关键要素的发展现状和未来趋向、现实问题与动力机制、宏观发展与地方实践等构成本项研究的主要内容。具言之，应进行如下五大部分的深入研究。

---

　　①　宣宇：《新型城镇化内生机制与政策保障的关联度》，《改革》2016 年第 6 期。
　　②　中国人口与发展研究中心课题组：《中国人口城镇化战略研究》，《人口研究》2012 年第 3 期；其他代表性文献还包括任苹颖、金兆怀、李刚：《农村人口城镇化的制约因素与对策思考》，《经济纵横》2015 年第 6 期。

一是如何科学预测城镇化进程中的人口存量规模与变量规模。该问题涉及我国新型城镇化中转移人口体量考察，而人口转移实践又是国家宏观制度安排与微观个体实践的有机统一，因此研究相关政策与个体意愿和能力也成为人口转移研究的现实需要。也就是说，既要对城镇人口的现有存量和未来增量进行测算，并深入剖析人口转移的阶段特征、动力机制、地方实践及其政策限度。

二是以人口转移规模为约束条件。探究如何满足不断增长的空间需求和财政资金，即对土地要素和资金要素"需求侧"与"供给侧"的分析，涉及需求规模、供给来源和有效配置三大层面。其中与土地相关的是，需要多大规模的土地规模？如何认识现阶段空间扩张的主要来源（农地非农化）及其现实困境？其可能替代源是什么？又该如何寻找？如何认识现有的城镇空间规模以及未来的扩张态势及其限度？如何发掘城镇化空间扩展的动力机制、剖析其内生矛盾与衍生风险，梳理地方实践典型经验等成为重要内容。

三是财政问题。由于人的城镇化需要充足的资金和土地作为物质条件和空间载体，因此对财政问题的研究势必涉及两大维度，即财政的"收"与"支"。是故，与财政资金密切相关，便是如何科学测算"人—地"城镇化的规模和结构，从而为人的城镇化提供财政支持。其中，与土地相关的便是土地财政问题。考虑到土地财政在现阶段中国城镇化发展中扮演的重要作用，但以地生财的资金来源形式也存在一定的限度。那么，应该如何认识其现实意义、支持限度与机制缺陷，又该如何合理规避其财政风险？

其次，与人口相关的则是市民化的财政支持问题，也就是成本的合理分担问题。由于市民化既是转移人口向享受公共服务的过程，也是职业转变和地域转换以及生活转型的过程，因此政府、企业和转移人口构成市民化成本分担的潜在主体。由此农民市民化成本如何测算、分担机制如何构建、地方实践有何经验等构成研究不可或缺的内容。

四是将三大关联性要素置于整体性分析框架中，探究相关指标体系选取和耦合模型构建，在此基础上对中长期的需求进行有效预测。即构建人口（P）—土地（E）—财政（F）要素系统的关系耦合模型

（New – type Urbanization 系统），并对中长期人口、土地与财政需求进行预测？

五是如何形成集约与协调的城镇化道路？如何在政策层面上，构建三大要素的关联机制？又如何推动三大制度的协同改革和健全人地财挂钩机制？从而使土地资源集约化和财政投入高效化，从而实现城镇化进程中的人口、土地和财政资源的协调配置。

二　研究框架

（一）研究问题

依循上述研究思路，我们发现"人往哪里走""地从哪里来""财政如何投"构成本项研究的三大基本问题。鉴于此，本书以新型城镇化进程中的土地、人口和财政的动态均衡和协调发展为研究目标，以三大要素有序发展及要素之间的关联关系为分析关键，分别进行政策实证考察和绩效评估、协调耦合模型搭建、发展目标预测评估以及政策协同和机制创新四大方面内容的研究。

一是人往哪里走。新型城镇化的核心是人的城镇化，从狭义上讲就是从土地城镇化到人的城镇化。[①] 新型城镇化是人口持续向城镇集聚的过程，城镇能否有效接纳、是否有充足的就业机会和能否实现有效融入都是其关键问题。受制于城市空间和承载能力的限制，大量农业转移人口不可能全部流向大城市，同时小城镇在就业机会供给上的能力不足等问题，也使得市民化不能完全依赖小城镇。为此，加快户籍制度改革、完善社会保障体系，从而解决进城农民工的落户和社保问题，才能有效促进农业转移人口的市民化。

因此，本书不仅从存量规模和增量规模双重视角考察市民化的转移主体数量，而且对市民化人口转移的阶段特征、时序特征以及空间分布样态进行考察，试图回答人口转移有多少、转移程度如何以及转移到何处。在此基础上，对新型城镇化转移的动力机制和运作基础进行检视，也就是考察人口为何转移、为何向不同层次的城市和地区转移以及当前

[①]　唐子来：《新型城镇化与城乡规划转型》，《小城镇建设》2014 年第 10 期。

的运作状况。进而，从宏观走向微观，从面上考察回归地方实践，研究
当前地方推动人口转移的典型实践以及政策限度，进而探究如何通过更
好的政策创新实现人口转移。研究框架如图 0—2 所示。

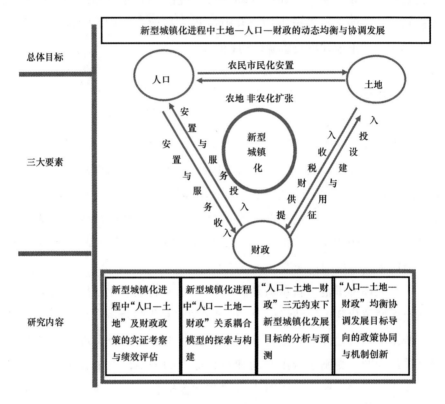

图 0—2　研究框架

　　二是地从哪里来。土地是城镇化发展的重要基础性资源，因此城镇
化发展需要大量建设用地。国大人多地少是我国的一个基本国情，18 亿
亩是不能逾越的耕地红线，因此土地资源是城镇化发展的约束瓶颈之一。
当前，城镇化发展面临的一个状况是，农村用地并没有随农村人口向城
镇集中而减少，反而呈现双向占地的情况，村庄布局零星散乱，土地面
临限制浪费与刚性需求双重约束。在推进新型城镇化进程中，通过土地
增减挂钩、土地整理等方式，统筹使用城乡土地，提高城镇建设用地集
约化的程度，是解决新型城镇化进程中土地问题的重要途径。这就要求

我们既要落实耕地保护制度，又要贯彻好节约集约用地制度，推动土地利用结构转型。通过调整土地利用结构大力推进经济结构调整，通过土地利用规划统筹协调区域产业发展重点，避免重复建设，以充分发挥城镇化战略对经济、社会发展的巨大推动作用。①

因此，对空间扩展规模和扩展特征等城镇化进程中的空间扩展现状进行考察，构成研究的内容之一。这样的研究安排，首先有利于我们了解城镇空间扩展后，土地利用了多少以及目前呈现什么状态。其次，这样的空间扩展的动力机制是什么以及存在什么矛盾和风险？对该问题的研究，有助于我们认清当前空间扩展背后的深层次逻辑及其问题。最后，面对不可逆的人口转移趋势，还需要多少规模的土地，这些土地从何处供给？在耕地红线约束的前提下，推动土地节约集约利用便构成其发展的现实面向。由此，考察当前我国土地节约集约利用的顶层设计和地方实践及其限度，以及土地节约集约利用的未来走向便构成本章研究的内容之一。

三是财政如何投。土地收益依然是地方政府获得建设资金的重要来源，必须通过深化财税金融制度改革，逐步减少政府对土地财政的依赖。要研究对存量土地征收物业税、房产税等，以保证政府有相对稳定的财政收入，也使地方政府能主动平抑地价，而不是希望土地卖得越贵越好。以财政转移支付改革为突破口，逐步解决制约农业转移人口市民化的资金问题，探索财政转移支付与农民工市民化机制挂钩问题，进而形成科学合理的农民工市民化成本分担机制。同时，要处理好中央和地方的关系，除了厘清中央与地方在城镇化过程中不同职能和责任外，还有一个重要方面就是要妥善划分中央和地方的事权及支出责任，完善政府财政转移支付政策与社会多元融资政策协同促进，进行税制改革，理顺中央和地方收入划分的任务。②

因此，分别从土地和人口出发，既考察土地财政的绝对规模与相对

① 许强、王德钧、冯静：《我国城镇化发展的回顾及启示》，《资源与人居环境》2010年第22期。

② 何树平、威义明：《中国特色新型城镇化道路的发展演变及内涵要求》，《党的文献》2014年第3期。

规模、现实意义及其潜在风险，又重视从有利于加快农业转移人口市民化角度探究其成本构成及其合理分摊机制，这也构成本项研究的内容之一。

（二）研究内容

本书的研究分为六章。第一章首先对城镇化进程中的人口转移阶段特征与总体规模进行较为系统的研究，其次对城镇化进程中人口转移次序与迁转空间进行评估，同时对城镇化进程中人口转移的运作基础与动力机制进行分析，最后对城镇化进程中的人口转移政策限度进行了比较探讨，进而概括总结人口转移政策调整与政策创新的基本思路、主要措施与基本经验，力求为城镇化中存量与变量人口的有序转移提供理论借鉴与实践参考。

第二章系统考察城镇空间扩展规模、扩展特征及其扩展动力机制，深刻分析城镇空间扩展存在的多重矛盾。以推进以人的城镇化为核心的新型城镇化为目标，深入探究城镇空间扩展的合理规模和土地利用结构优化调整的转型路径。换言之，本章从空间扩展与土地利用结构转型视角，探讨我国城镇化建设的空间扩展的现实情境以及新型城镇化背景下土地需求的未来走向。

第三章从"人—地"城镇化的财政支出规模与结构、"土地财政"的支持限度与机制缺陷、"人—地"城镇化的财政风险三个层面，探讨了农民市民化与农地非农化中的财政支持内在机理与限度。

第四章对农民市民化的内涵、成本的具体构成进行了详细界定，接着分地区、分类型对农民市民化成本进行测算，同时，对市民化成本分担的案例及其效度进行了梳理与评估，最后对农民市民化的成本分担做了初步的探索。

第五章构建出人口（P）—土地（E）—财政（F）要素系统的关系耦合模型（New–type Urbanization 系统），测度 New–type Urbanization 系统的协调耦合水平，构建灰色动态规划模型，采用灰关联预测技术，对 New–type Urbanization 系统的主要指标值进行预测分析，运用线性规划方法，构建"人口—土地—财政"要素耦合模型，并对要素变量进行测算。

第六章以我国进入新型城镇化发展的深入阶段为背景，深刻研究、系统总结世界发达国家及同水平发展中国家城市化发展经验及其借鉴。将三维关键要素置于系统性、整体性和协同性的框架中，探究彼此之间的关联机制及其协同政策。本章立足于城市化建设的全球视野与本土命题，以世界经验的"为我所用"对主要典型国家城市化发展历程和实践经验进行有效总结，在此基础上探究我国新型城镇化发展的机制创新及其政策协同。

第 一 章

新型城镇化的人口存量与变量

人口向城镇集聚是城镇化的基本特征，城镇人口占总人口的比重不断提升是城镇化的基本表现。促进有能力在城镇稳定就业和生活的农业转移人口举家进城落户，使其享受与城镇居民同等的公共服务，是我国新型城镇化建设的首要任务①，而其基础和前提则是准确认识农业转移人口市民化的存量和变量。换言之，推进以人为核心的城镇化，需充分尊重农民群众意愿，优先解决城镇外来人口存量，促进有能力在城镇稳定就业和生活的常住人口有序实现市民化。同时，有序引导增量农业转移人口有序转移，引导农民定居农村社区、小城镇、中小城市以及大城市。

鉴于此，本章首先对城镇化进程中的人口转移阶段特征与总体规模进行系统性研究；其次对城镇化进程中人口转移次序与迁转空间进行了评估，同时也对城镇化进程中人口转移的运作基础与动力机制进行分析；最后对城镇化进程中的人口转移政策限度进行了比较探讨，进而概括总结了人口转移政策调整与政策创新的基本思路、主要措施与基本经验，力求为城镇化中存量与变量人口的有序转移提供理论借鉴与实践参考。

第一节　人口转移的总体规模与阶段特征

农村人口向城镇转移是世界各国工业化、城镇化推进过程中的必然

---

① 《国务院办公厅关于印发推动 1 亿非户籍人口在城市落户方案的通知》（国办发〔2016〕72 号），2016 年 9 月 30 日。

现象。作为影响政治稳定、经济发展与社会和谐的重要因素，农村人口的城镇转移也是政府进行制度管制与政策调控的重要领域。正是在这个意义上，城镇化进程中的人口转移无不渗透着国家及其代理人——政府的政治意图和行动意志。整体来看，我国农村人口转移规模与一定时期国家顶层制度设计、经济发展水平等因素具有密切的联系，并呈现出明显的阶段性特征。

改革开放前，我国政府严格限制农村人口向城镇转移，人口转移基本处于波动中缓慢发展、停滞甚至倒退阶段。1949—1952 年国民经济恢复时期，部分滞留在农村的人口返城，城镇人口得以快速增长；"一五"期间，在工业化战略的推动下，大量农村劳动力从农业部门转移到工业部门，政府在农村推行的招工政策推动了部分农村人口的城镇转移，该时期我国城市人口增长较快。然而自 1958 年颁布《中华人民共和国户口登记条例》[1] 后，政府通过户籍制度严格限制农村人口向城镇转移，人口转移进程放缓。其中，文化青年上山下乡运动时期，城市人口向农村大量转移，出现"倒转"现象。1968—1977 年间数以万计的城镇知识青年进入农村安家落户，到 1977 年末城镇知识青年上山下乡人数规模达863.8 万人[2]（见表1—1）。

表1—1　　　　1968—1977 年城镇知识青年上山下乡人数规模　　单位：万人

年份	1968	1969	1970	1971	1972	1973	1974	1975	1976	1977
下乡人数	199.7	267.3	106.4	140	67.4	89.6	172.5	236	188	171.6

资料来源：根据《中国知识青年上山下乡大事记》一书相关数据整理而成。

改革开放以来，农村人口向城镇转移的规模不断扩大。1982 年，以家庭联产承包责任制建立为标志，我国农村经济体制改革逐步加速，解放和促进了农业部门的生产力，农业剩余人口不断增多。然而受政策限制，农村劳动力转移的速度相当缓慢。1984 年，国家出台政策允许农民

---

[1] 《中华人民共和国户口登记条例》，国务院令第387，2002 年 8 月 8 日。
[2] 顾洪章：《中国知识青年上山下乡大事记》，人民日报出版社 2009 年版，第 182 页。

自带口粮进入城镇务工经商，改革释放出来的农业剩余人口涌入城镇非农产业部门，并形成了"农民工"潮。仅 1985 年末，我国转移的农村劳动力就达 4531 万人，相较于 1984 年转移的 2101 万人，增长 1 倍之多。①由于此时政府用指标对农村人口户籍转移加以严格调控，农村人口转移是一种典型的地域转移与职业转换，且以就地转移为主，乡镇企业承担着农村人口城镇转移的重任。

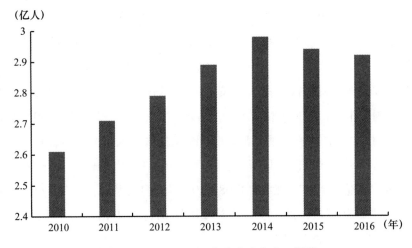

图 1—1　2010—2016 年人户分离人口规模

资料来源：根据《2017 年中国统计年鉴》相关数据整理而成。

　　20 世纪 90 年代，各种限制农村劳动力转移的政策逐步取消，农村人口跨地区异地流动比重大幅上升。到 20 世纪末，农村人口外出从事非农产业的规模达 1 亿人左右。21 世纪后，农村人口城镇流动与非农化转移规模进一步扩大。2010—2014 年，城镇流动人口规模大，且逐年增长，人户分离现象也愈加突出。2010 年人户分离人口达 2.61 亿，到 2014 年，我国人户分离人口达 2.98 亿。②近年来，随着新型城镇化的不断推进，各地出台户籍等多项政策，人户分离人口呈下降趋势，但由于基数大，下降速度相对较小（见图 1—1）。

---

① 关国瑛：《我国农村剩余劳动力人口转移现状分析》，《人口与经济》2010 年第 1 期。

② 此数据根据《2015 年中国统计年鉴》相关数据整理而得。

随着我国经济社会结构的快速转型，城乡劳动力供求态势也发生了重大转变，农村人口转移进入稳定增长阶段。国家在制度层面上逐步取消了对农村劳动力进入城镇就业的不合理限制，党和政府也积极引导农村剩余劳动力有序城镇转移，农村人口城镇转移稳步上升。《国家新型城镇化规划（2014—2020 年）》的出台，对新型城镇化战略规划进行了综合性布局，提出要按照尊重意愿、存量优先、带动增量的原则，实施差别化的落户政策，推进以人为核心的城镇化，努力实现 1 亿左右农业转移人口和其他常住人口在城镇落户，农村人口转移速度不断加快，转移规模日趋扩大，人口转移质量不断提升。

一 人口转移的总体规模

农村人口向城镇转移，实则是农村劳动力的跨部门和跨区域流动，是我国经济转型和社会结构变迁的驱动力量。我国的城镇化呈现双重特征，即在农村面临农业剩余劳动力的非农化转移压力以及日趋严重的空心村现象、留守群体问题的同时，城市也面临着"民工荒"等劳动力短缺现象、大城市人口过度集聚、中小城市人口吸引力不够等困境。农村劳动力的城镇转移成为影响我国经济社会发展的重大课题。讨论转移人口的现实形态，其主要涉及对我国农村人口城镇转移存量测算与未来增量测算。

（一）农村人口向城镇转移的存量规模

一般认为，某人在某地居住 6 个月即可认定为该地的常住人口。清华大学中国农村研究院副院长张红宇牵头组成的"城镇化进程中农村劳动力转移问题研究"课题组认为，依据城镇人口的定义和农村人口转移的方式，可将城镇人口大致分为四类：一是原籍城镇人口，即土生土长的城镇人，其具体包括两类人，即祖籍在城镇的人口和农村居民落户城镇后生育的子女；二是在城镇化过程中由农业户籍转换为城镇户籍的人员；三是在本乡镇以外的城镇务工生活的农业户籍人员；四是在户籍所在镇、区工作和生活的农业户籍人员①（见表1—2）。

表1—2 　　　　　　　　　　**我国城镇人口基本类型表**

原城镇常住户籍人口	土生土长的户口籍贯在城镇的城市户籍人员
农村向城镇转移人口	城镇化进程中农村居民落户城镇后生育的子女
	城镇化过程中由农业户籍转换为城镇户籍人员
	在本乡镇以外的城镇务工生活的农业户籍人员
	在户籍所在镇区工作和生活的农业户籍人员

参考张红宇的观点，本项研究认为，除祖籍在城镇的人口外，其他均可认为是农村向城镇转移的人口。② 此外，本研究所讲的存量规模特指2015年末我国农村人口向城镇转移的数量。

1. 农村人口向城镇转移的人数累计达4.96亿左右

改革以来，农村人口不断向城镇转移，数量规模不断扩大且逐年增长。由于农村人口向城镇转移的历年累计规模无法从统计数据获得，因此只能通过估算进行分析。以1978年为起点，将当前城镇人口增长数量和城镇人口自然增长数量之间的差数，视作农村人口向城镇转移的数量。其计算公式如下：

$$P_{转} = P_{增} - P_{自} \tag{1}$$

式（1）中，$P_{转}$ 表示农村人口向城镇转移量；$P_{增}$ 表示当前城镇人口增量；$P_{自}$ 表示城镇人口自然增长的数量。

在本项研究中，我们将1978年1.7亿城镇户籍人口作为基数③，乘

---

① "城镇化进程中农村劳动力转移问题研究"课题组、张红宇：《城镇化进程中农村劳动力转移：战略抉择和政策思路》，《中国农村经济》2011年第6期。

② 下文的具体测算指标和测算方法参照了南京农业大学张红宇等主持的、农业部2010年度重大调研课题"城镇化进程中农村劳动力转移问题研究"的调研报告的估算方法，且引用了其2009年的数据，参见"城镇化进程中农村劳动力转移问题研究"课题组、张红宇《城镇化进程中农村劳动力转移：战略抉择和政策思路》，《中国农村经济》2011年第6期。需要说明的是笔者将农村居民落户城镇后生育的子女，也计算在农村向城镇转移的人口内。

③ 1978年城镇户籍人口数据以当年城镇人口数量代替。

以历年城镇户籍人口的自然增长率①，计算出 2009 年城镇户籍人口自然增长数量，计算得出自然增长数量约 2.1 亿人。按 2009 年城镇人口 6.2 亿进行计算，得出城镇人口增加规模约为 4.1 亿。② 也就是说，从 1978 年到 2009 年，农村转移到城镇的人口数量约达 4.1 亿。以此为基础，参照《中国城市统计年鉴》（2011—2014 年）数据，估算 2013 年农村转移到城镇人口累计数量。2009 年，城镇人口为 6.5 亿人，乘以历年城镇户籍人口自然增长率，计算得出，2013 年末，城镇户籍人口自然增长数量约为 0.1 亿人，按 2013 年末城镇人口 7.3 亿人计算，城镇人口增加规模约为 0.7 亿人。其推算公式为：

$$P_2 = P_1 + P_{2013}\{P_{2009}(1 + F_1)(1 + F_2)(1 + F_3)(1 + F_4)\}$$

$$(2)$$

式（2）中，P_2 表示 2013 年末农村转移到城镇的人口数量，P_1 表示 2009 年农村转移到城镇的人口数量，P_{2013} 表示 2013 年末城镇人口数，P_{2009} 表示 2009 年末人口数，F_1、F_2、F_3、F_4 表示 2010 年、2011 年、2012 年、2013 年城镇户籍人口自然增长率。

计算得出，2013 年末，我国农村转移到城镇的人口数量达 4.8 亿人。查阅最新的《中国城市统计年鉴》（2015—2016 年），以同样的测算方法将数据推进到 2015 年末。其推算公式为：

$$P_2 = P_1 + P_{2015}\{P_{2013}(1 + F_1)(1 + F_2)\} \qquad (3)$$

式（3）中，P_2 表示 2015 年末农村转移到城镇的人口数量，P_1 表示 2013 年农村转移到城镇的人口数量，P_{2015} 表示 2015 年末城镇人口数，P_{2013} 表示 2013 年末城镇人口数，F_1、F_2 表示 2014 年、2015 年城镇户籍人口自然增长率。

计算得出，2015 年末，我国农村转移到城镇的人口数量达约 4.96 亿。

---

① 其 1979—1985 城镇户籍人口自然增长率以历年《中国统计年鉴》中市政人口自然增长率代替；1986—2009 年城镇户籍人口自然增长率以历年《中国城市统计年鉴》中市辖区人口自然增长率替代。下文的数据测算均以同样方式替代。

② "城镇化进程中农村劳动力转移问题研究"课题组、张红宇：《城镇化进程中农村劳动力转移：战略抉择和政策思路》，《中国农村经济》2011 年第 6 期。

2. 农业户籍转为城镇户籍人数规模 3.02 亿左右

《中共中央关于制定国民经济和社会发展第十三个五年规划的建议》指出 2013 年我国户籍人口城镇化率约为 35.9%，年均提高 1.3 个百分点，年均需转户 1600 多万人。[①] 本项研究将 2013 年的户籍城镇化率界定为 35.9%，2013 年我国总人口约 13.6 亿，由此得出 2013 年我国城镇户籍人口约 4.9 亿。上文已估算出 1978 年到 2013 年，城镇户籍人口自然增长数量约为 2.2 亿，因此可推算出 1978 年到 2013 年这 35 年间，农业户籍转为城镇户籍的人口总数为 2.7 亿左右。按《"十三五"规划》所确立的户籍人口城镇化率年均提高 1.3 个百分点，年均转户 1600 万人为基数，计算 2015 年末我国农村户口转为城镇户口的规模，其推算公式为：

$$P_{2015户} = P_{2013户} + 1600 \times 2 \qquad (4)$$

式（4）中，$P_{2015户}$ 为 2015 年末我国农村户口转为城镇户口的规模，$P_{2013户}$ 为 2013 年末农业户籍转为城镇户籍的人口规模。

计算得出，1978 年至 2015 年末，我国农业户籍转变为城镇户籍的人数规模总数达 3.02 亿人。

3. 未获得城镇户籍的农村转移人口规模约为 1.94 亿

农村转移到城镇的人口规模，减去农业户籍转为城镇户籍的人口，即得到未获得城镇户籍的农村转移人口数量。其推算公式为：

$$P_{2015无户} = P_2 - P_{2015户} \qquad (5)$$

式（5）中，$P_{2015无户}$ 为 2015 年未获得城镇户籍的农村转移人口数量；P_2 为 2015 年末农村转移到城镇的人口数量；$P_{2015户}$ 为 2015 年农业户籍转为城镇户籍的人口。

1978—2015 年以来，农村人口向城镇转移的人数累计达 4.96 亿人，农业户籍转为城镇户籍人数规模约达 3.02 亿人，由此计算得出，到 2015 年末，我国未获得城镇户籍的农村转移人口规模约为 1.94 亿。2015 年度人力资源和社会保障事业发展统计公报提供的数据显示，2015 年末，我

---

① 习近平：《关于〈中共中央关于制定国民经济和社会发展第十三个五年规划的建议〉的说明》，《新华日报》2015 年 11 月 3 日。

国外出农民工人数达 16884 万人[①]，这些人口都被统计为城镇人口，这些农民工人口加上其随迁子女人口，以及未转为城镇户籍的大中专学生人口，构成了未获得城镇户籍的农村人口转移的总体规模。

（二）农村人口向城镇转移的增量[②]规模

1. 2020 年农村转移至城镇的人口总量为 0.92 亿。随着工业化、城镇化和市场化的不断推进以及城乡要素流动性的制度性障碍逐步消解，向城镇转移的农村剩余劳动力将成为城镇人口增长的重要来源，其深刻地影响着城镇经济的发展与社会秩序的稳定。"单独二胎"人口政策的实施，影响着我国未来人口总量与农村人口城镇转移规模。本项研究将我国现行的人口政策作为影响 2020 年农村向城镇转移人口规模的核心要素进行考察。

国内机构与学者提出了各自的人口预算方案。根据对我国单独二胎实施状况提出 2020 年人口总量预测方案，其中，高方案 13.95 亿人，中方案 13.89 亿人，低方案 13.76 亿人。[③] 本研究分别把 13.95 亿、13.89 亿、13.76 亿作为 2020 年我国人口总量的高方案、中方案和低方案。同时，对 2011—2015 年中国统计年鉴城镇人口比进行测算，城镇化率分别提高 1.3 个、1.16 个、1.04 个、1.33 个百分点，年均提高约 1.21 个百分点，鉴于当前我国城镇化发展趋势，分别把 1.4 个、1.2 个、1 个百分点，作为未来 5 年城镇化速度的高方案预测值、中间方案预测值和低方案预测值。

基于上述假设，我们分别对 2020 年我国农村人口城镇转移进行高位、中位和低位三种预测。如果以中方案为预测结果，以 2015 年城镇化率 56.1%、总人口 13.75 亿、城镇人口 7.71 亿为基数，2020 年我国总人口将达 13.89 亿左右，城镇化率为 $56.1\% + 5 \times 1.2 = 62.1\%$，依然低于发

---

① 人力资源和社会保障部：《2015 年度人力资源和社会保障事业发展统计公报》，人社部官网，http://www.mohrss.gov.cn/SYrlzyhshbzb/dongtaixinwen/buneiyaowen/201605/t20160530_240967.html。

② 这里的增量规模，指未来一定时间段内农业剩余劳动力转移到城镇的增加量。

③ 易富贤、苏剑：《从单独二孩实践看生育意愿和人口政策 2015—2080 年中国人口形势展望》，《中国发展观察》2014 年第 12 期。

达国家 80% 的水平,城镇人口达 $13.89 \times 62.1\% = 8.63$ 亿左右,比 2015 年增加约 $8.63 - 7.71 = 0.92$ 亿。取 2015—2020 年人口自然增长率的平均值 $\frac{13.89 - 13.75}{13.89} \div 5 = 2.02$ 个千分点,为今后 5 年的总体人口增长率,另假定城镇户籍人口自我增长率比总体人口自然增长率低 2 个千分点,上文得出 2013 年城镇户籍人口为 4.9 亿,则可估算到 2020 年城镇户籍人口的自然增长 $4.9 \times (0.00202 - 0.002) \times 7 = 0.000686$ 亿,因此,至 2020 年我国农村人口转移至城镇人口约达 $0.92 - 0.000686 = 0.91$ 亿。高位预测与低位预测方法同上(见表 1—3)。

表 1—3　　　　　　　2020 年我国城镇化与农村劳动力转移预测

	人口规模 (亿人)	城镇化率 (%)	城镇人口规模 (亿人)	城镇户籍 人口增长 (亿人)	新增转移 农村人口 (亿人)
高位预测	13.95	63.1	8.8	0.029751	1.06
中位预测	13.89	62.1	8.63	0.000686	0.91
低位预测	13.76	61.1	8.41	0.063615	0.64

2. 2020 年取得城镇户籍的农村转移人口总量 3.82 亿。与城镇化水平和农村人口城镇规模相比较。转移农业人口取得城镇户籍更多地受到政策、制度因素的影响。上文推算,至 2015 年末,我国农业户籍转为城镇户籍的规模达到 3.02 亿。以上文所采用的户籍人口城镇化率年均提高 1.3 个百分点,年均转移 1600 多万人进行推算,未来 5 年获取城市户籍的人口将达 1600 万 $\times 5 = 0.8$ 亿,因此到 2020 年,取得城镇户籍的农村转移人口将达 3.82 亿。

二　人口转移的阶段特征

城乡、区域经济社会发展的不平衡,是构成农村剩余劳动力持续向城镇转移的重要动因。随着户籍改革的深入,城乡二元户籍制度的逐步消解,农村人口城镇化转移与市民化也面临着重要历史机遇。现阶段,我国农村人口的城镇化转移在转移主体、转移方式、转移动力、转移结构及其质量等方面呈现出较为明显的阶段性特征。

（一）转移意愿：渴望融入与心理游离伴生

农村人口向城镇转移是城镇化过程中的必然现象。改革开放前，我国农村人口的城镇化转移是缓慢的、滞后甚至倒转的。直到改革开放后，我国农村劳动力才得以有序地向城镇流动，成为城镇的产业工人，实现了地域的转移与职业的转换。然而，由于我国长期推行低成本的工业化与高成本的城镇化发展战略，农村劳动力的城镇迁移呈现"候鸟"式迁移特征，农村劳动力成为进城务工的"农民工"。农民工逐步成为我国产业工人的主体，为我国经济社会发展作出了巨大贡献。

总体来看，城镇良好的基础设施、优质的教育与医疗资源、较为健全的社会保障、较为丰富的就业机会、完善的文娱设施，都吸引着农民工进入城镇居住与落户。但是，随着农村综合改革的不断深入，农村户籍"含金量"的提升①，农村户口因其所享受的公共服务与社会福利的扩大而受到更多的青睐。加之城镇购房成本和生活成本的高昂、城镇生活适应与融入的困难让多数农民工仍想保留农村户籍，更愿意年老时回到农村居住。现阶段，我国农业转移人口的城镇化转移与市民化的意愿表现为强弱并存的格局，既表现为融入城镇，享受城镇优质生活的强烈欲望，又表现为融入城镇的心理游离及其偏弱性。从单纯的城镇转移意愿与市民化意愿相比较，城镇转移意愿高于市民化意愿。

2016年1—3月，项目组采用简单随机抽样形式，选取全国20余省就农村发展和新型城镇化发展进行问卷调查，发放问卷2500份，回收有效问卷2260份。对"对于您是否愿意离开农村，搬到城镇中去"问题的回答如图1—2所示。抽样调查数据结果，19%的农民非常愿意搬进城镇居住，表现出强烈的进城居住意愿；但仍有11%的农民非常不愿意转移至城镇，转移意愿不高。本项研究将非常愿意、比较愿意、一般都视为

---

① 农村户口可享受的基本权利有拥有承包地和宅基地、享受到集体收益分配权、征地补偿、购置住房和大病保险和新农合等。参见《〈农村户口多值钱〉一张表告诉你：越来越贵》，土流网，https://www.tuliu.com/reaol-13021，tml。

愿意转移至城镇居住和落户的农民，比较不愿意、非常不愿意的视为不愿意进城居住的农民，发现有 74% 的农民愿意转移至城镇居住，只有 26% 的农民不愿意进入城镇生活居住。

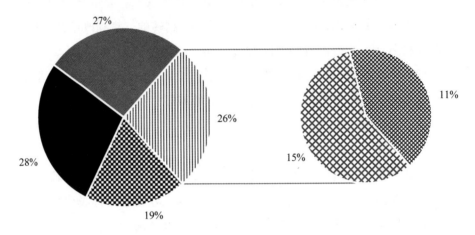

❚ 非常愿意　■ 比较愿意　■ 一般　❧ 比较不愿意　❋ 非常不愿意

图1—2　农民从农村转移至城镇居住的意愿

资料来源：根据课题组抽样调研数据整理而成。

城镇具有基础设施完善、生活方便、文体娱乐设施多、精神生活丰富、教育资源优良、利于子女成长、医疗卫生服务好、就业门路多、利于发家致富等诸多优势，吸引着农村人口的转入。在不考虑城市房价太高、生活成本高、难以找到稳定的工作、是否会失去农村土地的提前下，大多数农民愿意搬进城镇居住，只有少数农民因乡土情结浓厚而舍不得农村家园。习惯于生活在农村的农民除外，这一点在与农民的访谈中也得到了印证。

需要注意的是，愿意转移到城镇生活，并不意味着农民愿意将农村户口转变为城镇户口。调查数据显示（见图1—3），只有 13% 的农民非常愿意由农村户口转为城市户口，而有 19% 的农民非常不愿意将农村户籍转变为城市户籍。总体来看，不到六成受访者愿意转变户籍，四成受访者表示不愿意。相较于愿意转移至城镇居住的农民 74% 的比例，相差 15% 的百分点，这 15% 的农业人口既希望享受城镇的社会福利待遇，同时又保留农村户籍，享受农村户口福利。在推进农村人口城镇落户的同时，保障农民的土地财产权利，让农民带着财产权进城，成为推进下一段户籍制度改革的方向。在这个过程中，需要兼顾政府与农民利益，既保障农民权益，同时又实现政府财政收入的稳定增长。

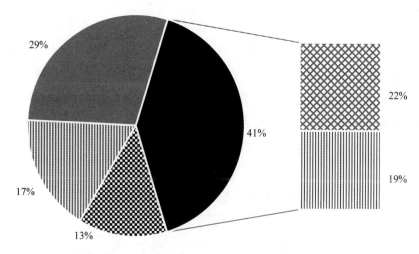

图1—3　农民户籍转变意愿

　　我国是农业大国，农业人口众多，农业剩余劳动力的城镇转移成为影响农村发展与城市转型的关键因素。总量庞大、长期居住在城镇的农民工成为农业转移人口市民化的真正主体；相较于第一代农民工，新生代农民工较早地与城市接触，均已习惯城市生活方式，融入城镇的意愿更加强烈。推进农民工、新生代农民工城镇转移与市民化，对于构建和谐社会，促进我国经济结构转型升级，都有着非常重要的意义。因此，课题组选择农民工作为农业剩余劳动力城镇转移的主体开展研究，探讨了农民工特别是新生代农民工群体规模和融入意愿。

　　1. 游离于城乡的农民工群体

　　改革开放以来，我国正经历"乡土中国"向"城市中国"的现代化转型，农村人口大规模地向城镇转移。然而，长期以来，我国城乡"二元"户籍制度使得农村劳动力落户城镇存在制度性障碍，农村人口难以真正融入城镇社会，受到各种政策与制度性排斥与隔离，这些农村剩余劳动力成为规模庞大的、游离于城乡之间的农民工群体。

据国家统计局调查数据，2017 年农民工总量达到 28652 万人，比上年增加 481 万人，增长 1.7%，增速比上年提高 0.2 个百分点。在农民工总量中，外出农民工 17185 万人，比上年增加 251 万人，增长 1.5%，增速较上年提高 1.2 个百分点；本地农民工 11467 万人，比上年增加 230 万人，增长 2.0%，增速仍快于外出农民工增速。在外出农民工中，进城农民工 13710 万人，比上年增加 125 万人，增长 0.9%。① 从数据上看，2016—2017 年无论是农民工总量还是外出农民工总量都呈上升趋势，且规模庞大，这些群体长期租住在城镇，具有比较强烈的城镇转移与市民化意愿，成为城镇化进程人口转移的主体（见表1—4）。

表1—4　　　　　2016—2017农民工规模及其增长情况　　　　　单位：万人

	2016 年	2017 年	增长人数	增长率（%）
农民工总量	28171	28652	481	1.7
外出农民工	16934	17185	251	1.5
本地农民工	11237	11467	230	2.0

资料来源：根据《2017 年农民工监测调查报告》相关数据整理而成。

2. 渴望融入城镇的新生代农民工

现阶段，20 世纪 80 年代后出生的青年农民工开始加入"现代产业大军"，成为城镇劳动力的主体。据国家统计局公布的 2017 年全国农民工监测调查报告显示（见图1—4），农民工年龄构成中，21—50 岁构成进城务工人员的主体。需要注意的是，近年来，21—30 岁的农民工在经历了较长时间的增幅后有明显的下降趋势，16—20 岁的整体呈下降态势，而 50 岁以上的比重则有所增长。这可能是随着我国各阶段教育事业的迅速发展，尤其是高等教育扩招，大批高中毕业的农村学生能够得到高等

---

① 国家统计局：《2017 年农民工监测调查报告》，国家统计局官网，http：//www. stats. gov. cn/tjsj/zxfb/201804/t20180427_1596389. html。

教育的机会。农村青年受教育年限的逐渐延长，使得外出务工的青年劳动力的比重下降、年龄整体推后。随着子女受教育年限的逐渐延长，老一代农民工的工作年龄也整体推后，也可能是随着劳动能力的不断提升和产业更新换代，其与青年劳动力进入服务类行业也有密切关联。从数据可以看出，农民工年龄结构呈现出年轻化趋势，且新生代农民工规模大，开始成为农民工的主流。

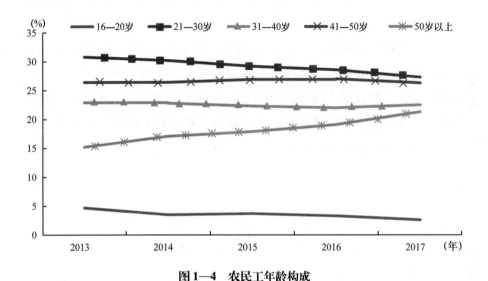

图1—4　农民工年龄构成

资料来源：根据《2017年全国农民工监测调查报告》相关数据整理而成。

相较于第一代农民工，新生代农民工在乡土情结、价值追求和进城意愿等方面都呈现出新的特征。他们技能上并未掌握从事农业生产的技术，与父辈相比对土地的情结弱化，"离农"倾向较为明显。由于较早离开农村进入城市务工，思想、观念、行为上日趋市民化，融入城市的意愿高涨，渴望与城市市民享受同等的待遇，获得市民身份上的认同。新生代农民对生活质量有更高的要求，渴望获得更加体面的工作，具有职能技能培训的需求，融入城镇的意愿也更强烈。

（二）行动单位：个体迁移与举家进城共存

经济理性驱动下的个体迁移。20世纪80年代以来，在外向型收入主导下，农村大量青壮年劳动力从农村脱离出来进城务工。21世纪以来，我国工业化、城镇化与农业现代化加速推进，农村剩余劳动力不断从农业生产中转移出来，进入城镇就业或定居。然受政策、性别和年龄等因素的影响，农村人口的转移决策主要是以个体迁移为主，尤其以青壮年劳动力为主，突出表现为"农民工"。据国家统计局发布的历年《全国农民工监测调查报告》数据显示，2008—2014年我国外出农民工数量呈逐年增长态势，由2008年的14041万人增长至2014年的16821万人。需要说明的是，尽管举家外出农民工的数量在持续增加，但增长幅度相对较小，在总量上仅占外出农民工的五分之一左右。

经济理性是支配农民工行为决策的主要因素，亦即以获取务工性收入为目标，以留守老人、留守妇女和留守儿童为主要对象的"三留守"群体产生。这些青壮年劳动力进城后，往往工作在城市，消费在农村，呈现出"候鸟"式的个体迁移特征。整体来看，举家迁移以农民家庭迁移的占外出农民总量还比较小（见图1—5）。

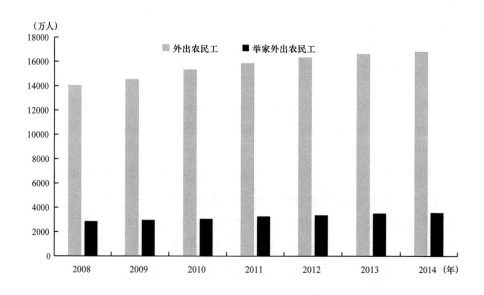

图1—5 2008—2014年外出农民工与举家外出农民工

资料来源：根据《2014年全国农民工监测调查报告》相关数据整理而得。自2015年起，举家外出农民工数据不再统计，因此本项研究涉及的举家外出农民工数量数据统计至2014年。

以社会理性为动因的举家进城。家庭是当今社会最基本的构成单位，也是影响人们做出迁移决策的关键因素。[①] 长期以来，在经济理性主导下，以单一青壮年劳动力进城务工为主要迁移主体，在增加家庭收入的同时，也一定程度上造成了"三留守"问题的产生。从家庭整体发展的角度讲，迁移行为不是单个迁移者决策的结果，而是家庭集体决策的结果。[②] 迁移的目的不仅是获得个体预期收入最大化，也是使家庭收入风险最小化。[③] 正是这个意义上，"十三五"规划提出，要"促进有能力在城镇稳定就业和生活的农业转移人口举家进城落户"。

新型城镇化与新农村建设的深入推进，使得制约着农民家庭向城镇定居转移的城乡分割的制度壁垒不断消解，家庭定居式的人口转移已成为不可逆转的时代潮流。我国农村土地所有权、承包权、经营权经历了三权分置的改革，农村土地流转机制的不断健全，大量富余的农村劳动力从土地中解放出来，加之农村社会保障制度的逐渐完善，土地的社会保障功能减弱，从客观上促进了农民家庭的举家式迁移。同时，随着各地户籍制度的改革，居住证制度的实施，落户门槛的降低，农民在城市可以更好地享受基本公共服务，从政策上促使农民家庭的举家迁移。

诸多优惠政策持续推动着农业转移人口举家进城。国家卫计委新近发布的《中国流动人口发展报告（2017）》称，2016 年我国流动人口规模为 2.45 亿，家庭化流动趋势显化，公共服务和社会保障需求将持续增长。[④] 促进有能力在城镇稳定就业和生活的农业转移人口举家进城落户，并与城镇居民有同等权利和义务，已成为中央决策层的共识。部分城市政府还通过政策激励优秀的农民工技工人才举家在城市落户，为城市发展提供稳定的人才。如重庆市 2012 年底就有 70.3% 的家庭成员随迁居住

[①] Mincer J. , *Wage Changes in Job Changes*: *Research in Labor Economics*, London: JAI Press, 1978, pp. 171 – 198.

[②] 苏红键、黄晓梅：《人口迁移过程中的收入趋同与社会分异》，《开发研究》2017 年第 6 期。

[③] Stark O. and Bloom D. E. , "The new economics of labor migration", *American Economic Review*, Vol. 75, No. 2, 1978, pp. 173 – 178.

[④] 中国国家计委：《我国流动人口规模持续降》，人民网，http://politics. people. com. cn/n1/2017/1115/c1001 – 29647298. html。

在流入地，"留守儿童"和"留守配偶"比例减少，流动人口举家迁移现象明显。① 从中央到地方，推进农业转移人口举家迁移进城落户政策设计，为举家迁移人群落户权益提供了政策保障，也提高了人口城镇化的质量。

需要注意的是，尽管农民进城更多地以家庭为决策单位，遵循明显的经济理性和道义理性；家庭单元城镇化行为的再生产性与双重理性，决定了乡村家庭的内部分工与支出优先次序，② 但这样的转移，呈现明显的不完全市民化和接力式进城态势。③ 当前，婚房进城和教育进城成为代际发展主要压力，构成农民家庭接力式进城的市民化图景。

以课题组调研的晋东南 D 村为例，该村因义务教育入学和适龄青年结婚进城购房占比分别为41.82%和56.36%，表明家庭进城具有明显的优先次序，先行者多为儿童和青壮年，代际发展构成农民进城购房的主要原因。而地处县城偏远处和种粮效益连年走低，使外出务工收入和代内资金互借以及银行贷款成为农民购房资金的主要来源（见表1—5）。经济理性驱使家庭将收益最大化和支出最小化作为迁居行动逻辑。因此，为尽可能降低房产购置支出，农民不会选择产权齐全房和最佳楼层。

表1—5　　　　　　　晋东南 D 村部分农户县城房产购置情况

儿子	性质	产权	面积（平方米）	楼层（间）		自有（万元）	借（贷）款		补偿	种田	户口
				居住	总层		借款	贷款			
ZJS1	①	①	103	5	6	12	0	6	②	①	②
WXB1	①	①	105.8	6	7	21	10	0	②	②	②
WHJ3	①	①	105.8	7	7	16	4	10	②	③	②
JFP1	②	②	130	5	7	13.5	10	0	②	②	②

---

① 夏帆：《去年重庆七成流动人口"举家迁移"》，《重庆日报》2013 年 4 月 3 日。

② 夏璐：《分工与优先次序——家庭视角下的乡村人口城镇化微观解释》，《城市规划》2010 年第 10 期。

③ 张建雷：《接力式进城：代际支持与农民城镇化的成本分担机制研究——基于皖东溪水镇的调查》，《南京农业大学学报》（社会科学版）2017 年第 5 期。

续表

儿子	性质	产权	面积（平方米）	楼层（间）		自有（万元）	借（贷）款		补偿	种田	户口
				居住	总层		借款	贷款			
BHB2	②	②	95.2	2	7	8.5	5	3	②	③	②
JDP2	②	①	114	3	13	20	8	9	②	②	②
JSS2	②	②	103	5	7	9	5	0	②	②	②
LJS1	①	②	90	2	7	10	3	0	①	③	②
JJJ1	①	①	130	4	7	17	9	7	②	②	②

注："儿子"一栏英文表示家庭户主姓名首字母，数字表示家有儿子数量；"性质"：①教育进城，②婚房进城；"产权"：①大产权，②小产权；"种田"：①自己，②父母（亲戚），③弃荒；"补偿"：①有，②无；"户口"：①迁往县城，②户口留村。

同时传统文化使家庭通过成员分工构建起一套稳定的代际支持机制。房屋入住后，除少部分父母进城帮助外出务工青壮年劳动力照看子女，绝大多数高龄老人则留守村庄养老和代种田地，进城人员年龄结构严重失衡。前者主要通过增加家庭收益形式进行代际支持，而后者则通过定期向城镇输送资源（如送粮送菜）减少进城生活成本。需要指出的是，D村农民虽进城购房居住但并未将户口转至县城。客观上，这样的家庭接力式进城图景是家庭主动投资和被动选择的结果，造成家庭内部的城乡二元结构，呈现出住房城镇化而户籍非市民化的实践张力，但在农民看来则是市民化的最优选择。

（三）转移动力：行政推动与市场拉动双驱

1. 行政主导人口转移及其布局失衡

按照推进力量的不同，可将城镇化动力机制划分为政府主导型和市场驱动型。我国的城镇化体现为行政推动和市场拉动双重动力机制的结合，政府在此过程中扮演着重要角色，有学者将其界定为中国式政府主导型城镇化。① 其突出表现为政府在城镇化的政策创制和资源配置以及对进城人口流向控制等方面。

---

① Lynette H. Ong, "State – Led Urbanization in China: Skyscrapers, Land Revenue and 'Concentrated Villages'", *The China Quarterly*, No. 217, 2014, pp. 162 – 179.

自 20 世纪 80 年代末以来，我国政府通过户籍制度改革，逐步放开"二元分割"的户籍政策限制，农村人口向城镇转移的人数规模不断增长。2012 年，《国务院办公厅关于积极稳妥推进户籍管理制度改革的通知》① 指出，要引导非农产业和农村人口有序向中小城市和建制镇转移，为农村人口城镇转移提供政策支持，鼓励符合条件的农村人口有序落户，逐步实现城乡基本公共服务均等化。文件从顶层设计层面试图对人口转移流向进行规划，即重点有序向中小城市和建制镇转移，鼓励农村富余劳动力落户城镇，享受均等的公共服务。之后，政府全面放开了建制镇和小城市落户限制，有序放开中等城市落户限制，引导农村人口城镇转移，形成农村人口城镇转移的政策推力。2014 年，《国务院关于进一步推进户籍制度改革的意见》更明确提出要调整户口迁移政策，统一城乡户口登记制度，全面实施居住证制度，为农业转移人口和其他常住人口城镇落户，享受基本的公共服务提供制度基础。当前，党和政府从政策层面与制度层面着手改革，为我国农业转移人口城镇落户提供制度条件。

政府主导城镇化的典型结果便是，农村人口向城镇转移呈现出不均衡特征，也就是转移人口的空间布局失衡。一个典型的特征之一是特大城市人口过度集聚，城市病严重。尽管我国政府不断出台政策限制特大城市人口流入，然而现实图景却是，特大城市外来人口不断涌入，人口不断集聚。以京沪广为代表的特大城市人口规模不断扩大。北京 2010 年第六次人口普查常住人口为 1961.20 万人，同 2000 年第五次全国人口普查相比，共增加 604.3 万人，增长 44.5%；上海第六次人口普查常住人口为 2301.92 万人，同 2000 年第五次全国人口普查相比共增加 661.15 万人，增长 40.3%；广州第六次人口普查常住人口为 1270.08 万人，同 2000 年第五次全国人口普查相比共增加 275.78 万人，增长 27.74%。②

从数据看，北京提供的优质公共服务和公共产品，吸引着外来人口

① 《国务院办公厅关于积极稳妥推进户籍管理制度改革的通知》（国办发〔2011〕9 号），2012 年 2 月 23 日。

② 王伟：《行政 or 市场：新一轮改革视阈下中国城镇发展逻辑》，《北京规划建设》2014 年第 5 期。

的涌入。但深究背后的逻辑，其就与政府主导的人口转移有关，北京在行政上居首都地位，直辖市地位高于上海，更高于广州，因而又影响了城市的话语权、资源的支配权与财政能力，最终体现在公共服务和公共产品的差异，进而影响城市对人口的吸引力（见表1—6）。

表1—6　　　　北京、上海、广州第五、六次常住人口增长规模

城市	第五次人口普查（万人）	第六次人口普查（万人）	增长规模（万人）	增长率
北京	1356.9	1961.20	604.3	44.5%
上海	1640.77	2301.92	661.15	40.3%
广州	994.3	1270.08	275.78	27.74%

另一个显著的特点是小城镇吸引力不够，人口流失严重。小城镇规模较小，基础设施条件较差，文化荒芜、产业趋同、发展动力与人口承载力不足，小城镇吸引力下降，人口流失较为严重。这与政府主导的城镇化布局及其人口转移有关。行政主导的城镇化，致使中小城市、大城市依托行政力量掌握更多的土地资源、财政资源，从而可以提供更优质的教育、文化、医疗资源，提供更多的就业机会，由此容纳并吸引更多人口。小城镇财力有限、人才缺乏、文化较为封闭，活力缺失，人口集聚能力不够。据国家发改委调查数据显示，中国农民工流向其中10%左右是在直辖市和几个特大城市，真正在县城以下的这些小城镇的比例不到10%，在地级市以上的比例是70%以上。[1] 要实现农村人口就地城镇化，有序转移至小城镇定居，就必须加大对小城镇的财政投入与土地资源供给力度，提升其公共服务水平，提高其人口吸引力。

2. 市场驱动人口转移：人口分布渐趋合理

改革开放以来，市场机制逐步发育并对我国的城镇化进程产生深远影响。在市场机制的拉动下，尽管限制农村人口城镇转移的户籍制度并

---

[1]　翟烜：《我国农民工不足10%流向小城镇　多数流向地级市》，《京华时报》2016年4月20日。

未根本取消，但不少进城务工的农民突破户籍限制，以非城市户籍的身份在城镇工作、定居，城镇常住人口率不断增长。在市场经济条件下，农民可通过开放的粮食市场，解决吃饭问题；农民可通过开放的劳动力市场，进入城镇就业；通过开放的住房市场，自租或自购城市住房解决住房问题，这些都推动农村人口的城镇转移。随着中央对市场配置资源的认识从"基础性"作用向"决定性"作用的历史转变，农村人口通过市场机制实现城镇转移的机会将愈加扩大（见表1—7）。

表1—7 　　　　　　　20世纪80年代中国人口流动原因 　　　　　　单位:%

类　型	1982—1987年	1985—1990年
市场型	46.6	48.5
计划型	45.8	42.2
其他	7.6	9.3
合计	100	100

资料来源：辜胜阻、刘传江：《人口流动与农村城镇化战略管理》，华中科技大学出版社2000年版。

现阶段，市场驱动下的人口转移，呈现出两个特点：一是中西部人口转移规模不断壮大，人口区域分布趋于合理化。受沿海地区劳动力成本上升、资源环境承载力约束、城镇转型发展需要、内地要素成本与优惠政策比较优势的影响，东部沿海城镇产业逐步向中西部内地城镇梯度转移已是大势所趋。产业的转移为中西部城镇化发展提供了产业基础，提高了中西部城镇的就业吸纳能力，增加了转移人口的收入，增强其融入城镇的能力，农村人口向中西部转移的规模不断壮大。

二是东部沿海地区劳动力返乡就业、创业，乡村人口结构更加合理。尽管东部地区和中西部地区的就业收入差距不断缩小，但生活成本差异的不断拉大使得农民工回流趋势日益显现。不少农民工在东部沿海多年的打工实践，积累了不少技术、资金、信息，具有比较强烈的创业欲望，返乡创业的农民工不断增多，乡村的人口结构得到优化，为农村发展提供了人才，农村发展与农民增收也面临着新的机遇。

（四）转移结构：渐趋合理且融入程度明显

在产业转型大背景下，我国中西部逐步承接了东南沿海地区的劳动密集型产业，就业机会增多、工资水平不断提高、与东部地区的工资收入差距与公共服务水平不断缩小，促使一些农民工选择在省内就业。越来越多的外出农民工愿意回省内居住、养老与建房。据国务院发展研究中心农村经济研究部课题组与卫生计生委流动人口司调查，"跨省流动的农业转移人口中，约50%愿意在户籍省内长期居住和保留户籍，有60%以上打算将来回户籍省内购房建房和养老"[1]。我国农村人口转移中就地转移与省内转移的规模不断扩大，2011—2016年，跨省流动比例呈下降趋势，而省内流动规模逐步增加，仅2014年跨省流动有增长趋势，省内流动规模稍有下降。

此外，中西部地区在人口吸纳能力上持续增强，转移人口就近就地转移的进程加快，人口转移的区域均衡化趋势明显。2016年，在全部农民工中，15960万人在东部地区务工，比上年减少48万人，减速0.3%；5746万人在中部地区务工，比上年增加147万人，增长2.6%；5484万人在西部地区务工，比上年增加275万人，增长5.3%[2]。尽管东部地区依然是农民工人数分布最多的地区，但从增长率看，东部农民工增长已呈负增长，中西部农民工增长势头强劲（见表1—8）。

表1—8　　　　　　　　2016年东中西部地区农民工分布

地区	农民工人数 （万人）	比上年增长 （万人）	增长率 （%）
东部	15960	−48	−0.3
中部	5746	147	2.6
西部	5484	275	5.3

资料来源：根据《2016年全国农民工监测调查报告》数据整理而成。

---

[1] 金三林：《省内就近吸纳，推进农业转移人口市民化》，《光明日报》2015年10月7日。

[2] 国家统计局：《2015年全国农民工监测调查报告》，国家统计局官网，http://www.stats.gov.cn/tjsj/zxfb/201604/t20160428_1349713.html。

　　同时，新生代农民工加入城镇产业大军，人口转移的年龄结构趋于年轻化，受教育程度也得到提升，具有专业技能的转移人口不断增多。2015 年，高中以及大专以上的外出农民工比例达 27.9%，2015 年，具有一定专业技能的外出农民工进一步增长，达 29.1%。2017 年，该比例为 30.8%（见表 1—9）。拥有较高学历和一定技能的新生代农民工具有更多的人力资本优势，可获得更好的就业机会，增加劳动收入。他们提高了自己的留城能力，客观上也带动了整体户籍人口的城镇化水平的提升。

表 1—9　　　　　　　　2015—2017 年外出农民工文化程度构成　　　　　　单位:%

	2014 年	2015 年	2016 年	2017 年
未上过学	0.9	0.8	0.7	0.7
小学	1.5	10.9	10.0	9.7
初中	61.6	60.5	60.2	58.8
高中	16.7	17.2	17.2	17.3
大专及以上	9.3	10.7	11.9	13.5

资料来源：根据《2015 年农民工监测调查报告》《2016 年农民工监测调查报告》《2017 年农民工监测调查报告》数据整理而成。

　　转移人口的城镇融入度大大提升。党和政府在农业转移人口融入城镇中居于主导地位。党的十八大以来，中央以人的城镇化为核心，加快户籍改革力度，稳步推进城镇基本公共服务常住人口全覆盖，合理引导城镇转移与市民化，农业转移人口融入城镇的体制、机制障碍与制度藩篱不断破除。地方政府出台农民工及其子女融入城镇保障性政策。如江苏南京提出一揽子政策促进农民工融入城市，逐步实现有条件、有意愿的农民工市民化；山东省在农民工职业技能提升、农民工权益保障、农民工公共服务上多策并举，推动农民工享受基本公共服务，更好融入城市；湖北武汉市汉阳区注重保障农民工子女受教育权益，实施了对农民工随迁子女的"融合教育"试点，以多种干预手段淡化"城市孩子"与"农村孩子"的界限，帮助农民工子女尽快融入学校，融入社区，推动农民工及其子女融入城镇。概括而言，农民工城镇融入度的提升体现为政治融入度提升、文化融入度加强、心理认同与归属感提高三个维度。

政治融入有所提升。近年来，党和政府对农民工群体政治参与问题愈加重视。从吸纳农民工入选人大代表，到引导农民工进入工会，再到为农民工参与城市社区选举创造条件，提升了农民工的政治融入度。以农民工当选人大代表为例，早在 2007 年，广东省第十一届人民代表大会选举产生 6 名农民工省级人大代表；2013 年，山东油漆粉刷工陈雪萍当选全国人大代表；2016 年，宝鸡籍农民工巨晓林当选中华全国总工会副主席。这些农民工代表参政议政，参与各级政府官员选举、参与各项政策制定，通过各种渠道反映农民工诉求，维护农民工合法利益，推动农民工群体城镇融入。同时，地方政府积极推动农民工加入工会，如福建宁德以农民工集中的区域、行业为重点，扩大工会组织覆盖范围，吸收优秀农民工加入工会领导机关工作，保障农民工依法享有民主政治权利。

文化融入度加强。近年来，城乡统筹发展与基本公共文化服务均等化理念的推动，促使党和政府加强了对农民工文化供给的政策保障、经费支持力度，为农民工文化层面融入城镇提供了切实保障。同时，用工企业、社会组织积极参与农民工文化建设，以政府主导为基础，多方联动的农民工文化建设机制逐步形成。如深圳市政府与用工企业共建图书室、电脑室等文化设施，为农民工享受生活提供便利；北京"工友之家"等社会组织为农民工组织各种喜闻乐见的文艺活动。农民工在接受城市文化福利中，精神文化生活得到满足，并逐步适应与认同城市文化，城市认同感不断提升，文化融入度加强。

心理认同与归属感提高。中央—地方户籍改革的深化及其配套公共政策的出台，进城农民工享受更多的城市公共服务，其"城里人"认同感加强，对城市的心理认同和心理归属感不断提高。特别是新生代农民工的城市情结与城市归属感更加强烈，期盼提升能力、增加收入并取得城市户籍，享受城市优质的公共服务，真正成为城市市民。

第二节 人口转移的时序特征与空间分布

作为经济社会发展过程中的重要现象，人口向城镇集中是转移人口依据现时政策、行为能力和未来预期等多重因素做出的理性选择，其不仅受政治、经济、社会和文化等宏观因素影响，而且受主体迁移意愿和迁移能力等微观个体因素的影响。国家政策安排、经济社会发展和主体迁移意愿等具有明显的阶段性特征，由此使得城镇化过程中的人口转移具有明显的时空特征。

本节主要立足我国改革开放 40 余年城镇化实践，在宏观上对人口转移的时序特征进行历时性梳理，又注重对不同空间的农村人口向城镇转移的阶段特征进行共时性比较，在此基础上对新时代我国人口转移的空间分布态势进行宏观把握。政府与市场是推动人口迁移的双重力量。长期以来，政府在人口迁移过程中扮演着主导性角色，市场逐步成为影响人口转移的重要力量。户籍的转变不仅是区分市民和非市民的重要标准，也是判断人口转移推动力量的重要标志。以户籍为考察视角，发现我国人口转移发生了从行政控制的单一方式到市场驱动的多元方式变迁的时序特征。

一 人口转移的时序特征

我国人口由农村向城镇转移具有明显的阶段性特征，多元阶段性特征是国家制度作用的结果。由于户籍制度在我国人口管理中发挥着关键性作用，因此人口转移具有明显的户籍依赖特征。人口转移方式与特定阶段政府出台的迁移政策紧密关联。

改革开放前，在政府主导的迁移政策下，农村人口转移方式较为"单一"，其主要以是否进行户籍性质变迁作为迁移的主要标志；改革开放后，在市场主导下，人口转移趋于"多元"，户籍迁移与非户籍迁移伴生，农村人口转移更加"开放"与"多样"。简言之，以户籍迁移与否为考察视角，可以将我国人口转移简单划分为以户籍转移为标志的自由迁移和户籍转移与非户籍转移并存的多元化转移等阶段。

（一）改革开放前：以户籍转移为标志的自由流动

整体来看，该时期农村人口转移由政府主导，迁徙的农民经历着地域转换、职业转换、身份转换三重转换，以户籍转移为主。具体来看，其又可分为两个历史阶段：分别为1949—1962年的自由迁移阶段与1963—1978年的限制迁移阶段。[①] 在自由迁移阶段，第一届全国人大审议通过的《中华人民共和国宪法》规定，公民有居住和迁徙自由的权利。该阶段，国家肯定了公民的居住和迁徙自由权，并站在巩固国家政权的高度，推动农村人口的转移，政策较为宽松、自由，在迁移方式上多以户籍转移为主，因此户籍人口转移状况可以表征该阶段全国总迁移状态（见图1—6）。

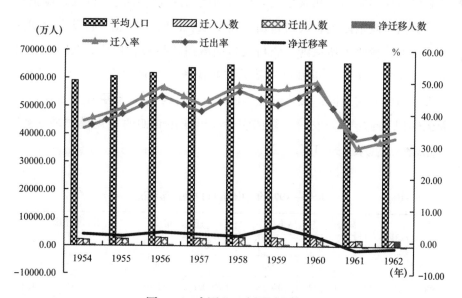

图1—6 中国人口户籍迁移状况

资料来源：国家统计局人口统计司、公安部三局编：《中华人民共和国人口统计资料汇编（1949—1985年）》，中国财政经济出版社1988年版。

需要说明的是，转移人口既有出于获得土地和就业机会为动机的个体主导型迁移，如人多地少的华北和东部农民为获得更多土地，前往东

---

① 李超、万海远：《新型城镇化与人口迁转》，广东经济出版社2014年版，第41—45页。

北、内蒙古、西北等省区垦荒，以及农村人口进城在新建的工矿企业就业。同时，又有宏观经济布局调整背景下国家主导型的人口迁移，如在国家大型工程项目引导下，大批企业管理干部、技术骨干、职工成为工业移民，在国家主导下实现人口转移。这种以户籍转移为主要特征的人口迁徙，缓解了城市劳动力的不足，符合重工业优先发展的大局，但由于未完全考虑城市就业吸纳能力的人口流动具有盲目性，客观上加剧了宏观经济的风险[①]，并使得政府从宏观政策上进行调整，逐步实施限制型的人口转移政策。

伴随着"大跃进"和人民公社化运动，我国计划经济体制越加严格，城乡二元体制尤其是城乡户籍二元体制在人口管控中的作用愈加明显。计划经济体制的强化和城乡二元户籍制度的深化，致使农村人口城镇转移受到诸多政策限制，人口自由流动受限。该时期，人口的自由流动受到二元的户籍政策所束缚，农村人口向城镇转移难。相反，在国家三线建设战略布局下，大量城市户籍人口响应国家政策号召，迁徙到西南、西北偏僻的农村地区；长达十几年的"上山下乡"运动更让大量城市户籍的知识青年转换为农村户籍的农民，出现短时期的大规模"城—乡"户籍迁移（见表1—10）。

表1—10　　　　　1963—1978年中国人口户籍迁移状况

年份	迁移总人口（万人）	迁入城市		迁出城市		净迁移	
		人数（万人）	迁入率（‰）	人数（万人）	迁出率（‰）	人数（万人）	净迁移率（‰）
1963	67752.37	1309.37	19.33	1385.86	20.45	-76.49	-1.13
1964	69364.19	1401.50	20.20	1402.10	20.21	-0.61	-0.01
1965	71048.51	1608.39	22.64	1610.10	22.66	-1.71	-0.02
1966	73006.71	1473.36	20.18	1386.44	18.99	86.92	1.19

---

① 李超、万海远：《新型城镇化与人口迁转》，广东经济出版社2014年版，第42页。

续表

年份	迁移总人口（万人）	迁入城市		迁出城市		净迁移	
		人数（万人）	迁入率（‰）	人数（万人）	迁出率（‰）	人数（万人）	净迁移率（‰）
1967	75173.53	1437.27	19.12	1344.71	17.89	92.57	1.23
1968	77316.41	1735.39	22.45	1711.68	22.14	23.70	0.31
1969	79267.08	1842.25	23.24	1828.21	23.06	14.04	0.18
1970	81094.01	1608.87	19.84	1563.14	19.28	45.72	0.56
1971	83513.90	1523.34	18.24	1360.33	16.29	163.00	1.95

资料来源：国家统计局人口统计司、公安部三局编：《中华人民共和国人口统计资料汇编（1949—1985 年）》，中国财政经济出版社 1988 年版。

（二）改革开放后：户籍管控淡化的多元转移方式

改革开放后，伴随着计划经济向市场经济的转型，尽管政府依然控制着人口转移特别是户籍人口转移的数量和走向，但市场经济的发展使得大量青壮年劳动力向城镇转移务工。需要注意的是，该阶段绝大多数农业人口向城镇转移仅仅是职业的转变，并未发生身份变迁，农村仍然是其生活和家庭消费的主要场地。该时期，市场逐步发挥其在人口转移中的积极作用，人口转移方式趋向多元化，户籍转移与非户籍转移伴生。

一方面，随着人民公社的解体、家庭联产承包责任制的确立，我国政治经济结构经历了急剧变迁过程，也催生了户籍制度的改革。从"自理口粮"落户城市，到对外来暂住人口发放"暂住证"，再到"蓝印户口"户籍制度的出台，进而到主张废除"农业户口与非农业户口"划分，党和政府通过条件控制的方式调控人口转移的规模和方向，越来越多符合条件的农业转移人口转变为城市户籍。政府也通过教育制度、土地征用政策、城市购房政策、居住证政策、投资政策、务工迁移政策、家庭团聚政策，使符合政策的农业转移人口实现市民化转型。

另一方面，东部沿海地区劳动密集型产业的发展壮大，为农业转移人口提供大量就业机会。个体、私营和外资经济激发了中国城市活力，大量农业转移人口涌入珠三角、长三角地区，形成市场驱动、规模宏大的人口大转移。这种自由迁移以农村人口的非户籍转移为主，人口转移非正式迁移特征突出，形成规模庞大的流动人口与非户籍常住人口，户籍人口城镇化较低。

二 人口转移的空间分布

改革以来，随着城镇化进程的加速推进，国家区域发展战略（如西部大开发战略）规划以及人口政策的变迁，我国城乡、区域间人口转移规模不断扩大，人口的空间分布版图也随着变动。城乡区域间的自然环境与区位因素、产业吸纳能力与就业机会、收入水平与收入差异、医疗卫生等社会保障条件和人口流动政策，以及转移主体的性别、年龄状况和受教育程度等都深刻地影响着其转移意愿及其空间分布。

（一）地区差异：东部省份仍为集中区域

城镇化率是衡量城镇化水平与人口转移空间分布情况的基本指标。本项研究将我国各地区城镇化划分为三个层级①：城镇化率在60%—90%为第一级，分布的省份有上海、北京、天津、广东、辽宁、江苏、浙江、福建；50%—60%为第二级，分布的省份有重庆、内蒙古、黑龙江、湖北、山东、山西、宁夏、海南、陕西、江西；20%—50%为第三级，分布的省份有青海、河北、湖南、安徽、四川、新疆、广西、河南、吉林、云南、甘肃、贵州、西藏（见表1—11）。

表1—11　　　　　　2014年我国各地区城镇化率

级　次	省份	城镇化率（%）	省份	城镇化率（%）
第一级	上海	89.6	辽宁	67.51
	北京	86.35	江苏	65.21
	天津	82.27	浙江	64.87
	广东	68.0	福建	61.8

① 主要以现今全国城镇化率为基线，将各地区城镇化率分为三级。远高于基线（60%—90%）划分为第一级，均为东部沿海地区；介于基线之间的（50%—60%）划分为第二层次；远低于基线（20%—50%）划分为第三级。

续表

级　次	省份	城镇化率（%）	省份	城镇化率（%）
第二级	重庆	59.6	山西	53.79
	内蒙古	59.51	宁夏	53.78
	黑龙江	58.01	海南	53.76
	湖北	55.67	陕西	52.57
	山东	55.01	江西	50.22
第三级	青海	49.78	河南	45.2
	河北	49.33	吉林	43.81
	湖南	49.28	云南	41.73
	安徽	49.15	甘肃	41.68
	四川	46.3	贵州	40.01
	新疆	46.07	西藏	25.65
	广西	46.01		

资料来源：根据《2015 年中国统计年鉴》相关数据整理而成。

第一级省份均为东部沿海发达地区，经济发达，城镇化水平较高，城市吸引力大，但与发达国家相比，城镇化率依然有很大提升空间，为未来几年落后地区人口转移的重要选择区域；第二级、第三级省份基本集中在中西部地区，城镇化率水平较低，为未来人口转移空间分布的重点区域。

新型城镇化的推进，户籍制度的深化改革，城镇化布局的不断合理化，以及西部大开发、中部崛起战略的实施，越来越多的外来人口将流入中西部地区创业与就业，中西部地区城镇化水平将会有质的提升。特别是东部地区的产业逐步向中西部转移，中西部的农业剩余劳动力将呈回流趋势，在家门口实现就业，东部的流动人口将向中西部合理分布，东中西部人力资源、智力资源也将得到合理优化配置。

（二）城市层级：中小城镇吸引能力不足

大中小城市、小城镇、新型农村社区协调发展是新型城镇化的价值诉求，也是农村人口向大中小城市、小城镇农村社区均衡转移、合理分布的城镇化。在过去的调查中发现，10%左右的中国农民工流向几大直辖市，真正在县城以下的这些小城镇的比例不到10%，在地级市以上的比例是70%以上。[①] 由于大中城市在教育、医疗等基本公共服务水平较高、就业机会多、文化上包容性相对更强，农民工更倾向于流入大中城市。与此同时，在大中城市生活的成本较高、落户的门槛高，农民工融入大中城市面临诸多困境，农民工定居小城市、小城镇更具经济性和现实可能性。中小城市、重点城镇应成为下一阶段农村人口转移的重点。

尽管一些中小城市、小城镇处于外延式扩张与粗放发展阶段，缺乏人文氛围，也缺乏扎实的产业支撑，致使其吸引力不足，吸纳农业转移人口的能力有限。但是，随着高铁网络日益完善，中小城市、小城镇与大城市之间的空间联系不断加强[②]，加速了区域间资本、劳动、信息等生产要素的流动，以及基础设施和公共服务的共建共享[③]，增强了中小城市与小城镇的吸引力，城镇化水平不断提升。实现人口转移空间的均衡分布，还要通过政策的制定、规划的导向，加强小城市、小城镇建设力度，特别是重点、中心县建设，着力引导农村人口向区域中心县镇转移，提高其吸纳能力，实现城镇化进程中人口区域分布的协调与均衡。

（三）主体功能：人口逐步向开发区集聚

为实现区域经济、社会、生态协调发展，国家针对不同功能发展区的特点，推进主体功能区的规划。2010年，国务院依据区域自然生态状况、水资源承载力、区位特征、环境容量、经济结构特征、人口集聚状况等多种因素，将国土空间划分为优化开发、重点开发、限制开发和禁止开发四类主体功能区，《全国主体功能区规划》相继颁布实施，目标时间为2020年，进一步规范了国土空间开发秩序，也影响着未来人口和产

---

① 此数据来源于国家发改委规划司司长徐林在介绍关于2016年推进新型城镇化的重点任务和《国家新型城镇化报告》有关情况时所述。

② 课题组成员2016年在湖北大冶和湖南新化县洋溪镇调研观察发现，大冶作为一个县级市拥有便利、快速的城际铁路，城镇化率高于一般县市；洋溪镇拥有高铁站，在新化县内城镇化率居于领先地位。

③ 李超、万海远：《新型城镇化与人口迁转》，广东经济出版社2014年版，第42页。

业的分布，为制定差别化的人口定居政策、引导人口有序转移、实现人口的合理分布提供了政策依据和理论依据。

优化开发区和重点开发区的政策导向要推进人口集聚和吸纳，为将来人口转移分布的重点区域，但要防止人口过度向大城市集聚；限制开发区和禁止开发区由于其人口承载力以及出于生态保护的因素，实施限制人口集聚，鼓励人口迁出的政策，引导人口向县域、重点城镇流动定居。[①] 从规划的初衷看，优化开发区的人口分布应保持均衡与稳定的态势，重点开发区才是人口转移的方向。

因此，未来环渤海地区、长三角地区、珠三角地区城市人口吸纳政策应保持稳定，人口集聚也将实现均衡；冀中南等重点开发区城市将成为未来人口迁入的重点。但实际上，优化开发区城市，如北京、天津、上海、南京、广州、深圳、大连、青岛等城市成为人口净迁入区；而重点开发区的人口大量流入北上广深等优化开发区。

如何通过改革户籍制度、土地管理制度、财政金融制度以及社会保障制度，与《规划》的国土开发模式、人口产业布局功能目标相衔接，制定出针对重点开发区的人口集聚政策，推动人口有序向以中西部为主的重点开发区转移，引导人口转移方向与国土开发趋势均衡分布，成为下一阶段城镇化政策的战略重点。表1—12 中重点开发区各大城市为重点引导人口迁入的区域，特别是其中的中小城市，其承接农村人口转移的能力较强，具有集聚人口的潜力。

表1—12　　　　　　　　国家层面的优化开发区域与重点开发区域

优化开发区域	环渤海地区	京津冀地区	北京、天津、秦皇岛
		辽中南地区	沈阳、大连
		山东半岛地区	青岛、烟台
	长江三角洲地区	上海、南京、杭州、苏州、宁波	
	珠江三角洲地区	广州、深圳、佛山、珠海、惠州、东莞	

① 姚从容：《流动的中国人口与空间集聚——兼论主体功能区的代际伦理》，《江西社会科学》2013 年第 10 期。

重点开发区域	冀中南地区	石家庄、保定、邯郸	
	太原城市群	太原、汾阳、忻州、长治	
	呼包鄂榆地区	呼和浩特、包头、鄂尔多斯、榆林	
	哈长地区	哈大齐工业走廊和牡绥地区	哈尔滨、大庆、齐齐哈尔
		长吉图经济区	长春、吉林、延边、松原
	东陇海地区	连云港、日照、徐州	
	江淮地区	安庆、池州、铜陵、巢湖、芜湖、马鞍山	
	海峡两岸经济区	福州、厦门、泉州、温州、汕头等	
	中原经济区	郑州、开封、洛阳	
	长江中游地区	武汉城市圈	武汉、黄冈、鄂州、孝感、咸宁、仙桃
		环长株潭城市群	长沙、株洲、湘潭
		鄱阳湖生态经济区	南昌、九江、景德镇、鹰潭、新余
	北部湾地区	北海、钦州、防城港、湛江	
	成渝地区	重庆经济区	重庆市西部以主城区为中心的部分地区
		成都经济区	成都、德阳、绵阳、乐山
	黔中地区	贵阳、遵义、安顺、凯里	
	滇中地区	昆明、曲靖、玉溪、楚雄	
	藏中南地区	喀则、那曲、泽当	
	关中—天水地区	宝鸡、铜川、渭南、商洛、杨凌、兴平、天水	
	兰州—西宁地区	兰州、西宁、白银、格尔木	
	宁夏沿黄地区	银川、石嘴山、吴忠、中卫	
	天山北坡地区	石河子、克拉玛依、奎屯、博乐、伊宁	

资料来源：根据《全国主体功能区规划》数据整理而成。

第三节　人口转移的动力机制与运作样态

作为一个综合性极强、系统性极高的社会工程，城镇化实际上是人口由农村向城镇集中的过程，其主要涉及脱嵌农村和嵌入城镇①两个方面

---

① 张方旭、文军：《从"脱嵌"到"嵌入"：个体化视角下农业转移人口市民化的进程分析》，《人文杂志》2016 年第 7 期。

过程。其中,脱嵌农村具体表征为农村人口"出得去",而嵌入城镇则更多地体现为"进得来"和"留得住",三者共同构成人口转移不可或缺的"连续统"。是否以及向何种层级的城镇集中,是转移人口依据现时政策、既有资本以及未来预期等做出的理性抉择。其中,地区发展战略、城镇行政等级、资源配置程度、基础设施状况、就业机会供给、薪资报酬待遇和收入支出比重以及心理认同意识等因素,在为农村人口向城镇转移提供条件和机会的同时,也在很大程度上影响甚至阻碍其转移进程与结果。简言之,人口转移是多重因素共同作用的结果。

人口转移的三维"连续统"和多重因素的共同影响表明,必须对城镇化进程中人口转移的动力机制进行研究。也只有在厘清人口转移的动力机制基础上,才能检视当前人口转移的运作样态及其实践差距,进而为加快新型城镇化提供制度支撑。鉴于此,本节旨在对城镇化进程中人口向城镇转移的动力机制和运作基础进行探究,试图廓清当前人口转移的实践困局。

一　人口转移的动力机制

主体行动本质上是宏观制度安排与微观机制运作共同作用的结果,其无不受特定时期的国家制度安排、经济社会环境以及个体意愿能力等多个因素的影响。循此逻辑审视当前市民化实践,可以发现,农村人口向城镇集中,是以个体及其家庭为单位进行理性抉择和行动的过程,而这个过程无不受制度因素、经济因素、社会因素、社会文化因素以及个体因素等影响。需要注意的是,尽管上述因素均构成人口向城镇转移的影响要素,但人口转移的不同阶段,不同因素的影响程度和作用力度不尽相同。从这个意义上讲,应坚持过程性视角考察人口转移的动力机制。

从过程性视角审视市民化实践,可以发现脱嵌农村和嵌入城镇构成农村人口向城镇转移的两大核心内容,具体表现为"转得出""进得来""留得住"三个密不可分的环节。这个过程,既表现为转移人口的身份转变和地域转换,又体现为职业转移和思想观念转化。[1] 长期以来,城乡二

———————————

[1]　赵立新:《社会资本与农民工市民化》,《社会主义研究》2006 年第 4 期。

元户籍制度扮演着人口登记甚至管理作用，其将居民人为区隔为"城市人"和"农村人"，进而在公共服务和产业配置上进行差别化对待，因此与城镇市民享受同等的政治权利、劳动就业和社会保障等①则构成人口转移的根本目标。概言之，城镇文明造就的虹吸效应也为农村人口向城镇集中提供了强大势能。

事实上，农业人口向城镇转移，既受制于国家宏观制度安排及由此决定的城镇行政层级、资源配置方向和公共服务供给等因素，又与主体的行动意愿和行动能力密切关联。而土地与农民之间存在的强关联特性，表明土地制度是农民脱嵌农村即"离得开"的关键要素；而在嵌入城镇的过程中，人口是否以及向何处流动，是农民依据现时政策和个体资本做出的理性抉择，户籍制度、城镇层级、资源配置、公共服务、收入成本比较等均构成其影响要素。概言之，制度、资源、服务、意愿和能力等要素在构成人口转移动力要素的同时，客观上也成为其向城镇转移的约束变量。

（一）土地依赖减弱与农民带地进城

土地是人类生存与发展的基本要素，是农民的命根子。乡土社会中，土地在农民的生产和生活中发挥着极为重要的作用，具体表征为"以农为本""以土为生""以村而治"和"根植于土"。②时至今日，我国乡村正经历着从"乡土中国"到"城乡中国"甚至"城市中国"③结构变革的过程，农业收入仅占农户家庭收入的很小比重，以外出务工为来源渠道的外向性收入构成农户家庭收入的绝大部分。2013 年，农民工资性收入首次超过家庭经营纯收入。④新近发布的《农村绿皮书：中国农村经济形势分析与预测（2017—2018 年）》称，2017 年我国农民人均可支配收入超过 1.3 万元，其中人均工资性收入 5498 元，人均经营净收入

---

①　魏后凯、苏红建：《中国农业转移人口市民化进程研究》，《中国人口科学》2013 年第 5 期。

②　刘守英、王一鸽：《从乡土中国到城乡中国——中国转型的乡村变迁视角》，《管理世界》2018 年第 10 期。

③　罗理章、张一：《中国的城市化进程与城市中国》，《城市问题》2012 年第 9 期。

④　中国社会科学院农村发展研究所、国家统计局农村社会经济调查司：《农村绿皮书：中国农村经济形势分析与预测（2013—2014 年）》，社会科学文献出版社 2014 年版。

5028 元。① 而土地常常在农户家庭经营纯收入中占据一定比重。因此，以外出务工为渠道的工资性收入占比的不断上升表明，农民对土地的依赖渐趋减弱。

　　课题组的全国大型调研发现，只要满足占有土地的农户的补偿要求，农民愿意放弃土地（见表1—13）。收入的外向性激励着农民离开农村，进城务工甚至落户城镇。从过程性视角来看，"离得开"是人口转移的第一环节，土地构成农民离开农村的现实羁绊。整体而言，农村承包地和宅基地是与农民生产生活息息相关的土地，其关涉群体众多、牵涉利益最为复杂，也是农民进城存在"如何处理"的最大心理羁绊。针对农民进城后存在的土地问题等心理障碍，党中央和国务院出台多项农村土地制度改革政策，要求保障农民的土地权利。如中办、国办下发的《关于完善农村土地所有权承包权经营权分置办法的意见》，要求在探索农村土地集体所有制的有效实现形式、实行"三权分置"的同时，"不得违法调整农户承包地，不得以退出土地承包权作为农民进城落户的条件"。由于土地经营权的放活旨在增加农民的土地财产性收益，因此，其为农民进城提供了一定的资本来源。在宅基地方面，2018 年 2 月 6 日，中央农办主任韩俊在国新办发布会上强调，"农民进城落户不能以放弃宅基地使用权作条件"。上述有关农村土地的政策要求，均为农村人口向城镇转移提供了动力支持。

表1—13　　　　　　　　农民放弃土地的意愿诉求

变量	取值	样本（例）	比例（%）
如果让您放弃土地，您希望有哪些补偿措施？	在承包期内分期付款，分享低价上涨利润	989	45.8
	一次性现金补偿	893	41.4
	解决就业	679	31.4
	除现金外，免费提供城市居民养老医疗保险	984	45.6
	除现金外，免费提供城镇职工养老医疗保险	817	37.9
	土地换户籍	346	16
	免费提供同面积社区住房	766	35.5
	免费提供城镇商品住房	591	27.4
	缺失值	104	

　　① 杨秀峰：《2018 年农民人均可支配收入将达 1.45 万元　城乡收入倍差降至 2.68》，《经济日报》2018 年 4 月 20 日。

(二) 户籍管控减弱与央地户改创新

制度是影响农村人口向城镇集中的关键变量。作为具有中国特色的制度之一，户籍制度不仅发挥着人口信息登记作用，而且由于其嵌入在制度结构中，往往与土地制度和公共服务等制度相结合，赋予特定户籍或户籍中特定个体或群体特定义务与权利。因此，户籍制度是通过控制个体及附着其上权利（资源能力）进而控制其他资源的一类制度安排和结构。[①] 户籍制度的控制作用突出表现在附属功能和限制功能两个层面，即户籍制度在形成与户口相关的额外社会福利或补贴的同时，还成为政府限制农村到城市流动的关键举措。[②] 一言以蔽之，城乡二元分割的户籍制度成为横亘于市民化进程中最大的制度掣肘。这样的制度掣肘，则集中于嵌入城镇中的"进得来"环节，而户籍制度改革的效度如何则成为农村人口向城镇转移考虑的重要指标。

党的十八大以来，我国不断革新农村人口向城镇集中的制度体系，户籍制度改革的框架基本构建完成（见表1—14）。整体上看，推动城乡二元户籍向一元格局转变，形成全面放开建制镇和小城市落户、有序放开中等城市落户、合理确定大城市落户条件和严控特大城市人口规模的户籍调控管理体系，进而剥离附着于户籍制度之上的教育、医疗、社保等公共服务是中央层面的户籍改革导向。[③]

表1—14　　　　　　　2012—2016年我国户籍改革政策一览

发文日期	文件名称	主要内容
2012年11月	《中国共产党第十八次全国代表大会》	加快改革户籍制度，有序推进农业转移人口市民化，努力实现城镇基本公共服务常住人口全覆盖
2013年3月	《2013年中央政府工作报告》	加快推进户籍制度、社会管理体制和相关制度改革

① 林浩：《中国户籍制度变迁——个人权利与社会控制》，社会科学文献出版社2016年版，第1—2页。

② 李超、万海远：《新型城镇化与人口迁移》，广东经济出版社2014年版，第30页。

③ 陈鹏：《新一轮户籍制度改革：进展、问题与对策》，《行政管理改革》2018年第10期。

续表

发文日期	文件名称	主要内容
2014 年 7 月	《关于进一步推进户籍制度改革的意见》	2020 年，基本建立以人为本、科学高效、规范有序的新型户籍制度；全面放开建制镇和小城市落户限制；有序放开中等城市落户限制；合理确定大城市落户条件；严格控制特大城市人口规模；有效解决户口迁移中的重点问题
2013 年 3 月	《2013 年中央政府工作报告》	把有能力、有意愿并长期在城镇务工经商的农民工及其家属逐步转为城镇居民。对未落户的农业转移人口，建立居住证制度
2015 年 11 月	《居住证暂行条例》	县级以上人民政府应当建立健全为居住证持有人提供基本公共服务和便利的机制
2016 年 2 月	《关于深入推进新型城镇化建设的若干意见》	加强部门间政策制定和实施的协调配合，推动户籍、土地、财政、住房等相关政策和改革举措形成合力
2016 年 3 月	《2016 年中央政府工作报告》	要深入推进以人为核心的新型城镇化，实现 1 亿左右农业转移人口和其他常住人口在城镇落户
2016 年 8 月	《关于实施支持农业转移人口市民化若干财政政策的通知》	强化地方政府尤其是人口流入地政府的主体责任，建立健全支持农业转移人口市民化的财政政策体系，将持有居住证人口纳入基本公共服务保障范围。促进有能力在城镇稳定就业和生活的常住人口有序实现市民化，并与城镇居民享有同等权利
2016 年 10 月	《推动 1 亿非户籍人口在城市落户方案》	紧紧围绕推动 1 亿非户籍人口在城市落户目标，深化户籍制度改革，加快完善财政、土地、社保等配套政策

在地方层面，则表现为大城市以居住证和积分落户为主要载体的户改实践，中小城市和小城镇则体现为尽可能降低落户条件。与过去限制农村人口向城镇集中相比，允许并推动转移人口在城镇落户，为农村人口提供了户籍制度支撑。

（三）基本公共服务供给的城镇偏向

剥去城乡二元户籍造成的人为制度分割表象，市民化实则是转移人口与城镇居民机会均等、均值等量地享有基本公共服务的可能性。换言之，公共服务的公平公正配置成为市民化的稳定助推器。然而，基本公共服务供给的城镇偏向，为农村人口向城镇集中提供了强大动力。简言之，户籍制度安排下，城乡公共服务非均衡配置则是人口向城镇转移的直接动因。

表1—15　　　　　　　　　农村人口向城镇转移的主要原因

变量	取值	样本（例）	比例（%）
愿意搬进城市居住生活的主要原因?	基础设施完善	1202	68.7
	文体娱乐设施多	914	52.2
	教育资源优良	1166	66.6
	医疗卫生服务好	990	56.6
	就业门路多	873	49.9
	其他原因	62	3.5
	缺失值	510	

人的城镇化与公共服务均等化存在强耦合关系，人的城镇化的本质要求是城乡居民"同命、同权"，享有均等化公共服务权益。[1] 课题组的大型调研数据显示，城镇基础设施、教育资源和医疗卫生服务是农村人口向城镇转移的主要原因。

（四）就业机会稳定与家庭收入提升

相较于以工业和服务为主导产业的城市地区，农村地区农业产业在工资和报酬方面的贡献率相对较低。尤其是当农业部门的劳动边际生产率趋近零时，农村劳动力便会产生剩余现象。因此，城乡主导产业势必造成劳动力收入差距，向城镇转移获取就业机会进而提高收入水平成为转移人口的经济动因。

---

① 吴业苗：《"人的城镇化"困境与公共服务供给侧改革》，《社会科学》2017年第1期。

当前，我国劳动力市场结构正处于转型阶段，劳动力短缺现象突出，农民工工资普遍上涨，"民工荒"正从东南沿海城市蔓延到内陆城市，劳动力市场呈现出有限供给的特征，企业的"用工荒"问题逐步显现出来。作为市场主体的企业为获得稳定、高质量的劳动力，具有推动农业转移人口向城市转移的动力。[①] 主要以提高农民工工资，增加农民工的经济收入，改善农民工的福利待遇，提高农民工的保障水平，提升企业对其凝聚力，进而增强其忠诚度。企业也需要商品消费市场，增加农民工的收入，保障农民工的权益，推进农民工的市民化，可为企业提供稳定的消费市场。

市场对劳动力的需求以及由此产生的就业机会，能给予农村劳动力一种比较利益，也是拉动农村人口城镇转移的根本力量。农民既是理性经济人，也是社会人。与从事第二、第三产业相比较，务农的比较收益偏低，农民的理性经济角色促使其关注比较利益，从而引起其进行城镇转移。农产品与工业品的"剪刀差"交易至今未被打破、农业比较利益偏低，激发了农民的离农倾向，驱动农民向城镇转移从事第二、第三产业，提高比较收益。20世纪80年代，乡镇企业的发展，为农村剩余劳动力提供了大量的就业机会，大量农民因此进入城镇务工，形成了一种"离土不离乡"的人口转移模式。到20世纪90年代，沿海地区工业化的大力推进，给全国广大农村人口提供就业机会；市场经济体制的逐步完善，劳动力的流动性以及市场配置劳动力资源的效率不断提升，有力地促进了农村人口的转移。

（五）城镇原住居民的心理认同提升

社会资本是影响农业转移人口市民化能力的重要因素，是否拥有足够社会资本影响到其在城市的生存和发展空间、权益的维护和城市的融入。农业转移人口的社会资本分为契约型社会资本、组织型社会资本和

---

① 企业主体推动农民工市民化是矛盾的。一方面，希望改善农民工福利待遇，加强农民工的培训，提高农民工的素质，增强其忠诚度；另一方面，担心农民工的流动，而造成投入成本的流失。

私人关系型社会资本。① 契约型社会强调的是一种制度性资源，依托政府主导变革，这不在讨论范围之列。这里主要考量的是组织型社会资本与私人关系型社会资本，组织型社会资本主要看是否有社会组织为农业转移人口提供社会网络资源支持，使分散的个体力量集中化，提高城市融入的能力。私人关系型社会资本主要体现在，先行转移的农民与后发转移农民的血缘、地缘关系是促进农民连锁转移②的因素。后发人口转移的农民从先行人口转移的农民获取就业信息，还接受先行人口转移的农民的食宿等帮助，提供情感支持，后发人口转移的农民也能更好地适应城镇生活。

社会舆论的导向，主要体现在政府把劳务输出作为发展经济的手段，在宣传上着力打造外出务工人员"衣锦还乡"的舆论氛围，刺激了农民进城务工增收的动机；在农村社区，农民衡量人有没有出息也往往以收入多寡为标准，对于在外务工经商而致富的村民给予高度的评价，而对于在家务农收入不高的农民则嗤之以鼻，这都客观上加速了农村人口向城镇转移。此外，良好的城市社会舆论，也能缓解农业转移人口的落户焦虑，增强其城镇落户的自信心与归属感。

整体来看，主体意愿和能力持续性地影响着主体行动决策。作为一套制度体系，城乡二元体制及其衍生的户籍、土地、财政和社保等制度之间存在着嵌入性关联、互补性关联和中介性关联等关系，共同构成人口向城镇转移的推进或阻碍的"制度束"。

二　人口转移的运作基础

农村人口向城镇转移，是多重因素作用的结果，制度、资源、财政和服务发挥着关键性作用。检视当前人口转移的运作基础，可以发现，人口转移仍然面临着制度助力人口转移的协同程度不够、资源要素配置与人口集聚方向背离、地方财政支撑公共服务的能力孱弱以及公共服务

---

① 林娣：《新生代农民工市民化的社会资本困境与出路》，《社会科学战线》2014 年第 6 期。

② 宋林飞：《中国农村劳动力的转移与对策》，《社会学研究》1996 年第 2 期。

供给与转移人口服务需求之间存在契合洼地等困境。

（一）制度安排与人口转移非协同性

制度是影响人口转移的关键变量。制度并非简单地孤立存在，而是不同程度地与制度环境或制度体系中的其他制度之间存在着关联性关系。制度间的关联性逻辑和市民化的系统性目标意味着，应从整体性和协同性维度考察人口转移的制度供给。

近年来，围绕人口转移进行的户籍、土地和财政、公共服务等相关领域的顶层设计，更加突出要素的整体性配置和政策的系统性关联。但在政策的地方对接上，配套政策的制定、细化和实施进度极不平衡。① 尽管多地开展了以户籍、土地和"人地挂钩"为主要内容的制度设计，但仍存在着内容精准度不够和协同性不强的现实局限。

就户籍制度而言，以"落户城镇"为创制导向，部分大城市推行的以积分落户和居住证为主要载体的户改实践，一定程度上打破了显性"户籍墙"。然而，积分落户潜在的精英选择导向②和居住证具有的强势工具理性③，只是淡化了户口性质，并未突破粘嵌于户籍之上的隐性"福利墙"。本质上，这样的户籍制度改革属过渡型帕累托改进式改革。仅以积分落户为例，其指标体系中的学历、居住年限和社保参加年限等权重过高，使落户人群主要为拥有高学历的白领阶层，户改的红利仍未惠及市民化的真正主体即农业转移人口。

尽管中小城市和小城镇放开了户口限制并出台多项激励举措，但普遍存在着基础设施建设落后和就业机会有限等问题，难以有效扭转农业人口向规模严控的大城市转移的整体态势，导致地方落户政策呈现"整体失效"特征。表面上看，城乡统一的户口登记制度，取消了农业户口和非农业户口的性质区别。但"不得以退出'三权'作为农民进城落户

---

① 王跃：《中国加快农业转移人口市民化的实践、难题与对策》，《学习与探索》2018 年第3 期。

② 刘林平、雍昕、唐斌斌：《中国城市化道路的反思——以积分制度为例》，《新视野》2017 年第6 期。

③ 杨菊花：《浅议〈居住证暂行条例〉与户籍制度改革——兼论居住证与新型城镇化》，《东岳论丛》2017 年第3 期。

的条件"的政策安排，使部分地方在人口转移过程中，片面强调农民的户口转变，却对土地等农村集体经济权益如何处置不加考虑。这样的政策安排，不仅难以实现农业转移人口的职业和身份同步转化，而且造成增量转移人口进城而存量转移人口返乡并存的窘境。

土地是农民进城可资利用的稳定而可靠的家庭资本存量。现阶段，以增加土地财产性收益为变革话语导向的承包地"三权分置"和"三块地"试点改革构成农村土改的两大实践面向。然而，土地区位价值势差、农房抵押程序烦琐以及抵押贷款期限偏短，加之金融机构心理顾忌和农民认知缺陷，使偏远农村地区土地的财产属性长期处于隐匿状态，土地资源难以真正成为农民进城的资本来源。

抛却制度烦琐和经济环境诟病，农地和农房本身具有的进退有度的保障优势，使其成为农业转移人口退出农村难以剪断脐带的现实羁绊。诚然，人口转移的真正主体恰是远郊农业转移人口，离家不离权、弃耕不弃地、土地支撑弱，使得这部分人口移而不离、离而不放。

诚然，以落户为目标导向的户改或以财产性收益增加为话语指向的土改一定程度上助推了转移人口的市民化进程。尽管各项制度变革具有目标一致性，但仅以单项制度改革为推进策略，企图消弭市民化的实践困境，忽视了问题生发的交互性、实践本身的协同性以及制度供给的关联性。任何制度安排均镶嵌于整个制度结构中，其适应性效率取决于其他制度实现其功能的完善程度。[1] 简单变革单一制度，不对其关联性制度进行改革，难以真正推进市民化进程。值得注意的是，近年来部分地区实施的"人地挂钩"机制，一定程度上破除了单一制度改革的现实弊端，但这样的指标挂钩更多地在本县域或市域开展，仍然难以缓解农业人口跨市和跨省转移问题。

（二）资源配置与人口集聚偏向失衡

农民工是城乡流动人口的主要力量。一定程度上，农民工的务工区域偏向可作为表征农村转移人口流动甚至定居态势的重要指标。国家统

---

① Lin J. An, "Economic Theory of Institutional Change: Induced and Imposed Change", *Cato Journal*, No. 9, 1989, pp. 66 – 72.

计局发布的《全国农民工监控调查报告》显示，2008 年以来东部地区每年跨省外出农民工人数不足 1000 万人，仅占全国年度外出务工人数的一成左右，而同期中西部跨省农民工人数近 7000 万人（见图 1—7）。

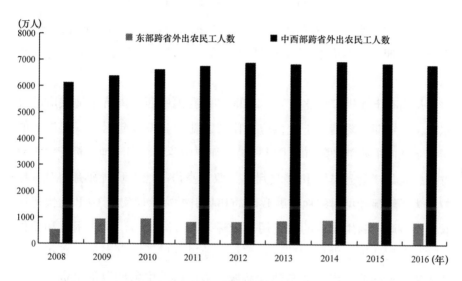

图 1—7　东部和中西部地区跨省外出农民工人数（2008—2016 年）
资料来源：2008—2016 年国家统计局发布的《全国农民工监控调查报告》。

仅以 2013 年为例，当年中部和西部跨省外出农民工分别为 4017 万人和 2840 万人，其中流向东部地区占比分别为 89.9% 和 82.7%，可见中西部地区八成以上农民工将东部作为外出务工的首选之地。尽管 2013 年后，中西部农民工跨省外出规模相对下降，但地区间经济社会发展水平存在的巨大差距，使人口外流仍是现阶段农民获取外向性收入的主要形式。以 2015 年流动人口动态监测调查数据为例，41.98% 的流动人口愿意长期居住在东部地区。可见，在区域横向层面上，东部依然是人口集聚的主要地区。

土地是人的城镇化的空间载体，其空间供给效率、区域分布结构以及类型配置比重是影响城镇人口承载能力的重要指标。在可吸纳空间既定情况下，人口向特定区域持续流入势必增加土地及附着其上的住房需求，进而造成土地利用规模的扩大。与国外土地配置模式不同，纵向行政配额制使中央政府拥有高度集中配置建设用地指标的控制权，即各地指标数量由中央统一计划生成后逐级向下分配。① 简言之，土地指标纵向行政供应体制使政府规划约束甚至决定着土地的配置过程，而这样的供应安排则往往以城镇行政层级、建成区面积以及户籍人口数量等静态指标为依据。在人口大量向东部集聚的同时，中央政府企图通过创制具有明显地区偏向的土地供应政策，促进中西部地区农民就近城镇化。

从国有土地供应占比来看，2003 年是我国中西部国有土地供应的分水岭，在短期下降后，土地供应占比持续陡增。2010 年后，一半以上的国有土地向中西部倾斜（见图 1—8）。而在中西部，当土地指标配置至地方时，兼具"管理员"和"裁判员"双重身份的地方政府拥有绝对主导权。为纾解捉襟见肘的地方财政困局和吸引投资从而实现 GDP 的快速增长，地方政府利用充裕的建设用地指标，通过高价出让商住用地和低价出让工业用地等差别化供地形式实现以地谋发展。突出表现为竞相压低用地成本补贴低产出企业和建设新城，实现以地生财和以地融资。空间生产的逐利动机使土地与资本相勾连，以城镇空间生产为手段进行空间经营进而增加土地财政收益，不仅造成土地低效利用，而且使地方面临债台高筑的发展窘境。②

值得注意的是，中西部地区多数县城虽大量进行房地产开发、商品房建设以及新城建造，但政府单极拉动和指标投放并未扭转人口向东部地区集聚态势③，空间生产使得中西部地区存在大量"空城"和"鬼城"。东部人口转移存量规模和农业人口转移增量态势，势必要求城镇空间有效吸纳过多人口，但土地供应指标的减少，抬升了土地出让价格，使企业用地成本提高、工资上涨，造成该地区房价快速上升④，进而降低了该地区

---

① 杨俊峰：《中国土地配置基本制度的法律解读与改革》，《学术月刊》2014 年第 8 期。

② 常晨、陆铭：《新城：造城运动为何引向债务负担》，《学术月刊》2017 年第 10 期。

③ 蔡继明：《人口变动与城乡发展：让市场决定人口与土地的空间配置》，新浪网，http://news.sina.com.cn/o/2018 - 01 - 05/doc - ifyqinzs9029427.shtml。

④ 陆铭、张航、梁文泉：《偏向中西部的土地供应如何推升了东部的工资》，《中国社会科学》2015 年第 5 期。

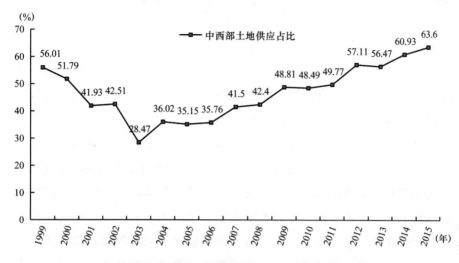

图1—8　中西部国有土地供应占比情况（1999—2015）

资料来源：中国国土资源年鉴（2000—2016年）。

人口吸纳能力。可见，差别化供地在造成东部人口集聚和土地资源配置失衡结构性矛盾的同时，也使中西部面临着人口流失与空间扩张的发展悖论。[①] 质言之，人口转移面临着"人—地"结构失衡的现实矛盾。

（三）地方财政与服务供给非对等性

地方政府是农业转移人口基本公共服务的供给主体，其财政资金状况直接决定着公共服务供给数量、水平以及契合度。从这个角度上讲，基本公共服务均衡配置的过程，实则是财政问题。[②] 而经济导向型的政绩考核体系激励着地方政府大力发展地区经济，流动人口对当地经济的实质性贡献则成为基本公共服务配置的重要依据。故而，对公共服务供给现状的考察不能忽视财政因素以及流动人口经济贡献。

现行财权上收和事权留置的财政体制安排，使地方政府无力承担过多的农业转移人口进城公共成本。以2014年为不变价，以到2020年实现

---

① 杨东峰、龙瀛、杨文诗、孙晖：《人口流失与空间扩张：中国快速城市化进程中的城市收缩悖论》，《现代城市研究》2015年第9期。

② 东北财经大学课题组：《农业转移人口市民化研究——财政约束与体制约束视角》，《财经问题研究》2014年第5期。

进城落户 1 亿人为标准测算发现，市民化地方政府财政成本年均约为 953 亿元，而财政收益仅为 161 亿元，净收益为 −792 亿元。[1] 成本和收益之间的巨大鸿沟，使地方政府推进市民化及向农业转移人口提供公共服务的积极性不足。尽管转移支付是增加地方财力的另一重要途径，但由于法制不健全、结构不合理和制度建设滞后[2]等原因，中央财政转移支付与人口向城镇转移的规模态势难以有效匹配。

外来流动人口是市民化的真正主体，然而职业分层使流动人口对城市经济贡献缺乏稳健而合理的存续基因[3]，地方政府往往以城镇承载力有限为由设置高标准准入门槛，试图通过选择性吸纳转移人口来保护城镇原居民的利益。近年来，部分大城市驱赶低端人口和抢夺高端人才大战愈加白热化。尽管缺少低端人口服务的城镇难以有效吸纳高端人才，然而财权体制安排、经济理性驱使和流动人口经济贡献分殊，使地方政府不得不控制农业转移人口规模（见图 1—9）。

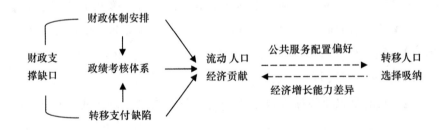

图 1—9　财政资金支撑孱弱与公共服务配置偏好作用机制

（四）服务供给与转移需求非契合性

基本公共服务由地方政府筹资供给，除选择性吸纳外来人口外，经

---

① 魏义方、顾严：《农业转移人口市民化：为何地方政府不积极——基于农民工落户城镇的成本收益分析》，《宏观经济研究》2017 年第 8 期。

② 石智雷、朱明宝：《财政转移支付与农业转移人口市民化研究》，《西安财经学院学报》2015 年第 2 期。

③ 张力：《流动人口对城市的经济贡献剖析：以上海市为例》，《人口研究》2015 年第 4 期。

济理性驱动地方政府进行非均衡公共服务供给。就现阶段而言，人口向城镇转移面临的主要矛盾突出表现为转移人口日益增长的基本公共服务需求和不平衡不充分供给之间的矛盾，具体表现为供给的总量不足、结构失衡、差别供给和精准缺乏四个层面。[①]

转移人口规模与公共服务供给总量不足。人口规模是公共服务配置的约束指标，而向何处流动则是转移人口依据公共服务当下现状和未来预期用脚投票的结果。应当看到，近年来城镇道路交通、文化教育和社保医疗等公共服务供给总量持续增加，但城镇基本公共服务存量规模和增量规模仍与转移人口的需求存在明显的差距。而在农村，尽管国家投向农村的基本公共服务在逐年提升，但对于转移人口而言，其离开农村进城存在难以有效享受农村公共服务增量的可能。简言之，进城农业人口可能难以有效享受城镇和农村双向公共服务供给增量。事实上，优质教育、工作稳定、收入满意、社会保障、居住舒适和环境优美等人民美好的生活向往是党的奋斗目标，也从侧面反映出当前我国公共服务供给的总量不足问题。

静态配置标准与人口动态流动结构失衡。理论上，财政转移支付和公共服务配置应以地区常住人口为标准。但现阶段我国财政转移支付和地方政府公共服务配置往往以辖区户籍人口规模和人口静止不动等静态指标为配置标准，而城乡间和城际间人口动态流动表明这样的配置极易造成人口流入地受限于既定财政转移支付难以有效提供公共服务，而人口流出地相应地获得了脱离人口实际的转移支付却无须提供公共服务。[②]在农村，国家投入的公共服务增量受益对象为在村居民，进城农业人口由于离开农村也难以享受。因此，持续流动着的农业人口因公共服务的静态配置难以同时享有城镇存量和农村增量公共服务。

公共服务需求与供给之间的差别化配置。引导转移人口向中小城市和小城镇流动，是现阶段我国市民化的重要政策之一。但受层级制城镇

---

① 吴业苗：《"人的城镇化"困境与公共服务供给侧改革》，《社会科学》2017 年第 1 期。

② 杨俊峰：《"人地钱"挂钩之后——中国城市化的体制性障碍与出路》，《学术月刊》2017 年第 1 期。

行政体制安排，公共服务资源尤其是诸如文化教育、医疗保障等优质公共资源主要集中在大城市，而中小城市的公共服务不仅供给数量不足且服务质量相对薄弱。城镇层级之间公共服务存在存量失衡问题的同时，中小城镇尤其是小城市和小城镇还面临着增量有限的窘境。公共服务层级失衡，使转移人口偏向大城市，而小城市，尤其是小城镇吸纳人口能力严重不足。与此同时，相较于城镇原住民，转移至城镇的农业人口是公共服务的主要主体，尽管已成为城市常住人口，但经济贡献的非稳健性特征，使得地方政府往往对公共服务进行差别化配置，将公共服务更多地惠及原住民，进城人口仍然没有平等获取公共服务的权利。仅以住房保障为例，为有效保障住房困难群众的住房权利，绝大多数城市出台并实施了廉租房和经济适用房政策，但其受众主要是城市原居民，外来人口基本被排斥在外。

服务类别差异与转移人口服务精准缺乏。因主体发展阶段和个体资本不同，公共服务需求各异。笔者对晋东南 D 村的调研发现，因幼代教育和青年结婚，进城购房成为农民的现时选择。而转变户口并非该村转移人口急需公共服务，甚至对于绝大多数村民而言，住房进城能够享受城镇教育等优质公共资源，户口留村则可享受农村土地承包、集体收益分红甚至作为进城失败的最低保障。住房城镇化而户籍非市民化，为农民提供了同享城乡资源的互补优势，且为其游走于城乡之间提供了进退有度的弹性空间。这也在一定程度上表明，地方政府企图通过户籍制度改革吸引农民进城的政策创制极易面临失效困境。

第四节　城镇化进程中人口转移的政策限度及政策创新

革新户籍政策，有序推进农村人口城镇转移，实现城镇基本公共服务常住人口全覆盖，是增加农民收入、保障农民工平等享受城市优质的公共服务和社会保障、缩小城乡差距和区域差距的关键。然而，由于户籍政策创制的城市偏向及其空间失衡，形成了农村人口有序转移的户籍障碍，而与户籍粘嵌的公共服务与社会保障政策未分离，及其负功能的凸显，则致使农民工城镇融入难，加上配套政策的不完善，农民城镇内生动力不足，更加剧农村人口转移的难度。

为此，中央到地方陆续出台助推人口转移政策措施。中央从顶层设计高度加强户籍制度改革、推进土地制度突破、深化财税制度创新；地方顺应中央改革要求，结合城市发展需要，出台农业转移人口市民化、提高户籍人口城镇率的相关政策举措，农村人口城镇转移政策创新取得新突破、新进展。

一　推动农村人口转移的地方探索

党的十八大以来，中央和地方户籍制度改革进程逐步加速，推动了农村剩余劳动力的城镇转移与落户。然而，现阶段户籍制度改革与农村人口转移进程中仍面临不少矛盾和现实问题。诸如，在严控的政策导向下，特大城市如何处理好城市承载力与外来流动人口权益的关系？大城市户籍政策过严，农民工落户权益难保障，如何合理确定落户条件？中小城市人口集聚度不高，如何吸引人口落户，这在中西部地区尤为明显，甚至中西部一些大城市都面临人口不足的窘境？这些地方性户改矛盾、困境如何克服？如何适应城市经济社会的发展需要，不少大中城市、特大城市对户籍制度进行了探索与改革。

改革开放前，我国实行严格限制人口转移的政策，以1958年《中华人民共和国户口登记条例》颁布为时间节点，城乡二元户籍制度开始逐步确立，农村人口转移基本处于停滞状态。改革开放后，由于对农村人口城镇转移实施指标控制的政策，导致大量的农民工仅仅实现职业转换与地域转移，没有实现真正的身份转换。以"十五"规划为节点，居住证政策开始在各地实践，取消了部分对农村劳动力城镇转移的不合理限制，一定程度上推动了农村剩余劳动力的城乡与区域间的有序转移。但是居住证的办理条件较为严苛，赋予的公共服务权益偏低，落户时间偏长。

随着农业转移人口市民化政策的不断推进，各地农村人口转移的地方探索也如火如荼地展开。2016年9月19日，《北京市人民政府关于进一步推进户籍制度改革的实施意见》的公布，全国出台户籍制度改革方案省份增加至 31 个。各地普遍取消农业户口与非农业户口的区别，部分城市放宽落户条件。从落户条件的宽严度看，目前的城市户籍改革政策可分为控制型、吸引型、均衡型三类。其中北京、上海、广州、深圳等城市为控制型；中西部地区大中型城市，如湖北襄阳、黄石、四川除成都外各大城市均为吸引型的政策；中西部大部分省会城市，如武汉、长沙、南宁、贵阳、郑州、太原等城市，东部部分省会城市，如济南、福州等地为均衡型落户政策。表 1—16 对东中西部控制型、均衡型、吸引型三类城市各选取 4 个，共 12 个代表性的城市来进行分析。

表 1—16　　　　　　　　　　　　地方政策类型

类型	城市	落户政策
控制型	北京	按照总量控制、结构调整、适度从严的原则，严格规范户口审批管理；研究"户随人走"的户口迁出政策；实施更加开放的人才引进政策
	上海	按照中央对上海的发展定位和严格控制特大型城市人口规模的要求，统筹推进户籍制度改革；完善人才落户政策
	深圳	严格控制人口规模；完善积分落户和人才落户政策
	广州	严格控制超大城市人口规模；广州要根据综合承载能力和经济社会发展需要，加快调整人口结构，重点吸纳急需的各类型专业人才落户
均衡型	武汉	适应以人为核心的新型城镇化发展需要，进一步推进户籍制度改革，放宽户口迁移政策
	济南	合理确定济南落户条件，全面放开普通高校毕业生落户限制，不断提高职业院校、技工院校毕业生和技术工人等常住人口的城镇落户率。
	太原	进一步推进户籍制度改革，全面放开城镇户口落户限制；有序放开城区落户条件，完善配套政策，提高户籍人口城镇化率
	郑州	合理确定郑州市落户条件；建立完善积分落户制度，以具有合法稳定就业和合法稳定住所（含租赁）、参加城镇社会保险年限、连续居住年限等为主要指标，合理设置积分分值

续表

类型	城市	落户政策
吸引型	黄石	全面放开户口迁移限制，城镇就业落户"零门槛"、投靠落户"零门槛"、投资兴办实业落户"零门槛"、人才落户"零门槛"、入学落户"零门槛"、复退转业军人落户"零门槛"、大中专毕业生回原籍落户"零门槛"七大落户"零门槛"政策
	南充	南充主城区有合法稳定职业或者合法稳定住所（含公共租赁住房和租用单位住房一年以上）的人员，本人及其同居生活的配偶、未婚子女、父母等直接亲属；在县（市）城区则放宽只租赁房屋半年以上即可，申请人员增加了祖父母、外祖父母、孙子女、外孙女，可以在当地申请登记城镇居民户口
	贵港	以具有合法稳定住所为户口迁移的基本条件，通过建立和完善土地、住房、社保、就业、教育、卫生服务保障体系，吸引农村居民到城镇落户
	定西	全面放开落户限制。凡是在定西市区、县人民政府驻地镇和其他建制镇有合法稳定职业或稳定生活来源、合法住所（含租赁房）的市内农民和市外人员，本人及其共同居住生活的配偶、未婚子女、父母可以在当地申请登记城镇常住户口

在城市落户政策的制定上，地方层面的户籍政策具有典型的差异化、差别化特征。东部特大城市均严控人口规模，并普遍实施了人才偏向、行政导向、控制型的积分落户政策。相对于东部地区，中西部城市落户空间相对较大，省会城市的落户政策也相对宽松，实行既控制又吸引的均衡型的落户政策；不少大城市（地级市）甚至全面放宽了落户限制，吸引农村人口落户城镇。课题组分别选取控制型、均衡型、吸引型的北京、济南、黄石为三个典型的城市，既涉及特大城市、大城市，又涉及中等城市，以此剖析其各自的政策实践内容、绩效，并进行简要的评价。

（一）严控型：以疏解非首都功能为导向的积分落户政策

北京作为首都，人口高度聚集。2015 年末，北京常住人口 2170.5 万人，比上年末增加 18.9 万人，增长 0.9%；其中常住外来人口 822.6 万人，比上年末增加 3.9 万人，增速回落 15 个百分点。在国家户籍制度改革大背景下，超大城市北京人口调控依然是首都发展战略的重要组成部分，如何疏解非首都功能、吸引人才集聚、保障非京城市户籍居民权益，成为新一轮户籍制度改革要突破的关口。

北京市先后出台《北京市积分落户管理办法（试行）》《北京市人民政府关于进一步推进户籍制度改革的实施意见》等政策。一是有序疏解北京非首都功能、严守人口红线，优化经济结构与空间结构，推进"人随户走"政策，不断降低中心城区人口密度。二是将农业和非农业户口统一登记为居民户口，彰显户籍制度的服务功能，完善农村产权制度，保障农民土地承包经营权、宅基地使用权。三是积分落户与人才落户并举。积分落户政策重点向普通劳动者倾斜，保障长期居住在北京的外来常住人口落户权益；完善人才落户政策，吸引高层次、紧缺急需人口在京就业、创新创业。四是实施居住证制度，建立健全以居住证为载体的基本公共服务供给机制，扩大居住证持有人享有公共服务范围。

北京市落实国务院《关于进一步推进户籍制度改革的意见》要求，取消农业户口与非农业户口区分，打破城乡户籍壁垒，逐步推动城乡公共服务均等化。制定积分落户政策，疏解非首都功能，重视对普通劳动者长期贡献的肯定，新增一条针对普通劳动者的落户渠道，为其提供一条较为公平公正的落户通道，增强普通劳动者对城市公平以及社会公平的信心。通过人才落户政策，吸引年轻、学历高、具有创新精神、创业能力的高素质的人口流入，缓解老龄化趋势，优化首都人才结构，为城市发展提供多层次的人力资源支撑，提高了城市运行效率。采取居住证制度，为居住证持有者提供阶梯式的公共服务。

总体来看，北京市的户籍制度改革考量了普通劳动者的落户权益，逐步为外来常住人口提供均等的公共服务，对推进我国超大城市户籍制度改革都有一定借鉴意义，但力度仍不够大，外来常住人口落户空间不足，依然秉承着严控人口的政策导向，仍然是行政主导的人口流动模式。

（二）均衡型：以推动市民化进程为目标的落户条件放宽

随着城镇化进程的深入推进，济南市城镇化水平不断提升。然而，近百万农业转移人口仍然处于半市民化状态，难以与城镇原住居民等值尽量地享受城镇的优质公共服务。一些城中村居民纳入城镇化统计口径，但居住条件差、配套设施不完善，社会保障水平低。城镇建设管理水平不高、土地资源利用粗放。小城镇基础设施欠账多，产业支撑缺乏，人口吸引力与集聚力不强，给农村人口转移与市民化带来不少阻碍。

为此，济南市结合山东省出台的"三个市民化"（全省外来务工人员市民化、城中村城边村原有居民市民化、其他农村地区就地转移就业人口市民化）新政，加大户籍制度改革力度，将《推进济南市户籍制度改革问题研究》列为市领导牵头推进的重大调研课题，并将其具体转化为政策举措。济南市在中心城区适度增加落户规模、参加社会保险年限不超过3年，取消工作调动、大学毕业生等落户附加条件限制；放宽市内户口迁移政策，将农村居民纳入城镇公共服务管理；改造后的城中村居民可享受城镇养老保险和医疗保险服务。[①]

济南市积极推进山东省"三个市民化"新政，不断放宽落户条件，从住房、社保、就业、子女教育为农民市民化提供保障，消除进城落户农民后顾之忧。[②]

但是，要让"市民化"推进得更有力，济南市应进一步改革，让城乡居民享受同等的社会机会、市场机会，让农村的产权、生产要素享受市场待遇。在公共服务上不仅要体现均等，更要体现均质。财政资金要能有效支撑进城农民工就业、培训和技能的提升，让农民工留得住、过得好。同时，整合城乡社保体系，推进医疗、社保体系跨区域转移接续，保障农民土地权益，消除进城农民后顾之忧。

（三）吸引型：最大化降低落户门槛与吸引转移人口进城

要推进新型城镇化，需要提升城镇人口吸纳能力，完善户籍政策是基础。近年来，黄石市人口流失现象十分严重。2015年，黄石市总人口267万人，而城区户籍常住人口仅74万人，加上流动人口也只有80万。迁出人口为8786人，而迁出人口达13155人，倒挂现象突出、比例大且呈上升趋势。黄石市2049年远景规划是建设现代化特大城市，显然目前离特大城市标准仍有不少差距。

---

① 陈凤莉：《从农民工到市民还有多远》，《中国青年报》2011年3月8日。
② 陈凤莉：《从农民工到市民还有多远》，《中国青年报》2011年3月8日。

　　由此，黄石市推行彻底的户改新政，由市公安局起草《关于进一步深化户籍制度改革的实施意见》，全面放开户口迁移限制，实现"零门槛"落户。根据《意见》内容，有城镇就业落户"零门槛"、投靠落户"零门槛"、投资兴办实业落户"零门槛"、人才落户"零门槛"、入学落户"零门槛"、复退转业军人落户"零门槛"、大中专毕业生回原籍落户"零门槛"和七大落户"零门槛"措施。此外，在教育、社保、就业、住房等方面出台系列配套优惠措施，如落户的市民子女可享受义务教育阶段"免试就近入学"，鼓励个人参与城镇职工养老保险①，可享受创业培训、贷款担保、创业补贴等优惠政策，且能享受到统一标准的购房、租房等住房保障政策。

　　黄石市作为以工业为主的二线城市，人口集聚能力较弱，如果不吸引农民工的流入，城市人口增长将受到制约。《意见》提出的城镇就业落户"零门槛"政策，为外来就业的农民工提供了落户城市的机会，能最大限度地集聚人口，提升城市的核心竞争力。

　　然而，尽管中小城市户籍改革对于吸引劳动力、延长人口红利、促进经济社会发展都具有重要的意义。但面对北上广等特大城市的城市户口的虹吸现象，中小城市的"零门槛"落户政策将一定程度遭到削弱。为此，中小城镇在推进户籍改革时，要注重提升城市产业实力，并为农民留足"后路"，解除农民的后顾之忧，方能吸引更多的农民进城成为新市民。

二　农村人口城镇转移的政策限度

　　户籍粘嵌着教育、社保、住房、就业、文化政策，作为调控人口城乡、区域转移的基础性政策；与户籍改革配套的产业发展、土地、投融资、财政政策，成为农村人口转移的保障性政策。现阶段，户籍政策创制过程中的城市偏向，致使特大城市积分落户政策的人才选择性、大城市举家迁移政策制定滞后，进而导致人口转移公平性不足、留守群体权

---

　　①　陶忠辉、贺大庆、刘艳新：《黄石全面放开户口迁移限制》，《湖北日报》2016 年 8 月 30日。

益保障缺失；户籍政策创制的空间失衡则导致人口集中流入的大城市落户空间不足，而中小城镇落户政策宽松但吸引人口集聚的能力不够，导致人口转移空间分布失衡。

配套的产业政策、土地政策、财政政策、投融资政策的不完善，使得农民城镇转移缺乏必要的产业基础、土地支撑与财力保障。与户籍粘嵌的教育政策、社保政策、住房政策、就业政策、文化政策依然未能分离，及其负功能的显露，则致使农民工子女难以在城镇就学、农民工父母难以享受到社保服务、农民工家庭难以享受城镇政府住房公积金与租房补贴、农民工个人难以获得更好的就业机会、农民工群体难以融入城镇的文化生活。

（一）户籍政策创制的城市偏向与空间失衡

考察现行户籍政策创制，其鲜明的特征是"城市偏向"倾向突出。户籍政策创制的城市偏向有着深远的历史根源和现实基础。中华人民共和国成立以来，国家在经济发展战略上以城市为中心，以户籍政策为手段限制农村人口城镇转移，汲取农村资源优先发展城市工业，在户籍政策制定和实施过程中呈现出"城市偏向""市民偏向"。改革开放后，户籍对人口流动的限制渐趋宽松，人口流动频繁，为我国经济增长提供了廉价的劳动力资源。然而进城农民工在被排斥在城市福利体系之外的同时，还不能公平地分享城市经济发展成果，从而被逐步边缘化、弱势化。20世纪80年代中期，部分城市政府对城市流动人口采取有选择的准入政策，将合法固定住所、稳定职业作为落户条件，有选择引进人才，提高城市劳动力质量，促进城市经济社会发展。地方政府的户籍政策导向依然是重在城市经济发展、社会和谐稳定，控制功能过强、服务功能淡化，对流动人口权益保障关注不足。

1994年的分税制改革后，中央与地方财权与事权的关系逆转，加剧城市政府财政收入的分化。收不抵支的财政诱使部分城市政府压缩财政支出，加之城市户籍人口的游说，促使城市政府以有限的财政资源保障对城市居民公共服务的供给，出台限制外来人口流入的户籍政策。对于进城外来流动人口落户政策要求严苛，城市偏向突出，如1994年上海率先推行的"蓝印户口"政策。依据《上海市蓝印户口管理暂行规定》，三类人员可申领蓝印户口：有稳定住所的投资者（100万元）；购买外销商品住宅100平方米以上的境外人士；有稳定住所、具有管理能力或工艺技能的外省来沪人员。[①] 蓝印户口政策将户籍权利商品化，为城市政府增加投资，拉动了城市高端商品房的消费、吸引了部分高素质的管理人才，但取得的蓝印户口的数量有限，普通劳动者望尘莫及。

21世纪以来，户籍制度改革持续推进，然户籍政策的"城市偏向"依然延续。蓝印户口政策逐步取消，居住证政策推行开来。2002年，上海为吸引优秀人才来沪就业、创业，构筑人才高地，推动城市经济繁荣，出台以引进人才为导向的居住证政策。尽管2004年将居住证的适用对象由"人才引进"到"常住外来人员"，但其享受的城市保险、教育资源和权利、住房保障等权益与城市户籍居民具有巨大差异。普通居住证持有者子女不能在居住城市参加高考、被排斥在住房公积金之外。

近年来，特大城市提出要建立和完善积分落户政策。2012年，深圳市出台《深圳市外来务工人员积分入户暂行办法》，提出引进人才无指标限制，步子较大，但人才倾向较为突出；2014年广州市政府出台《广州市积分制入户管理办法》，为长期在广州工作，但学历、技能资格未达到人才引进等迁入条件的外来人口提供落户通道。然城市政府新政出台目标在于吸引低学历但城市急需的技能型专才，仍具有明显的人才选择性。2015年，广州市积分入户名单中，35岁及以下的有2974人，占六成以上；近九成拥有大专（高职）及以上学历，大学本科、硕士研究生约占六成，年轻、高学历的"精英人群"更易积分落户。即使作为首都的北京，于2016年出台了《北京市积分落户管理办法（试行）》，一定程度上尊重了普通劳动者落户权益，但其根本的政策导向在于凸显科技创新中心城市定位、疏解非首都功能、应对老龄化趋势、推进城市治理、缓解城市资源环境压力，对于普通劳动者来说，门槛依然过高。

从历史到现实层面，我国的户籍政策都注重秩序、效率的"城市偏向"，对外来流动人口的权利、户籍政策的公平性不足且权益保障缺失。考察现行落户政策，我国的户籍改革也呈现出空间失衡的特点。《关于进

---

① 彭希哲：《中国大城市户籍制度改革研究》，经济科学出版社2015年版，第30页。

一步推进户籍制度改革的意见》提出，建制镇和小城市要全面放开落户限制、中等城市有序放开落户限制、大城市合理确定落户条件、特大城市严控人口规模，依据城镇人口承载能力，实施差别化落户政策。这一政策整体上适合我国国情，但仍然是一项空间失衡的户籍政策，具体表现为以下两方面。

人口"强吸引力"[①] 的大城市[②]户籍政策严控，公共服务和社会保障歧视将会加剧。长期以来，政府以人口承载力极限为由，采取行政手段限制人口的流动，控制大城市人口规模。近年来的大城市户籍制度改革基本延续这一政策思路，严控特大城市人口规模。这其实与城市发展规律是不相符的。农村人口向大城市和特大城市集中是城市发展的规律。目前北京、上海等地采用的行政控制型的积分制存在落户空间狭窄、远远不能满足外来人口落户需求的问题。北京、上海近40%的常住人口未拥有城市户籍，也意味着近千万的非本地户籍人口受到现有公共服务和社会保障政策的歧视，随着外来人口的持续增长，这种户籍歧视将会加剧，由此引发的社会矛盾也将凸显。

人口"弱吸引力"中小城镇户籍政策宽松，追求表面的城镇化率现象将凸显。加快中小城镇化建设，全面放开户籍限制，实现农业转移人口就地城镇化、就近城镇化，引导农村户籍人口有序转移到中小城镇落户，只是表现上提高了户籍人口城镇化率，并没有根本上解决城镇化进程中的问题。农村人口转移到城镇，彰显了对更高收入与生活水准的追求。大城市拥有更多的发展机会，农民工更愿意去大城市就业，改善自己的收入水平，获取更多的资源。中小城镇不仅就业机会较少，在教育、医疗、养老等服务上也相对落后，配套的基础设施也不完善，吸引力不足。单纯追求户籍身份的转变，而没有足够的产业支撑、更有效率的GDP产出，中小城镇的宽松的户籍政策就会大打折扣，片面追求表面的城镇化率现象将凸显。不少地区开展撤县设区、撤乡镇设街道方式，以

---

① 指城市因具备优越的公共服务和完善社会保障条件，而对外来人口具有很强的吸引力，吸引人口流入。

② 与下文中小城镇相对，包括特大城市、超大城市。

统计口径的调整，实现农民的转户，大量农民"被市民化"。

（二）政策粘嵌负功能与主体权益保障缺失

现阶段，地方户籍改革进程日益提速，然而户籍政策粘嵌的教育、社保、住房、就业、医疗等公共服务与社会保障福利难剥离，致使农民工随迁子女难以在城镇就学、农民工父母难以享受城镇社保与城镇医保、农民工家庭难以享受城镇住房公积金与租房补贴，进城农民工及其子女、父母权益保障多重缺失，影响了农民市民化质量。

随迁子女教育政策滞后与受教育权利保障不足。保障随迁子女受教育权，不仅能提高城市劳动力供给的稳定性，而且能促进城市公平与社会融合。然而，由于各级政府对随迁子女教育财政支出责任的模糊性，城市政府担心制定随迁子女教育政策会导致更多的随迁子女流入，形成公共服务资源供给的压力。在有限的财政资源下，开始提供更好的公共服务的城市政府只能提供最差的公共服务，形成所谓的"洼地效应"。[1] 尽管中央要求流入地政府对待随迁子女与城市居民子女一视同仁，但缺乏具体而明确的规定，给地方政府留下很大的自由操作空间。

这种"洼地效应"导致城市政府随迁子女政策改革的动力不足，致使农民工随迁子女受教育权益保障不足。具体体现在以下三个层面：学前教育层面，农民工随迁子女被排斥在优质的公办幼儿园范围之外，大多数幼儿在教育条件较差的民办幼儿园就读；义务教育阶段，仍有不少地区的农民工子女无法就读全日制公办学校，有的即使进入了公办学校就读，也只能读"校中班"或农民工子弟学校；高中教育阶段，由于户籍制度改革的滞后，部分大都市城市政府要求考生在户籍所在地报名参加高考，迫使跨省流动的农民工随迁子女得选择回到流出地省份就读，影响了农民工子女的受教育权益。

地方社保政策的不衔接与农民工社保福利缺损。据国家社会保险政策设计，经过组织、人事、劳动部门批准调动工作的人员，社会保险关系可顺利转移接续。[2] 农民工的流动的频繁性与个体性，使得农民工社会

---

① 李超、万海远：《新型城镇化与人口迁转》，广东经济出版社 2014 年版，第 108 页。
② 黄坤：《中国农民工市民化制度分析》，中国人民大学出版社 2011 年版，第 246 页。

保障关系难以转移接续。部分地方为维护本地职工利益和避免本地财政流失，从政策上设置"障碍"，阻碍农民工社会保险跨区域统筹转移。此外，时间跨度长、门槛较高，也使得农民工参与社保的意愿低。以农民工参加城镇"五险一金"为例，分析2014年农民工参保"五险一金"数据，其中，参与工伤保险不到三成，仅为26.2%，劳动权益难以得到保障；参加城市医疗保险、养老保险、失业保险的不到两成，分别为17.6%、16.7%、10.5%，以至于大多数农民工难以享受城市的优质的医疗资源、养老保障和失业救济；参与生育保险、住房公积金不到一成，分别为7.8%、5.5%。从而农民工的生育安全保障、住房保障不足。

此外，外出农民工更倾向于工伤、医疗、住房公积金，在这些方面的参保率高于本地农民工，而在养老、失业和生育方面参保率则低于本地农民工。相较于农民工对"五险一金"的敬而远之，部分城镇职工"五险一金"参保率达100%，折射出农民工与城镇职工社会保障福利待遇的巨大差距与农民权益的缺失（见表1—17）。

表1—17　　　　2014年农民工参加"五险一金"的比例　　　　单位：%

	工伤保险	医疗保险	养老保险	失业保险	生育保险	住房公积金
合　计	26.2	17.6	16.7	10.5	7.8	5.5
外出农民工	29.7	18.2	16.4	9.8	7.1	5.6
本地农民工	21.1	16.8	17.2	11.5	8.7	

资料来源：根据《2014年农民工监测调查报告》数据整理而成。

保障房政策排斥性与住房权益缺失。地产资本的逐利性与土地招拍挂制度带来的土地财政使资本和地方政府在保障房建设上缺乏激励。[1]1998年，国家城镇住房改革重塑中央政府和地方政府事权责任、福利房分配体系，地方政府承担经济适用房和廉租房的供给责任，住房责任逐

---

[1]　王星：《政府与市场的双重失灵：新生代农民工住房问题的政策分析》，《江海学刊》2013年第1期。

步由国家向个人转移。与商品房市场急剧扩张的现实境况对应，保障房建设却不断萎缩与供不应求。地方政府为把有限的保障房资源分配给城市居民，将农民工群体排斥在住房保障政策范围之外，致使农民工难以享受到城市经济适用房、廉租房等保障性质住房待遇。进城农民工租房补贴或配租政策更是缺乏，农民工住房权缺失。

农民工居住环境恶劣，不仅影响农民工的生活质量，更与城市市民形成了天然的空间区隔，阻碍农民工与城市市民在一定社区空间内互动、互融，成为农民工融入城镇的空间障碍。与城镇居民相比，进城农民工住房自有率低，近四成农民工居住在工棚和集体宿舍。其中，大多数以租房为主，租住地域为居住条件较差的城中村、城乡接合部、城郊等地区，部分租住的房屋已纳入危房改造之中，存在很多安全隐患。与城镇居民居住条件的巨大差距削弱了农民工的城市认同，致使农民工难以融入城镇社会，延缓了农民市民化进程。

就业政策的身份歧视与农民工平等就业权利缺损。2003 年，国家逐步取消农民工就业的排斥性政策，但部分省市依然对农民工就业存在户籍歧视，身份偏向的职业分割现象严重，大多数农民工集中在脏、累、差的行业，白领阶层少，蓝领阶层多。部分省市对公务员的报考条件具有严格的户籍要求，如河北省公务员招考条件中明确规定报考者要具有河北省户籍（以 2016 年 3 月 23 日的户口所在地为准）。浙江省同样要求公务员的报考条件要"具有浙江省常住户口"。对文化水平要求不高的行业，也存在一定程度的户籍歧视，如武汉、昆明等城市还对出租车汽车驾驶员进行明确的户籍限制，要求必须拥有"本市常住户口和居住证"。部分城市对应聘事业单位的本市户籍失业人员降低应聘条件，如广州市规定，事业单位招聘本市户籍人员，可适当放宽年龄和学历要求。[①]

此外，许多城市在存在就业压力情况下，为了保护城市本地劳动者的就业，常常公布并执行一些带有明显就业歧视的政策，如规定只有本

---

① 李超、万海远：《新型城镇化与人口迁转》，广东经济出版社 2014 年版，第 91 页。

地劳动者不愿从事的岗位才向流动人口开放①，农民工进入工作条件好、待遇优越岗位的就业歧视增长。据中国社会科学院农村发展研究所、社会科学文献出版社及河南财经政法大学共同发布的《中西部工业化、城镇化和农业现代化：处境与对策》报告显示，2015 年近半中西部农民工在劳动力市场受到不同程度的歧视，就业不稳定。尽管农民工在就业市场受歧视与其性别、年龄、受教育程度、就业技能等因素有关，但政策因素依然是主要因素。就业歧视不仅反映了农民工平等就业权的缺损，也不利于增加进城农民工收入，弱化了农民工市民化能力，阻碍了农民市民化进程。必须清理劳动力就业的户籍限制等歧视性政策，构建城乡统一的劳动力市场，从而推进农民工融入城镇。

农民工文化生活荒漠化、孤岛化、边缘化。近些年来，随着国家对公共文化服务建设投入力度不断加大，农村的农家书屋和城市各种文化设施开始建立起来。然而，由于结构转型中制度的阻隔，农民工既无法享受到农村的公共文化设施，又被排斥在城市公共文化体系范围之外，流出地管不着，流入地不愿管，遭遇双重文化尴尬，致使其逐步成为城乡公共文化体系的边缘人，农民工的文化生活渐趋荒漠化、孤岛化与边缘化。

城市大部分文化设施，是市场主导、以营利为目的、为适应城市居民文化需求建设的，消费成本高（一场电影的票价高达 50—100 元），形成了对农民工群体的一定排斥，农民工文化消费的市场失灵现象突显。农民工一般选择消费低端的、无偿的、品质较低的文化产品，对城市高端的文艺演出和艺术品展览望而却步。课题组成员 2016 年暑假与珠三角地区工作的部分农民工访谈得知，老一代农民工劳作过后的文化生活主要在租房里聊聊天、睡觉；新生代农民工的文化生活则以玩电子游戏、打牌、上网为主，很少读书，几乎不看电影，更没有参观博物馆、艺术馆的经历。政府公共文化政策的制定既要有均等化的理念，又要有针对性、切实符合农民工的文化需要。

---

① 蔡昉、王德文、都阳：《中国农村改革与变迁：30 年历程和经验分析》，上海人民出版社 2008 年版，第 270 页。

(三) 配套政策不完善与转移内生动力不足

与户籍政策创新相伴而生的配套政策的完善，是推进农民城镇转移的内在动力。城镇人口的集聚需要产业的支撑、建设用地指标的支持、财政资金与社会资本的保障（公共服务和基础设施建设）。现行的产业发展政策、土地政策、投融资政策等配套政策的不完善，致使农民转移的内生动力不足，亟须从政策上突破。

1. 产业政策非均衡与非配套：吸纳进城农民工定居难

实现人口转移的关键，在于通过产业发展为农民提供就业机会，吸引农民逐步由农民向市民转型。政府产业政策的效力在于引导产业发展，发挥产业集聚效应，实现产城人的融合。然而由于产业发展政策的非均衡与非配套性，存在"产业区域结构非均衡化，中西部产业基础较为薄弱；资源型城镇产业断层，东北地区产业衰退现象凸显；服务产业发展的配套措施不够，园区产业集聚度不高"等问题，人口转移进程中产业—人口要素缺乏有效链接，产城人融合度不高。

首先，产业区域结构非均衡化，中西部产业基础较为薄弱。东部沿海地区产业集聚程度高、产业发达；中西部地区产业发展程度低，产业经济总量不足，不能为农村人口就地转移提供就业岗位，致使中西部农村地区劳动力大量外流。中西部的一些小城镇由于缺乏产业基础支撑，产业发展滞后，功能单一，吸引人口集聚的能力不突出，农村人口仍倾向于向大城市转移。

其次，资源型城镇产业断层，东北地区产业衰退现象凸显。部分资源型城镇因资源的过度开采而面临枯竭，由于缺乏产业转型，新兴的替代产业没有跟进，产业发展增速放缓、断层，东北老工业区产业衰退现象凸显。

再次，服务产业发展的配套措施不够，园区产业集聚度不高，人口承载力不足。部分园区产业缺乏城市依托，服务于产业的配套服务难以跟上，产业配套的公共服务平台缺失，各种生活、休闲娱乐等配套设施较少，教育、卫生等场所更缺少配套。广东清远是承接珠三角地区产业转移的重镇。随着广东等地的产业不断向清远一些中小城镇转移，清远的中小城镇产业集聚度、经济融入度不断提升。然而，这些中小城镇的产业园区由于产业集聚程度不高，公共基础设施建设成本高，致使服务企业的公共服务难以配套；当地政府在征地拆迁、基础设施建设已投入大量的资金，建设资金缺口大，加之财力基础薄弱，致使园区在医疗卫生、教育、娱乐等方面民生服务配套性不强，产城融合度不高，城镇人口承载力不足，吸纳农民工进城定居难。

2. 土地流转政策不完善：影响农民进城落户意愿

农民市民化回避不了"退地"问题。健全土地流转政策，推动进城农民有序"退地"，不仅能促进农业增效、农民增收，也能加速推进新型城镇化与农民市民化进程。2016 年，《国务院关于实施支持农业转移人口市民化若干财政政策的通知》也提出，要建立进城落户农民在农村土地权益退出机制，引导农民依法自愿有偿转让相关权益，以增强农民财产性收益，为农业转移人口市民化提供资金支持。然而，当前农村土地流转政策依然很不完善，运作过程中常由地方政府主导，存在流转规模偏向，流转效益不高，造成土地资源浪费与农民利益受损。部分地方政府采用行政手段推动土地规模化流转，村委会代替农户与企业对接，农地"被流转"现象凸显，进城农民的土地财产权益未得到有效保障。农村土地流转政策的不规范，使得进城农民宁可抛荒不种也不愿意流转自家土地，农地抛荒与闲置现象严重，农业转移人口"人地分离"现象突出，农民难以安心进城。

另外，由于宅基地流转政策不健全，"三块地"改革试点中，仅允许规模较小的集体经营性建设用地入市，宅基地只能在村集体内部流转，农村集体建设用地集约利用难。据国土资源部最新数据，我国目前城镇用地 91612 平方千米，村庄用地为 191158 平方千米，农村集体建设用地是城镇国有建设用地的两倍，而全国总人口 56.1% 的常住人口在城镇，只有 43.9% 的常住人口在农村，说明农村集体建设用地特别是宅基地利用率极低，特别是农民大量进城务工落户后，大量农村宅基地闲置，很多村成为空心村。农村土地流转政策的不健全，致使土地资本化通道被堵塞，限制了其利用价值及财产升值空间，闲置的农村宅基地不能成为农民的"土地财产"，不利于农民工进城落户，影响了农民市民化进程。

3. 投融资政策不健全：农民市民化所需资金短缺

政府主导型城镇化，参与城镇基础设施建设的投融资主体以地方政府和国企为主。由于缺乏科学合理的投融资政策设计，民营企业、社会资本不能有效参与到城镇化基础设施建设。部分领域尽管有民营资本参与，但资金的运用范围较为狭窄、投资结构较为单一。地方政府作为投融资主体，承接平台融资的决策、投资项目的执行双重功能，缺乏有效监督，运作不规范，资金使用效率较低。由于缺乏多元化的投融资渠道，地方政府主要依靠有限的财政、难以持续的土地经营与中短期的银行贷款三个渠道来筹措资金，很难在资本市场上筹措到匹配的资金[①]，难以满足农民市民化融资需求。

毋庸置疑，城镇人口增加与农民市民化需要在基础设施建设、公共服务和社会保障体系构建上投入大量资金。据国家开发银行预计，至2018 年我国城镇投融资需求量将达 25 万亿元，城镇化建设资金缺口约为11.7 万亿元，而 2013—2015 年，财政资金仅能支持当年城镇化新增投资的五分之一。[②] 随着农民市民化水平的提高，城市新增公共设施建设会日益提速。到 2020 年，仅由于城镇人口的增加而新增的市政建设，包括公共交通、市容环卫、污水处理、绿化、热水供应、道路桥梁等的资金需求大约就有 16 万亿元。[③] 投融资政策的不健全与人口城镇化对资金的巨大需求，致使农民市民化进程面临资金短缺难题。小城镇由于基础设施尤为滞后，要引导农民城镇落户，尤其需要进行资金投入，以改善居住条件，资金短缺问题更加突出。

三　农村人口有序转移的政策创新

长期以来，大量农业人口进城务工，为城市建设做出了不可磨灭的

---

① 辜胜阻、曹誉波、李洪斌：《深化城镇化投融资体制改革》，《中国金融》2013 年第 16 期。

② 胡凡：《市场主导型投融资机制创新——新型城镇化之关键》，《财会月刊》2015 年第 1 期。

③ 辜胜阻、曹誉波、李洪斌：《深化城镇化投融资体制改革》，《中国金融》2013 年第 16 期。

历史贡献，但并未因此而享受到与城市居民同等的市民权利和公共服务，也由此积累了不少突出的矛盾和问题。为此必须创新思维、创新政策，推进有效的地方实践探索，完善相关政策举措，推进农村人口有序城镇转移。

（一）创新人口转移政策的基本原则

推进人口转移政策创新，既需要革新现有的户籍政策，逐步剥离与户籍粘嵌的各项福利，又需要完善各项配套政策。党的十八大以来，以户籍政策创新为着力点的人口转移政策创新实践，积累了不少成功的经验，在此基础上进一步推进政策创新，需要遵循六项原则。

第一，要坚持顶层设计与地方创新相结合。以户籍政策创新为例，由于地方政府缺乏足够的动力与能力推进改革，有待中央政府顶层设计着力。中央政府应完善分税制，实现事权与财权的匹配；应加强对地方政府在户籍制度改革措施落实上的监督；户籍制度改革与农村土地改革配套，促进农业规模经营。[①] 推进符合条件的农村人口落户城镇，应因城而异、因地制宜，实行差别化落户政策，尊重地方政策创新。需要注意的是，无论是城市规模抑或城市人口尤其是大城市都不可无限制地扩张。原因就在于，人口过度集聚超过城市承载能力后，极易造成公共资源和环境压力，从而出现城市病；而小城镇人口相对分散，则难以形成规模效应，集聚经济很难实现。因此，中央政府在顶层设计的同时，尊重城市政府政策创新权利，鼓励城市政府结合发展需要吸引人口，对保障农民工权益到位的城市给予财政补贴。

第二，要以人的城镇化为核心，并尊重农民群众意愿。首先要防止行政手段式的"农民被城镇化"、"赶农民上楼"和"农民被落户"现象发生。推进农业转移人口市民化的前提要尊重农民意愿，不以剥夺农民在农村的土地权益作为落户城镇的条件。在提升户籍人口城镇化率的背景下，不得采取强迫做法办理落户。农民进入小城镇抑或大城市，均应由农民自由选择。政府应逐步放宽户籍准入条件，保障农民工公共服务

---

① 许庆、钱有飞、孙君：《顶层设计、中央统筹与户籍制度改革》，《经济体制比较》2016年第 3 期。

和社会保障权益，满足农民迁移城市需求。对不愿和不能落户城镇的转移人口，应创新人口管理制度，建立有效的居住证制度，保障其合法权益。此外，还应把推进城市户籍制度改革与就地城镇化结合起来，降低农村人口大规模异地迁移带来的社会成本。①

第三，在强调行政性机制推进人口转移外，更应该重视市场机制的作用。② 现行的户籍准入机制仍为行政偏向，由地方政府以行政标准判断农业转移人口是否都达到了落户条件。过分注重政府主导的户籍制度改革，不仅导致人口转移的低效，也带来公共资源的浪费。在人口转移与户籍准入中要发挥市场机制的筛选作用，也要为学历低、纳税水平低，但城市紧缺、急需的人才解决户籍。

第四，转移次序上要先存量后增量。首先要考虑城镇外来人口存量与增量何者优先落户，实现户籍转移的问题。从我国城镇化发展现状看，应坚持存量优先，带动增量的方式推动农村人口有序城镇转移。通过差别化的人口转移政策，如实行阶梯式的农村人口转移政策，让符合条件的农业转移人口率先实现城镇转移。坚持存量优先的原则，将具有稳定就业和经济实力的城镇常住人口，通过积分的方式入户，实现农民身份向市民身份转移。推进常住城镇的农民工、大中专学生、退伍军人率先实现市民化与身份的转变，在此基础上带动其家人实现城镇转移。同时，通过发展壮大产业，吸引并引导增量农业人口有序城镇转移。

第五，要考量人口转移的紧急状态，应优先移民搬迁农村人口城镇转移。改革开放以来，资源消耗型经济发展发展模式，一方面促进我国工业化和城镇化的不断发展，另一方面带来资源开发采空区的国土整治、移民安置问题，这些区域的农村人口应列为优先转移对象。此外，居住在边远地区、海拔高的高寒地区、滑坡等地质灾害频发的危险地带的居民也必须优先转移，可采用集中安置的方式，利用好移民安置政策以及精准扶贫政策，加快实现移民的有序转移，为移民提供基本公共服务，

---

① 辜胜阻、吴瞳：《户籍制度改革需坚持六个原则》，《人民日报》2014 年 7 月 25 日。
② 任远：《当前中国户籍制度改革的目标、原则与路径》，《南京社会科学》2016 年第 6 期。

发展产业，推动移民就近转移与城镇化。

第六，考虑到城镇化布局的空间协调性，应优先实现农村人口向中小城市、小城镇与农村社区转移，优先实现省内转移与就地转移。积极培育中小城市以及小城镇第二、第三产业发展，为农村人口转移提供充足的就业岗位，提高人口集聚能力。通过发展龙头企业，并加强中小企业配套，重点提高中小城市与小城镇的第三产业发展水平，提升其人口吸纳能力。无论从农民的转移意愿、转移能力还是农民的转移适应性上来看，省内转移与就地转移是农业人口转移的大趋势。引导新增农业转移人口就近就地就业，在省内就近转移与市民化。

（二）创新人口转移政策的基本方向

户籍是影响人口转移最重要的制度，政策创新的核心是户籍制度改革。淡化户籍，逐步将户籍与公共服务脱钩，构建自由、开放、流动的人口转移体系，亦是未来人口转移政策创新的方向。现阶段，农村人口转移方向主要有两个方向：一是向大城市转移，大城市仍是农民工特别是新生代农民工的首选之地，然因户籍限制不能与城市市民享受同等的公共服务和市民权利；二是向中小城镇转移，这是国家政策倡导的转移方向，但由于其产业发展不足、配套政策的不完善，人口吸引力和集聚力不够，亟须进一步政策创新与引导。

因此，下一阶段人口转移政策的方向在于推进大城市和特大城市户籍制度改革；中小城镇要在放开户籍制度的同时，推进人口转移的配套政策创新。大城市和特大城市要在现行居住证政策与积分落户政策的基础上，进一步拓展其功能、效用，逐步实现外来人口享受均等的公共服务，增加其落户规模，引导更多农村人口落户。此外，完善中小城镇产业政策等一系列配套政策，提高其吸引力，鼓励更多农业转移人口落户城镇。

1. 完善居住证与积分落户政策，积极推进大都市户籍制度改革

长期以来，大都市政府将农村转移人口的权利作为发展工具，追求城市经济增长，实现资源的优化配置，维持城市社会秩序稳定，呈现出典型的重城市秩序、轻转移人口权益的特征。现行的限制性户籍政策为大都市政府提供了廉价的劳动力资源，促进了城市经济的发展。但与此

同时，由于其对弱势群体合法利益的剥夺所造成的城乡社会经济的不平等，侵蚀了公众对政府合法性的认同。也由于这种城乡二元的户籍政策导致的城乡居民就业机会的不均等，引发了部分农村转移人口的强烈不满，经济不景气失业极易成为城市安全隐患与社会不稳定因素，影响城市社会和谐。

新形势下，城市政府也在试图调整现行政策，着手进行户籍改革，加强城市公共服务建设，适当增加城市落户指标，深入推进居住证改革，积分落户制等改革，逐步分离户籍粘嵌的公共服务，以积分制引导外来人口有序落户。尽管积分落户政策成为大都市政府的标配，但决策者依然存在诸多疑虑，一种疑虑是担心放开落户限制会导致城市的拉美化、威胁粮食安全与社会稳定；另一种疑虑是担心城市居民强烈不满而引起社会震荡，以及城市政府财政上不堪重负。两种疑虑都有一定的合理性。但如果仔细分析就会发现，拉美过度城市化有其深刻的政治经济与社会历史根源，如土地的私有制、新的国际分工的不利地位以及殖民时期形成的产业资本依附关系乃至社会文化传统和政府角色等①，放松户籍政策限制并不能推导出拉美问题。

农村人口的城镇转移造成农村缺乏劳动力从事农业生产更是一个伪命题。影响现阶段的农业生产与粮食安全的因素中，劳动力的投入要素已经不再举足轻重，农业技术、农业贸易、农业组织制度发挥着更重要的作用。当前，农业转移人口市民化难，农村土地流转制度建设的滞后，正是阻碍农业规模化经营与现代化的重要因素，也导致农村土地抛荒现象严重，反而影响了粮食安全。外来转移人口过多影响城市的社会稳定也是一个站不住脚的命题。一个城市社会的稳定与城市管理体系与治理水平有关，更与城市的公平、公正性及其带来的公众对城市社会的认同与支持有关，与人口的多寡并无必然的联系，因此也不能成为决策者改革现行政策的关键考量点。因户籍政策的放宽，农村转移人口大量涌入，当对城市居民所享受的公共服务造成比较大的冲击时，可能使其产生强

---

① 罗纳德·奇尔科特、江时学主编：《替代拉美的自由主义——〈拉美透视〉专辑》，江心学译，社会科学文献出版社 2004 年版。

烈的不满，而对城市政府施加政治压力，则是要考虑的一个重要因素。另外，大量农村转移人口对城市政府财政造成巨大冲击，是亟须考量的另一个重要因素。

为此，大都市政府重在加强城市规划，对城市进行合理布局，多方筹集公共基础设施建设资金，改善城市公共服务，同时加强城市管理，提高城市的承载力与对外来转移人口的接纳能力。大都市政府的进入门槛恐怕还是要的，关键是门槛的设立既要考虑公平，又要保持一定的效率。① 积分落户政策被认为是大都市政府调整现行户籍政策的一项现实可行的制度选择。因地制宜、设置科学、合理的积分落户政策可以成为打开户籍藩篱的"一扇窗"，为农村转移人口（进城务工人员和高端人才）"选择性"市民化提供一条通道，兼顾公平与效率，实现权利与秩序的均衡，真正保障转移人口的权益。居住证赋权是在积分落户政策、落户空间有限的条件下，逐步赋予外来人口基本公共服务。

2. 中小城镇着力点就是要健全农村人口转移的配套政策

人口集聚与产业发展协同互动。西方发达国家城镇化的经验告诉我们，城镇化首先是产业的发展，然后才是人口的转移与集聚。然而目前的中小人口转移政策特别注重土地政策与户籍政策的创新，特别注重人口的集聚与人口城镇化率，但产业发展政策未引起足够的重视，人口转移缺乏产业支撑而导致其转移质量不高。因此，在推进农业转移人口市民化过程中，首先要因地制宜地制定产业发展政策。在交通设施发达，环境优美，区位位置优越，具有产业发展潜力的城镇，政府要不失时机地制定相关产业发展政策，构建现代产业体系，为人口集聚提供产业基础。具体而言，要推进第一产业、第二产业、第三产业融合发展，制定现代农业、现代服务业等产业发展政策，进一步解决农村劳动力，同时为农业转移人口提供城镇就业机会，推动人口集聚与产业互动。

规范城乡建设用地增减挂钩机制，实现土地指标的空间有序转移，提高农民土地财产收益，为农民工城镇转移提供建设用地支撑。健全城镇建设用地，增加规模同农业转移人口吸纳数量相挂钩的机制，以人定

---

① 党国英：《户籍制度：改革的路怎么走》，《中国改革》2006 年第 6 期。

地、地随人走，合理确定城镇建设用地规模，新增用地重点向中小城市与小城镇倾斜，保障转户人员用地需求，促进"人—地"协调发展。

建立多元化、规范化的投融资政策，为农村人口的城镇转移提供资金支撑。因此，要制定政府、市场、社会多元主体参与的、规范化的投融资政策。中央政府和省级政府要加大对农业转移人口市民化的财政支持力度，对吸纳人口较多的城市给予财政政策倾斜，并给予适当奖励，保障转移人口较多的地区拥有财力提供更好的公共服务。城市政府要多渠道筹集基础设施建设资金，利用市场资金加强城市建设与公共服务提供，发行地方债券等方式拓宽城建融资渠道。同时，推广政府与社会资本合作（PPP）模式，引导社会资本参与城市建设与运营。

第 二 章

城镇化的空间扩展与土地需求

城镇空间是农村人口向城镇集聚，第二、第三产业空间集群和生产服务功能集成等多重要素向城镇集中形成的建成区域空间，是城镇各种社会生产、居民生活活动的重要场所以及城镇基础设施建设的地域载体。城镇空间扩展是基于城镇居民生产生活需要多样化和多层次需求而进行的城镇空间范围不断扩大与内在结构不断调整的过程，亦即城镇空间的外延式扩展与内涵式伸展的过程。[①] 空间扩展程度是衡量城镇化水平的重要指标。

因此，系统考察城镇空间扩展规模、扩展特征及其扩展动力机制，深刻分析城镇空间扩展存在的多重矛盾，并在此基础上，深入探究土地利用结构优化调整的转型路径，以不断适应城镇空间扩展的合理规模，是推进以人的城镇化为核心的新型城镇化的关键环节。基于此，本章从空间扩展与土地利用结构转型视角，探讨我国城镇化建设空间扩展的现实情境以及新型城镇化背景下土地需求的未来走向。

---

① 外延式扩展和内涵式伸展也称为城镇水平扩展和垂直伸展。所谓"城镇外延扩展"，也称"城镇平面区域扩大"，是指城镇建成区地域空间范围由城市向农村不断推进的过程；而"城镇内涵伸展"，也称"城镇垂直方向伸展"，是指城市内在结构在规模密度和形态上的更新演替，由地面向空中、地下不断伸展的过程。参见孙军平、修春亮《中国城市空间扩展研究进展》，《地域研究与开发》2014 年第 4 期。其他代表性研究文献还包括：洪世键、张京祥：《土地使用制度改革背景下中国城市空间扩展：一个理论分析框架》，《城市规划学刊》2009 年第 3 期；洪世键、张京祥：《经济学视野下的中国城市空间扩展》，《人文地理》2015 年第 6 期。

第一节　城镇化空间扩展规模与扩展样态

20世纪80年代以来，随着国民经济恢复、工业化水平的不断提升，我国城镇化发展迅速，突出表现为起点低和速度快。快速城镇化不仅是城镇人口急剧增加、产业集群发展与基础设施完善等要素的空间集聚过程，同时也是城镇数量不断增加和城镇空间日趋扩展的地域空间表达过程。空间扩展是城镇化的重要表征，是测度城镇化的核心指标。本节立足于当前我国城镇化建设的具体实践，从历时性和共时性双重视角考察我国城镇化空间扩展规模及其时空扩展特征。

一　空间扩展规模

改革开放以来，我国城镇化率大致以年均3.08个百分点的惊人速度增长，从1978年的17.92%增长至2017年的58.52%。快速城镇化突出表现在城镇空间规模和用地需求扩展上，具体表现在城镇建成区面积扩展上。① 随着我国城镇化进程的不断推进，我国城镇建成区面积在数量、扩展速度上也发生了巨大变化。

2000年10月召开的党的十五届五中全会指出，"要不失时机地实施城镇化战略"。与此同时，随着我国国民经济的迅速发展和户籍政策的渐趋松动，居民收入水平迅速提升且农村大量青壮年劳动力进城务工。居民收入水平的提高和农民工进城，国家对推进中小城镇、镇域城镇化等相关政策的出台，直接推动了城镇化的发展。在推进城镇化的过程中，土地作为重要的资源和生产要素，不断向城镇集聚，城镇建成区面积急

---

① 建成区面积是指一个行政区范围内经征用土地和实际建设发展起来的非农业生产建设的地段。考虑到城镇扩展呈摊大饼的形式，城镇建成区面积增加可以很好地反映这种扩张态势，因此我国学者普遍使用城镇建成区面积表征我国城镇空间扩展程度，本项研究承袭学界研究惯习，同样采用城镇建成区面积表征我国城镇空间扩展程度。我国建制镇量多而面广，近年来，随着小城镇建设政策出台，我国建制镇城镇化发展取得了重大进展。张飞在其专著《中国农地非农化中政府行为研究——基于中央政府与地方政府之间博弈的分析》（2014年版）中，采用城市建成区面积、县一级城市建成区面积以及建制镇建成区面积三部分总和表示我国城镇建成区面积。

剧增长。2000—2016 年，全国城镇建成区面积从 53774.30 平方千米增长
至 113498.50 平方千米，增长 1.11 倍，扩展幅度指数①为 111.06%。16
年间我国城镇化水平大致呈直线上升趋势，与此相适应，此阶段建成区面
积增长最快，扩展 35338.80 平方千米，占 15 年增长总量的 3/5。

与此同时，全国城镇建成区面积在呈现绝对数量快速扩张的同时，
基本保持以年均 4.49% 的扩展速度进行快速扩张。从年均增长面积来看，
大致保持年均净增加面积 3732.76 平方千米，其中 2005 年以来，年均净
增加面积高达 4082.26 平方千米。整体来看，全国城镇建成区面积总量与
年均净增加面积都在成倍增加（见表 2—1）。

表 2—1　　　　　1991—2016 年中国城镇数量和建成区面积变化②

年份	城市不同行政层级						城镇建成区/（平方千米）
	城市		县城		建制镇		
	设市城市/（个）	建成区/（平方千米）	县城数量/（个）	建成区/（平方千米）	建制镇/（万个）	建成区/（平方千米）	
1991	479	14011.1	1894	—	1.03	8700.0	—
1992	517	14958.7	1848	—	1.20	9750.0	—
1993	570	16588.3	1795	—	1.29	11190.0	—
1994	622	17939.5	1735	—	1.43	11880.0	—
1995	640	19264.2	1716	—	1.50	13860.0	—
1996	666	20214.2	1696	—	1.58	14370.0	—
1997	668	20791.3	1693	—	1.65	15530.0	—
1998	668	21379.6	1689	—	1.70	16300.0	—
1999	667	21524.5	1682	—	1.73	16750.0	—
2000	663	22439.3	1674	13135	1.79	18200.0	53774.3

---

①　所谓城镇空间扩展幅度指数是指研究末期城镇建成区面积与基期城镇建成区面积的差值
与基期城镇建成区面积的百分比比值。

即城镇空间扩展幅度指数 $= \dfrac{\text{末期城镇建成区面积} - \text{基期城镇建成区面积}}{\text{基期城镇建成区面积}} \times 100$。在本项研究中，
该公式同样适用于城市空间扩展指数、县城空间扩展指数和建制镇空间扩展指数。

②　本表中，因 2004 年以前全国县城建成区面积、全国建制镇建成区面积部分数据未获得，
故本项研究建成区面积统一采用 2004 年以后的数据。

续表

| 年份 | 城市不同行政层级 | | | | | | 城镇建成区/
（平方千米） |
| | 城市 | | 县城 | | 建制镇 | | |
	设市城 市/（个）	建成区/ （平方千米）	县城数 量/（个）	建成区/ （平方千米）	建制镇/ （万个）	建成区/ （平方千米）	
2001	662	24026.6	1660	10427	1.81	19720.0	54173.6
2002	660	25972.6	1649	10496	1.84	20320.0	56788.6
2003	660	28308.0	1642	11115	—	21340.0	60763.0
2004	661	30406.2	1636	11774	1.78	22360.0	64540.2
2005	661	32520.7	1636	12383	1.77	23690.0	68593.7
2006	656	33659.8	1635	13229	1.77	31200.0	78088.8
2007	655	35469.7	1635	14260	1.67	28430.0	78159.7
2008	655	36295.3	1635	14776	1.70	30160.0	81231.3
2009	654	38107.3	1636	15558	1.69	31310.0	84975.3
2010	657	40058.0	1633	16585	1.68	31790.0	88433.0
2011	657	43603.2	1627	17376	1.71	33860.0	94839.2
2012	657	45565.8	1624	18740	1.72	37140.0	101445.8
2013	658	47855.3	1613	19503	1.74	36901.0	104258.3
2014	653	49772.6	1596	20111	1.77	37950.0	107833.6
2015	656	52102.3	1568	20043	1.78	39080.0	111225.3
2016	657	54331.5	1537	19467	1.81	39700.0	113498.5

资料来源：根据历年《中国城市建设统计年鉴》与《中国城乡建设统计年鉴》相关数据整理所得。

我国地域面积广阔，在城镇建成区面积上，不同层级呈现不同规模特征。1999—2016 年，除少数年份有较大幅度变动外，全国设市城市数量基本保持在 655 个。但建成区面积却在逐年上升，16 年间建成区面积扩展 40320.40 平方千米，城市建成区扩展近 3 倍，市平均面积从 29.25 平方千米增长至约 82.70 平方千米，年均扩展速度约 5.57%，这一定程度上说明受农村人口向城市集中，第二、第三产业发展需要以及政府政策规划等多重社会经济因素影响，城市建成区面积呈逐年扩展趋势，且扩展的幅度在不断增大。

1980 年召开的全国城市规划会议提出，要"控制大城市规模，合理发展中等城市，积极发展小城市"，在这一城市方针指引下，城镇化发展重点转移至中小城市和小城镇。顺应这一方针，县级政府积极推动县域城镇化建设，使县城城镇化建设取得重大进展，县城建成区面积迅速扩展。从县城数量来看，2000—2016 年，受"撤县设市""撤县设区"政策影响，我国县城数量呈现波动性减少态势，到 2016 年县城数量仅为1537 个。但此阶段，县城建成区面积扩展一半以上，平均面积从 7.85 平方千米增加到 12.67 平方千米，年均增长速度为 2.49%。县城建成区面积呈较高速度增长趋势，说明近年来县城在接纳农业转移人口就近市民化上发挥着重要的"蓄水池"作用。

21 世纪以来，随着乡镇企业的继续发展，乡镇经济社会不断发展，越来越多的"撤乡改镇"，15 年间建制镇数量净增加 0.78 万个，建制镇城镇化发展迅猛。其中，2002—2014 年，建制镇数量减少 700 个左右，但建成区面积不减反增，净增加 51061 平方千米，镇均面积扩展近 1 倍。2013 年以来，随着小城镇建设和"镇级市"政策的推行，我国大力推进镇域城镇化建设，建制镇无论是数量还是建成区面积都在逐年增长，其中建制镇数量增加，建制镇建成区面积也整体处于增长态势。

由此来看，自 2000 年以来，在建成区面积年均增长速度上，城市建成区面积增长速度最快，建制镇次之，县城速度最低，设市城市建成区面积增长速度是县城建成区面积增长速度的 2 倍以上。这说明，建制镇和县城天然具有紧邻农业转移人口地区和较为适宜的经济社会发展水平，未来建制镇和县城应该成为农业转移人口市民化的重要阵地。

二　空间扩展特征

受地域自然环境差异和社会经济不平衡等因素影响，我国城镇空间扩展具有明显的阶段性、地域性和层级性，不同时期、不同区域和不同层级的城市具有不同的扩展特征，同一时期不同地区的不同层级城市空间扩展也具有不同的特征。

（一）城镇空间格局及扩展特征

城镇空间扩展特征是指"空间上某区域或者全国在城镇用地扩展规

模、扩展速度和扩展弹性等方面表现出来的地带性、规模性和功能性等扩展规律"①。由于不同地区经济社会发展、行政区划设置差异以及城市规模的差异性，城镇空间在扩展规模、速度以及弹性上呈现不同的等级特征。

1. 平衡导向下的集聚性地带

城镇空间扩展规模具有明显区域性。②总体来看，无论是城镇化发展较快的东部地区，还是较慢的中西部地区，城镇建成区面积都在逐年增长，但从增长的绝对数量和增长幅度看，三大区域城镇空间扩展差异明显。

为了推动沿海地区经济发展，发挥地区经济发展规模效应，在改革开放之初就给予东部地区各种优厚政策，东部地区城镇化不断推进。与此同时，充足的就业岗位和较高的收入水平，使大量中西部地区人口向东部地区流动，"孔雀东南飞"、就业"北上广"使东部地区城镇空间扩展进一步加快。随着大量青壮年劳动力向东部转移，2006—2016 年东部地区城镇建成区面积扩展 18511.25 平方千米，扩展率达 51.44%，年均扩展幅度为 4.24%。

2000 年，西部大开发战略的实施为西部城镇化发展提供了重要机遇。为推动西部城镇化和产业化快速发展，2003 年以来中央政府开始实行中西部土地供应偏向政策，大量土地指标和建设资金向中西部行政性分配，使中西部地区有充足的土地可以开发为城镇建成区。城镇化作为中部崛起战略中的重要组成部分，对中部地区城镇建成区面积增长具有明显的推进作用。2006 年，《中共中央、国务院关于促进中部地区崛起的若干意见》（中发〔2006〕10 号）正式出台。相较于 2006 年，西部城镇建成区

---

① 孙平军、修春亮：《中国城市空间扩展研究进展》，《地域研究与开发》2014 年第 4 期。
② 按自然地理位置，将全国划分为东部、中部和西部三大区域，其中东部地区包括 12 个省、直辖市、自治区，分别是辽宁、北京、天津、河北、山东、江苏、上海、浙江、福建、广东、广西、海南；中部地区包括山西、内蒙古、吉林、黑龙江、安徽、江西、河南、湖北、湖南 9 个省、自治区；西部地区指陕西、甘肃、青海、宁夏、新疆、四川、重庆、云南、贵州、西藏共 10 个省、直辖市、自治区（因香港、澳门和台湾三地资料欠缺，故此三地不包含在本项研究内）。

面积扩展 8052. 72 平方千米，年平均扩展速度高达 4. 65%。同期，中部地区城镇建成区面积扩展 8849. 20 平方千米，年平均扩展速度为 2. 78%。

　　偏向中西部的土地供应政策推动了两地区的城镇化水平，但受地区经济社会发展客观条件限制，两大地区大量土地开发出来但并未得到有效利用，两地一方面以低价出让工业用地，建立各类工业园区，另一方面大肆建设住房，供过于求的供给政策导致中西部存在大量"鬼城""空城"，同时也造成东部地区房价快速上升，进而推升了东部地区的工资上涨[1]（见图2—1）。

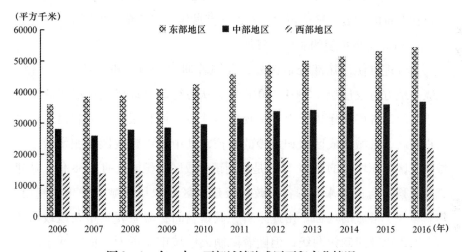

图2—1　东、中、西部城镇建成区面积变化情况

　　资料来源：根据 2006—2017 年《中国城市建设统计年鉴》《中国城乡建设统计年鉴》相关数据整理而成。

　　整体来看，2006—2016 年，城镇建成区面积总计扩展 35413. 2 平方千米，东部地区城镇建成区面积占全国总量的 46%—48%，中部地区占比 32%—36%，西部地区占比 18%—20%。随着城镇化的加快，东、中、西部城镇建成区都在扩展，区域城镇空间扩展规模呈现东部 > 中部 > 西部的特征，但是从年均扩展速度来看，却呈现西部 > 东部 > 中部的特征。

---

　　① 陆铭、张航、梁文泉：《偏向中西部的土地供应如何推升了东部的工资》，《中国社会科学》2015 年第 5 期。

由此，东部地区城镇建成区面积增长速度呈现略微下降的趋势，而中西部地区则有明显的增长趋势，尤其是西部地区。此般现象的产生是行政配置资源的必然结果。大约从 2003 年起，政府希望通过给予欠发达地区更多建设用地指标的方式来鼓励中西部尤其是西部的发展。① 由于获得了较为宽松的用地指标，中西部地区以低价甚至"零地价"方式招商引资，造成这些地区城镇建成区面积大幅度增长。

不难发现，平衡发展理念使中央政府将大量土地指标投向中西部地区，同时对东部地区采取限制性投入策略，一定程度上对加快中西部地区城镇化发展具有重要意义，但受地区经济社会发展影响，三大地区之间存在严重的发展不平衡现象，东部地区城镇化发展依然处于主导地位。

2. 行政层级扩展的非位次特征

为管理方便，除部分地区外，我国普遍实行省、市、县、乡（镇）四级是地方行政层级。2004—2016 年，从各行政层级建成区面积总量及增量来看，各层级建成区面积呈现城市建成区面积最快，建制镇建成区面积次之，县城建成区面积最慢的特征，其中城市建成区面积增量是县城建成区面积增量的 3.11 倍，是建制镇建成区面积增量的 1.38 倍。从建成区面积年增长率来看，各行政层级建成区面积呈现城市快于建制镇，建制镇快于县城的局面。由此来看，城镇空间扩展主要集中在地级市及以上城市以及建制镇两级，但随着限制大中城市发展而全面放开小城市（主要指县城）建设和建制镇城镇化的不断发展，近年来小城市空间扩展速度也在不断加快（见图 2—2）。

就单个地区而言，各行政层级的建成区面积呈现不同特征。东部地区省份大部分是我国改革开放的先行省份，外资企业的注入以及独特的地理优势，使东部地区的经济社会发生了重大变化。为获得更好的就业岗位和寻求更高的工资收入，中西部地区人口向东部地区的集聚，导致东部地区城镇建成区面积不断扩展。

相较于 2006 年，2016 年东部城市建成区面积增加 12434.34 平方千

---

① 陆铭：《大国大城：当代中国的统一、发展与平衡》，上海人民出版社 2016 年版，第 56 页。

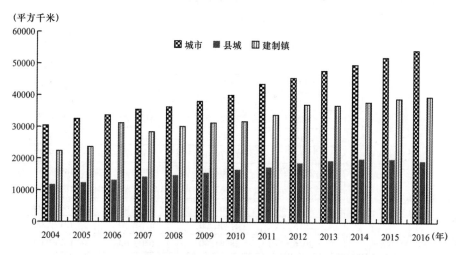

图 2—2　2004—2016 年不同行政层级城镇建成区面积变化情况

资料来源：根据 2006—2017 年《中国城市统计年鉴》《城乡建设统计公报》相关数据整理而成。

米，同期东部地区县城建成区面积净增加 1764.91 平方千米，建制镇建成区面积增加 4311.0 平方千米。由此从增量来看，东部地区呈现城市 > 建制镇 > 县城局面。从速度上看，2006—2016 年，城市、县城、建制镇建成区面积年增长率分别为 5.76%、3.34%、2.57%，呈现城市 > 县城 > 建制镇局面。这表明，在东部地区，由于乡镇经济社会的快速发展，建制镇日益成为城镇化的主体。

　　与东部相比，中部地区城镇建成区面积扩展呈现明显的不同。同期，中部城市建成区面积增量为 3448.11 平方千米，同期县城建成区面积增量、建制镇建成区面积增量分别为 2702.09 平方千米和 2699.0 平方千米。在年扩展速度方面，城市建成区面积增速为 2.56%、县城为 4.14%、建制镇为 2.27%。由此来看，在增量上，中部地区属城市 > 县城 > 建制镇现象；在扩展速度上呈现县城 > 城市 > 建制镇。随着县域经济的不断发展，县城越来越成为中部地区接纳农业转移人口的重要区域，人口向城镇转移的规模越来越大（见表 2—2）。

表2—2　　　　　**2006—2016 年全国不同地区不同行政层级**
城镇建成区面积　　　　单位：平方千米

地区	年份	城市	县城	建制镇
东部地区	2006	16546.66	4535.09	14906
	2007	19706.19	4770.19	13956.19
	2008	19595.44	4931.71	14311.75
	2009	20521.72	5193.29	15300.8
	2010	21330.72	5510.77	15693.91
	2011	23579.43	5766.78	16469.77
	2012	24507.06	6103.14	18098.67
	2013	25567.47	6270.59	18209.27
	2014	26566.00	6375.00	18494.00
	2015	27740.00	6352.00	19179.00
	2016	28981.00	6300.00	19217.00
中部地区	2006	11978.89	5400.91	10722.00
	2007	10426.59	5620.08	9911.57
	2008	11076.11	5841.63	10937.91
	2009	11560.64	6068.26	10931.82
	2010	12239.99	6449.81	10960.52
	2011	12918.79	6876.92	11668.77
	2012	13513.26	7397.77	12951.92
	2013	14078.72	7635.58	12553.67
	2014	14459.00	7888.00	13064.00
	2015	15015.00	7917.00	13166.00
	2016	15427.00	8103.00	13421.00
西部地区	2006	5134.21	3293.07	5571.00
	2007	5336.87	3869.36	4566.12
	2008	5623.75	4003.13	4907.73
	2009	6024.90	4295.96	5080.29
	2010	6487.30	4624.89	5134.82
	2011	7105.01	4731.99	5721.46
	2012	7545.44	5239.01	6093.93
	2013	8209.09	5597.11	6138.23
	2014	8748.00	5844.00	6388.00
	2015	9347.00	5260.00	6731.00
	2016	9924.00	5063.00	7064.00

资料来源：根据 2006—2016 年《中国城市建设统计年鉴》与《中国城乡建设统计年鉴》相关数据整理而成。

在西部地区，由于省域内部经济社会发展的严重不平衡，城镇化发展主要集中在城市层面，县城以及建制镇城镇化相对滞后。从数量上看，同期西部地区城市、县城和建制镇建成区面积增量分别为4789.79平方千米、1769.93平方千米和1493平方千米；就建成区扩展速度而言，城市建成区扩展速度为6.81%，同期县城扩展速度、建制镇扩展速度分别为4.40%和2.40%。由此来看，在建成区面积增量上，呈现城市＞县城＞建制镇；在建成区面积年扩展速度上呈现城市＞县城＞建制镇现象（见表2—3）。

表2—3　　　2006—2013年各行政层级建成区面积增量及扩展率比较

地区名称	建成区面积增长量比较	建成区面积年均扩展率比较
全国	城市＞建制镇＞县城	城市＞建制镇＞县城
东部地区	城市＞建制镇＞县城	城市＞县城＞建制镇
中部地区	城市＞县城＞建制镇	县城＞城市＞建制镇
西部地区	城市＞县城＞建制镇	城市＞县城＞建制镇

资料来源：根据2006—2016年《中国城市建设统计年鉴》与《中国城乡建设统计年鉴》相关数据整理而成。

城镇建成区面积无论是扩展量还是年均扩展率上，在不同地区、不同行政层级上具有不同特征。中西部地区和全国层面一样，在建成区面积增长量上，呈现城市＞县城＞建制镇特征。东西部建成区面积增长率相似，均为城市＞县城＞建制镇特征。

3. 省域高稳定性空间扩展特征

由于省际自然环境和社会经济方面差异性明显，城镇建成区面积在增速上具有明显的省域差异。2006—2014年，我国不同省份城镇建成区面积均呈线性增长趋势，表明我国城镇化进入加速发展阶段，城镇化进程仍在继续推进，但具体到各省份，不同年份的增长幅度具有明显的省域特征。从31省份城镇建成区面积总量来看，该阶段，我国省域城镇建成区面积基本保持稳定位次格局。其中，广东、山东、江苏和河南四省份一直处于全国前列，甘肃、天津、宁夏、海南、青海、西藏六省份的城镇建成区面积总量均处于全国后列。省域之间存在的基本稳定次序，虽然有行政层级设置上的差异，但经济发达省份在全国建成区面积格局中仍居首列，说明经济发展水平仍然是影响城镇化水平和城镇建成区面积扩展的重要原因（见图2—3）。

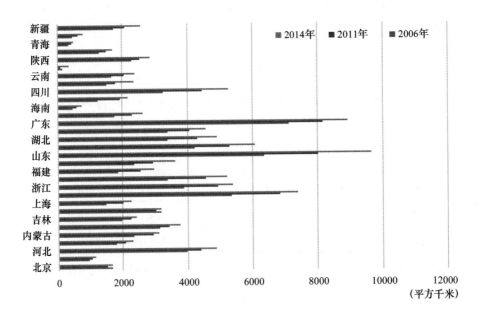

图2—3 我国城镇建成区面积省域差异①

资料来源：根据历年《中国城市建设统计年鉴》、2006—2014年《中国城乡建设统计年鉴》相关数据整理而成。

在增长幅度方面，2006—2014年，除西藏外，全国30个省份年均增长率在11.3%—16.3%，大多数省份处于14%—15%。建成区面积年均增长率超过15%的，从高到低依次为上海、安徽、宁夏、陕西、浙江、新疆、内蒙古、四川，表明城镇建设用地增长重点区域逐步从东部

———————

① 本表中，因2006年城镇建设用地中无单列新疆兵团，为分析方便，本项研究将2011年、2013年新疆兵团的县城建成区面积和建制镇建成区面积加于新疆城镇建成区面积中进行计算。

省份向中西部省份转移，这与近年来我国大量城镇建设用地指标向中西部地区倾斜有重要关系，一定程度上说明今后一段时间城镇建成区面积增长重心在中西部，同时也意味着中西部地区将是新型城镇化的中坚阵地。

省域城镇建成区面积变化是经济、政治和社会等多重因素作用的结果。《国土资源"十二五"规划纲要》指出，"十一五"期间，我国累计建设占用耕地 1717 万亩，年均 343.5 万亩，GDP 年均增长为 11.2%，经济每增长 1.0%，占用农地约 30.7 万亩。因此，我国建成区面积的变化与省域经济发展呈现正相关关系。广东、山东、江苏等部分经济发达的省份，建成区面积位居全国首列；不同省份因行政层级设置不同其建成区面积数量也不同。例如，北京市、上海市无县城一级，西藏自治区无乡镇一级。此外，行政层级具体数量的多少，也影响着城镇建成区的面积。而省域人口多少、政策的支持程度以及地形地貌等因素，也影响着不同省份城镇建成区的面积。

4. 空间扩展城市非平衡性特征

我国的城镇扩展大多数集中在超大城市和特大城市。[①] 改革开放以来，我国不仅将发展重心从农村转移至城市，而且在城市层级上也实行不同的发展战略。为增强特大城市的集聚效能，发挥特大城市在推进经济社会发展中的引领作用，我国相继实行经济特区、开放城市、沿海经济开放区、城市群等战略，形成了一些特大城市。从超大城市建成区面积来看，1999 年特大城市建成区面积仅为 2343.04 平方千米，到 2016 年，城市建成区面积供给增长 6605.48 平方千米，年均增长速度约 7.11%。就超级城市在全国城市建成区面积占比而言，1999 年占比仅为 10.89%，到 2013 年占比上升为 13.87%，稳定在 10%—13%。

就单个超大城市而言，作为集经济、政治、文化、生态于一体的首

---

① 根据 2014 年国务院发布的《关于调整城市规模划分标准的通知》，本研究中北京、天津、武汉、上海、重庆、广州、深圳属超大城市；特大城市名单为哈尔滨、沈阳、西安、南京、苏州、杭州、成都、佛山、东莞、汕头（本项研究不包含香港这一特大城市）。因 2006 年后《城市建设统计年鉴》中关于重庆市的城镇建成区面积仅为直辖市面积，故本项研究中 2005 年重庆市数据也采用直辖市数据而非重庆地级市数据。

都城市，1999—2016 年，北京市城市建成区面积增长 931.38 平方千米；深圳市是最早设立经济特区的城市之一，短短 30 年，深圳市的第二、第三产业取得了重大发展，经济社会的快速发展使大量内陆地区人口向此汇聚，使其成为特大城市中增长速度最快的城市，其增长速度为12.11%。就城市建成区面积增量而言，呈现为重庆 > 广州 > 北京 > 深圳 > 天津 > 上海 > 武汉；就城市建成区面积年均增长速度而言，呈现为深圳 > 重庆 > 广州 > 北京 > 武汉 > 天津 > 上海（见表2—4）。

表2—4 　　　　　　　　1999—2016 年超大城市建成区面积

城市	城市建成区面积（平方千米）			年增长率（%）
	1999 年	2016 年	增长量	
北京	488.28	1419.66	931.38	6.48
天津	377.9	1007.91	630.01	5.94
武汉	207.77	585.61	377.84	6.29
上海	549.58	998.75	449.17	3.58
重庆	302.61	1350.66	1048.05	9.20
广州	284.6	1249.11	964.51	9.09
深圳	132.3	923.25	790.95	12.11
总计	2343.04	7534.95	5191.91	7.11

资料来源：根据历年《中国城市统计年鉴》整理。

20 世纪末，特大城市经济快速发展，第二、第三产业快速发展，受经济发展和高收入吸引，大量农村劳动力向特大城市流动，产业高速发展和人口集聚催生特大城市建成区面积快速扩张。1999 年，特大城市建成区面积总和仅为 1358.53 平方千米，到 2016 年时总和增长为 5530.80 平方千米，17 年间共计扩展 3.07 倍，年均扩展率为 8.61%。

由于特大城市在产业以及人口上的高集聚特征，其在全国城镇建成区面积占比份额逐渐增大，从占比数据来看，1999 年仅为 6.31%，到2016 年占比升至 9.29%，占比增长幅度一半，但总体上保持在 6%—

10%。单从单个特大城市来看,扩展速度最快的是东莞市,速度最慢的是哈尔滨市。总体而言,特大城市建成区面积增长速度处在5%—25%,增长速度具有明显的差异性特征。东莞无论是增长总量还是速度均高居首位,与东莞经济社会发展水平基本保持一致。表明建成区面积增量上呈现东莞>成都>南京>沈阳>苏州>杭州>西安>哈尔滨>汕头>佛山,扩展速度呈现东莞>苏州>佛山>成都>南京>杭州>沈阳>西安>哈尔滨>汕头局面(见图2—4)。

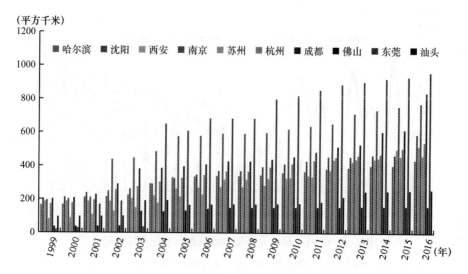

图2—4　1999—2013年特大城市建成区面积扩展情况

资料来源:根据1999—2013年《中国城市建设统计年鉴》整理而成。

(二)城镇空间扩展时序性特征

城镇空间扩展时序特征是指在时序上某地区或者全国在城镇用地扩展规模、扩展速度和扩展弹性等方面表现出来的阶段性演化规律。[1] 受地域自然环境和经济社会发展水平以及相关政策因素影响,城镇空间扩展具有明显的阶段性特征。

---

[1]　孙平军、修春亮:《中国城市空间扩展研究进展》,《地域研究与开发》2014年第4期。

1. 城市空间波状起伏特征

20世纪80年代以来，随着改革开放的不断深入以及工业化的快速发展，我国城镇化水平不断提升，城市建成区面积不断增长。早在1981年，我国城市建成区面积仅为7438.0平方千米，到2016年已增长至54331.5平方千米，扩展6.3倍。受国家城镇化战略和建设用地利用政策调整影响，城市建成区面积呈现快速增长、高速增长、缓慢增长、快速增长和缓慢增长共5个时期的阶段性特征（见图2—5）。

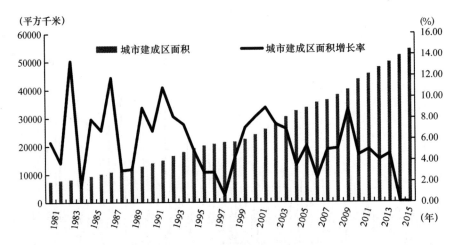

图2—5 1981—2014年城市建成区面积变化及增速情况

资料来源：根据历年《中国城市建设统计年鉴》相关数据整理而成。

1981—1992年频繁波动增长阶段。十一届三中全会后，全国各行各业百废待兴，改革开放缓步进行，以经济建设为中心成为新阶段根本目标。随着经济的不断恢复，外企的逐渐入驻，工业长效发展迫切需要源源不断的城市建成区面积提供空间支撑。与此同时，此阶段，也处于耕地保护制度和房地产制度改革探索，建设用地供给不稳定时期。国家虽然实行严格的户籍管制制度，但工业发展和引进外企成为影响城市建成区面积频繁波动扩展的主要因素，年均扩展速度约45.42%，年均增长率为6.55%。

1992—1998年增速减缓阶段。1990年我国开始实行国有建设用地有偿使用制度，同时执行国务院办公厅颁发的《关于严禁开发区和城镇建设占用耕地撂荒的通知》，耕地保护力度渐趋加大。该阶段虽有建设用地有偿使用税费政策的促进作用，但耕地保护力度的加大，使建成区面积增速逐年降低，年均增长率为6.13%。

1998年金融危机对各国经济发展产生了重大影响，各国转向实行推动内需发展的经济战略。1998—2002年，为转变经济发展遭受的金融危机影响，第九届全国人民代表大会通过的《中华人民共和国土地管理法》规定，土地出让收入的央地分成比例为中央30%和地方70%。此阶段，城镇建成区面积快速增长。2002—2007年，我国耕地保护政策初步建立，户籍制度虽渐趋松动，但农业人口向城镇转移并未迅速导致城镇建成区面积的快速增长，此阶段属于城镇建成区面积增速减缓阶段。

2008—2012年，受金融危机影响，我国经济发展相对疲软，为刺激经济发展，中央政府实施"4万亿投资"计划，带来了基础设施建设的大规模增长，城市建成区面积处于增速复苏式升高阶段。2012年以来，以人为核心的新型城镇化战略实施，国家不断强化土地管理，提出最严格的耕地保护制度和最严格的节约集约用地制度的"两个最严格"制度。与此同时，城镇存量建设用地的不断盘活客观上减少了城镇化建设占用耕地的局面，此阶段为增速调整式减缓阶段。

2. 用地结构变化时序特征

2006年以来，市县两级建设用地面积呈逐年上升趋势，不同用地结构类型也处于逐年上升趋势，其中年均增长率最大的是绿地，增长率为7.46%，表明近年来绿色发展、生态发展力度加大、成效显著；年均增长率最少的是特殊用地，出现了负增长，增长率为 - 0.14%，处于两者之间，且按照从大到小的年均增长率排序依次为道路广场用地（5.97%）、仓储用地（5.70%）、居住用地（5.52%）、市政公用设施用地（5.15%）、工业用地（4.75%）、对外交通用地（4.27%）、公共设施用地（2.88%）（见表2—5）。

表2—5　　　　　　　2006—2011年市县两级城市建设用地结构变化

年份	建设用地面积（平方千米）	居住用地比重（%）	公共设施用地比重（%）	工业用地比重（%）	仓储用地比重（%）	对外交通用地比重（%）	道路广场用地比重（%）	市政公用设施用地比重（%）	绿地比重（%）	特殊用地比重（%）
2006	45221.41	32.22	13.39	19.89	3.59	4.43	10.72	3.62	10.00	2.15
2007	51031.17	30.76	12.52	19.20	3.23	4.29	10.31	3.36	9.63	1.95
2008	54673.97	30.78	12.24	19.26	3.18	4.17	10.47	3.35	10.17	1.95
2009	54398.21	32.38	12.68	20.54	3.19	4.24	11.25	3.49	10.28	1.93
2010	56163.68	32.37	12.37	20.22	3.03	4.25	11.70	3.59	10.59	1.88
2011	57956.69	32.88	12.03	19.57	3.70	4.26	11.18	3.63	11.18	1.56

资料来源：根据2006—2011年《中国城市建设统计年鉴》与《中国城乡建设统计年鉴》相关数据整理而成。

整体来看，2006—2011年，市县两级城市建设用地面积内部结构比例变化并不显著。其中居住建设用地一直保持在30%—33%，工业用地处于19%—21%，两者总体占建设用地面积的50%—53%，两者均处于建设用地标准范围之内。道路广场用地比重年均增幅扩大，表明随着城镇化的不断推进，我国市县两级更加注重在满足城市生活需求上加大土地投入比重。市县两级建设用地比重中，5年间绿地占比比重从10%—11.18%，提高了1.18个百分点，且到2011年与道路广场用地比重基本持平，处于建设用地结构标准的中间值（8%—15%）。

居住用地、工业用地、道路广场用地以及绿地这四大类用地总和从72.83%增长至74.88%，基本上达到合理区间的边缘。按照建设用地结构规定标准，四类城市用地适宜比值为60%—75%，因此未来几年，四类用地比例极有可能实现突破。

公共设施用地占比整体处于下降趋势，基本保持在12%左右；仓储用地占比先降后增，但总体保持在3%—4%，说明随着近年来物流行业的飞速发展，仓储用地占比越来越重要。与此同时，对外交通用地、道路广场用地、市政公用设施用地占比均处于先降后增趋势，而特殊用地始终处于下降趋势。

随着城镇化的不断加快和城镇人口的逐年增加，城镇发展对交通用地、绿地空间以及公共服务的需求不断增加，市县两级行政区域的建设用地面积结构也在发生变化。整体上，居住用地占比基本稳定，工业用地占比处于下降趋势，说明近年来随着第三产业等节约集约用地产业的发展，因工业发展而导致的大建工业园区的势头基本得到遏制。同时，随着绿地、道路以及市政公用设施用地等出现明显的增长趋势，城镇各类功能不断健全。

三 "人—地"异速生长[①]特征

城镇空间合理扩展和人口有序增加既是城镇化健康发展的客观要求，也是新型城镇化的重要实践命题。现阶段，"人—地"失衡即城镇人口数量和城镇空间规模之间增长速度的不相匹配是我国城镇化的重要方面。参照学界公认标准，用城市用地增长弹性系数 K[②] 来衡量城市异速生长状况，且视 K = 1.12，表示高度协调；K > 1.12，表示城市建成区面积与人口增长之间严重失调，而 K < 1.12，表示两者之间存在相对失调。[③] 整体来看，城镇土地与人口虽具有明显的阶段性特征，但具有向合理值趋近的倾向（见图2—6）。1981—2016 年，城市建成区面积与人口增长均呈现先增后减的整体趋势，建成区面积扩展速度明显高于城市人口增长速度，且两者增长速度不同步，扩张弹性系数均值为 1.71

---

① 异速生长最早由英国生物学家赫斯特利首先使用，指有机生命体中生物不成比例的生长关系，即非线性数量关系。如果将城市的发展比喻成有机生命的生长过程，那么城市建成区和城市人口作为城市整个有机体不可或缺的要素或部分，可以发现城市建成区面积和城市人口增长之间的非线性关系，即异速生长特征。参见 NORDBECK S.，"Urban allometric growth Geografiska Annale"，*Human Geography*（Series B），Vol. 53，No. 1，pp. 54 – 67；福建春、李钢、赵华等《中国城市人口与建成区土地面积异速生长关系分析——基于 652 个设市城市的实证研究》，《中国土地科学》2015 年第 2 期。

② 城市用地增长弹性系数 K = $\frac{城市用地增长率}{城市人口增长率}$，本项研究中，城市用地增长率用城市建成区面积增长率表征，城市人口增长率用全国城市人口增长率表征。

③ 吴未、吴祖宜：《城市发展与土地资源利用》，《中国人口环境与资源》2010 年第 10 期。其他代表性文章还包括：肖笃宁：《城市化进程与土地资源的可持续利用》，《云南地理环境研究》1997 年第 1 期。

（剔除奇异值后）。

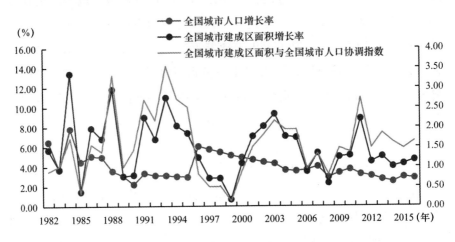

图2—6　1981—2016年城市建成区面积与城市人口异速增长情况

资料来源：根据《2017年中国统计年鉴》整理而成。

　　依据趋势走向，可划分为1981—1996年和1996—2016年两个大的时期段。其中，1981—1996年，受耕地保护制度以及住房制度改革，城市建设用地面积调整幅度较大；而此阶段的户籍制度对农村人口向城镇流动管制程度严格，致使城镇建成区与城镇人口增长之间协调性频繁波动，波动幅度较大，尤其在1993年，空间城镇化增长速度是人口城镇化增长速度的3.54倍，是合理值的3.16倍，处于极不协调时期。1996—2016年，随着耕地保护制度执行力度的加大以及城市建设用地的存量更新，城市建设用地总体向合理区间趋近。而近年来，随着户籍制度的松动以及各地积分落户政策的推行，越来越多的农业转移人口向城市集中，两者之间的协调程度在合理值之间上下徘徊，但上下浮动的幅度相较于前期有所减小。

　　整体来看，建成区面积增长波动幅度大于人口增长幅度，两者之间呈现异速生长关系。从绝对数值上看，城镇建成区的增长比率维持在2%—13%，多数年份集中在6%—8%；人口增长比率在2%—7%，多数年份处于3%—5%。

　　空间城镇化与人的城镇化的异速增长是政治、经济和社会等多重因素共同作用的结果。在新阶段，对于空间城镇化物质基础——土地，我国仍然沿袭计划经济时期的政府分配制，而户籍制度虽有松动，但长期的户籍管理制度仍然严重制约着农村人口向城镇集聚。土地制度的行政配置和人口流动的户籍管制，在增加城镇建设用地面积的同时，严格控制着农村人口城镇化进程。加之分税制改革和土地财政影响，纵向财权竞争使地方政府"要地不要人""化地不化人"，而横向的晋升竞争使地方政府加大对城镇基础设施建设投资力度，而对于投资效应较长、制约人口城镇化的基本公共服务投入较少，严重影响着"人—地"城镇化的协调发展。

第二节　空间扩展的动力机制及内生矛盾

城镇空间既是居民生产、生活的空间场所，也是各类基础设施建设的地域载体，更是一个集"人口—经济—社会—生态"等多个相互影响、相互制约的要素于一体的复合生态系统。[①] 自然环境对城镇空间扩张起着基础性约束作用，而人口集聚、制度激励、晋升压力、土地财政等社会性因素则驱动着城镇空间进一步扩张。

城镇空间的过快扩展是非市场导向的土地资源行政单方配置过程。囿于土地自身存在的不可再生、不可移动和专用途等特征，空间扩展面临着资源约束瓶颈、低效粗放利用、生态环境破坏和金融风险潜在问题，极易造成资源供需失衡、空间结构失衡、人地流向失衡等现实矛盾与社会风险。深入分析当前城镇空间扩展的动力及其矛盾是推进新型城镇化的前提条件和关键因素。基于此，本节立足于当前城镇化现状，系统分析城镇空间扩展的动力机制及其现实矛盾。

一　空间扩展的动力机制

与世界其他发达国家和同等发展水平的发展中国家相比，中国城镇化进程中的空间扩展，具有特定的影响因素和作用机理，从而构成复杂

---

① 孙平军、吕飞、修春亮等：《新型城镇化下中国城市土地节约集约利用的基本认知与评价》，《经济地理》2015年第8期。

的"人—地"系统共同作用的演化机理和动力机制。从要素构成上讲，自然环境因素和由经济发展、社会条件、制度政策等构成的经济社会因素共同驱动着城镇空间扩展。

　　自然环境对城镇空间扩张的基础性激励或约束作用突出表现在地形地貌上。我国地势西高东低，呈三级阶梯地形，形态各异的地形地貌对城镇空间扩展产生了重要影响。如受东西走向的河谷地形限制的兰州市，城镇空间扩展只能向东西两头伸展，最终形成"多核心组团的带状城市"①。就武汉市而言，水体众多、山体连绵是其最大特点。武汉市在城镇化发展中，受山水因素制约，城镇空间"粗放低效蔓延扩展特征明显"。

　　由于自然因素对城镇空间扩展影响往往通过社会经济因素予以表现，因此，城镇空间扩展本质上是社会经济因素使然，其中人口集聚及其多样性需求、现行政策制度安排是城镇空间扩张的主要动因，而"地形地貌、用地适应性、地理区位等自然属性因子是城市空间扩展推进的辅助性因子"②。

　　世界城镇化发展的一般规律表明③，城镇化水平的不断提升，既是城镇空间形态从低度扩展向高度蔓延后逐渐趋于合理阈值的历时性过程，也是社会、经济、人口、土地以及制度等多因素均衡发展的共时性过程。不同时期影响城镇空间扩展的因素不同，推动不同城市同一时期空间扩展的因素也不尽相同。

　　城镇空间扩展并非"无数个个体和组织自由而无组织的在土地市场上根据个人效益最大化原则随意决策的结果，而是受制于特定的政治经济结构和社会生产方式"④。考虑到中国国土面积广阔、城镇级别和数量众多且地形地貌复杂，难以准确且详尽地考察不同阶段不同城镇空间扩

---

①　乔林凰、杨永春、向发敏等：《1990 年以来兰州市的城市空间扩展研究》，《人文地理》2008 年第 3 期。

②　孙军平、修春亮：《中国城市空间扩展研究进展》，《地域研究与开发》2014 年第 4 期。

③　世界各国城市化呈如下发展规律：初期主要是人口向城市集中的人的城镇化，后期因城市空间不足，城市的经济向市郊化扩散，以土地城市化发展为主，最后向人口城市化与土地城市化协调发展阶段。

④　刘盛和、吴传钧、陈田：《评析西方土地利用的理论研究》，《地理研究》2001 年第 1 期。

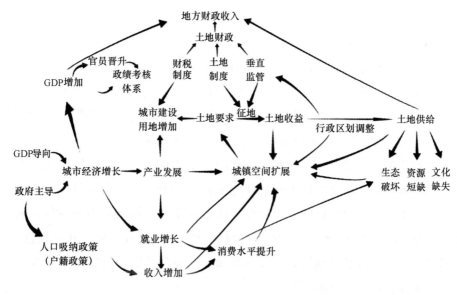

图2—7 城镇化空间扩展的动力机制

展的影响因素，本研究主要从社会经济和制度空间两大因素探讨改革开放以来尤其是分税制财税体制改革以来的城镇空间扩展动力机制。

从空间扩展的历程来看，空间城镇化是在城乡二元体制下，人口向城镇集聚的过程。人口的城镇集聚对现有住房数量、交通条件和社会服务设施构成潜在压力，同时以经济发展程度为官员考核指标的晋升压力则激励着地方政府不断推行城市偏向发展主义。

空间是权力运作的基础，城市是国家权力进行控制的形态表现。[①] 城镇空间扩展与制度环境存在着相互影响、相互作用的密切关系。城镇空间扩展规模在某种意义上映射着国家（或区域）制度安排的合理与否；同时，制度环境也在一定程度上决定着城市空间扩展状况。土地产权制度和管制制度及其关联制度始终激励和约束着空间扩张过程。具体来看，现行农地制度、财政制度、垂直监管体制、政绩考核体系以及行政区划政策等一系列"制度束"，为城镇空间扩展提供了制度空间。

---

① Young K. , *Essay on the Study of Urban Politics*, London：Macmillan，1975，p. 87.

　　分税制改革造成的中央财权上收而事权留置甚至增加，使得各级地方政府不得不开辟新的财政收入来源。由于土地兼具资源和资本属性，土地产权制度和管制制度赋予地方政府"运动员"和"裁判员"双重角色，他们将开源途径转向土地资源，以土地征用和指标配置为制度基础、以财政收益和政治晋升为激励机制、以规划管制和用途转化为基础手段、以"以地生财"和"以地融资"为路径依赖进行非市场导向的土地配置。

　　（一）双重压力：人口城镇集聚与地区经济发展

　　城镇化是一种社会经济在地域空间发生变化的过程，具体表现为人口向城镇集中和非农产业在城市的发展。[1] 人口向城镇集聚是城镇化发展的内在要求，实现人口向城镇有序推进是城镇空间扩展的本质使然。从城镇化发展历程来看，人口增长与城镇空间扩张相互影响、相互促进。城镇人口增长势必对城镇现有住房数量、社会公共服务设施和交通等基础设施建设提出新要求。

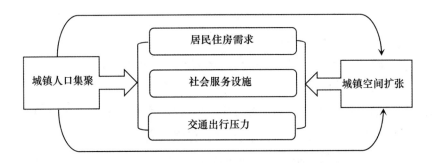

图 2—8　城镇人口集聚与城镇空间扩展关系

　　如前所述，内涵上伸展和外延式扩展是空间扩张两种形式。但向上或向下扩展增加基础设施涉及的群体利益广泛、存量土地产权不明晰以及技术相对落后，使得依靠内涵式增长困难较大。而水平式扩展涉及的群体利益相对较少、难度较小、周期较短，外延式扩展成为各级政府空间扩展的首选。通过城镇空间扩展，以集中居住为主要形式的"农民上楼"得以实现，而扩展后进行的基础设施建设又吸引农村人口不断向城

---

①　李太淼：《新型城镇化建设中的土地制度创新》，郑州大学出版社 2016 年版，第 50 页。

镇集聚，如此构成一个封闭的循环结构。

　　城镇空间扩展是城镇经济发展的需求与体现，[①] 经济发展是城镇扩张的动力来源。[②] GDP 增速是衡量经济发展程度的重要指标。1981—2014年，我国国内生产总值增长率与同一时期全国城市建成区面积扩展率存在高度正相关性，两者增长趋势基本一致。可以发现，经济发展一定程度上推动了政府城市空间扩展"冲动"。同时以空间换发展的"以地生财"模式也在一定程度上促进了国内生产总值的提升（见图2—9）。

图2—9　1981—2014年国内生产总值增长率与城市建成区面积增长率

资料来源：根据 1981—2014 年《中国城市建设统计年鉴》《中国统计年鉴》相关数据整理而成。

　　经济发展对城镇空间扩展主要集中在产业结构调整以及居民生活水平提高两个方面。城镇空间扩展既是"土地从第一产业用地流转至第二、第三产业用地的过程"[③]，也是高能耗产业从城市中心向近郊迁移的过程。

　　① 贾鹏、杨钢桥：《城市用地扩张驱动力分析——以湖北省为例》，《水土保持研究》2006年第 2 期。
　　② 姜海、曲福田：《不同发展阶段建设用地扩张对经济增长的贡献与响应》，《中国人口·资源与环境》2009 年第 1 期。
　　③ 赵可、徐唐奇、张安录：《城市用地扩张、规模经济与经济增长质量》，《自然资源学报》2016 年第 3 期。

近年来，随着经济发展从粗放式发展向集约化发展转型，第三产业尤其是房地产和销售业愈加成为中心城市实现经济发展额的产业偏好。同时，城市中心地价上涨使一些高能耗产业为降低生产成本不得不转移至距市中心相对较远的郊区或者县域。为承接大中城市和地区市中心产业转移，部分地方政府以"土地换产业""空间换资本"①，通过增加城镇空间来吸引产业进驻，进而实现辖域经济发展。此外，因产业调整导致的产业工人居住空间改变和配套基础设施改善，也在一定程度上推动了城镇空间扩展。

伴随社会经济的快速发展，居民收入不断提高，居民意识文化日趋多元，更加注重生活质量提升。居民对城市生产、生活环境的要求，使与过去维持基本生活的"居者有其屋"的要求相比，越来越注重更大面积的生活住宅；与此同时，房地产开发商的房产炒作，在促使城市居民购买房产的同时，也在一定程度上刺激农村居民到城市购房。因城镇原居民收入水平造成的改善性住房需求和农村人口向城镇集中形成的刚性需求，一定程度上刺激了城市空间扩展。

（二）双重垄断：集体土地征收与国有土地配置

产权制度规定着土地的权属形态的基本类型。宪法规定，农村集体所有与城市国家所有是土地两种产权形式。② 根据公共利益发展需要，农村土地只有在国家征收变更权属形态后才可用于城镇建筑开发使用。地方政府是中央政府在地方的合法代理人，是农村土地征收的唯一合法主体，集体和农民不被允许成为土地市场的主体。因此，地方政府可以基于公共利益需要，将农地征收后开发为建设用地，后供应给各类土地使用者。

---

① 郑国、秦波：《论城市转型与城市规划转型——以深圳为例》，《城市发展研究》2009 年第 3 期。

② 《宪法》第 10 条和《土地管理法》第 8 条规定："城市的土地属于国家所有。农村和城市郊区的土地，除由法律规定属于国家所有的以外，属于集体所有；宅基地和自留地、自留山，也属于集体所有。"《土地管理法实施条例》第 2 条又对"国家所有土地"（全民所有土地）范畴做出界定：（一）城市市区的土地；（二）农村和城市郊区中已经依法没收、征收、征购为国有的土地；（三）国家依法征收的土地；（四）依法不属于集体所有的林地、草地、荒地、滩涂及其他土地；（五）农村集体经济组织全部成员转为城镇居民的，原属于其成员集体所有的土地；（六）因国家组织移民、自然灾害等原因，农民成建制地集体迁移后不再使用的原属于迁移农民集体所有的土地。根据 1989 年颁布的《中华人民共和国城市规划法》，城市是指国家按行政建制设立的直辖市、市和镇。可见，县城和建制镇的部分土地属于国有土地。

表 2—6　　　　　　　　**新中国成立以来土地制度变迁历程及其**

对城乡建设用地发展的影响①

	1949—1950 年	20 世纪 50 年代初 至 20 世纪 70 年代末	20 世纪 70 年代末至 20 世纪 90 年代末	20 世纪 90 年代末 至今
城镇土地所有制阶段特征	国家所有与个人私有并存	国家所有		
农村土地所有制阶段特征	农民土地私有	集体所有		
城镇土地使用制度阶段特征	有偿使用	无偿行政划拨	无偿行政划拨向土地有偿使用转变	市场形成土地价格
农村土地使用制度阶段特征	土地使用权无偿分配给农民所有	集体统一经营	将土地经营权承包给农户	探索建立城乡统一的建设用地市场
土地管理制度阶段特征	缺失专门的土地管理机构和法律法规		分级限额审批制度	用途管制制度
出台文件	(1) 1950 年 4 月政务院公布《契税暂行条例》,规定使用城镇土地中的私有土地必须支付地租。 (2) 1950 年 6 月,中央政府颁布实施了《中华人民共和国土地改革法》,按农村人口平均分配土地。		(1)《国家建设征用土地条例》规定,达不成协议的,由县、市人民政府决定;县、市人民政府决定不了的,报上一级政府决定。不能恢复耕种的土地作为征地处理,按本条例规定的审批权限,由县、市以上人民政府安排使用。 (2)《中华人民共和国土地管理法实施条例》规定,对补偿标准有争议的,由县级以上地方人民政府协调;协调不成的,由批准征收土地的人民政府裁决。征地补偿、安置争议不影响征收土地方案的实施。	(1) 2004 年修订后的《中华人民共和国宪法》规定,国家为了公共利益的需要,可以依照法律规定对土地实行征收或者征用并给予补偿。 (2) 2004 年修订后的《中华人民共和国土地管理法》规定,国家为了公共利益的需要,可以依照法律规定对土地实行征收或者征用并给予补偿。 (3) 2007 年修订后的《中华人民共和国物权法》规定,为了公共利益的需要,依照法律规定的权限和程序可以征收集体所有的土地和单位、个人的房屋及其他不动产。

---

① 孙奇:《中国城乡建设用地发展的理论解释模型研究》,《国际城市规划》2012 年第 4 期。

	1949—1950 年	20 世纪 50 年代初至 20 世纪 70 年代末	20 世纪 70 年代末至 20 世纪 90 年代末	20 世纪 90 年代末至今
影响与作用	通过城镇土地税收有效抑制了城镇建设用地投机行为；但农村建设用地利用缺少必要的制度性约束，土地利用较为混乱。	城乡建设用地的无偿划拨使得土地使用者缺乏必要约束，土地利用较为粗放。	城镇土地的有偿使用使得城镇建设用地利用开始转向集约；但农村建设用地利用依然十分粗放。	公共利益界定不清导致的侵害农民权益以及城镇空间无序扩展，耕地下降直触红线而建设用地不足。

资料来源：根据农地相关法律法规整理而成。

土地征收和供应过程使地方政府在对农村集体所有土地转为城市国家所有土地和农村耕地建设用地转为城市建设用地形态上拥有绝对垄断性权力，同时也能够操控城镇土地一级市场的供应数量、供应时间、供应强度以及供应价格。地方政府成为名副其实的建设用地的唯一决定者①和城市土地一级市场的唯一供应商。

与此同时，土地制度天然具有的"有意的制度模糊"②、服务于经济

---

① 蒋省三、刘守英、李青：《中国土地政策改革：政策演进与地方实施》，上海三联书店 2010 年版，第 6 页。

② 制度模糊是基于同一表述而理解不同造成的行为差异，是有意保留未清除界定部分的制度安排。资源与权力的相互依赖与制约和组织合法性与实际运作矛盾均会导致制度模糊化。参见吕力《制度模糊化、变通及其结果》，《管理学报》2016 年第 5 期。荷兰学者何·皮特认为，有意的制度模糊主要集中在"集体"概念模糊和制度不确定性两个方面。在中国，政府为避免引发大规模的社会冲突，在制定法规时有意模糊了"集体"这一概念，无法考证究竟谁是土地的真正拥有者，无法确定究竟哪一级集体掌握着土地实权，使地方政府在土地征收过程中障碍大大减少。同时给予集体概念的模糊性，法律条款在土地权属问题上也具有不确定性。在皮特看来，中央政府此般行为的动机主要有两方面，一是"制度的不确定性是体制运行的润滑剂"，二是留出回旋余地和应对社会发展过程中的突发事件。参见〔荷〕何·皮特《谁是中国土地的拥有者——制度变迁、产权和社会冲突》，林韵然译，社会科学文献出版社 2014 年版，第 32 页；基于 Willamson 四层次分析框架，黄砺、谭荣通过构建中国农地产权制度安排的规范性分析框架，指出模糊农地产权是农民与政府这两个农地产权主体在基础性制度和农地资源配置效率的共同作用下进行制度设计的产物，是农民与政府通过制度设计有意将农地控制权的归属隐藏在模棱两可的迷雾之中，而非仅仅是政府单方意志结果。参见黄砺、谭荣《中国农地产权是有意的制度模糊吗?》，《中国农村观察》2014 年第 6 期；刘杰、贺东航通过考察中国的地权冲突发现，我国集

建设的广义"公共利益"[①]以及国有土地有偿使用给予的无限收入，使兼具双重"行政寡头垄断"的地方政府在对集体土地征收和国有土地配置双重垄断过程中，对土地补偿标准"弹性"制定拥有绝对的话语权，同时策略性分配城镇化利益。[②]同时，也必然使地方政府遵循经济学中的理性行为将土地使用权在土地市场上高价卖出，以求实现土地出让金的最大化。[③]

（三）双重管控：建筑规划管治与土地用途管制

空间扩展是土地城镇化的过程，其必然涉及土地的权属转化、用途转换及其形态转变。在我国，土地产权制度与管制制度是土地制度的核心要件，而建筑规划管治和土地用途管制是管制制度的核心。土地城乡二元所有与用途管制制度，农村土地只有在政府规划审批并征用后，才可转变为城镇建设用地，在土地二级市场上投入使用。实质上，城乡二元土地所有权形式，发挥着土地用途管制功能[④]，农村土地与城市土地

（接上页）体土地地权规划存在着"有意识的制度模糊"和"无意识的制度模糊"两种，前者造成国家与乡村冲突（外部冲突），后者造成村民集体内部成员冲突（内部冲突）。参见刘杰、贺东航《集体土地归属中的制度模糊与地权冲突》，《求实》2014 年第 12 期；对皮特农地产权"有意的制度模糊说"认识表示质疑，认为与中国集体化以来农地所有权的高度分化事实不符，有关中央有意不对农地所有权归属进行立法的观点与通过概括列举式的相关法律实践事实冲突，有关有意制度模糊促成中国农村改革成果和有效化解土地纠纷的认知与中国农村改革历史和土地纠纷发生机理相冲突。参见陈胜祥《农地产权"有意的制度模糊说"质疑》，《中国土地科学》2014 年第 6 期。

①由于公共利益属于不确定法律概念，缺乏明确而具体的规定，实践中容易被滥用，且公共利益条款赋予执法者和司法在自由裁量权，允许他们根据情况予以具体化。参见山东省国土资源厅重点研究项目"城乡建设用地管理：制度创新与法律构建"课题组《城乡建设用地一体化流转法律问题研究》，法律出版社 2015 年版，第 53 页；其他代表性文献还包括：张耀宇、陈利根、陈会广：《"土地城市化"向"人口城市化"转变——一个分析框架及其政策含义》，《中国人口·资源与环境》2016 年。

②李云新：《制度模糊性下中国城镇化进程中的社会冲突》，《中国人口·资源与环境》2014 年第 6 期。

③ 文贯中：《吾民无地：城市化、土地制度与户籍制度的内在逻辑》，东方出版社 2014 年版，第 28—29 页。

④ 中国人民大学政治经济学研究中心课题组：《中国政治经济学年度发展报告（2014）》，《政治经济学评论》2015 年第 2 期。

的根本区别不在所有制，而在用途与规划。① "用途管制让位于规划管制" "土地所有制管制激励规划管制"②的农地转用"三重管制"安排表明，规划管制和用途转化高于所有制。

从世界范围看，土地规划是现代社会公权力的重要体现。地方政府是本辖域公共利益的代表者和地域经济社会发展的推动者，对辖域城乡社会发展规划负主体责任。在我国，地方政府独掌辖域城乡建设规划权，市长负责制使政府经常依据个人意志随意修改规划，"包括利用规划权征地卖地，政府自己变成倒腾土地的生意人"③，以规划管制来推进城镇化发展。

在用途转化上，20世纪80年代末，我国开始实施国有土地有偿使用制度。1989—1998年，财政部、国务院以及第九届全国人大出台不同方案旨在调整国有土地有偿使用和央地收入分配。为鼓励地方政府征收国有土地有偿使用出让收入，中央政府一再"让渡"，地方政府从土地出让收入获取的比重由1989年的68%增长至1997年的100%。由于土地出让收入"有利可图"，地方政府不断加大出让耕地、推进城镇空间扩张力度，耕地面积的急剧减少使中央政府被迫调整土地出让分成比例，1998年，地方不再参与分成，中央政府全额占有土地出让收入（见表2—7）。

表2—7　　　　国有土地有偿使用出让收入央地分成政策变迁④

时间	发布机关	发布文件名称	央地分成比例
1989年5月	国务院	《国务院关于加强国有土地使用权有偿出让收入管理的通知》	中央40%左右，地方60%左右

① 华生：《新土改：土地制度改革焦点难点辨析》，东方出版社2015年版，第28页。

② 刘守英：《中国城乡二元土地制度的特征、问题与改革》，《国际经济评论》2014年第3期。

③ 华生：《土地制度改革的焦点分歧（上）——兼答天则经济研究所课题组的商榷》，《上海证券报》2014年4月21日。

④ 表2—7根据徐智颖、钟太洋《土地出让相关收入央地分成政策变迁与耕地资源流失的关系》，《资源科学》2016年第1期。

续表

时间	发布机关	发布文件名称	央地分成比例
1989年7月	财政部	《国有土地使用权有偿出让收入管理暂行实施办法》	中央32%左右，地方68%左右
1990年9月	财政部	《关于国有土地使用权有偿出让收入上缴中央部分有关问题的通知》	中央30%，地方70%
1992年9月	财政部	《关于国有土地使用权有偿使用收入征收管理的暂行办法》	中央10%左右，地方90%左右
1993年12月	国务院	《国务院关于实行分税制财政管理体制的决定》	中央5%左右，地方95%左右
1997年4月	中共中央国务院	《关于进一步加强土地管理切实保护耕地的通知》	中央0%，地方100%
1998年8月	第九届全国人民代表大会	《中华人民共和国土地管理法》	中央30%，地方70%

资料来源：根据农地相关政策整理而成。

地方政府不仅是公共利益代表者，也是理性"经济人"。为获取规划发展利益最大化，在城市规划中，其往往表现出空间城镇化超前规划而人的城镇化滞后乃至不规划，而"外延式""摊大饼式"空间扩张必然伴随土地的用途转化。耕地非农化进程中的双重垄断和城乡建设用地增加挂钩政策，不仅赋予地方政府农地转用"合法权力"，而且助长了其依靠横向外延扩张推动空间城镇化进程的行为。

（四）双重角色：土地经营主体与交易市场主导

现行土地制度安排赋予地方政府管理辖域土地的重任，其既是管理员又是裁判员。[1]农地用途转化过程中拥有的双重垄断地位使得地方政府负有土地市场经营主体的责任。然而，由于种种历史原因，地方政府也是土地管理主体。兼具经营与管理主体责任的双重身份，使得地方政府运动员与裁判员身份不分。运动员身份，使地方政府"将规划变更权和

---

[1]　中国战略管理研究会编：《战略与管理》，中国计划出版社2016年版，第87页。

土地变性收益权混在一起"①，将土地作为招商引资和提高政府财政收入的重要甚至唯一媒介，同时又通过压低补偿费用、抬高土地出让价格来获取土地用途转化的"剪刀差"。更为严重的是，土地市场的垄断权力，使地方政府可以限制甚至禁止土地使用权转让、转租，遏制二级土地市场的发育。②

巨额收益使地方政府很难充当土地交易市场上的公正裁判员。他们在土地执法过程中缺乏独立性与公正性，土地出让时很难根据土地市场现实需求进行供应；征用过程中，极力压低补偿价格并将征收后的土地售卖给开发商不仅可以获得高额土地出让价格，而且建筑开发后产业发展可以为地方政府提供源源不断的税收收入。因此，地方政府很难平衡其运动员与裁判员双重角色，更多的是依仗管理者身份过多干涉土地市场。

（五）双向激励：纵向财政失衡与横向晋升压力

在我国，中央政府拥有政治权力和经济权力的最终配置权。③ 财政分权与政治集权是我国经济社会高速发展的根本动力。1994 年推行的中央政府与地方政府"分灶吃饭"的分税制改革，使地方财权上收而事权留置甚至下放，造成财权与事权严重不匹配。在不断增长的"财政压力"面前，地方当局难以"依靠自有正式财政收入和上级政府转移支付满足刚性增长的支出需求"④。由于土地兼具资源、资产和资本属性，具有投资少、见效快的优势，地方政府在财政捉襟见肘局面下，将城市作为"增长机器"⑤，利用土地资源的高强度资本化特性，极力依靠城镇空间扩

① 华生：《土地制度改革的焦点分歧（下）——兼答天则经济研究所课题组的商榷》，《上海证券报》2014 年 5 月 20 日。

② 黄小虎：《十八届三中全会〈决定〉与土地制度改革》，《战略与管理》2016 年第 3 期。

③ Chenggang Xu, "The Fundamental Institutions of China's Reforms and Development", *Journal Economic Literature*, Vol. 49, No. 4, 2011, pp. 1076 – 1151.

④ 杨灿明、詹新宇：《土地财政的再分配效应——来自中国省级面板数据的经验证据》，《经济学动态》2015 年第 11 期。

⑤ ［美］保罗·诺克斯、琳达·迈克卡西：《城市化》，顾朝林、汤培远、杨兴柱等译，科学出版社 2008 年版，第 541 页。

张来增加财政收入。[1]

地方政府充分利用土地不同效应,实现经济发展和财政收入增加。通过高价出让商住用地,利用土地的"剪刀差"效应,获取巨额土地出让金和利用要素禀赋效应采取"逐底竞争"方式低价出让工业用地,以期引进资金和增加税收[2],同时通过土地储备中心,差别化供给商住用地,获取商住用地高额出让价格。[3] 特殊的土地征用和管理制度,在为"地方政府弥补财政缺口提供工具和条件"[4] 的同时,助长了地方政府"以地生财"[5],片面推动空间城镇化即城镇空间扩展的冲动。

以地生财的地方政府收入与以地融资的地方融资平台作为最佳抵押品[6],使"地方政府土地财政模式为中国过去 20 年城镇化发展提供了大量的土地资源与资金支撑"[7]。1993 年我国土地出让收入仅为 557.8 亿元,2007 年超过 1 万亿元,到 2014 年全国土地出让权收入飙升至 4.26 万亿元。[8] 由此来看,自 1992 年分税制改革以来,因土地财政收入而造成的城镇空间扩张呈逐年增长趋势。

---

[1] Li Hui, "An Empirical Analysis of the Effects of Land – Transfer Revenues on Local Governments′ Spending Preferences in China", *China*: *An International Journal*, Vol. 14, No. 3, 2016, pp. 29 – 50.

[2] 王健、汪应宏、彭山桂:《中国城市用地扩张的诱因》,《城市问题》2016 年第 1 期。代表性文献还包括:唐健、王庆日、谭荣:《新型城镇化战略下农村土地政策改革试验》,中国社会科学出版社 2014 年版,第 12 页。

[3] 王岳龙、邹秀清:《土地出让:以地生财还是招商引资——基于居住—工业用地价格剪刀差的视角》,《经济评论》2016 年第 5 期。

[4] 钱忠好、曲福田:《中国土地征用制度:反思与改革》,《中国土地科学》2005 年第 5 期。

[5] 周飞舟:《大兴土木:土地财政与地方政府行为》,《经济社会体制比较》2010 年第 3 期。代表性文献还包括杨帅、温铁军:《经济波动、财税体制变迁与土地资源资本化——对中国改开发依赖"三次圈地"相关问题的实证分析》,《管理世界》2010 年第 4 期;张玉林:《大清场:中国的圈地运动及其与英国的比较》,《中国农业大学学报》(社会科学版)2015 年第 2 期。

[6] 刘守英、周飞舟、邵挺:《土地制度改革与转变发展方式》,中国发展出版社 2012 年版第 9 页。

[7] 晃恒、李贵才、林雄斌:《新型城镇化背景下土地财政模式的有效性与合理性探讨》,《城市发展研究》2014 年第 7 期。

[8] 邹秀清:《中国土地财政地域差异的测度及成因分析——基于 287 个地级市的面板数据》,《经济地理》2016 年第 1 期。

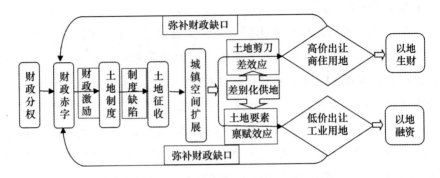

图2—10 城市空间扩展的财政税收因素诱因

　　在财政分权改革的同时，中央政府保持高度的政治集权，对地方政府实行严格的经济增长考核制。由于"GDP增速"具有"指标可量化、通用性较强、与地方利益相关性高、中央可控性强"[1] 等考核的客观优势，中央政府将经济发展绩效作为考核地方官员、任免地方人事的主要衡量标准，迫使地方政府拥有很强的政治激励发展地方经济。[2] GDP锦标赛[3]，使地方政府不得不以多重方式寻求"生财之道"，用于跨越"晋升之门"。[4] "土地作为地方政府所掌握的资源"，是地方政府促进地区经济增长，获取财政收入进而获得晋升之道的重要途径，地方政府不惜牺牲土地，通过建设开发区、产业园区来招商引资，促进经济发展。因此现行的政绩考核体系在一定程度上推动了地方政府城镇空间扩展。

　　纵向财权竞争与横向晋升竞争双向激励，使地方政府一方面要与中央政府进行博弈，另一方面必须和同级政府展开经济发展"赛跑"，同时

　　① 刘承韪：《产权与政治：中国农村土地制度变迁研究》，法律出版社2012年版，第81—82页。

　　② 田传浩、李明坤、郦水清：《土地财政与地方公共物品供给——基于城市层面的经验》，《公共管理学报》2014年第4期。

　　③ 代表性参考文献还包括乔坤元：《我国官员晋升锦标赛机制：理论与证据》，《经济科学》2013年第1期；周黎安：《中国地方官员的晋升锦标赛模式研究》，《经济研究》2007年第7期；郭峰、胡军：《官员任期、政绩压力和城市房价——基于中国35个大中城市的经验研究》，《经济管理》2014年第4期。

　　④ 刘佳、吴建南、马亮：《地方政府官员晋升与土地财政——基于中国地市级面板数据的实证分析》，《公共管理学报》2012年第2期。

还要与前任政府进行相对经济绩效的竞争。土地天然具有的资产和资本属性以及权属代理人身份使地方政府不惜一切推进农地非农化进程，大肆推动城镇空间"外延式"和"摊大饼式"扩张。

（六）双重缺陷：纵向问责不足与横向问责缺失

"属地管理"和"行政发包"是我国政府体系的典型特征。① 在此种行政管理体制安排上，中央政府基于"委托—代理"关系不再对地方政府职能进行直接干预。四级行政架构在国家与地方之间的委托—代理关系上链条过长，表现为中央政府—省级政府—市级政府—县级政府。② 基于个体理性和组织理性，中央政府和地方政府之间的目标函数往往存在不一致现象。为了实现地方利益最大化，地方政府往往背离中央政府的目标函数——保持社会稳定和推动社会发展，大幅度征用耕地扩大城镇建成区面积，而长链条关系、权力层层分解增加了中央政府对地方政府的监督成本和监督难度，这些都足以使地方政府选择性执行中央政府政策。③ 垂直监管体制，使中央政府难以及时对地方政府城镇空间扩展行为进行有效监控，层层委托、分级代理则极易造成央地信息不对称现象。

地方政府在财政分权与晋升竞争双重激励下，"标尺竞争"④ 以农地为经济发展的有效载体，大规模推进农地非农化进程，推动空间城镇化的飞速发展。在纵向问责有限的同时，由于"地方人民代表大会、司法体系等横向问责机制的不健全"⑤ 以及民众在监督地方政府行为上的固有缺陷，使得地方政府空间城镇化行为还缺少有效的外在约束。横向问责机制的不健全和纵向问责机制的有限性，进一步扩大了地方政府的自主行为空间，财政收益最大化成为地方政府行为的支配逻辑。"地方发展型政府"⑥ 行为

---

① 周黎安：《转型中的地方政府：官员激励与治理》，格致出版社 2008 年版，第 12 页。

② 范辉：《委托代理理论与我国征地制度改革》，《农村经济》2007 年第 3 期。

③ 吴毅、陈颀：《农地制度变革的路径、空间与界限——"赋权—限权"下行动互构的视角》，《社会学研究》2015 年第 5 期。

④ 周黎安：《中国地方官员的晋升锦标赛模式研究》，《经济研究》2007 年第 7 期。

⑤ 郁建兴、高翔：《地方发展型政府的行为逻辑及制度基础》，《中国社会科学》2012 年第 5 期。

⑥ 关于地方政府行为研究主要形成了"发展型地方政府""经营性地方政府""地方政府合作主义"等观点。这些观点认为，实现个人政治晋升是地方政府推动地方经济发展的根本原因。

使得社会政策服务于经济社会发展，由此导致的"财政的生产性支出偏向"① 使我国的空间城镇化以前所未有的速度推进。

（七）双轮驱动：以地生财与以地融资路径依赖

40 余年的改革开放使我国经济社会发生了重大变化。土地是我国传统经济增长方式的发动机。城乡二元土地制度和分税制财税体制改革，在减少地方政府财政收入的同时，客观上给予地方政府"以地谋发展"的制度空间。虽然，《土地利用年度计划管理办法》具体规定了年度农用地转用的指标、原则和工作流程。表面上看，国土资源部每年制定的农用地转用指标使建设用地指标缺乏弹性。然而，尽管指标固定，各级地方政府依然可以通过转让土地开发权来多渠道地增加建设用地指标。② "以地生财"和"以地融资"成为地方政府获取土地财政收入和城市基础设施建设资金来源的重要途径。地方政府通过高价出让商住用地，获取巨额土地出让金和采取"逐底竞争"方式低价出让工业用地，以期引进资金和增加税收。③

在高度依赖土地财政增加地方收入的同时，地方政府以地融资搞基础设施建设，进而推动城镇空间扩张。一般而言，城镇基础设施主要由各级政府财政预算拨款、地方征收的税收和费用、土地转让费和租赁费用以及银行信贷组成。④ 然而，在地方财权、事权错置，财政支撑城镇基础设施建设严重不足的客观形势下，由地方政府主导成立的融资平台，以土地收储机构的身份不断储备土地，而其价格的上涨可以转化为地方政府债务能力的提升⑤，以此不断负债进行融资经营。⑥ 通过土地融资，

---

① 尹恒、朱虹：《县级财政生产性支出偏向研究》，《中国社会科学》2012 年第 5 期。

② Lynette H. Ong, "State - Led Urbanization in China Skyscrapers, Land Revenue and Concentrated Villages", *The China Quarterly*, No. 217, 2014, pp. 162 - 179.

③ 王健、汪应宏、彭山桂：《中国城市用地扩张的诱因》，《城市问题》2016 年第 1 期。其他代表性文献还包括：唐健、王庆日、谭荣：《新型城镇化战略下农村土地政策改革试验》，中国社会科学出版社 2014 年版，第 12 页。

④ Lynette H. Ong, "State - Led Urbanization in China Skyscrapers, Land Revenue and Concentrated Villages", *The China Quarterly*, No. 217, 2014, pp. 162 - 179.

⑤ Robert J. Barro, "The Loan Market, Collateral, and Rates of Interest", *Journal of Money, Credit and Banking*, No. 8, 1976, pp. 439 - 456.

⑥ 《探析地方政府以地融资经营模式》，http://roll. sohu. com/20130815/n384367850. shtml。

地方政府一方面获得了城镇基础设施建设投资的资金，另一方面通过资本化效应，形成后续持续性土地融资收入基础。①

此外，20 世纪 90 年代实行的"地改市""县改市"行政区划调整，使"地方政府借助行政区划调整疯狂地圈地、扩大城市建成区"②。1995—2014 年度，城市建成区面积与城市数之间存在正相关关系，即随着撤县改市政策的推进，城市数目不断增多，随之而来的是，城市建成区面积的急剧扩张。上海市将松江县、青浦县、奉贤县、南汇县纳入其市辖区范围，导致其辖区建成区面积急剧增加；佛山市将南海市、顺德市、三水市和高明市纳入其市辖区范围，造成其建成区面积扩展的幅度也比较明显。此外，北京市、广州市、汕头市、天津市、杭州市等地，因行政区划调整导致的城市建成区面积同样不断增加（见表 2—8）。

表 2—8　　　　　　　　　　部分城市行政区划调整情况③

地区	省份	城市	纳入市辖区管辖的县级行政单元
东部	北京	北京	顺义县（1998）昌平县（1999）大兴县（2001）怀柔县（2001）平谷县（2001）
	上海	上海	松江县（1998）青浦县（1999）奉贤县（2001）南汇县（2001）
	广东	佛山	南海市（2002）顺德市（2002）三水市（2002）高明市（2002）
		广州	番禺市（2000）花都市（2000）
		汕头	朝阳市（2003）澄海市（2003）
	天津	天津	武清县（2000）宝坻县（2001）
	浙江	杭州	萧山市（2001）余杭市（2001）
中部	湖北	武汉	新洲县（1998）黄陂县（1998）
	江西	上饶	广丰县（2015）
	山西	吕梁	离石县（2003）
西部	四川	成都	新都县（2001）温江县（2002）
	重庆	重庆	江浦县（2002）六合县（2002）
	甘肃	陇南	武都县（2003）

注：表中括号内数字表示行政区划调整的时间（年）。

――――――――――

① 郑思齐、孙伟增、吴璟等：《"以地生财，以财养地"——中国特色城市建设投融资模式研究》，《经济研究》2014 年第 8 期。

② 陶希东：《包容性城市化：中国新型城市化发展新策略》，《城市规划》2013 年第 7 期。

③ 张利、雷军、李雪梅等：《1997—2007 年中国城市用地扩张特征及其影响因素分析》，《地理科学进展》2011 年第 30 卷第 5 期。

由此可见，我国土地利用过程，与我国的政治形态有密切关系，是权力集中导致的土地资源向城镇的"有意"集聚。其中，空间城镇化是在城乡二元体制的现实背景下，地方政府利用我国现有土地管理和使用制度这一制度空间赋予的运动员和裁判员双重角色，在纵向财权竞争与横向晋升竞争双重动力激励且纵向问责有限而横向问责不足情景中，以用途管制和规划管制为管控手段，通过"以地生财"和"以地融资"双重手段进行的土地宽供应和高消耗过程。土地利用过程本质上是在以土地、财税、规划、考核、监督等一整套相互影响的制度和政策有机叠加使然下的必然结果。

二　内生矛盾与衍生风险

中国的城镇空间扩展本质上是政府行政主导的结果。受制于土地的固有特性和人的城镇化本质要求，我国城镇化面临着因后备资源不足导致的供需失衡、土地低效利用诱致量质失衡、因行政配置引致的结构失衡矛盾以及由此衍生的金融、群体性事件等社会风险。

（一）　土地刚性需求与耕地资源约束导致供需失调

土地作为城镇化的资源基础和物质保障，直接影响其进程和水平。人多地少、耕地资源不足是我国城镇化面临的现实国情。长期以来，我国依靠土地资源高消耗、人居环境高污染来盲目推动城镇发展，快速推进的农地用途转换使我国耕地实有量紧逼 18 亿亩红线[①]，以外延式扩张为表征的城镇化耕地后备资源严重不足。

1999—2013 年，我国建设用地占用耕地面积整体上处于上升趋势。

――――――――――

① 18 亿亩耕地红线是否是我国空间城镇化的资源制约，学界呈现两种倾向。一种倾向认为，城镇化占用了大量耕地，既不利于粮食安全也不利于耕地保护，因此政府应该对城镇化建设用地进行严格控制。另一种观点认为，城镇化本质上会节约耕地，我国耕地面积的减少与城镇化率提高并无必然关系，并且城镇化土地利用的集约和人口从农村进入城镇反而是有效节约耕地的主要措施。参见蔡继明、陈玉仁、熊柴《城市化与耕地保护》，《经济学动态》2015 年第 5 期；曲福田等从农地非农化适度水平及调控出发，研究发现我国农地非农化存在着"最适配置"和"次适配置"，如果能够有效解决政府失灵和降低市场失灵，无论是近期还是远期，18 亿亩耕地保护目标能够实现，如若不能，即使实现了次适配置，红线将被突破。参见曲福田《中国工业化、城镇化进程中的农村土地问题研究》，经济社会出版社 2010 年版，第 2 页。

建设用地的急剧上升，除少数农村居民宅基地面积增加外，很大程度上是由我国城镇化空间扩张造成的。从建设用地占地面积占耕地减少面积比重来看，除少部分年份波动以外，2006 年以后的年份呈线性增长趋势（见图 2—11）。

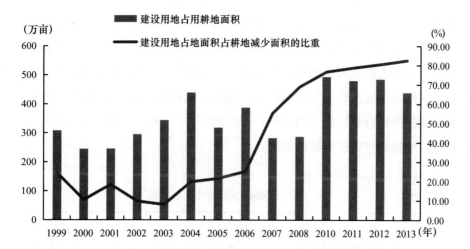

图2—11　1999—2013 年我国建设用地占用耕地面积及占耕地减少面积的比重

资料来源：根据2000—2014 年《中国国土资源统计年鉴》相关数据整理而成。因2009年数据缺失，未能计入其内。

宅基地是农村居民的福利性分配，分散居住是农村家庭居住的主要特征。分散居住的直接后果，便是农村建设用地占用大量农地。20 世纪80 年代，随着户籍制度改革的不断松动，农村大量青壮年劳动力转移至城市，理应表现为农村宅基地占用面积有所减少。在城镇空间大幅扩展的同时，农村一户多宅现象仍然严重。①

与此同时，2016 年调研组在山西部分县市调研时发现，举家搬迁且户口迁入城市的农民，在城市购置房产后，原有农村宅基地并未退出，"进城不退宅"现象不仅存在，而且随着国家在农村危房改造过程中投入

---

① 例如，山东省2013 年农村宅基地总面积达到2083 万亩，占城乡建设用地面积总量的68%。其中，"一户多宅"现象比较突出，随着城镇化的发展，农村大量人口转移到了城市，但宅基地不但没有减少，从2005 年到2012 年还增加了约270 万亩。

力度的加大，部分举家迁移农户钻政策空子，利用政策福利修缮房屋现象依然存在。因进城购置房产和不愿退出农村宅基地造成的"两头占地"现象普遍存在。

现阶段，我国正处于全面建成小康社会攻坚阶段，着力解决"三个1亿人"[①] 问题，无论是城市内部更新还是城乡建设用地增减挂钩，城镇建设用地增长仍将呈高位态势。依据《中华人民共和国国民经济和社会发展第十三个五年规划纲要》，到 2020 年，我国常住人口城镇化率达到60%，户籍人口城镇化率增长至45%。而同期，无论是耕地保有量还是新增建设用地规模均实行约束性指标规划，耕地面积保持在18.65亿亩，新增建设用地总量地域 3256 万亩（见表2—9）。因此，以耕地非农化为基础的城镇化空间扩张难以为继。

表2—9 "十三五"时期我国城镇化发展指标

	指标	2015 年	2020 年	年均增速（累计）	属性
城镇化率	常住人口城镇化率（%）	56.1	60	3.9	预期性
	户籍人口城镇化率（%）	39.9	45	5.1	预期性
土地	耕地保有量（亿亩）	18.65	18.65	0	约束性
	新增建设用地规模（万亩）	—	—	<3256	约束性

资料来源：根据《中华人民共和国国民经济和社会发展第十三个五年规划纲要》相关内容整理而成。

（二）空间高速扩张与土地低效利用诱致量质失衡

外延式空间扩展是我国空间城镇化的重要表征，也是测度城镇化质量的核心指标。统计数据显示，1991—2015 年，我国设市城市建成区面积扩展 38089 平方千米，相较于1991 年，扩展了近三倍，同时市平均面积从29.25 平方千米增加至79.42 平方千米，年均扩展速度约5.62%。[②]

---

① "三个1亿人"具体指促进约1亿农业转移人口落户城镇，改造约1亿人居住的城镇棚户区和城中村，引导约1亿人在中西部地区就近城镇化。

② 根据《中国城市建设统计年鉴》（1999—2013 年）和《城乡建设统计公报》（2014 年、2015 年）相关数据整理而成。

伴随城市建成区高速扩展而来的是，因"政策规划调整、宏观经济波动、审批效率低下、囤地获利惯习、征地环节受阻"[①] 等多重因素作用，城镇空间建设重投入轻管理、重数量轻质量、重开源轻挖潜，我国存在着大量批而未征、征而未供、供而未用、用而未尽的土地，严重制约着新型城镇化的健康发展。

2014 年第三季度，国土资源部在全国范围内组织开展的节约集约用地专项督查结果显示，截至 2014 年 9 月 30 日，近 5 年内，全国批而未用的土地 1300.99 万亩，闲置土地 105.27 万亩。国家审计署审计结果显示，截至 2015 年 6 月底，北京、天津、河北、安徽、江西、湖北和福建 7 个省市闲置土地总面积 3.6 万公顷，其中安徽省闲置土地面积最大，为 1.66 万公顷。[②] 与此同时，土地低效利用、产出率低也是空间城镇化面临的问题之一。就当前来看，全国每年新增建设用地中，工业用地约占 40%，东部部分城市高达 60%，产出效率比较低。[③]

（三）供地指标行政配置导致"人—地"流向错置

为保证粮食安全，我国在实行最严格的耕地保护制度的同时，还实行建设用地指标行政向下逐级配置制度。每年，国土资源部向各省国土资源部门下达本年度建设用地指标，再由各省层层向下配置。在"均衡发展"理念指引下，为了缩小地区间城镇化水平差距，大约自 2003 年起，我国政府将大量新增建设用地指标投向了中西部地区[④]，以期通过增加中西部地区产业园区建设和大量企业的进入，减少中西部人口向东部流动，进而实现人口就地城镇化。

然而，在市场经济下，追逐资本、提高收益是企业的根本目的，土地需求多少由市场决定，过多地将土地指标配置至中西部，容易造成该

①　裘双双、岳文泽：《县域批而未用土地的监测研究》，《中国土地科学》2016 年第 10 期。

②　国家审计署：《我国 7 省份闲置土地总面积达 3.6 万公顷》，《新华日报》2015 年 8 月 31 日。

③　姚华军：《构建节约集约用地激励与约束机制》，《中国地质大学学报》（社会科学版）2012 年第 1 期。

④　陆铭：《大国大城：当代中国的统一、发展与平衡》，上海人民出版社 2016 年版，第 84 页。

地区土地大量闲置，"跑马圈地"却没有足够的企业进入。2009—2014年，中部、西部地区城镇土地增幅分别达到27.8%和32.6%，均明显高于全国总增幅，而东部、东北部地区增幅较低，分别为14.7%、19.3%。① 可以发现，我国城镇土地利用增长开始向中西部地区倾斜。由于缺少产业支撑，为了获得更高收入，大量人群流向东部，所以尽管中西部多数县城空间快速扩张，搞房地产开发、建商品房，实际上却并未卖出去。② 与中西部相反，东部地区在人口急剧增加的同时，土地指标供给却相对压缩，造成东部地区房源供不应求且更为紧张。③

（四）"差别化供地"导致城市建设用地结构失稳

如前所述，财政事权上收和事权留置加大地方财政困境，为获取高额土地出让收入，地方政府凭借对农村集体土地征收和国有土地配置的双重垄断，形成了"以地谋发展"的经济发展模式。为大规模招商引资，提升地区经济发展水平，在低价甚至零价转让、过度供给工业用地、竞相引入工业企业获取高额税收的同时，地方政府事先进行"五通一平""七通一平"等基础设施建设，以此获得产业增值税和企业所得税，并利用其强有力的"溢出效应"获得更丰厚的相关财税收入。此外，地方政府通过高价出让、限制性供给商住用地、成立"土地储备中心"，营造"局部性卖方市场"，进而提高其在商住用地中的出让收入。④

差别化供地策略在提高地方政府土地财政收入的同时，直接导致城市各类用地结构失衡。2006—2011年⑤，市县两级城市建设用地面积内部结构比例变化并不显著。但从总量看，居住用地、工业用地、道路广场

---

① 国土资源部：《全国城镇土地利用数据汇总成果分析报告》，《中国国土资源报》2015年12月30日。

② 《中西部多地被闲置频现空城，政府鼓励农民工回乡买房》，《第一财经日报》2015年5月14日。

③ 陆铭、张航、梁文泉：《偏向中西部的土地供应如何推升了中西部的工资》，《中国社会科学》2015年第5期。

④ 陶然、汪晖：《中国尚未完成之转型中的土地制度改革：挑战与出路》，《国际经济评论》2010年第2期。

⑤ 自2012年起，城市建设用地分类标准发生变化，为保证数据的可获得性和可比较性，此处采用2006—2011年设市城市和县城城市建设用地相关数据。

用地以及绿地这四大类用地总和从 72.83% 增长至 74.88%，基本上已达到合理区间的边缘。国土资源部发布的《全国城镇土地利用数据汇总成果分析报告》显示，2014 年，我国城镇住宅用地占比高达 33.2%，工矿仓储用地占 28%。[1]

（五）"以地谋发展"衍生金融、腐败与社会风险

土地资源的高强度资本化特性，使地方政府在事权与财权的严重不对称困境面前，利用公权力来极力依靠"圈地运动""造城运动"推动城镇空间扩张进而增加财政收入，土地财政愈演愈烈。据统计，1993 年我国土地出让收入仅为 557.8 亿元，2007 年超过 1 万亿元，到 2014 年全国土地出让全收入飙升至 4.26 万亿元。[2] 2013 年国家审计署发布的全国政府性债务审计结果指出，截至 2012 年底，11 个省级、316 个市级、1396 个县级政府承诺以土地出让收入偿还的债务余额为 34865.24 亿元，占省、市、县三级政府负有偿还责任债务余额近四成。[3] 因此，在土地出让收入成为地方政府收入重要来源的同时，地方政府性债务对土地出让收入更加依赖，银行金融风险极易出现。

与此同时，因土地征收和出让而导致的群体性事件、土地腐败案件层出不穷。近年来，基层腐败案件中有近四成的腐败案件与土地有关。[4] 据国家土地督察公告显示，截至 2015 年 12 月 31 日，国土督察收缴罚没款 13.28 亿元，4824 名责任人员受到行政处分。[5] 伴随征地规模的不断扩大，因征地途径单一、程序失范、补偿不公而导致的农民土地权益受损，征地型群体性事件数量呈现逐年上升趋势。据中国社会科学院法学研究所发布的《2014 年中国法治发展报告》显示，2000 年 1 月 1 日至 2013 年 9 月 30 日，我国百人以上群体性事件共发生 871 起，其中因拆迁征地而

---

① 国土资源部：《全国城镇土地利用数据汇总成果分析报告》，《中国国土资源报》2015 年 12 月 30 日。

② 邹秀清：《中国土地财政地域差异的测度及成因分析——基于 287 个地级市的面板数据》，《经济地理》2016 年第 1 期。

③ 中华人民共和国审计署办公厅：《全国政府性债务审计结果》（审计署发〔2013〕24 号），2013 年 12 月 30 日。

④ 《基层腐败案件四成与土地相关》，《济南日报》2015 年 6 月 8 日。

⑤ 国土资源部：《国土督察公告（2016 年 1 号）》，《中国国土资源报》2016 年 5 月 12 日。

导致的群体性事件97起，占群体性事件的11.14%。

在唾手可得的征地、卖地收入和一次性货币补偿为主的征地模式面前，为减少因征地而造成的群体性事件，地方政府"被迫"提高失地农民的一次性补偿比例，与此同时不断强化基础设施建设，结果便是地方政府不得不面对"日益沉重的基础设施建设债务负担和不断上涨的土地征收补偿双重挤压"，进而孕育"更大的地产泡沫和财政金融风险"[①]。

可以发现，城镇化进程中的空间扩展是自然因素约束下，社会经济因素主导的必然结果。城乡二元体制是空间扩展的体制框架，兼具运动员与管理员双重角色的地方政府，以土地征用制度、用途管制制度、财政税收制度以及城镇规划制度为制度基础，在纵向监督缺失和横向监督不足环境下，以地区经济发展和个人升迁为激励动力，通过"以地生财"和"以地融资"双重手段，实现了城镇空间扩展的宽供应和高消耗。行政主导的土地利用过程，使空间城镇化面临着土地供需失衡、结构失衡问题，与此同时也导致了城镇人口流向与土地配置方向的失衡及由此衍生的金融问题、腐败问题以及群体性事件等社会危机。而实现空间扩展的优化转型，既需要实现土地的集约供给，更需要分析土地的现实需求。

第三节　新型城镇化的土地需求与集约供给

人的城镇化是新型城镇化的核心目标，土地城镇化是新型城镇化的前提条件和物质保障，推动"人—地"均衡协调发展是新型城镇化的重要实践命题。城镇建设用地总量和用地结构动态均衡变化是否合理是衡量一国或地区城镇化进程是否健康、城镇化发展质量是否高效的重要标志。人的城镇化的核心目标和土地资源的稀缺性决定了新型城镇化既需要充足的土地供应但又不可能是无所根据的提供。因此，对人口集聚、产业集群与功能集成的多目标性城镇区域空间扩展的规模及其资源基础研究显得尤为重要。

那么，在新型城镇化深入推进过程中，支撑人的城镇化的合理空间

---

① 华生：《新土改：土地制度改革焦点难点辨析》，东方出版社2015年版，第17页。

需求规模是多少？现有的有限土地资源能否支撑其健康发展？由此来看，深刻分析新型城镇化的土地数量结构需求和利用结构优化显得尤为重要。基于此，本节在测度不同区域、不同类型的土地现实需求基础上，并结合结构目标束就土地集约供给源进行深度探讨，以期实现土地利用结构转型和利用布局的优化。

一　土地需求规模测算

土地作为城镇化的载体与表征，是理解城镇化进程中人地关系的关键要素。城镇空间扩展中土地的资源、资产和资本等多重属性，决定了有限的土地资源是城镇经济发展和城镇生态系统以及公众社会福利等"人—地"功能有机体的物质载体。适度的城镇建成区面积和合理的城镇用地结构是推动城镇保持集约高效的城镇生产空间、宜居适度的城镇生活空间以及山清水秀的城镇生态空间的重要保障，同时也是永葆城镇成长活力、旺盛发展动力、激发发展潜力、实现城镇可持续发展的必由之路。[1]

因此，在城镇空间扩张过程中，土地现实需求应满足城镇多重发展目标这一客观需要。那么，在经济发展效益、社会公众福利以及生态保护效益等多目标约束条件下，如何充分利用现有土地资源，使土地利用的多情境需求能够获取最大综合效益，并对每一种利用类型进行目标值确定，由此达到对城镇空间扩展用地需求进行预测显得尤为必要。

（一）城镇用地规模预测模型

"城市规模的决定是由区域整体的经济社会和城市体系的发展决定的，而非城市本身。"[2] 俞孔坚围绕"反规划"理念，构建了城市生态基础设施建设的景观安全格局方法，依托 EI 来划定城市扩展边界。[3] 何春

① 《中国城市发展报告》编委会：《中国城市发展报告（2015）专题篇》，中国城市出版社2016年版，第23页。

② 刘涛、曹广忠：《中国城市用地规模的影响因素分析——以2005年县级及以上城市为例》，《资源科学》2011年第8期。

③ 俞孔坚、李迪华、刘海龙等：《基于生态基础设施的城市空间发展格局："反规划"之台州案例》，《城市规划》2005年第9期。

阳等以北京市为例，利用定量数学模型确定建设用地扩展边界与城市建设用地总量，运用 GIS 的空间分析功能，集合城市区域环境的敏感性和城市建设用地的适宜性，判定区域内建设用地的扩展边界。[①] 刘云刚等从目标入手，选取了快速城镇化发展过程中的部分确定性信息，建构出一套目标导向的、多尺度的城镇建设用地规模的预测方法。[②] 国务院研究室副主任黄守宏提出，对城市的功能与空间等做整体规划，必须以城市人口预测和经济总量的预测为前提条件。刘涛、曹广忠认为，城镇扩展用地与所属城镇区域的人口数量、经济发展目标、行政层级、城镇职能、产业结构等因素密切相关，据此建立了城镇用地规模多因素预测模型。[③] 因而，城镇空间扩展是自然、社会、经济、制度等多重因素共同作用的结果。由此城镇空间扩展规模预测，理应以动力机制为前提和根据。

本项研究在现有研究成果的基础上，认为中国城镇人口规模、GDP 水平与城市建成区面积具有关系，并探求其相关性。同时，结合前文对中国城镇人口规模的预测，结合国家对城镇人均建设用地的标准，预测出中国未来城镇用地扩展极限的总规模，提出了两个方案来测算中国城市的空间范围，为确定城镇用地界限提供参考依据，为促进现有城镇用地的利用效率和集约度奠定数据基础。[④] 中国城镇用地规模扩展的测算模型为：

$$S = Y_t \cdot P_{(t)} \cdot I \tag{1}$$

式（1）中，S 为全国城镇建设用地规模，当城镇化水平到达饱和状态时，就是全国城镇建设用地的极限水平；其中 Y_t 为 t 年的城镇人口总数，$P_{(t)}$ 为 t 年城镇化水平；I 为全国规定的标准人均城镇建设用地。

---

①　何春阳、贾克敬、徐小黎等：《基于 GIS 空间分析技术的建设用地扩展边界规划方法研究》，《中国土地科学》2010 年第 3 期。

②　刘云刚、王丰龙：《快速城市化过程中的城市建设用地规模预测方法》，《地理研究》2011 年第 7 期。

③　刘涛、曹广忠：《中国城市用地规模的影响因素分析——以 2005 年县级及以上城市为例》，《资源科学》2011 年第 8 期。

④　学界关于城镇土地需求规模的预测模型相对较多，主要有回归预测模型、BP 神经预测模型、CLUE－S 模型等。在预测指标上，部分学者采用城镇用地增长率或者仅适用城镇人口增长率作为影响因素。

（二）变量选取及其指标设定

我国实行建设用地指标分配制。行政层级不同，获取的建设用地分配指标不同；以工业、采掘业或者第三产业为主的城市，职能不同，其城市用地也略有差异；政府在城镇用地中的投资意愿也影响着城镇土地需求，故而用城镇建设固定资产投资进行表征。地域自然状况不同，对城镇土地需求影响也不同。城市建设用地总量是对城市用地规模的直接反映。通过文献和实际情况分析，城市固定资产投资的增长和三产结构的变化都是由经济的增长引起的，为了避免多选指标可能存在的指标之间的非独立性或包含性，排除具有自相关性的驱动因子，城市用地扩展的主要影响因子应该是人口的增长和社会经济的发展。① 我们认为这里的社会经济发展的关键指标就是 GDP。

一般而言，城镇建设用地规模以城镇规划人口为标准。而在城镇人口结构中，既有户籍在本地的城镇人口即户籍人口城镇化人口，也有户籍不在本地而在本地务工的流动人口。身份差异使"城市人口中的本地人口和外来人口在工作、居住、基础设施和公共服务设施配备方面待遇不同，因此其对城市用地规模影响程度应该是不同的"②。基于此，本项研究分别考察城镇户籍人口和流动人口对城镇用地规模的影响。

城镇 GDP 是表征城镇经济发展程度的重要标志。城镇居多且人口数量相差悬殊，又是我国的基本国情。为消除人口数量在城镇经济对土地需求影响，采用城镇人均 GDP 作为表征城镇经济发展水平因素。这样实际上就将城镇化用地扩展的关键影响因素缩减到三个：人口、GDP 和用地。人口通过城镇化水平反映到城镇用地上，城镇建设用地总量则通过人均建设用地量来测算。于是计算城镇建设用地极限规模，就成了对这三个指标的关系分析和数量计算。

数据来源。本书所研究区域涵盖全国范围（除中国台湾、香港和澳

---

① 唐菊华、吕昌河、杨续超：《苏锡常地区 1995 年至 2005 年城市用地扩展的驱动力分析》，《资源科学》2009 年第 9 期；Paclone M.，"The Internal Structure of Cities in the Third World"，*Geography*，No. 3，2001，pp. 189–209。

② 刘涛、曹广忠：《中国城市用地规模的影响因素分析——以 2005 年县级及以上城市为例》，《资源科学》2011 年第 8 期。

门地区之外）。其中东部地区包括北京市、天津市、河北省、辽宁省、山东省、上海市、江苏省、浙江省、福建省、广东省、广西壮族自治区和海南省 12 个省级单位、直辖市、自治区；中部地区包括山西省、吉林省、黑龙江省、内蒙古自治区、安徽省、江西省、河南省、湖北省和湖南省 9 个省级单位、自治区；其余为西部地区，包括陕西省、甘肃省、青海省、宁夏回族自治区、新疆维吾尔自治区、四川省、重庆市、云南省、贵州省和西藏自治区共 10 个省、直辖市和自治区。研究所涉及的人口数据、社会经济数据和土地面积数据来源于《中国统计年鉴》和《中国城市统计年鉴》。为使测算模型的使用数据统计口径一致，我们划定了这些数据的统计口径。其中 GDP 采用国家正式公报中公布的历年年末数据，为减少计算量未将其转换为基期不变价。城镇人口数采用城镇区域常住人口数年初与年末的平均数，城镇建成区土地面积采用该地区年末数据。

（三）城镇用地规模需求测算

首先，考察中国城镇总人口、GDP 与城镇建成区规模面积的关系，需要通过 SPSS 22.0 软件偏相关性分析控制中介变量的影响，分析另两个变量间的相关性。这主要是为了判别中国城镇总人口与 GDP 哪个能够更好地解释城镇土地建设的扩张。对 1998—2016 年中国城镇总人口与城镇建成区面积的相关性进行分析的结果表明：中国城镇总人口与城镇建成区面积扩张呈高度的线性相关，关系判定系数高达 0.96。对我国 GDP 水平与城镇建成区总面积间的相关性进行分析，相关性判定系数为 0.95。做偏相关分析时，为了保证城镇建成区土地面积和全国 GDP 两个变量之间的关系是线性相关，对全国 GDP 取自然对数，即 ln（GDP）。

在控制 ln（GDP）的情况下，城镇总人口和城镇建成区土地总面积偏相关系数为 0.618，相关性较强（在 0.01 水平上呈现显著相关），城镇总人口与城镇土地建成区面积的显著性为 0.049，由此可知城镇人口与城镇建成区土地面积不相关的概率很低。相反，在控制城镇总人口的情况下，ln（GDP）与城镇建成区土地面积的偏相关系数为 0.283，相关性较弱（显著性为 0.289）。这就表明城镇建成区面积和 ln（GDP）不相关的概率较高，而城镇人口比 ln（GDP）能更好地解释城镇土地的扩张。基于此，从城镇人口规模的变化作为突破口去预测城镇建设用地的规模是比较经济和有效率的。城镇人口的增加对城镇化和城镇用地变化产生了最直接的影响。[①]

城镇化水平预测模型与结果分析。城镇化水平可以反映一个国家或地区社会经济发展状况和城镇规模发展的情况。根据上文影响因子分析结果，以非农业人口占总人口的比重作为估测城镇化水平的标准。本书对 1978 年以来的城镇化率进行了统计，通过各种预测方法的比较发现，选用 Logistic 预测模型拟合度较好。Logistic 曲线模型如下所示：

$$P(t) = \frac{1}{\frac{1}{\partial} + b_0 \cdot b_1^{\,t}} \tag{2}$$

式（2）中，$P(t)$ 是城镇化水平，b_0 和 b_1 为函数系数，t 为年份，∂ 为全国城镇人口数。将往年城镇化率代入其中，得出拟合的城镇化率预测模型为：

$$P(t) = \frac{1}{\frac{1}{100} + 6.89 \cdot 10^{33} \cdot 0.96^{\,t}} \tag{3}$$

通过拟合结果测验，模型对于历史数据的拟合误差小于 5%，精度较高，可用于我国城镇化率的预测。结合后文第四章对于城镇人口的预测，两项指标未来发展的情况如表 2—10 所示。

表 2—10　　中国城镇人口与城镇化水平预测（2016—2030 年）

年份	城镇化率（%）	城镇人口（亿）
2016	57.58	7.95
2017	58.74	8.15
2018	59.91	8.34
2019	61.07	8.53
2020	62.21	8.73

① Paclone M., "The Internal Structure of Cities in the Third World", *Geography*, No. 3, 2001, pp. 189 – 209.

续表

年份	城镇化率（%）	城镇人口（亿）
2021	63.31	8.91
2022	64.45	9.10
2023	65.72	9.31
2024	66.11	9.39
2025	67.48	9.62
2026	68.82	9.84
2027	69.56	9.97
2028	70.12	10.08
2029	71.24	10.27
2030	72.36	10.46

按照《全国土地利用总体规划纲要》中城镇用地分类与规划建设用地标准规划对于人均城镇建设用地标准的内容要求，坚持节约、集约用地的原则，综合考虑各种因素的影响，将人均城镇建设用地的规模高限确定为115m²/人，将人均城镇建设用地的规模低限定为65m²/人。据此，本书提出两个方案，方案一：人均城镇建设用地的规模按照65m²/人，以此来计算未来全国城镇建设用地扩张的规模；方案二：将人均城镇建设用地的规模设定为115m²/人，以此来测算未来全国建设用地扩张的规模，其中65m²—115m²/人是全国城镇建设用地规模的测算区间数段。如此，计算我国未来城镇建设用地扩张情况就可参见表2—11所示。

表2—11　　全国城镇建设用地扩展边界情况（2016—2030年）

年份	城镇建设用地扩展上限（平方千米）	城镇建设用地扩展下限（平方千米）
2016	91425	51675
2017	93725	52975
2018	95910	54210

续表

年份	城镇建设用地扩展上限（平方千米）	城镇建设用地扩展下限（平方千米）
2019	98095	55445
2020	100395	56745
2021	102465	57915
2022	104650	59150
2023	107065	60515
2024	107985	61035
2025	110630	62530
2026	113160	63960
2027	114655	64805
2028	115920	65520
2029	118105	66755
2030	120290	67990

　　根据上表的预测值可以得知，按照方案一未来 2016—2030 年我国城镇建成区建设用地规模扩展的范围为［51675，67990］平方千米，按照方案二，我国城镇建成区建设用地规模扩展的范围为［91425，120290］平方千米，综合两种方案，2016—2030 年我国城镇建设用地规模面积的范围预测为［51675，120290］平方千米。《全国土地利用总体规划纲要》中指出"要保障科学发展的建设用地，严格控制新增建设用地规模，以需求引导和供给调节合理确定新增建设用地规模，提高存量建设用地利用强度，拓展建设用地新空间，合理安排中心城市的建设用地，提高城市综合承载能力，促进城市人口和经济集聚效益的发挥，加强城镇建设用地扩展边界控制，鼓励城市存量用地深度开发"。该规划中指出到 2020 年中国建设用地规模将达到 90424 平方千米，其中城市建设用地占相当大的部分，按照预测值，如果按照方案二，2020 年城镇建设用地已经超出预期的建设用地规模。

二 土地节约集约供给

　　随着社会经济和城镇化水平的不断提升，为了满足城镇建设用地需求量大增这一现状，一方面要立足城镇建设用地存量，另一方面就是通过农村建设用地整理来扩大建设用地面积，而后者更有成效。① 最终的结果便是，土地资源的稀缺性和人地关系失衡现象日渐显现。② 当前，就土地利用总体情况来看，无论城市建设用地还是农村宅基地建设，都存在着粗放利用、闲置浪费现象。究其原因，除现行土地制度很大程度上为土地粗放利用提供了制度基础之外，城镇规划以及土地用途管制一定程度上推动了城乡建设用地双向粗放使用。

然而，土地刚性需求和建设用地供给不足、"十三五"时期预期性人口城镇化和约束性土地城镇化、因土地财政衍生的金融、腐败以及社会性危机客观现实倒逼城镇化必须走节约集约用地之路。

2014 年，国土资源部下发的《国土资源部关于推进土地节约集约利用的指导意见》指出，土地节约集约利用是生态文明建设的根本之策，是新型城镇的战略选择③，为新型城镇化节约集约利用提供了基本政策遵循。因此，从新型城镇化的用地政策导向来看，提升城镇化质量，提高城镇建设用地的可用效率，严控建设用地增量，盘活城镇用地存量，优化土地利用结构，理应成为城镇化集约用地的价值所在。

节约集约用地成为协调兼顾城镇发展和耕地保护任务的必然选择，也是突破土地困境的根本出路。④ 从资源供给视角来看，挖潜和开源是资源供给的主要方式，相较于开源，挖潜对资源保护的现实意义更大。因此，在新型城镇化土地供给上，存量土地和增量土地应该虽是土地供应的两种形态，但"框定总量，限定容量，盘活存量，做优增量，提高质

---

① 张一鸣、刘俊：《建设用地增减挂钩制度：问题与出路》，《西南政法大学学报》2011 年第 4 期。

② 张占斌、宋志红、王静：《城镇化进程中土地制度改革研究》，河北人民出版社 2013 年版，第 391—397 页。

③ 国土资源部：《国土资源部关于推进土地节约集约利用的指导意见》（国土资发〔2014〕119 号），2014 年 9 月 12 日。

④ 王权典：《新型城镇化存量土地再开发之调控与规制策略》，知识产权出版社 2015 年版，第 8 页。

量"① 却是新型城镇化节约集约土地的根本之策。

（一）城市存量土地挖潜盘活

存量土地指的是因城乡社会发展而占用的建设用地，其具有广义和狭义之分。广义的存量土地是指，城乡建设已经占用的全部土地。而狭义的存量土地则仅指现有的城乡建设用地范围内的闲置未利用土地、利用不充分、不合理、产出效率低的已建设用地，其具有鲜明的政策内涵。② 城镇化土地集约利用就是要对这一部分土地进行有效开发利用，也就是对具有二次开发利用潜力的土地进行使用。③ 对存量土地再开发，具有十分重要的现实意义。

在新型城镇化深入推进时期，面对城镇建设用地资源趋紧的现实，必须对城镇存量土地再开发，也就是基于城镇土地的初始开发，以效益最大化、提升土地利用效能为目的，对城镇"原有的土地利用类型、结构以及空间布局进行'置换升级'，尤其是对城镇建成区的衰退区域进行改造重建"。从国家审计署土地审计结果反映来看，2015 年我国有 3.6 万公顷土地闲置，部分地块闲置甚至长达 9 年之久。

从城镇化土地利用现状来看，改革开放为东部沿海地区外资企业入驻提供了重要机遇。为大力引进外资企业，地方政府大力推进工业用地供给，与此同时经济基础良好的乡镇大力发展乡镇企业经济。随着近年来产业不断更新换代，过去的高消耗工业模式难以持续，因产业升级而导致的空置工业用地不断增多。近年来，受多重因素影响，大量批而未供、供而未用的土地存在。历史的和现时的城镇存量土地再盘活，能够为新型城镇化提供重要土地资源支撑。

现阶段土地利用政策，为存量土地的再开发提供了一定的政策激励。从政府政策层面来看，无论是国土资源部关于集约节约利用土地方面的

---

① 存量和增量原本属于企业或社会在资产资源管理中的固定说法，后被国土资源部门引用至土地管理实践中。

② 邹兵：《增量规划向存量规划转型：理论解析与实践应对》，《城市规划学刊》2015 年第 5 期。

③ 姚存卓：《浅析规划管理部门在存量土地管理中存在的问题与解决途径》，《规划师》2009 年第 10 期。

规定，还是存量土地从试点到铺开，均为存量土地再开发提供了充足的政策空间。由此来看，中央政府对城镇化增量土地严控客观现实和对存量土地挖潜激励的政策引导，均对城镇存量土地再开发提出了明确要求。

（二）城乡建设用地统筹利用

城乡建设用地增减挂钩制度是地方政府在中央政府行政控制建设用地指标过程中进行的有效尝试，其将农村建设用地的拆旧与城镇建设用地的增加作为统一整体（拆旧建新区），将农村建设用地的减少与城镇建设用地的增加进行挂钩，以实现耕地不减少，建设用地动态平衡。城乡建设用地增减挂钩客观上解决了建设用地不足与耕地资源瓶颈矛盾。

从我国农民宅基地现状来看，与城市大量闲置用地同时存在的是——农村宅基地面积的扩大。据相关调查统计，截至 2013 年底，我国宅基地总面积为 1.7 亿亩，约占集体建设用地的 54% 左右，其中有 10%—20% 属闲置宅基地。此外，《中国城乡建设统计年鉴》显示，1990—2013 年农村户籍人口总数减少 4800 万，而同期农村宅基地面积增加 91.3 亿平方米，农村宅基地也存在着闲置浪费现象。此外，从农村人均建设用地面积来看，2013 年我国农村人均建设用地面积约 300 平方米，远远超过《城市用地分类规划建设用地标准》规定的人均建设用地面积150平方米。

从城镇化实践来看，新型城镇化仍需要农村土地作为外给源。实行最严格的耕地红线一定会极大遏制农地非农化的规模和速度。农村耕地趋紧和宅基地粗放使用的土地现实情境势必会推动城乡建设用地增减挂钩作为新型城镇化土地来源渠道，且城乡建设用地增减挂钩政策设计的初衷也是为了实现土地节约集约用地目的。

因此，通过在建新区和拆旧区共同组成的建新拆旧项目区中，将拆旧区的土地进行复垦获得的耕地面积与同等面积城镇建设用地进行置换，在保证项目区内各类土地面积平衡的基础上，最终实现增加耕地有效面积，提高耕地质量，节约集约利用建设用地，城乡用地布局更合理的目标。①

---

① 谭明智：《激励与严控并存：土地增减挂钩的政策脉络及地方实施》，《中国社会科学》2014 年第 7 期。

但需要注意的是，由于城乡建设用地增减挂钩以复垦农村建设用地、耕地的基本平衡甚至有效增加为前提，在此过程中，复垦后土地的质量、肥沃程度以及可利用程度至关重要，而且宅基地退出客观上会产生诸多失地（尤其是宅基地）农民，如何保障失地农民的合法权益，客观上需要将城市人口数量增加与城镇建设用地的增加相挂钩，健全人地挂钩机制。与此同时，要建立健全宅基地复垦、验收以及监督机制，以保证复垦后耕地的质量和肥力。

三　土地利用结构转型

土地利用转型概念源于"森林（林地）转型假说"[1]，指随着经济社会的发展，一定时期内的某一区域土地利用形态向另一种土地形态的转变过程。[2] 具体到城乡建设用地上，可将城乡建设用地转型理解为区域城乡建设用地利用形态在经济社会发展转型的驱动下所表现出来的不断演进转变过程，即依据城镇化的全国规划以及地方实践的地域特色，转变土地利用的来源、规模并提升其利用效益。[3]

现阶段，我国城镇化建设用地仍呈高位增长态势，18 亿亩耕地资源约束的资源瓶颈使传统的以增量扩张为主要方式的土地城镇化不可持续，城镇化土地利用结构转型势在必行。从国家大政方针来看，《中华人民共和国国民经济和社会发展第十三个五年规划》指出，2015—2020 年，我国耕地实行约束性指标控制，即不能依靠占用耕地面积来推动新型城镇化的发展。

如今，"三个 1 亿人"是我国全面建成小康社会的阶段性战略目标，而此阶段无论是建设用地还是耕地均实行约束性指标，同时因征地而导致的群体性事件数量逐年上升、"差别化供地"造成的城镇畸形发展、

---

　　① 土地利用转型研究源于"森林转型"或"林地转型"，最早由英国利兹大学格兰杰·艾伦在其研究的林业为主的国家土地利用时受森林转型假说启发而提出。所谓"森林转型"是指，随着经济社会的发展，国家或区域林地面积由净减少变为净增加的趋势性转变。参见 Graiger A.，"The Forest Trasition：An Alternative Approach"，*Area*，No. 3，1995，pp. 242 –251。

　　② 龙花楼：《论土地利用转型与乡村转型发展》，《地理科学进展》2012 年第 2 期。

　　③ 吕晓、黄贤金、张全景：《城乡建设用地转型研究综述》，《城市规划》2015 年第 4 期。

"以地谋发展"隐含的金融风险等传统土地利用模式的弊端，均意味着在
"十三五"时期新型城镇化需要兼顾人口预期性目标和土地约束性"双
重"要求，过去一味地以占用耕地为手段的传统城镇化模式难以为继。
因此，适应保耕地、保增长客观要求，提高土地资源的利用效率，实现
空间的合理扩展，加强土地利用结构的优化转型成为推进新型城镇化的
关键。

　　传统城镇化以"要素驱动"和"投资驱动"[①]为主要方式，以外延
扩张、无序蔓延为主要特征。盲目追求"大而全"的直接后果，便是城
镇建成区不断向郊区及邻近农村扩张，最终导致农村土地不断减少。如
今，在实行最严格的土地使用政策，执行最严格的耕地保护政策面前，
推动城镇化向"人"的城镇化的真正转变，就要实现空间扩展的内涵伸
展。也就是要在城镇存量土地再开发的过程中，提升土地的利用率，提
高空间利用密度，实现集约化增长。

　　基于上述分析，不难发现，城镇化用地紧张（主要指耕地）是全国国
情，同时也是地方面临的现实问题。同时，因早期城镇化发展中国家在政
策制定、城市规划以及现阶段面临的产业结构调整，城镇建设用地在利用
效率、建筑容积上普遍较低甚至存在大量的批而未用土地，因此通过城市
更新，实现城镇存量再盘活，可为新型城镇化发展提供大量耕地。那么，
随着城镇化可利用土地数量不断趋紧，土地利用结构面临"两大转型"，即
从数量型增长向质量型提升转变，从粗放型新开发向集约型再开发转变。[②]
由此，土地再开发势必成为新型城镇化土地利用的必然选择，城镇建设
用地从"增量扩展"向"存量盘活"转型成为必然趋势。

　　那么，推动土地利用从数量型向质量型提升，进而实现利用量质并
举，既要改变过去一味地以建成区面积"大而全""外延式"扩张格局，
减少建设用地占用耕地的面积，提升建设用地的容积率、提高建筑物的
高度和密度，提升建设用地的利用效率。同时，也要广泛借鉴国外城市

---

　　① 王建康、谷国锋、姚丽等：《中国新型城镇化的空间格局演变及影响因素分析——基于
285 个地级市的面板数据》，《地理科学》2016 年第 1 期。

　　② 田莉、姚之浩、郭旭等：《基于产权重构的土地再开发——新型城镇化背景下的地方实
践与启示》，《城市规划》2015 年第 1 期。

更新先进经验，明确城镇存量建设用地权属，充分利用现阶段城镇未利用的建设用地。

第四节　土地节约集约利用的规划实践及其未来走向

深入推进以人的城镇化为核心的新型城镇化，实现人的全面发展，必须构建与人的城镇化相适应的城镇空间规模。现阶段，城镇建设用地仍呈高位增长态势，18 亿亩耕地红线的资源瓶颈使得传统的以粗放利用、增量扩张为主要方式的土地城镇化面临不可持续的困境，推动土地利用结构转型，走节约集约土地城镇化道路势在必行。

《中华人民共和国国民经济和社会发展第十三个五年规划》指出，2015—2020 年，耕地实行约束性指标控制，即不能只依靠占用耕地面积来推动新型城镇化的发展。由此，"特殊的资源国情和特定的发展阶段已经决定了土地节约集约利用是我国面临的现实选择"①。因此，适应保耕地、保增长客观要求，提高土地资源的利用效率，实现空间的合理扩展，② 加强土地利用结构的优化转型，实现城镇建设用地节约集约利用成为推进新型城镇化的关键环节。

近年来，受制于城镇化空间扩展的土地"瓶颈"，各地纷纷向存量土地索求发展增量，走城镇化的节约集约道路，初步形成了具有地域特色的探索实践。那么，各地在城镇建设用地节约集约利用过程中，形成了哪些具有地域特色的实践经验？其实践又存在哪些制约性因素？在深入推进新型城镇化的今天，这些地方实践经验又具有哪些可以借鉴？本节围绕城镇建设用地节约集约利用的地方实践，寻求其创新之处、实践限度及其模式借鉴。

一　节约集约利用的顶层设计

2008 年召开的十七届三中全会指出，要实行最严格的节约集约用地

---

① 李太森：《新型城镇化建设中的土地制度创新》，郑州大学出版社 2016 年版，第 5 页。

② 张舟、谭荣、吴次芳等：《走出政府治理下土地二次开发的实践困境——以深圳市为例》，《中国土地科学》2012 年第 10 期。

制度。至此，围绕节约集约用地，中央、国土资源部等相关部委制定了一系列节约集约用地政策。例如，在 2013 年，国土资源部就颁布实施了《城镇低效用地再开发试点指导意见》，选取上海、江苏、湖北和四川等10 个地区进行试点，并要求试点地区先行先试，探究集约节约利用土地的有效方式。2016 年《国务院关于深入推进新型城镇化建设的若干意见》指出，低效建设用地再开发是新型城镇化建设的重要举措，要建立城镇低效用地再开发激励机制，该政策进一步明确了城镇存量土地再开发的内容和方向（见表 2—12）。

表 2—12　　　　　　城乡建设用地节约集约利用相关政策

文件	相关论述
《国务院关于深化改革严格土地管理的决定》（国发〔2004〕28 号）	加强农用地转用审批的规划和计划审查，强化土地利用总体规划和土地利用年度计划对农用地转用的控制和引导，凡不符合规划、没有农用地转用年度计划指标的，不得批准用地
《工业项目建设用地控制指标（试行）》（国土资发〔2004〕232 号）	各级国土资源管理部门要严格执行《控制指标》与相关工程项目建设用地指标，从严控制供地
《关于加强农村宅基地管理的意见》（国发〔2004〕28 号）	加强农村宅基地管理，正确引导农村村民住宅建设合理、节约使用土地，切实保护耕地
《关于〈坚持依法依规管理节约集约用地支持社会主义新农村建设〉的通知》（国土资发〔2006〕52 号）	要切实按照新农村建设的战略部署和总体要求，以严格保护耕地为前提、以控制建设用地为重点、以节约集约用地为核心，合理安排城乡各项用地
《国务院关于促进节约集约用地的通知》（国发〔2008〕3 号）	按照节约集约用地原则，审查调整各类相关规划和用地标准；充分利用现有建设用地，大力提高建设用地利用效率；充分发挥市场配置土地资源基础性作用，健全节约集约用地长效机制；强化农村土地管理，稳步推进农村集体建设用地节约集约利用；加强监督检查，全面落实节约集约用地责任

续表

文件	相关论述
《中共中央关于推进农村改革发展若干重大问题的决定》	强调坚持最严格的耕地保护制度的同时，要求实行最严格的节约用地制度，从严控制城乡建设用地的总规模
《中共中央关于制定国民经济和社会发展第十二个五年规划的建议》	加快建立资源节约型、环境友好型社会。要求加强资源节约和管理，落实节约优先战略，全面实行资源利用总量控制、供需双向调节、差别化管理。健全节约土地标准，加强用地节地责任和考核
《关于大力推进节约集约用地制度建设的意见》（国土资发〔2012〕47 号）	明确推进结余集约用地制度建设的总体要求和基本原则，提出重点建立健全土地利用总体规划管控制度、计划调节制度、土地资源市场配置制度以及节约基于用地鼓励政策制度等相关制度
《城镇低效用地再开发试点指导意见》（国土资发〔2013〕3 号）	开展城镇低效用地再开发试点，要按照"全面探索、局部试点、封闭运行、结果可控"的要求，完善土地利用管理机制，有效激励城镇低效用地再开发利用，优化土地利用结构，促进经济发展方式转变，提高土地对经济社会发展的保障能力
《国土资源部关于推进土地节约集约利用的指导意见》（国土资发〔2014〕119 号）	土地节约集约利用是生态文明建设的根本之策，是新型城镇化的战略选择。实现建设用地总量得到严格控制，土地利用结构和布局不断优化，土地存量挖潜和综合整治取得明显进展，土地节约集约利用制度更加完善，机制更加健全

资料来源：根据中共中央、政府以及国土资源部相关政策整理而成。

城镇建设用地的节约集约利用主要包括三层含义，一是节约用地，即城镇各项建设都要尽量节省用地；二是集约用地，即通过提高每一宗建设用地的投入产出强度来提高土地集约化程度；三是通过整合置换和储备，合理安排土地投放的数量和节奏，改善建设用地的结构和布局，挖掘用地潜力，提高土地配置和利用效率。① 就土地利用来看，节约是前提，强调减量管控和公平优先；集约是深化，力求存量挖潜和效率优先。②

节约集约用地，是节约用地与集约用地的合称。节约用地存在于城镇建设过程中，要求城镇建设理性确定扩展规模，通过增量土地减少和存量土地挖潜等措施，提高土地的利用效率。集约用地具体表现在土地投入上，以获得土地的高效产出，寻求土地利用的最优集约度。

因此，城镇土地节约集约利用，就是以减少建设用地面积为目标的土地节约以及增加城镇建设用地密度的集约利用。推动城镇建设用地节约集约利用，关键是做好城镇建设用地的时空配置。由于城镇建设用地的空间配置主要由供给潜力来决定，而配置时序则主要由新增需求来决定。从内容上看，实现城镇建设用地节约集约利用，核心就是要实现土地投入减量化、资金使用化、利用强度高效化、利用结构合理化、利用布局均衡化（紧凑化）以及利用效果协调化、利用功能综合化、利用效益绩优化。③

二　节约集约用地的地方实践

基于城镇化发展现实情景，各地进行了富有创造性的地方创新。总体来看，依据国家城镇化发展战略，广州市充分利用全国节约集约用地试点建设大环境，充分展开以"三旧"改造为目的的城镇存量建设土地挖潜；重庆市以全国统筹城乡综合配套改革试验区为改革契机，打破城乡建设用地挂钩地域限制，进行以"地票"为运作模式的城乡建设用地增加挂钩型土地节约集约利用实践。辽宁省以低收入群体住房改造为目

---

①　陈耀华、林坚：《城市建设用地节约关键技术研究》，北京大学出版社 2014 年版，第 132 期。

②　姚华军：《构建节约集约用地激励与约束机制》，《中国地质大学学报》（社会科学版）2012 年第 1 期。

③　吴正红、叶剑平：《城乡建设用地节约集约利用的路径选择》，《城市问题》2007 年第 5 期。

的，通过政府主导、市场运作，为世界各国解决低收入群体住房问题提供了中国辽宁模式。

（一）存量土地挖潜型：广州"三旧"改造

受改革开放政策影响，广州市工业化、城镇化取得了快速发展。但随着经济社会的巨大进展，以资本、劳动力和资源等生产要素高强度投入为主要特征，形成了大量的旧厂房、旧城镇和旧村庄等低效建设用地，存在着资源利用低效、城镇化无序蔓延等现象，突出表现在城市存量土地有效供给不足和土地利用粗放低效两大方面。据报道，截至 2009 年，广州市的城乡建设用地面积已占其可开发规模的 75% 左右。与此同时，全市的"三旧"（旧城镇、旧厂房和旧村庄）占地面积约 399.52 平方千米，占城乡建设用地总面积的 1/3。① 针对城市土地效率低下和可利用建设用地耕地不足的两难困境，广州市于 2009 年开始"三旧"改造工作。

低层次快速工业化和城镇空间连绵化是广州市传统城镇化的两大倾向。"三旧"改造工作是在广东省节约集约用地、全国节约集约用地试点建设大背景下开展的。为配合广东省"三旧"改造工作，广州市于 2009 和 2012 年分别出台《关于加快推进"三旧"改造工作的意见》（穗府〔2009〕56 号，以下简称"56 号文件"）和《关于加快推进"三旧"改造工作的补充意见》（穗府〔2012〕20 号，以下简称"20 号文件"）。两大文件以"政府主导、市场参与、主体自愿"为原则，分别对旧城镇、旧厂房、旧村庄改造的具体要求、标准进行详细规定。但两大文件在具体导向上，存在明显不同。56 号文件以"市场主动、效率优先"为主，而 20 号文件则明确强调"政府主导、综合绩效"。②

2009—2011 年的"三旧"改造过程中，广州市政府以"明晰土地产权、创新土地政策和改造主体多元以及增值收益共享"为原则，改变传统政府既是改造的"裁判员"，又是"运动员"的单一改造模式，强调政

---

① 田莉、姚之浩、郭旭等：《基于产权重构的土地再开发——新型城镇化背景下的地方实践与启示》，《城市规划》2015 年第 1 期。

② 王权典：《新型城镇化存量土地再开发之调控与规制策略》，知识产权出版社 2015 年版，第 146 页。其他代表性文献还包括：田莉、姚之浩、郭旭等：《基于产权重构的土地再开发——新型城镇化背景下的地方实践与启示》，《城市规划》2015 年第 1 期。

府在项目改造中责任主体作用，鼓励原产权业主采用合作合资等方式参
与改造。在这一过程中，政府通过市场运作、土地再开发增值收益在政
府与权利主体之间土地出让成交价四六分成的"利益共享"模式，极大
地激发了土地权利主体与市场主体参与土地再开发热情，共审批"三旧"
改造用地面积 19.48 平方千米。①

　　市场运作的"三旧"改造虽取得了重大进展，但仍存在零星化、碎
片化再开发问题。与此同时，在政策制定方面，也存在不完善问题。为
此，广州市政府在 56 号文件基础上，通过制定 20 号完善性政策，以
"政府主导、规划先行、成片改造、配套有限、分类处理、节约集约"为
原则，通过在各区设立城市更新办公室，强化其在改造专项资金计划、
年度实施计划中的主体实施作用。此外对城中村自主改造、协议出让以
及重点地区的旧厂房改造也进行了范围上的收紧，强调"三旧"改造的
整体绩效。

　　面对"三旧"改造工作中存在的难以推进问题②，2015 年 2 月，广
州市成立全国首个"城市更新局"，同年 12 月 1 日，广州市人民政府颁
布《广州市城市更新办法（市政府令第 134 号）》（以下简称 134 号市政
府令），对更新规划与方案的编制、用地处理、资金筹措与使用以及监督
管理等方面进行详细规定。同年 12 月 11 日，广州市人民政府办公厅颁布
134 号市政府令配套文件《广州市旧村庄更新实施办法》《广州市旧厂房
更新实施办法》和《广州市旧城镇更新实施办法》。

　　就"三旧"改造的效果来看，自 2009 年开始的"三旧"改造，以推
动土地节约集约利用为目的，以实现旧城镇、旧厂房和旧村庄为对象，
通过政府与市场合作途径，很大程度上推动了多元主体参与和人民群众
对自身利益的保障。对于旧村庄改造问题，从 56 号文件要求的"村经济
集体组织 80% 以上成员同意"到 20 号文件要求的 90%，应该说政府致力
于达到充分尊重民意上的旧村庄改造，但也在一定程度上反映了旧村改

① 赖寿华、吴军：《速度与效益：新型城市化背景下广州"三旧"改造政策探讨》，《规划师》2013 年第 5 期。

② 如恩宁路旧城改造半路搁置，杨箕村改造村民钉子户和开发商纠缠 3 年后项目才最终得以进行。

造的现实困境。此外，在 20 号文件指出，引入企业合作改造旧村庄时，"要以公开招标方式引入"，然而对如何引入，引入的标准是什么，文件对此并无明确界定，在"程序正义"难以保证情况下，"熟人"参与难以保证旧村庄改造以及复建的质量。

从广州市"三旧"改造以及城市更新实践来看，坚持政府统筹，突出市场运作，推动多元主体参与"三旧"改造，是广州市城市更新的重要举措。作为城市节约集约利用土地的重要实践，广州市通过简化历史用地完善手续，创新土地管理政策，合理分配政府、被改造单位和个人土地增值收益，应该说广州市的现行探索已经获得了不少经验认识，但不能忽视的是，改造资金短缺、主体利益难统一、界定政府与市场的合理边界，仍然是广州市亟待解决的问题。

（二）建设用地挂钩型：重庆"地票"实验

随着重庆市工业化、城镇化的快速推进，农村大量劳动力进城务工、弃农经商。然而，大量劳动力进城并未减少农村建设用地数量。据统计，自 1997 年设直辖市以来，截至 2007 年，重庆市农村户籍人口减少了 5%，而农村户籍人口人均建设用地却由 148 平方米增长至 156 平方米，增长 5.4%。相关研究指出，2007 年重庆市每个乡村人口占用农村居民点用地 240 平方米，农民宅基地处于大量闲置状态。① 与此同时，重庆市城市每年新增建设用地约需 45 万亩，而国土资源部下发给重庆市的建设用地计划指标却仅有 15 万亩。面对城市建设用地短缺而农村建设用地闲置的矛盾，如何在快速城镇化过程中，统筹城乡建设用地，盘活农村闲置土地，实现城乡统筹改革是重庆市面临的重要任务。

2007 年，重庆市被批准为全国统筹城乡综合配套改革试验区。保障农民更多财产性权利是统筹城乡综合配套改革的重要内容。在国土资源部、国家发改委的指导和支持下，重庆市以解决城乡建设用地双向增长、盘活农村闲置用地为现实问题，以提升建设用地节约集约利用、增加农民收益和实现耕地保护为目的，以城乡建设用地增减挂钩为政策依据，

---

① 山东省国土资源厅重点研究项目"城乡建设用地管理：制度创新与法律构建"课题组：《城乡建设用地一体化流转法律问题研究》，法律出版社 2015 年版，第 89 页。

采用"地票"模式，将农村闲置、利用不充分、价值较低的建设用地复垦后指标化，实现省域内跨界转移到利用水平较高的城市区域，使农村"不动产"土地变成了一种"虚拟动产"。

"地票"交易由"复垦—交易—使用"三部分构成。在复垦阶段，以市场化复垦为激励机制，通过将包括农村闲置宅基地及其附属设施用地、乡镇企业用地以及农村公共设施用地和公益事业用地等在内的农村集体闲置建设用地进行复垦。[①] 复垦后的耕地在国土部门严格验收后形成指标，指标在满足农村自身发展后，将剩余的部分指标拿到市场上也就是土地交易所以地票的方式进行交易。交易过程中，法人或者具有独立民事能力的自然人均可以公开竞价购买地票。地票获取后，开发商可据此地票选择符合规划要求的相应耕地，作为自身拟展开的建设用地，后申请政府征收土地，政府将开发者所选耕地征转为城镇建设用地后再出让给地票权利人[②]，至此地票得以落地。市场化交易获得的收益在扣除复垦费用后，以85∶15的比例全额返还给农户和村集体组织。

从地票交易的具体运作来看，复垦是其首要环节。经国土资源和农业部门验收后的土地，不仅腾出了建设用地的指标，而且取代了传统"先占后补"模式，有效保护了耕地。因宅基地复垦后获得的地票交易收益，由农户和村集体经济组织协商决定，其他集体建设用地交易收益纳入村集体财产统一管理，主要用于集体组织成员分配和社会保障，不仅解决了农民进城以后城乡双向占地的问题，使耕地红线得以守住，而且增加了农民收入。据统计，截至2016年5月上旬，重庆市农村土地交易所累计交易地票17.7万亩、353.4亿元，农户平均增收9万元。一般情况下，城乡建设用地挂钩指标仅限于本区域，而地票交易打破了行政区域限制，将远郊区也纳入挂钩范畴，实现了省域的跨区域土地指标配置。

地票交易的前提条件是农村建设用地的复垦。然而，刨除复垦费用，每亩复垦土地农民仅能获得2万—3万元收益。对于远郊农民而言，转让

---

① 邱继勤、邱道持、石永明：《城乡建设用地挂钩指标的市场配置》，《城市问题》2010年第7期。

② 王守军、杨明洪：《农村宅基地使用权地票交易分析》，《财经科学》2009年第4期。

地票收益对生活质量提升并无实质性改变，长久下去因价值隐忧极易导致地票供给不足问题。同时，市场化复垦使农民难以参与进去，极易使农民权益得不到有效保障。与此同时，地票交易过程中，政府既是耕地质量验收者，也是耕地复垦成本支付者，更是复垦耕地指标受益者[1]，集多重角色于一身的政府一方面难以保证复垦后耕地的质量，另一方面因监督部门的缺失，国土资源部门难以保证复垦和验收过程的公平、公正和公开。

（三）危旧住房改造型：辽宁棚户区改造

"改造约1亿人居住的城镇棚户区和城中村[2]"，既是全面建成小康社会的决胜阶段的重要任务，也是实现以人为核心的新型城镇化的关键举措。早在2005年，辽宁省就率先探索有效改造城市及国有工矿棚户区途径及方式，其改造规模、运作方式不仅改善了棚户区生态环境以及居民生产、生活条件，而且为国际上普遍存在的"贫民窟"问题提供了中国解决的"辽宁样本"。

辽宁省是新中国工业之摇篮，煤铁资源丰富。为支援国家建设，在"先生产、后生活"思想指导下，辽宁省加大资源开采力度，产业工人激增，矿区及其周边地区建立起一大批临时性、过渡性简易棚舍及住房。20世纪90年代中后期，因资源枯竭和体制转型，矿区国有企业几近退出甚至倒逼，大量国企职工下岗待业，棚户区居民生活水平整体倒退。与此同时，随着户籍制度松动，大量农村劳动力进城务工，在高昂房价面前，他们被迫住在房价相对较低的棚户区。随着农村人口向城镇渐趋增多的流动，棚户区日益成为贫困民众的集聚地。

众所周知，房地产改革初期，正是大量国企倒闭之时，捉襟见肘的财政使地方政府无力提供充足住房，而居民也无足够的收入支付高昂的住房，大量低收入群体在此集聚。条块分割管理体制使国有企业与城市发展互相割裂，城市发展重心改变则使棚户区渐趋成为城市规划被遗忘

[1] 胡显莉、陈出新：《重庆宅基地地票交易中的农民权益保护问题分析》，《重庆理工大学学报》（社会科学版）2011年第11期。

[2] "三个1亿人"之一，另外两个1亿人分别为"促进约1亿农业转移人口落户城镇"和"引导约1亿人在中西部地区就近城镇化"。

的角落。与此同时，由于棚户区属因厂设区之地，过度采掘使地面坍塌，生态环境恶化。① 由此来看，经济、社会以及生态等多重原因共同导致了辽宁省棚户区的形成。

棚户区是产业工人集聚区域，占地面积较大、空间分布零乱、房屋质量偏低且基础设施落后是其基本特征。为切实改善棚户区生产、生活条件和生态环境，辽宁省大规模改造棚户区，大致经历了 2004 年以前局部改造、2005—2008 年全面改造以及 2009 年至今持续改造三个阶段。

在改造过程中，辽宁省坚持"政府主导，市场运作"总体模式，利用政府公共权力、财力和市场运作、效率优势，通过政府制定规划与政策，向棚户区改造（以下简称"棚改"）集聚大量公共资源和社会资源；最大限度发挥市场运作优势，将涉及棚改的人力、资金、技术等交由开发企业、金融机构、中介组织以及棚改家庭等共同承担。②

在改造资金筹措与使用上，辽宁省以多方融资、动态平衡为原则，在整合中央、省、市、县四级财政基础上，建立以国家开发银行为代表的融资平台。同时坚持以市场为主，形成了"三大渠道""九个一块"③的多元化融资渠道，其中市场渠道资金占资金权重的一半以上。为了防止资金挪用、滥用现象，辽宁省严格棚改资金过程监督，坚持实行封闭运行、专款专用资金运作模式。为偿还短期棚改债务，辽宁省同步推进产业结构调整与城市转型，通过拉动投资和消费需求，进而增加财政收入和居民收入，增加社会财富总和，有效偿还棚改负债。

辽宁省重点从四个方面进行土地开发与利用。首先，基于棚改实际

① 尚教蔚：《辽宁棚户区改造：改变居住环境的综合整治与完善配套》，《经济社会体制比较》2012 年第 5 期。

② 倪鹏飞：《城市化进程中低收入居民住区发展模式探索——中国辽宁棚户区改造的经验》，社会科学文献出版社 2012 年版，第 49—50 页。其他代表性文献还包括：倪鹏飞、刘伟：《城市贫困住区住房开发问题研究——以辽宁棚户区为例》，《学习与探索》2013 年第 3 期。

③ "三大渠道""九个一块"具体指由政府补贴一块、政策减免一块、银行贷款一块中的政策性贷款、单位帮助一块中来自党、政机构的帮助、工程节省一块中由于党政机构因素所节省的资金组成的政府渠道；由企业筹集一块、个人集资一块、市场运作一块、银行贷款一块中的商业性银行贷款组成的市场渠道以及由社会捐助一块、工程节省一块中来自非政府因素的节省资金和单位帮助一块中的非党政机构捐助组成的社会渠道。

情况，为发挥土地规模效益，通过对土地大规模整合和对规模效益较小、面积较小的地块合并，将棚户区腾空地块进行整理，由国土资源部门统一整合，面向社会招拍。其次，对"棚改"腾空土地进行分类整理，将适合建"棚改"住房的区域一方面优先安排棚改住房建设，另一方面提高建筑容积率，对于因地质塌陷、环境污染严重且不适宜居住的土地，开发成工业用地或公共用地，以此通过科学规划确定土地使用价值以达到节约集约利用土地资源之目的。再次，将"棚改"项目优先列入土地供应计划和房地产开发建设计划，按照经济适用住房政策对廉租住房和经济适用住房建设用地进行无偿划拨供应，开发企业和个人免交土地使用费。同时，优先安排列入规划和年度计划的保障性安居工程项目。最后，基于"棚改"财政支撑不足现实，辽宁省将"棚改"节约土地变为的商业用地、工业用地以及商品住房用地推向市场，将土地使用权出让后获取的出让金用于棚户区的住房和配套设施建设。①

从效果上来看，截至 2011 年底，辽宁省累计改造棚户区 2910 万平方米，建设了 4402 万平方米回迁楼，改善了 70.6 万户共 211.4 万人棚户区居民的居住条件，实现了把改革开放成果惠及困难群众的宏伟目标。② 就家庭住房看，"棚改"后户均住房由棚改前的 39 平方米增加到 57 平方米，平均增幅 46.2%，由平房变为厨卫齐全的楼房住房结构。不仅提高了就业率，有效改善了家庭经济状况，提升了居民幸福指数，而且完善了学校、商场、医院、休闲娱乐场地等社区各类基础设施，更为重要的是推动了辽宁省经济加速以及社会各项事业全面发展。

但辽宁"棚改"仍存在诸多问题。资金不足是"棚改"面临的最大难题，而多方融资则是辽宁"棚改"最具特色之一。但在此过程中，如何正确界定政府角色，是改造融资面临的首要问题，而政策激励往往是政府融资的重要手段。政府激励过度，极易诱发寻租行为和低效参与问题，而激励缺失又无法吸引企业有效参与。由于棚改商业信贷主要由企

---

① 卜鹏飞、倪鹏飞：《低收入住区土地运作模式研究——基于辽宁棚户区改造土地运作的经验》，《经济社会体制比较》2012 年第 5 期。

② 《什么是辽宁模式？辽宁棚户区改造经验做法概括》，《海峡都市报》2014 年 5 月 5 日。

业自筹资金形式实现，经营风险是企业参与可能存在的风险。与此同时，棚改过程中自筹资金与自有资金是企业商业性资金的重要来源，而自筹资金绝大部分来源于参与企业向商业银行贷款，如此过度将商业信贷作为商业资金的来源，极易形成融资集中度风险。①

三　地方创新实践经验与限度

围绕地区城镇化进程中存在的土地资源约束瓶颈以及存在的制约城镇化发展的经济社会问题，各地进行了较为丰富的创新探索，形成了具有代表性、一定程度上可推广的典型地方经验，但受制于思维方式以及资金、利益分配等主客观原因，地方创新也存在一定程度的实践限度问题。

（一）地方创新的实践经验

自 2013 年国土资源部《国土资源部启动城镇低效用地再开发试点》以来，各地形成了具有地方特色的存量土地再开发模式。在全面建成小康社会，推动以人为核心的新型城镇化工程中，先行先试地区形成的富有成效的成果和经验，可以为其他地区提供有益的模式借鉴。

多元参与，平等协商。从本质上讲，节约集约利用是土地整治的核心，也就是要强化不同利益主体在决策制定中的参与作用。与传统政府说了算、包办基础设施建设不同，国土整治更强调土地节约集约利用中的社会主体作用。尤其是在存量土地再开发上，就是要强化政府与市场、社会的合作关系，强化不同利益主体之间的平等协商。广州市的"三旧"改造，注重原产权主体在存量土地改造中的主体作用；重庆市"地票"实验，在地票的市场化交易过程中，强调"地票"拥有者在交易中的平等协商作用；辽宁"棚改"坚持政府、市场与社会相结合的融资渠道，通过政策引导强化多元主体参与棚改的积极作用。

利益共享，多方共赢。节约集约用地，涉及政府、开发商和原产权持有人等相关利益主体的既有利益。坚持"土地公有制性质不改变、耕

---

① 高广春：《棚户区改造的融资模式研究——基于中国辽宁的案例分析》，《财贸经济》2014 年第 2 期。

地红线不突破、农民利益不受损"三条底线，加强"农村承包经营地、集体经营性建设用地和农村宅基地"依法流转，势必会形成不同利益主体之间的利益关系博弈。基于此，合理分配不同利益主体之间的利益，实现不同利益主义之间的多方合作、利益共赢，成为土地节约集约利用实践的核心问题。广州"三旧"改造中，不断调整城中村改造中的补偿安置利益，以此提高"三旧"改造的速度和效益。重庆市在"地票"市场化交易后，从交易额中扣除原土地占有人土地复垦成本后，以 15∶85 的比例全额分配至村集体经济组织和村民。

政府引导，市场导向。党的十八届三中全会指出，要发挥市场在资源配置中的决定性作用，更好地发挥政府的作用。具体到新型城镇化建设中的节约集约用地尤其是存量土地再盘活，就要在政府对形势做出合理研判基础上，制定符合地区客观实际的土地利用规划，坚持存量土地再开发规划先行。在此基础上，以市场为导向，发挥市场在存量土地资源配置中的决定性作用。从当前实践看，无论是广州市的"三旧"改造，还是重庆市的"地票"实验，抑或是辽宁"棚改"，都坚持政府在制定详细规划中的主体性作用，强化市场在土地再开发、指标的交易以及指标使用中的市场决定性作用。

（二）地方创新的实践限度

资金短缺导致更新难。资金短缺是节约集约利用土地面临的一大困境。与新增建设用地相比，拆迁补偿、安置、建设成本较高，单个改造项目所需要的资金动辄几千万元甚至几百亿元，因此需要强有力的资金保障。[①] 然而在存量土地盘活实践中，地方政府往往面临着资金不足问题，为推进项目的尽早落地、实现地区经济的快速发展，地方政府因资金短缺引发的债务危机比比皆是。此外，为降低拆迁补偿、安置和建设成本，地方政府往往会以农地非农化为手段，实现建设用地的新增，而非存量建设用地的更新盘活。

权属复杂诱致开发难。权属不清是存量土地更新面临的第二大难

----

① 刘新平、严金明、王庆日：《中国城镇低效用地再开发的现实困境与理性选择》，《中国土地科学》2015 年第 1 期。

题。存量土地多属开发年代较长的土地，其涉及的用地主体较多，权属也涉及不同的土地使用权人，既有合法的土地使用权人，也有因历史原因、占用多年却并无合法手续的主体，在存量盘活过程中，如何清晰地界定权属，划定不同权属之间的合法权益，是存量土地再开发的关键所在。

利益多元引致分配难。城镇存量土地涉及不同利益主体，包括中央政府、地方政府、开发商、原用地主体，在城乡建设用地增减挂钩方面，还涉及村集体经济组织和村民。不同的利益主体，基于不同思维惯性会有不同的利益诉求。中央政府以维持社会稳定为价值诉求，地方政府以推动城镇化建设、促进社会经济发展为己任，开发商以城镇土地开发成本最小化为目标，原产权利益主体以维护自身合法权益为目的，村集体经济组织和村民也基于自身主体认知，对补偿的方案存在着不同的看法，如何兼顾各方利益且促进整个社会的发展，是当前存量土地再开发面临的突出问题。此外，如何保证土地增值收益的分配，也是必须解决的现实问题。

激励不足引发开发难。就我国当前存量土地再盘活实践来看，存量土地盘活的数量相较于新增建设用地的数量较少，存量土地再盘活的主体主要是各级地方政府，土地权益所有人和集体组织（如村委会等）参与的积极性和主动性较低，社会参与的主动性不足，究其原因，很大程度上是因为存量土地再开发的激励机制不足导致的开发滞后。2016 年国土资源部下发的《国土资源部关于进一步做好新型城镇化建设土地服务保障工作的通知》指出，要建立健全规划统筹、政府引导、市场运作、公众参与、利益共享的城镇低效用地再开发激励机制，鼓励土地权利人、集体经济组织和社会资本，采取灵活的处置方式，促进城中村、棚户区、老工业区改造，推动城市更新、产业升级和功能提升。① 因此如何激励多元主体参与存量土地的再开发，也是深入推进新型城镇化必须解决的问题之一。

---

① 国土资源部：《国土资源部关于进一步做好新型城镇化建设土地服务保障工作的通知》（国土资规〔2016〕4 号），2016 年 4 月 26 日。

城乡建设用地增减挂钩引致的"人—地"失衡。为保障城镇化快速发展，近年来我国推行城乡建设用地增减挂钩政策，意在保证建设用地总量平衡下土地开发权的转移。毋庸置疑，无论是自上而下的建设用地指标行政配置，还是地区内部的城乡建设增减挂钩，均为了保护耕地、控制建设用地总量。从增减挂钩的政策目的来看，不过是在纵向行政配置客观现实下，"中央政府缓解与地方政府在用地上的矛盾"①策略。

重庆地票实验就是这种挂钩的产物，其并不是土地市场化交易的产物，而是建设用地指标行政性管理产生的"指标交易"。本质上讲，其仍属城乡建设用地增减挂钩系列。城乡建设用地增减挂钩是土地与土地挂钩，还是只见土地不见人。② 由于城乡建设用地增减挂钩是行政力量安排下的乡村所有建设用地与城市房地产用地挂钩，利用指标紧张和挂钩价格来人为行政制造，因此其不仅不能反映市场价格，而且恶化了土地资源配置，造成土地财政循环恶化，严重制约着人的城镇化进程，其最终的"结果便是土地资源错配"③。

四 节约集约利用的未来走向

当前，我国正处于经济社会转型的关键时期，同时也是城镇化发展优化调整阶段。实现人的城镇化，解决土地利用面临的突出问题，推动"人—地"城镇化协调发展，必须更新发展思路，转变发展重点，优化体制机制，走节约集约型、"量质并举"型土地城镇化道路。

因此，推动土地利用模式优化转型，应紧紧围绕人的城镇化这一核心目标，以理念更新和实践创造为先导，既强化土地利用顶层设计，又注重典型创新经验提炼；以创新、协调、集约、共享为转型理念，推动土地结构优化转型；以体制机制改革为动力，以建立健全人地财挂钩为运作机制，完善行政、土地、财政、户籍等配套政策；以"严控总量、

---

① 华生：《城市化转型与土地陷阱》，东方出版社2013年版，第147页。
② 华生：《新土改：土地制度改革焦点难点辨析》，东方出版社2015年版，第33页。
③ 贺雪峰：《地权的逻辑Ⅱ：地权变革的真相与谬误》，东方出版社2013年版，第200页。

做优增量、盘活存量"为标准，以建立"城镇建设用地增加规模同吸纳农业转移人口落户数量挂钩机制"[①] 为改革任务，创新土地供给和利用模式；以效率提升和利益公平为根本保障，合理区分政府与市场作用边界，提升政府运作效率，兼顾不同利益主体之间利益分配。

（一）以"创新、协调、集约、共享"为理念，实现土地结构优化转型

破解空间城镇化转型难题，实现新型城镇化发展目标，必须将一切为了人的城镇化作为转型的指导理念，牢固树立并切实贯彻创新、协调、集约、共享发展观念。改变过去向耕地要空间单一发展方式，拓展空间扩展用地来源渠道，创新土地供给方式，走节约集约型土地利用道路；优化土地指标分配区域，既要协调城乡之间、地区之间、不同规模城市之间建设用地指标配置，又要在同一城市内部合理配置工业用地、商服用地以及绿地等不同类型用地结构之间规模；由于农业转移人口一定程度上提升了土地增值收益，因此既要合理分配不同主体在土地增值收益上的比重，又要让农业转移人口参与分享土地增值收益带来的成果。

（二）以职能转变与效率提升为关键，合理划分政府与市场作用边界

以"放管"结合为重点，合理划分政府与市场的作用边界。十八届三中全会指出，要使市场在资源配置中的决定性作用，更好地发挥政府的作用。[②] 政府主导城镇化，本质上是政府与市场作用边界界定不清，政府职能划分不清导致的作用越界问题。因此，推动土地利用结构优化转型，就要合理界定政府与市场的活动边界，使地方政府从发展型政府向服务型政府转变，在政府对形势做出合理研判基础上，制定符合地区客观实际的土地利用规划；以市场为导向，发挥市场在土地资源配置中的决定性作用，避免在平衡发展理念下，行政过度向中西部配置资源造成的产业发展不力，人口城镇化质量偏低现象，使政府真正"归位"，市场

---

①　《五部委发文：2018 年基本建立人地挂钩机制》，《中国国土资源报》2016 年 10 月 11 日。

②　《中共中央关于全面深化改革若干重大问题的决定》，《人民日报》2013 年 11 月 16 日。

有序"到位"。

以效率提升为关键，加强府际之间相互配合与高效运作。克服土地利用过程中存在的弊端问题，既要强化纵向中央政府与地方政府、各级地方政府之间的相互合作，优化政绩考核体系，将以农业转移人口为重点的人的城镇化作为政绩考核的重要组成部分，改变过去单一的"唯GDP论英雄"的政绩考核体系；解决因纵向"委托—代理"造成的监督不力、信息失真现象。在横向层面，还要强化国土资源部门、财政部门、公安部门等相关部门的协调配合，消除因部门协作不力造成的人口进不去城、建设用地供给不足等问题。

（三）以土地节约集约为转型路径，优化城镇化土地供给渠道

土地制度是我国经济社会发展的元制度①，农村土地制度改革是新型城镇化的核心②，是农村综合改革的重中之重。实现农村土地制度改革与新型城镇化相适应，就要始终以"土地公有制性质不变、耕地红线不突破、农民利益不受损"为改革前提，推进以"农村土地征收、集体经营性建设用地入市以及宅基地制度改革"为重点的农村"三块地"改革，其中改革完善农村宅基地制度，是破解城镇化进程中人、地、财的关键所在。在此过程中需要注意的是，"三块地"改革的根本目的是推动农村经济社会发展、农民生活水平提升，在此基础上缩小新型城镇化推进过程中的征地范围，允许集体经营性建设用地与城镇土地一样平等入市，赋予农民宅基地更多权能，对进城落户的农民拥有的土地承包权、宅基地使用权、集体收益分配权进行有效保护，将"三块地"改革形成的土地作为新型城镇化建设的土地来源的有机组成部分。由于"三块地"是一个有机整体，在改革过程中，需要将"三块地"进行通盘考虑和加强顶层设计，将其作为一个有机整体，推动"三位一体"联动改革。

做好城市存量土地再盘活工作。在做好农村"三块地"改革的同时，

---

① 杨玉珍：《需求诱致和体制约束下我国土地制度创新路径——兼论试点市的土地制度创新行为》，《现代经济探讨》2015 年第 4 期。

② 田明：《农业转移人口的流动与融入——新型城镇化的核心问题》，科学出版社 2015年版，第 53 页。

还应加快以"棚户区改造"、城市"三旧"改造为重点的城市存量土地更新工作，推动新型城镇化空间由外延式水平扩张向内聚式垂直生长转变。应将城市存量土地盘活作为新型城镇化土地来源的重要组成部分。由于城市存量土地盘活存在"权属复杂、资金短缺、利益多元、技术欠缺"等现实问题，因此需要将权属确认、资金筹措、利益平衡、技术研发作为存量土地再盘活的重点。

将农村"三块地"改革和城市存量土地再盘活作为土地利用结构转型、节约集约的具体途径，改变过去"摊大饼"式空间扩展模式，实现土地利用从数量型增长向质量型提升转变，从粗放型扩张向集约型再开发转变，既能有效解决农业转移人口进城面临的土地抛荒、权益受损等"农民进不了城"问题，又能有效解决因城镇建设用地紧张导致的人口吸纳不足问题。

（四）以"人地钱"挂钩机制为支撑，实现"户—地—财"联动改革

人口、土地、财政是新型城镇化的关键要素，三者之间相互影响，互为支撑。"人地财"挂钩机制是新型城镇化的内生发展机制。[①] 推动空间城镇化优化转型，必须建立健全"人地钱"挂钩机制，深化以户籍、土地和财政为重点的制度联动改革。继续深化以积分落户、城乡统一户口为核心的户改新政。优化积分落户政策，降低积分落户门槛，加快以改革城乡户口管理制度，剥离附加与户口上的各种福利，实行以户口登记为目标的城乡户口统一制度。以权责适应为目的，推动财税体制改革，合理区分中央政府与地方政府的财政事权与支出责任，健全以农业转移人口市民化为重点的财政转移支付制度。

秉持"以人为核心，以地为载体，以财为支撑"之核心，在坚持农地"三权分置"基础上，一方面推动财政转移支付与人的市民化改革联动，化解地方政府在推动人的城镇化进程中资金制约问题，为"户—地"改革提供强有力保障；另一方面，抓住"土地"这一基础保障，将转移人口市民化与城镇建设用地增加相挂钩，消除土地指标行政配置的固有

---

① 宣宇：《新型城镇化内生机制与政策保障的关联度》，《改革》2016 年第 7 期。

缺陷，既解决"空城""鬼城"现象，又解决人口地区集聚而住房不足的困境；再者，做好"财政"这一关键，将制约人口城镇化基础设施建设资金不足与人的市民化相挂钩，强化基建资金与人的城镇化动态调整，进而推动"人—地"城镇化协调发展。

第三章

"人—地"城镇化的财政支持

城镇化是国家现代化的重要标志，也是经济发展的重要引擎和动力所在。党的十六大报告明确指出："实施城镇化战略，统筹城乡经济社会发展；逐步提高城镇化水平，坚持大中小城市和小城镇协调发展，走中国特色的城镇化道路。"此后，我国城镇化建设步入快速发展期。面对城镇化建设资金的巨额需求与地方财力有限之间的现实矛盾，各地开始"以地谋发展"，通过行政垄断征地过程，攫取土地相关利益，并以此为城镇化发展提供财政支持。然而，土地作为稀缺资源，本身所具有的不可再生性和不可移动性等特征，使以其为依托的"土地财政"同样具有不可复制性与不可持续性等特点，且极易诱发财政风险。因此，如何破解"土地财政"困局，给予"人—地"城镇化足够的财政支持，是本章关注的焦点问题。

第一节　财政支出的规模与结构

城镇化是农村土地不断被占有的过程，究其原因是由于我国独特的土地制度，尤其是低廉的征地成本和地价水平。城乡二元的土地制度，也催生了土地财政这种低成本的城镇化推进模式。随着工业化、城镇化对土地需求的激增，农村土地不断被占用，土地财政成为地方政府财政收入的主要来源，并为新型城镇化建设提供资金支持。

一　"人—地"城镇化的资金来源

城镇化是经济社会急剧转型与不断演进的过程，颇具复杂性。它包括一系列紧密联系的结构变化，涉及经济、政治、文化、人口、科技环境和社会等诸多领域。其中，城镇空间的扩张与人口的市民化是评判各地城镇化水平的关键指标，也是最主要标志。前者是指土地的城镇化，后者则是人口的城镇化。在推进"人—地"城镇化进程中，地方政府不仅陷入财力枯竭的困境，而且面临着不断增长的支出需求。[①] 因此，土地财政成为地方政府预算外收入的重要组成，亦是快速城镇化的动力所在。

（一）土地财政概念与口径界定

土地财政是指以政府为主体、围绕土地所进行的财政收支活动和利益分配关系[②]，即各地通过各种土地经营手段，获得土地出让金、土地税费以及利用土地进行投融资的行为。[③] 由此，土地财政是地方政府以其行政区域内的土地资源获取巨额资金收益的主要方式，也是解决城镇化进程中地方财政难题的重要途径。

现阶段，根据地方政府所能筹集的与土地资源相关的租、税、费等财政收入的不同内容划分，学界一般将土地财政的口径分为小、中、大三种形式。[④] 其争议的焦点主要在于地租性收入与土地税收收入何为小口径划分标准的问题。针对这一颇具争议性的难题，本项研究之所以采用地租性收入，即土地出让金，作为土地财政的小口径，是因为地租性收入是通常意义上社会民众和媒体关注的最狭义的土地财政概念。2003—2015 年的 12 年间，我国国有土地出让面积约为 318 万公顷，土地出让金收入高达 251100.05 亿元。由于土地出让金所占比重较大，故将其作为小口径的土地财政。基于此，土地财政的统计口径构成如下（见表 3—1）。

---

① 蒋震、邢军：《地方政府"土地财政"是如何产生的》，《宏观经济研究》2011 年第 11 期。

② 邓子基：《关于土地财政的几个问题》，《学术评论》2012 年第 1 期。

③ 蒋震、邢军：《地方政府"土地财政"是如何产生的》，《宏观经济研究》2011 年第 1 期。

④ 陈志勇、陈莉莉：《"土地财政"问题及其治理研究》，经济科学出版社 2012 年版，第 3 页。其他代表性文献还包括满燕云：《中国地方土地财政概况》，《北大—林肯研究简报》2010 年第 1 期；杨圆圆：《"土地财政"规模估算及影响因素研究》，《财贸经济》2010 年第 10 期；王玉波：《土地财政与城市用地规模关系地域差异研究》，《中国人口·资源与环境》2015 年第 4 期；李尚蒲、罗必良：《我国土地财政规模估算》，《中央财经大学学报》2010 年第 5 期。

表 3—1 土地财政统计口径构成

口径	对应土地财政	具体内容
小口径	土地出让金	政府征地卖地所产生的地租性收入,包括国有土地使用权出让金收入、国有土地收益基金收入、农业土地开发资金收入以及新增建设用地有偿使用费
中口径	预算内外直接和土地相关的租税费	土地税收收入 + 土地资产收益、与其相关的行政性收费收入
大口径	与土地直接或间接相关的财政收入	地租性收入 + 土地税收收入、土地资产收益、与其相关的行政性收费收入 + 土地隐形收入(如土地融资收入)等其他收费收入

然而,小、中、大口径的土地财政划分方式均有其利弊。其中,小口径的土地财政指向十分明确,主要是政府征地卖地所产生的地租性收入,学界多用土地出让金①指代。尽管其便于统计、测量,但是忽视了土地税收收入、土地资产收益以及与其相关的行政性收费内容,存在数据偏低的风险。中口径的土地财政则在地租性收入的基础上加入了土地税收收入等内容,将预算内外和土地相关的租税费均考虑在内。

与国有土地使用权转让相关的税收虽有土地增值税、契税和土地使用税,各地具体执行标准却不尽相同。例如,《中华人民共和国城镇土地使用税暂行条例》规定,大城市土地使用税的年税额为 0.5—10 元/平方米,中等城市土地使用税的年税额为 0.4—8 元/平方米,小城市土地使用税的年税额为 0.3—6 元/平方米。税收标准的差异,使得在收集与土地相关的租税费等数据时难度颇大,且难以有效计量各地、各区域乃至全国的土地财政水平。因此,以中口径为划分标准的可行性较差。

最后,将与土地直接或间接相关的财政收入均包含在内的大口径的土地财政划分标准,因内容涉猎宽泛、数据收集难度过大,且在统计和分析时过于复杂和难以把握,故亦不采纳该划分标准。综上,本项研究

---

① 尽管地租性收入、土地出让金、土地出让收益等概念在学理上存在区别,但是实际运作中并未严格区分,所以本书若未作特别说明,则其可以互通。

将小口径的地租性收入即土地出让金作为土地财政的统计口径，试图通过研究其变化发展规律，探究土地财政在"人—地"城镇化进程中的角色和定位。

（二）土地财政缘起与发展过程

土地财政的兴起，缘于地方政府发展地方经济的需要。中华人民共和国成立之初，我国实行了统收统支的财政制度，中央高度集权、地方缺乏财政自主性，难以激发各地经济发展的活力。在此基础上，1988 年我国实行了土地有偿使用制度，地方政府垄断了土地一级市场[①]，并通过行政划拨方式实现土地资源配置，这无疑给地方政府较大的财政自主权，也激发了地方经济的活力。土地逐渐成为我国传统经济增长的依托，传统的土地制度也在客观上给予地方政府以地生财、融资和谋求发展的制度空间。

随着各地自主支配财力的增加，地方低水平建设和过度投资等问题频现。部分地方政府为招商引资不惜采用低地价甚至零地价供地、减免税收、给予财政补贴和信贷扶持等手段，地方保护主义盛行且使投资约束和责任追究机制运行受阻。为此，1994 年我国推行了分税制财政体制改革，其主要是由中央政府的预算压力所驱动的，并且着眼于调整中央与省级政府之间的财政分配关系[②]，而市、县和乡镇政府的事权、财权并未涉及。与此同时，土地出让金却作为预算外财政收入并未参与体制内分成，而是被全额划归到地方财政，并成为固定性收入保留下来。因此，在财权上收中央而事权留置地方的财政体制下，各地开始将"土地财政"和"经营城市"作为地方筹资的主要手段，形成并强化了"吃饭靠财政、建设靠土地"的财政格局。

在行政集权和财政分权压力下，地方事权、财权不对称的情况日益突出。地方政府需要承担大量的建设性支出、保障性支出等项目，尤其

---

① 周飞舟：《大兴土木：土地财政与地方政府行为》，《经济社会体制比较》2010 年第 3 期。其他代表性文献还包括周飞舟：《分税制十年：制度及其影响》，《中国社会科学》2006 年第 6 期；吴群、李永乐：《财政分权、地方政府竞争与土地财政》，《财贸经济》2010 年第 7 期；张青、胡凯：《中国土地财政的起因与改革》，《财贸经济》2009 年第 9 期。

② 邓子基：《关于土地财政的几个问题》，《学术评论》2012 年第 1 期。

是在城镇化建设中，基础设施建设、各种社会保障等都是支出的重点。然而，由于地方财力有限，尤其是基层地方政府财政困难，无力承担支出项目，进而诱发了中央政府与地方政府间的财政矛盾。而在中央政府实行的"GDP 标杆"和晋升锦标赛为核心的政绩考核体系下，地方政府为获得强晋升激励，不得不在财政紧缺背景下寻求预算外资金来增加政绩，以造就相对绩效。① 因此，依靠土地资源增加财政收入成为地方官员竞赛政治晋升激励的理性选择②，这也成为土地财政兴起的重要条件。

此后，由于土地资源的资本属性日益增强，土地出让金收入逐渐成为城镇化资本原始积累的资金来源，地方政府"以地生财""以地融资"和"以地谋发展"的冲动日渐强烈。2001 年，我国出台了相关文件，提出有条件的地方政府要对建设用地试行收购储备，以增强政府对土地市场的调控能力。③ 这无疑使地方政府看到了土地资源的潜力，也加剧了其对土地的储备行为。基于此，本应是派生性需求和引致性属性的土地资源，从计划经济到改革时期再到现在，实际上却成为"发动机"角色，成为各地谋发展的工具。④ 而土地财政的形成与演变过程，则主要受到政治制度尤其是财税制度变迁的影响。

二　"人—地"城镇化的支出规模

城镇化是经济社会发展的产物，也是工业化和现代化带来的必然结果。无论是土地的城镇化还是人口的城镇化过程，都需要巨额的资金投入，因此地方财政支出能力直接影响甚至在一定程度上决定着当地的城镇化建设水平。当前，与我国城镇化发展密切相关的财政支出项目主要集中在教育、科技、文化建设、社会保障和就业、医疗卫生、环境保护

---

① 周黎安、李宏彬、陈烨：《相对绩效考核：关于中国地方官员晋升的一项经验研究》，《经济学报》2005 年第 1 期。

② 骆祖春：《中国土地财政问题研究》，经济科学出版社 2012 年版，第 80—81 页。

③ 《国务院关于加强国有土地资产管理的通知》（国发〔2001〕15 号），2001 年 4 月 30日。

④ 刘守英：《直面中国土地问题》，中国发展出版社 2014 年版，第 3 页。

以及城市建设等七大领域①，这也是地方财政支出的重点项目。因此，本项研究选取 7 个指标来诠释地方财政对于"人—地"城镇化进程"质"与"量"的影响（见表 3—2）。

表 3—2　　　　　　　　地方财政对于城镇化发展的影响因素

相关要素	具体指标
城镇化中的财政汲取能力和效益	土地财政占地方财政比重
	城市税费占市政建设资金的比重
	债券、应付款占市政建设资金比重
地方财政的资源分配和处置能力	人均地方公共财政支出
	城乡社区支出占比
引导社会投资、调控宏观经济能力	地均社会固定资产投资完成额以及房地产固定资产投资完成额占比

城镇化进程的"质"和"量"可以直观地反映出当地城镇化发展的优劣水平和推进速度，也是城乡是否统筹和协调发展重要的评判指标。地方政府对于城镇化建设资金的汲取能力、对城镇化建设资源的分配和处置能力以及引导社会投资与调控宏观经济的能力，是各地经济发展的基础性条件。其下又可细分为多项评价指标，从而将地方财政在城镇化发展中的作用揭示出来。

其中，土地财政占地方财政比重、城市税费占市政建设资金比重、债券和应付款占市政建设资金比重可以用来测量城镇化进程中地方财政的汲取能力和效益；人均地方公共财政支出与城乡社区支出占比则能够用来描述地方财政的资源分配和处置能力；地均社会固定资产投资完成额以及房地产固定资产投资完成额占比则可以表达社会投资、调控国家宏观经济的能力。在各评价子指标中，土地财政占地方财政比重这一评

---

① 之所以选择 2007 年的《政府收支分类科目》，是由于自 2005 年后《政府收支分类科目》分别于 2006 年、2009 年和 2012 年进行过调整和修改。其中，2006 年的调整幅度较大，所以本章选择 2007 年的城镇化建设的支出项目作为参考。参见李栋林、关忠良《财政支持新型城镇化建设绩效评价方法研究》，《东岳论丛》2015 年第 3 期。

价指标能够用于反映城镇化发展资金的良性值域，因而多将其用于测量地方财政对于土地财政的依赖程度。由此可见，土地财政也是各地城镇化建设支出最主要的资金来源。

此外，面对城镇化的财政支出压力，政府与社会资本合作的 PPP 模式逐渐成为地方政府提高财政资金总体使用绩效、提升履职能力的重要手段。[①] 但是就目前的城镇化建设资金支出而言，土地财政仍占据主导地位。而在财政支出项目中，地方政府可自主支配灵活使用的土地财政部分，则主要用来搞投资、解决"发展问题"[②]，这不仅说明过去"要地不要人"的城镇化发展思维还未完全转变，而且无形中加剧了地方的经济发展压力和财政负担。然而，由于各地土地财政的收支能力存在差异，势必会造成地方城镇化建设资金的差距，进而影响到当地、区域乃至全国的城镇化发展水平和推进效率。

（一）土地财政支出的绝对规模及差异

2006 年，国务院规定土地出让金应被用于征地和拆迁补偿支出、土地开发支出、支农支出、城市建设支出以及其他支出 5 个项目。[③] 其中，征地和拆迁补偿支出主要包括土地补偿费、安置补助费、地上附着物和青苗补偿费以及拆迁补偿费等项目；土地开发支出则是与前期土地开发相关的直接或者间接项目；支农支出内容有计提农业土地开发资金、补助被征地农民社会保障支出、保持被征地农民原有生活水平补贴支出以及农村基础设施建设支出项目；城市建设支出则是包括完善国有土地使用功能的配套设施建设支出以及城市基础设施建设支出在内的项目；其他支出内容更加宽泛，如土地出让业务费、缴纳新增建设用地土地有偿使用费、计提国有土地收益基金、城镇廉租住房保障支出、支付破产或改制国有企业职工安置费支出等。

根据土地出让支出不同项目与城镇化建设的密切程度，本项研究选

---

① 贾康、陈通：《政府与社会资本合作效应》，《中国金融》2015 年第 15 期。

② 贾康、刘微：《"土地财政"：分析及出路——在深化财税改革中构建合理、规范、可持续的地方"土地生财"机制》，《财政研究》2012 年第 1 期。

③ 《关于规范国有土地使用权出让收支管理的通知》（国发〔2006〕31 号），2006 年 12 月 17 日。

取了 2009—2014 年度城市公共设施建设维护管理财政性资金支出、市政公用设施建设维护与管理支出、固定资产支出（2013 年后变更为城乡社区规划与管理支出）和其他支出 4 个指标来解读城镇化进程中土地财政的支出规模。城市公共设施与市政公用设施支出项目侧重于城市基础设施的建设、维护和管理，固定资产支出则强调建造或者购置公共或居住建筑、资源能源等项目，其他支出项目主要是城镇化建设和发展的有力补充。

表 3—3　　　　　2009—2014 年全国城镇化建设中土地财政支出规模

年度	土地出让金（万元）	城市公共设施建设维护管理财政性资金支出（万元）	市政公用设施建设维护与管理支出（万元）	固定资产支出/城乡社区规划与管理支出（万元）	其他支出（万元）	合计（万元）
2009	26360164	59270667	10982852	38125424	10187001	118565944
2010	40710682	75080799	13443275	47144531	14389306	150057911
2011	65865142	87390666	16790270	53139075	17461321	174781332
2012	55084787	101981275	20228860	63505657	18246758	203962550
2013	87954341	108047393	69831357	5928497	28120498	211927745
2014	74515103	106589135	66648757	5597658	30469100	209304650

资料来源：课题组根据《中国城市统计年鉴》2009—2014 年整理。

　　财政支出的绝对规模，即财政支出的绝对数额，其可以较为直观地反映财政支出的现状和变化情况。[①] 同理，土地财政支出的绝对规模，可以概括为土地出让支出的绝对数额，其多寡能够直接反映出地方政府土地出让支出的重点项目和总体状况。从 2009—2014 年度的整体数据来看，我国城镇化建设中土地出让支出的绝对规模稳中有升，从最初的 11856 亿元增至 2014 年的 20930 亿元，约增长了 80%。与之相对应的是，我国城镇建成区面积也由 2009 年的 38107.26 平方米扩张至 49772.63 平方米，

---

① 邓子基：《财政学》，高等教育出版社 2008 年版。

总体增长了 30% 左右。由此，地方政府以地融资，促进地方经济快速发展、地方财政不断增收的同时，加强了地方的基础设施建设，进而推动了城镇空间的扩张。简言之，各地财政支出尤其是土地出让支出的不断增加，快速推进了当地的土地城镇化过程。

值得注意的是，土地出让收支绝对数额的变化趋势并不完全一致。我国土地出让金在 2012 年出现转折，从上一年的 6586 亿元降至 5508 亿元，降幅达 16.37%。之所以出现如此大的降幅，主要是因为地方债务集中到期，政府财政压力陡然加重，不得不将更多的土地出让收入用于偿还到期债务，因而真正能够用于城镇化建设的资金大幅度削减。但是与之相反的是，地方城镇化建设热情居高不下，不论是城市基础设施建设、维护和管理支出，还是固定资产支出和其他支出，都较上一年有较大幅度提升，增幅约为 16.7%。一方面，这无疑给地方财政带来了严重的负担。地方政府被迫寻求、追加社会资本的注入，将公益性资产、储备土地注入地方投融资平台公司，并将储备土地预期出让收入作为其偿债资金的主要来源，运用政府性资金对市场和金融机构的正常运行进行干预。但从客观来讲，大量资金的注入保证了城镇化推进的质量和效率。

另一方面则说明，依赖土地出让支出的城镇化发展模式正受到冲击。一般而言，土地出让金的攫取多与地方政府的土地征用行为挂钩。而在土地资源稀缺和耕地红线制约的双重影响下，依据多数国家征地实践的经验，征地权行使的合法基础取决于征地目的的公益性和征地补偿的公正性。[①] 显然，我国大多数地方政府依然秉承过去"要地不要人"的城镇化发展模式，强征土地以发展经济、实现快速的城镇化。这使得土地资源高度紧张、粮食安全至关重要、生态环境极度脆弱的中国，正面临着因过快、低效的农地转用而丧失可持续发展能力的困局。[②] 2014 年，我国土地出让收支出现近 6 年来的首次同降，前者降幅高达 15.3%，后者降幅约为 1.24%。显然，我国土地出让收入下降幅度远超土地出让支出幅

---

① 汪晖、陶然：《中国土地制度改革难点、突破与政策组合》，商务印书馆 2013 年版，第 53 页。

② 陈伟：《中国农地转用制度研究》，社会科学文献出版社 2014 年版，第 19 页。

度，这也从侧面反映出当前的城镇化推进模式陷入了资金供求不一致的现实困境，亟须转变发展思路。

表3—4 2009—2014年城镇化建设中土地财政支出规模（区域数据）

年份	地区	土地出让金（万元）	城市公共设施建设维护管理财政性资金支出（万元）	市政公用设施建设维护与管理支出（万元）	固定资产支出/城乡社区规划与管理支出（万元）	其他支出（万元）	合计（万元）
2009	东部	18743634	37228397	7437406	22739353	7053925	74459081
	中部	4955086	14065800	1834359	10535834	1717930	28153923
	西部	2661444	7976470	1711087	4850237	1415146	15952940
2010	东部	29403875	48947308	9509829	28819735	10504852	97781724
	中部	7808422	16471702	2086603	12108276	2286482	32953063
	西部	3498385	9661789	1846843	6216520	1597972	19323124
2011	东部	45540148	52231025	10727982	30373624	11129419	104462050
	中部	12944758	19452292	3335720	12261651	3854921	38904584
	西部	7380236	15707349	2726568	10503800	2476981	31414698
2012	东部	39904263	60894799	13400224	36566195	10928380	121789598
	中部	8827191	23572165	4264585	15560919	3746661	47144330
	西部	6353333	17514311	2564051	11378543	3571717	35028622
2013	东部	60639749	66619522	41571734	4358608	18381923	130931787
	中部	12885920	21381343	16354697	993270	3152385	41881695
	西部	14428672	20046528	11904926	576619	6586190	39114263
2014	东部	48354965	62019797	35551920	3572731	20558392	121702840
	中部	16283467	24948878	18787214	1474648	3815167	49025907
	西部	9876671	19620460	12309623	550279	6095541	38575903

资料来源：课题组根据《中国城市统计年鉴》2009—2014年整理。

从国家总体发展态势看，土地出让收支矛盾有所激化。而就区域层面而言，不仅存在城镇化建设巨额资金需求与地方财力有限的矛盾，且具有明显的区域不平衡性（见表3—4）。其中，东部地区土地出让金收入以及城市公共设施建设维护管理财政性资金支出、市政公用设施建设维护与管理支出、固定资产支出（城乡社区规划与管理支出）和其他支出的金额都要远超中、西部区域。与之相对的是，我国东、中、西部城镇化率也存在着区域差异。根据 2014 年国家统计局公布数据，东部地区城镇化率达 62.2%，而中、西部区域仅为 48.5% 和 44.85%，其差距显著。基于此，地方财政在区域经济和城镇化推进中的地位和作用日益显著。不论是城镇空间面积的扩张还是人口的市民化过程，都对城镇基础设施、公共服务和社会保障体系提出了更高的要求，而这反过来又增加了地方筹资压力，迫使地方政府开辟新的财政来源、寻求更多的资金筹资渠道。

尽管各地的城镇化建设均面临着较大的资金压力，但是东部地区较中、西部地区建设资金更为充足，财政投入力度也更大。因此，东、中、西部的土地出让收支呈现渐次落后的"阶梯状"分布特征。由于东部地区尤其是沿海的大城市和特大城市是我国最主要的人口流入地，其基础设施建设、维护和管理费用居高不下；中、西部地区为实现快速城镇化，逐渐复制东部"以地生财"的发展模式，并将其获得的土地出让金用于空间城镇化的推进。

然而，即使中、西部地区已经建造大量新城并出台相关的落户政策，也较难抑制人口的外流状况，反而造成城镇空间分布的零散化。此外，中、西部地区城镇化进程中的"空城"问题也较为突出。这是由于地方政府城镇规划的不合理、过度推行土地城镇化以及人口城镇化严重滞后所引致。由此，推进"人—地"城镇化协同在解决城镇化潜在难题的过程中意义重大，亦需要大规模的资金支持。土地财政在其中扮演着重要角色，是地方财政增收的重要来源以及城镇化推进的推动力。

综上，土地财政的绝对规模可以直观反映近些年来土地出让收支的绝对数额变化状况，体现了地方政府依托土地资源推进城镇化建设的发展趋势，因而是评价各地"人—地"城镇化推进过程中财政支持情况的重要指标。与其同等重要的另一指标则是土地财政的相对规模，其不仅是一种变化态势，更是一种预测手段。因而，对土地财政支出相对规模的测量亦极为重要。

（二）土地财政支出的相对规模及差异

财政支出的相对规模，是指财政支出总额与其他相关经济指标，如GDP、个人可支配收入等的比重，其主要考察财政支出增长的结构性特点。[①] 由此，土地财政支出的相对规模，可以类推为土地出让支出金额占其他相关经济指标的比重。由于现有研究并未涉及城镇化建设中土地出让支出的相对规模问题，而是就各地在推进城镇化进程中对于土地财政的依赖程度展开讨论。因此，本项研究主要通过测算地方政府对土地财政的依赖度来检验土地出让支出在城镇化发展中的整体作用以及区域差异，土地财政依赖度常用的测量公式[②]为：

$$土地财政依赖度 = \frac{土地出让金}{地方一般性财政收入} \times 100\%$$

为了深入了解各地对土地财政的依赖程度，本项研究选取了跨度为2001—2015 年 15 年间的土地出让收入与地方一般性财政收入数据，并对其做了相应的运算处理（见图3—1）。

全国层面的数据显示，近 15 年来，各地已然将"卖地财政"作为攫取土地红利、缓解财政困境的筹资渠道。总体来看，约一半以上的地方财政收入来自土地出让金，但是与持续稳定增长的地方财政收入相比，土地出让收入波动显著。在 15 年的历史跨度中，地方政府对于土地财政的依赖程度有着明显变化，体现为地方财政对土地资源数量和规模的依赖性越来越严重。

2001—2005 年 5 年间，各地对于土地财政的依赖程度先增后降，并于 2005 年回落至 38.96%，并再次跌破五成大关。造成这一现象的主要原因是房价高企催生了地方政府的卖地行为，造成中央土地调控政策失

---

① 邓子基：《财政学》，高等教育出版社 2008 年版。

② 全国 30 个主要城市土地财政依赖度排行榜：合肥第二.（2016 - 04 - 21）[2016 - 12 - 10].http：//mt.sohu.com/20160421/n445413412.shtml；但是在目前研究中，土地财政依赖度还被解读为土地偿债在政府负有偿还责任债务中占比，即土地财政依赖度$= \frac{承诺以土地出让收入偿还的各级地方政府债务的总额}{地方一般性财政收入省市县三级政府负有偿还责任债务余额} \times 100\%$。本项研究主要探究土地出让收支在地方城镇化推进中的作用，因而采用第一种计算公式，以全面、系统考察地方财政对土地财政的依赖程度。

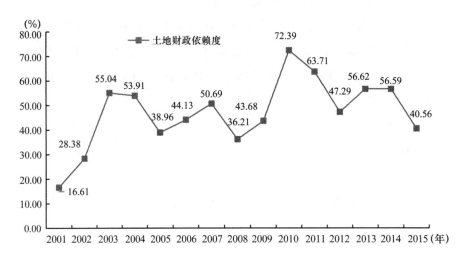

图3—1 土地财政依赖度（全国数据）

资料来源：课题组根据《中国统计年鉴》2001—2015年整理。

控，进而国家出台相关政策，将国有土地使用权出让总价款全额纳入地方预算，缴入地方国库，实行"收支两条线"管理。[①] 之后2006—2008年3年间，各地对土地财政的依赖程度依然具有很大的波动性。由于2008年美国率先爆发全球性金融危机，中国国内的土地市场深受美国次贷危机的影响，土地出让收入急剧下跌。与此同时，国内房地产市场陷入低迷状态，拉动经济能力衰退。因此，地方政府对土地财政的依赖度持续下降。

随着世界经济形势好转，房地产市场在经历短暂低迷后迅速反弹，与其紧密关联的土地出让收入持续增加，在地方财政收入中的比重不断增大。因此，2009—2010年两年间，地方政府对土地财政的依赖程度持续增高，并达到自2001年来的顶峰。此后，各地的土地财政依赖度连续两年下降，到2012年再次不足五成。这是由于受到当时通货膨胀以及市场下行的影响，国家出台相关调控政策抑制土地市场的发展，以实现经

---

① 《国务院关于加强土地调控有关问题的通知》（国发〔2006〕31号），2008年3月28日。

济的平稳运行。之后,土地财政依赖度有显著回升,但在 2013 年再次连续三年呈下降态势。可见,尽管从整体看,各地对于土地财政依赖度仍稳定在四成左右,但受国家政策以及一线城市与非一线城市房地产业发展差距较大等原因影响,各地对于土地出让收入的依赖性已经开始逐年下降。

就地区层面而言,由于从工业化和城镇化初期始,中央与地方的税收分成比例已大体固定,所以与东部经济发达地区相比,欠发达的中、西部地区羸弱的税基和基础设施建设的硬性支出,会使其愈加依赖于土地财政。[1] 如 2005 年开始,我国实行了中部崛起战略,其城镇化建设全面跟进,城镇基础设施建设投入力度不断加大,至 2012 年其城镇化水平仅低于全国平均水平 4.67 个百分点,且差距在逐步缩小。[2] 可见,其投入了大量资金用于城镇化建设,而这也能够在学理和实践中印证地方财政与城镇化推进的内在联系,弥补本项研究因数据资料难以收集而无法进行的区域性量化比较。由此,各地对于土地财政的依赖程度是具有明显区域差异的。

三 "人—地"城镇化的支出结构

地方财政支出结构的偏向是政府行为取向的直接结果。如果说财政支出是政府履行职能的基础,那么财政支出结构则是政府职能范围和职能重点的体现。[3] 在城镇化推进过程中,地方财政对于不同项目的资金分配各有所侧重。实践中土地财政特色明显的地方,一般预算收入仅维持政府基本运转和公共支出,土地出让收入则被用于保障和推动基础设施投资、经济建设和社会事业发展。[4] 因此,尽管城镇空间面积的扩张、

---

[1] 邹秀清:《中国土地财政区域差异的测度及成因分析——基于 287 个地级市的面板数据》,《经济地理》2016 年第 1 期。

[2] 童中贤、黄永忠、熊柏隆:《中部崛起背景下的城镇化演进特征及其趋势》,《城市发展研究》2017 年第 1 期。

[3] Allen Richard and Daniel Tommasi, *Organization for Economic Cooperation and Development*, Managing Public Expenditure: A Reference Book for Transition Countries, Paris, 2001.

[4] 唐在富:《中国土地财政基本理论研究——土地财政的起源、本质、风险与未来》,《经济经纬》2012 年第 2 期。

"农转非"居民的社会保障都应是地方政府土地出让支出的重点领域，但是作为地方发展经济基础与城镇化水平测量指标的城镇基础设施的建设、维护和管理支出明显更是政府资金投入的"大头"。由此，当前我国的土地财政支出结构"重地轻人""重城轻乡""重经济轻服务"等偏向性特征显著。

（一）土地财政支出"重地轻人"

土地是城镇化的重要载体。由于我国实行土地公有制和土地用途管制制度，政府体系兼具土地资源管理的规划者、审批者、执行者乃至使用权的占有者等多重身份，因而在城镇化、工业化高速发展阶段，土地成为政府配置的主要资源。[1] 为了吸引流动性较大的生产要素流入，各地大力强化地区基础设施建设，并将土地优惠用来充当竞争手段。[2] 由此可见，在地方政府主导城镇化建设以及土地出让收入主要归地方所有的利益分配机制下，政府对基本建设热情高涨甚至过度供给，但在人力资本方面则缺乏动力、供给不足。[3] 这直接的后果就是"人—地"城镇化发展的不协调。

2000—2010 年的 11 年间，我国土地城镇化增速明显高于人口城镇化，前者更是达到后者的 1.8 倍，远超国际平均水平。[4] 随着城镇化的推进，这一差距还在不断扩大。至 2012 年，土地城镇化已达到人口城镇化的 1.85 倍，仍旧在公认的"安全线"之上。[5] 这也进一步加剧了人地矛盾，造成土地城镇化和人口城镇化的失衡。

我国的城镇化建设之所以陷入上述困境，主要是因为在中国式财政

---

① 贾康、刘微：《"土地财政"：分析及出路——在深化财税改革中构建合理、规范、可持续的地方"土地生财"机制》，《财政研究》2012 年第 1 期。

② 蒋震、邢军：《地方政府"土地财政"是如何产生的》，《宏观经济研究》2011 年第 1 期。

③ 傅勇、张晏：《中国式分权与财政支出结构偏向：为增长而竞争的代价》，《管理世界》2007 年第 3 期。

④ 一般而言，国际上土地城镇化是人口城镇化的 1.12 倍。参见金辉《新型城镇化只能是政府有限主导——访国家发改委城市和小城镇改革发展中心研究员冯奎》，《经济参考报》2013 年 5 月 17 日。

⑤ 于铁、李万超、尹军：《新型城镇化是实现农民收入倍增的新动力源》，《金融时报》2014 年 3 月 7 日。

分权的体制背景下，地方政府为赢得"横向竞争"，通过规划、行政管理体制调整越来越多的土地，将农村区域纳入城镇版图，扩大城镇空间面积①，以实现地方经济增长与快速的城镇化过程。因此，地方政府行为始终是影响资源在城乡和地区间配置的重要因素，而当地方政府最大化本地税收时，面对来自上级政府的经济增长和招商引资考核压力，其手段之一就是阻碍生产要素的跨地区再配置，并直接体现为"要地不要人"现象。② 土地出让"重地轻人"的偏向性支出，与城镇化发展的核心要素——人口的城镇化相悖，也造成了"人—地"不均衡发展的尴尬局面。

就目前的人口城镇化率而言，其与我国的整体城镇化水平仍存在较大的差距。截至 2015 年底，我国城镇化率达到 56.1%，但人口城镇化率仅为 39.9%，两者存在 16.2% 的差距。③ 人口城镇化的滞后，不仅与我国城乡二元的户籍制度密切相关，依附于户籍制度之上的社会保障等因素更是阻碍人口市民化的壁垒。尽管人口城镇化强调以人为本，即政府要考虑居民的生活保障利益，投入大量的资金用以解决进城农民的居住、再就业与子女的教育等问题。但是，从实际情况来看，地方财政对于与市民化相关领域的财政支持力度远远不够，忽视了人口城镇化的发展，未协调好土地的城镇化与人口的城镇化。

（二）土地财政支出"重城轻乡"

当前，多数省、市、县政府都将土地出让收入用于城市建设、产业园区建设等方面④，尤其是城镇基础设施的建设、维护和管理支出项目。甚至一些地方政府过度进行新城和新区建设，在扩大城市规模的同时，忽视了对农村地区的扶持，不仅加剧了地价和房价的过快上涨，而且限制了城镇化的集聚效应。⑤ 一方面，由于土地兼具资源、资产和资本属

---

① 刘守英：《直面中国土地问题》，中国发展出版社 2014 年版，第 114—115 页。

② 陆铭：《空间的力量：地理、政治与城市发展》，上海人民出版社 2013 年版。

③ 徐绍史、胡祖才：《国家新型城镇化报告 2015》，中国计划出版社 2016 年版。

④ 贾康、刘微：《"土地财政"：分析及出路——在深化财税改革中构建合理、规范、可持续的地方"土地生财"机制》，《财政研究》2012 年第 1 期。

⑤ 晁恒、李贵才、林雄斌：《新型城镇化背景下土地财政模式的有效性与合理性探讨》，《城市发展研究》2014 年第 7 期。

性，具有投资少、见效快的优势，地方政府在财政捉襟见肘局势下，难免会利用土地资源的高强度资本化特性，极力依靠城镇发展带动地方财政增收。[1] 另一方面，在市场化的过程中，农村资金和资源不断快速流入城市[2]，这已然成为地方发展的一种制度惯性。

由于我国土地财政的本质，就是通过出售未来 70 年的土地增值，为城市建设和发展提供一次性的投资融资。[3] 加之我国的农地转用制度，首先是服从和服务于我国追求经济快速增长、"发展才是硬道理"的战略目标，其次是等同于利益垄断，将土地相关利益输送给部分既得利益群体。[4] 因此，地方政府通过对土地的行政垄断，攫取土地利益，以实现城市经济和城镇化的快速发展。2008—2010 年度的统计数据显示，城市建设支出平均占比为 58.76%，而农业土地开发资金和农村基础设施建设资金总和占比仅为 9.52%[5]，城乡土地出让支出存在较大差距。

我国"重城轻乡"的财政支出偏向，有其深刻的历史渊源。中华人民共和国成立后，为加快经济发展和工业化进程，国家运用行政手段和户籍制度实行了城乡二元结构体制。从中央到地方都将资金、资源等生产要素集中投向城市，严重忽视农村建设。在之后 30 年间，我国通过农产品价格"剪刀差"的方式从农业获取了 8000 亿元的资金。[6] 正是依靠这些积累，我国在一个不太长的时期就初步建立了一个比较完整的工业体系。同时，我国还形成了现代城市与落后农村两个不同质并且相互独立运行的社会单元，城乡分割的结构格局一直延续至今。根据 2015 年财政部统计数据可知，我国城市建设支出占比高达 51.3%，农业农村支出

---

① Li Hui. , "An Empirical Analysis of the Effects of Land – Transfer Revenues on Local Governments' Spending Preferences in China", *China: An International Journal*, Vol. 14, No. 3, 2016, pp. 29 – 50.

② 项继权：《城镇化的"中国问题"及其解决之道》，《华中师范大学学报》（人文社会科学版）2011 年第 1 期。

③ 赵燕菁：《地方官员赵燕菁谈土地财政 有人说深度超过 100 个经济学家》，《第一财经日报》2016 年 10 月 9 日。

④ 陈伟：《中国农地转用制度研究》，社会科学文献出版社 2014 年版，第 5 页。

⑤ 刘守英：《直面中国土地问题》，中国发展出版社 2014 年版，第 91 页。

⑥ 发展研究所综合课题组：《改革面临制度创新》，上海三联书店 1988 年版，第 7 页。

占比却仅为 36. 7% ,① 两者相差 14. 6% 。"重城轻乡"的土地财政支出结构，加大了城乡间经济、政治、文化等的差距，不利于城乡统筹和一体化建设。

（三）　土地财政支出"重经济轻服务"

从央地间的委托代理关系来看，随着我国工业化、城镇化的快速推进，中央和地方政府在土地"委托—代理"博弈关系中存在着明显的信息不对称性。当前，在 GDP 指标可量化性和通用性的政绩考核体系下，地方政府具有强烈愿望扩大投资规模、招商引资，并以此来发展经济和经营城市。② 加之当前法律法规缺乏对地方财政预算外与非预算资金征收和使用权限的管理，以及对土地储备抵押融资的强制性约束③，进一步助推了土地财政"重经济轻服务"的偏向性支出。

尽管国家相关政策规定土地出让收入需按比例扣除规定计提项目，并被强制用于特定的补助被征地农民社保支出、廉租住房保障资金、教育基金等方面，但是地方政府往往将可自主支配、灵活使用的土地出让金用于解决"发展问题"，搞投资，直接用于提高基本公共服务水平的支出内容少、改善民生的作用往往有限。④ 由于政府的首要任务是增加经济性支出而非社会服务支出，重投资、轻服务是各地普遍的行为导向，⑤ 所以政策规定的计提项目在各区域、省、市县的执行标准亦不尽相同。总之，地方政府并未将土地财政用于提高基本公共服务水平和能力，而是作为新的投资基金在各类投融资平台进行贷款融资。

在地方实践中，部分省、市的财政支出已开始向服务和民生方面倾

①　国家财政部综合司：《2015 年全国土地出让收支情况》，中华人民共和国财政部网站，http：//zhs. mof. gov. cn/zhengwuxinxi/zonghexinxi/201604/t20160401_1934261. html。

②　黄赜琳、陈硕、傅冬绵：《中国土地财政的影响因素与区域差异特征——基于省际面板数据的实证研究》，《经济管理》2013 年第 6 期。

③　邵雪峰、何彬：《土地财政依赖：分权体制下政府间激励相容问题的解析——2001—2013 年省级面板数据》，《学习与探索》2014 年第 12 期。

④　贾康、刘微：《"土地财政"：分析及出路——在深化财税改革中构建合理、规范、可持续的地方"土地生财"机制》，《财政研究》2012 年第 1 期。

⑤　李一花、刘蓓蓓、乔敏：《土地财政成因及其对财政支出结构影响的实证分析》，《财经论丛》2015 年第 12 期。

斜。浙江省曾明确提出，土地财政的使用应加大民生方面的比重，特别是用于低收入群体的养老、就业、医疗等民生方面，并优先解决失地农民和城市拆迁户的社会保障。[①] 无独有偶，北京市也曾把近八成的土地出让收入用于民生建设。但是，从地方财政的整体支出情况看，地方官员依托土地开发获得土地出让收入，以此来扩大地方政府收入，并仍旧将其用于"经营城市"和发展地方经济。[②] 此外，由于缺乏合理的制度渠道，债务的产生与管理多年间实际上由潜规则主导，而"土地信用"的利用正成为地方政府最为常见的融资方式。[③] 这种融资手段，显然并不以公共服务为目的，却能够有效地增加地方财政收入。而地方政府也是通过土地财政来大规模举债，并以此为城镇化的推进提供足够的财政支持。

第二节　"土地财政"的支持限度与机制缺陷

土地财政在我国的城镇化建设中发挥了重要的、积极的作用。其在推动地方经济发展和土地市场发育的同时，为城镇空间的扩张和重组、城镇基础设施建设和各种社会保障提供了巨额的资金支持。因此，巨幅增长的土地出让收入已经成为各地最重要的财政来源，也导致地方政府的卖地冲动。[④] 然而，土地财政具有不可复制性和不可持续性。那么，以透支未来土地相关收益为依托的土地财政，与"人—地"城镇化如何互动、其能否抑或是在多大程度上可以支撑起长期的城镇化发展过程、是否在机制上存在无法避免的缺陷等，对于这些问题的思考与探讨，正是破解土地财政难题的关键所在。

① 樊江洪、张骏、柳田：《优先解决拆迁户社保，土地出让收入向民生倾斜》，《新闻晨报》2012 年 3 月 10 日。

② 吴群、李永乐：《财政分权、地方政府竞争与土地财政》，《财贸经济》2010 年第 7 期。

③ 贾康、刘微：《"土地财政"：分析及出路——在深化财税改革中构建合理、规范、可持续的地方"土地生财"机制》，《财政研究》2012 年第 1 期。

④ 朱丽娜、石晓平：《中国土地出让制度改革对地方财政收入的影响分析》，《中国土地科学》2010 年第 7 期。

一　土地财政与城镇化的互动机理

城镇化实际上是国民经济的一种动态非均衡的演进，是经济资源从农村向城镇流动的过程，也是农村土地转变为城镇土地的过程。[①] 以土地红利为依托的土地财政成为城市维护建设、公共服务供给的重要筹资渠道，并在很大程度上决定了城镇化建设能否顺利推进和健康发展。因此，土地财政与城镇化建设之间具有特定的影响因素和内在机理，从而构成复杂的互动机制（见图3—2）。

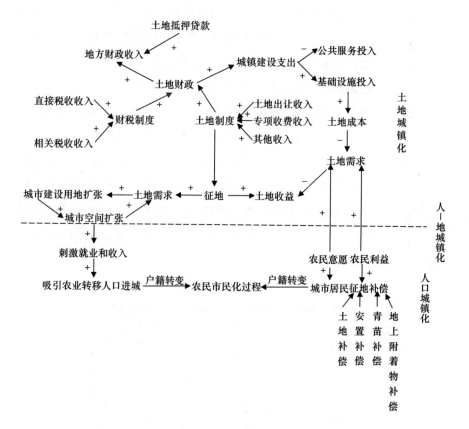

图3—2　土地财政与城镇化互动内在机理

---

① 顾书桂：《劣质土地财政是中国农地征收冲突的根源》，《现代经济探讨》2014年第3期。

在现行分税制体制下，城镇化的推进尤其是土地城镇化的过程促进了土地市场的发育，也催生了各地"低价征地、高价卖地"的经济发展模式。地方政府在土地市场上获得了巨额的土地出让收入，这些土地相关收益则成为地方财政最主要的来源。可以说，土地的城镇化不仅是将农村集体建设用地转变为城市建设用地的过程，更是地方政府扩大财源、攫取土地红利的过程。与此同时，与人口的城镇化配套的社会保障等供给也需要大规模的资金支持，因而也十分依赖土地财政。而依靠"低价征地、高价卖地"获得土地"剪刀差"红利的土地财政发展模式，则成为城镇化建设和社会保障供给最重要的财政保障。其中，"＋"表示正向的激励作用，"－"表示负向的阻碍作用。而土地财政与"人—地"城镇化建设正是通过"正负向"的关联实现了互动的整个过程。

（一）土地城镇化过程助推土地财政发展

土地的城镇化带来了城市空间的快速扩张和城镇人口的迅速增加，同样也伴随着土地需求量的激增，这就要求土地供给的相应增加和城镇化建设用地效率的提高。[①] 由此，土地城镇化的推进使地方政府"低价征地、高价卖地"的行为披上了合法外衣，并滋生了地方政府"以地谋发展"的财政增收与城镇化建设模式。随着农村集体建设用地向城镇建设用地的转变，地方政府获得了巨额的土地出让收入，也实现了快速的城镇化过程（见表3—5）。

表3—5　　　　2009—2014年土地出让金与城镇化率基础数据

年度	土地出让金（万元）	城镇化率（％）
2009	26360164	46.60
2010	40710682	49.68
2011	65865142	51.30
2012	55084787	52.57
2013	87954341	53.70
2014	74515103	54.77

资料来源：课题组根据《中国城市统计年鉴》2009—2014年整理。

---

① 李太森：《新型城镇化建设中的土地制度创新》，郑州大学出版社2016年版，第57页。

2009—2014 年，我国土地出让收入虽有所波动，但整体呈大幅增长态势。2014 年土地出让金约为 7451.5 亿元，较 2009 年的 2636 亿元整体翻了 2.8 倍，年均增长率达到 23.1%。与此同时，我国城镇化率由最初的 46.6% 攀升至 54.77%，共增长了 8.17%，年均增幅为 3.28%。从基础统计数据来看，土地出让收入具有明显的波动性，城镇化率却始终呈正向增长，两者的变化趋势并未完全一致。因此，土地出让收入与城镇化率是否具有相关性，抑或是两者之间究竟有多大的关联，对于这一问题的解答是探究城镇化与土地财政互动过程的前提和基础。为此，本项研究对两者之间的相关关系做了如下分析（见表 3—6）。

表 3—6 土地出让收入与城镇化率相关性

		土地出让收入	城镇化率
土地出让收入	γ	1	
	N	6	
城镇化率	γ	0.903	1
	N	6	6

经测算，土地出让收入与城镇化率之间的相关系数 γ 为 0.903。这表明，土地财政与城镇化发展之间具有较高的正相关性，即地方政府获得的土地出让收入越多，其推进城镇化的速度越快。之所以形成这样的统计结果，一方面是由于随着土地城镇化的推进，城市空间面积亟须进一步扩张，政府通过对农民集体建设用地的征用，激活了土地市场，也带动了房地产行业的发展。在这一过程中，地方政府通过出售未来的土地增值收益，获得了大规模但却是一次性的土地出让收入，而这些预算外收入则在客观上大大缓解了地方经济发展和城镇化建设的资金压力。因此，地方政府更是极力推行"以地谋发展"的财政增收模式，开启一轮又一轮的"低价征地、高价卖地"热潮。另一方面，农村商品要素市场、金融要素市场等发育迟缓，严重制约了整个社会资本向农村的流动。[①] 城

---

① 闫冠宇：《县域经济与城镇化互动发展的内在机理研究》，《武汉大学学报》（哲学社会科学版）2008 年第 3 期。

市建设恰恰与之相反，不仅空间持续扩张，而且城镇化发展水平更是成为地方政绩的主要评测标准。尤其是在土地城镇化的过程中，城镇化政策为地方政府大规模的土地征用行为提供了政策依据，也使得农村集体建设用地的转变过程变得合法化。这无疑催生了地方政府的"土地生财"发展模式，也带来了耕地资源骤减的不利影响。为此，中央政府力图守住18亿亩耕地红线的硬性规定与各地土地城镇化发展模式之间产生了巨大而激烈的冲突。地方政府转而采取"占补平衡""增减挂钩"等方式规避政策风险，却依旧把土地出让收入作为增收的主要渠道，大力推行土地财政发展模式。

综上，地方政府在推进土地城镇化的过程中，随着城市建设用地的增加，扩大了城镇空间面积，也增加了对土地的需求。为此，地方政府大规模征地卖地，并由此获得了巨额的土地出让收入，实现了地方财政的增收，也促进了地方经济的发展。因此，城镇化尤其是土地城镇化的过程，是"以地生财"的土地财政发展模式的重要推动力。

（二）人口城镇化推进依赖土地出让收入

城镇化作为一项系统的民生工程，虽然通过土地的城镇化带动了我国城镇化水平的整体提升，但是归根到底其核心和本质仍是人口的城镇化。特别是在当前我国户籍人口城镇化率仍然较低，与城镇化率之间具有较大差距的现实情况下，人口城镇化的同步推进显得尤为重要。在人口城镇化的进程中，对于失地农民的补偿与其进城以及转变为市民之后的社会保障等方面都需要巨额的资金支持，而以土地为依托的土地财政则大大缓解了地方政府的财政压力。因此，人口城镇化的推进对土地出让收入的依赖愈加强烈。

从某种程度上看，我国的现代化过程就是土地增值和土地资本化的过程，而农地资本化后增值收益的分配问题一直是利益相关者关注的问题。[1]地方政府一手运用行政权力从居民手中低价征地，另一手按照市场

---

① 郭丽君：《土地农民增收城镇化——解读"三农"三大热点话题》，《光明日报》2013年2月5日。

对等交换原则高价卖地，从而获得土地"剪刀差"红利的财政增收方式①，引起了学界关于土地收益"归公"还是"归私"这个利益分配问题的深刻讨论。诸如华生、贺雪峰认为，土地具有政策和社会属性，土地征用的过程是在政府规划、用途管制等政策引导下进行的，因而土地未来的增值收益应当归全体所有。至少对于为人口城镇化率提升做出巨大贡献的进城农民而言，其理应自动分享他们移居城市的土地财富。② 然而，周其仁、盛洪等人则主张土地天然具有自然属性，是农民神圣不可侵犯的财产权利，因而其增值收益理应归于产权主体，而非社会大众。此外，学界还有一种较为中和的看法，即公私均要兼顾。总之，无论何种学说得以实践，都离不开巨额的财政支撑。

但是从各地推进人口城镇化的实际运作来看，地方政府在土地征用过程中，对于失地农民的补偿支出包括土地补偿、安置补偿、青苗补偿、地上附着物补偿等诸多项目。这的确有效地缓解了地方政府与失地农民在征地过程中的纠纷和矛盾，但是因征地诱发的群体性事件仍是阻碍农村集体建设用地流转的重要因素。与此同时，进城农民及随迁家属不能摆脱土地束缚，无法享受与城镇居民平等的社会权利和公共服务，使各地产生了不同程度的"半城镇化"或"虚城镇化"问题。③ 因此，地方财政中社会保障与公共服务的支出对实现农民的市民化过程意义重大，特别是失地农民在进城及转变为市民的过程中，社会保障如何完善亦是其最为关注的焦点问题，甚至会影响人口城镇化的整体进程。

所以说，人口城镇化率的提升需要地方政府出台相应的落户和保障政策，以实现进城农民向市民的稳步过渡。而这更是离不开地方财政的大力支持。作为地方政府最主要的财政来源，土地出让收入逐渐向征地拆迁补偿和社会服务保障等民生支出项目倾斜。2015 年，土地出让支出

---

① 骆祖春：《中国土地财政问题研究》，经济科学出版社 2012 年版，第 195—196 页。

② 华生：《新土改：土地制度改革焦点难点辨析》，东方出版社 2015 年版，第 1—5 页。

③ 陈丰：《从"虚城市化"到市民化：农民工城市化的现实路径》，《社会科学》2007 年第 2 期；朱孔来、李俊杰：《"半城镇化"现象及解决对策》，《宏观经济管理》2012 年第 9 期。

用于征地拆迁补偿和补助被征地农民的比例较前一年提升了 1.7%。① 由此，人口城镇化的推进离不开土地财政的支持。

（三）土地出让是"人—地"城镇化的保障

当前，土地财政是在现有的财政体制、土地租税费制度以及地区竞争、政绩考核等局限条件下，地方政府追求收益最大化的结果。② 因此，与财税制度相关联的直接税收收入和间接税收收入以及与土地制度紧密联系的专项收费收入和其他收入等项目决定了土地财政的结构和规模。由于土地在地方招商引资发展经济、融资搞基础设施和市政公共设施建设、扩大政府可用财力等方面扮演了关键的角色，发挥了杠杆的作用。③ 所以自 2000 年以来，地方政府开始大规模以土地出让收入作为抵押向商业银行大量贷款，并将其用于地方经济发展和城镇化建设。

2009 年的统计数据显示，地方财政中用于城市基础设施投资的土地出让收入金额约为 3341 亿元，占当年全部资金来源的 48%。④ 土地财政成为地方"人—地"城镇化建设最重要的筹资渠道。到了 2015 年，全国 30 个主要城市中超过三成的城市对土地财政的依赖度高达 50% 以上，其中南京、合肥、广州、福州和佛山等城市更是达到了 60% 以上。⑤ 由此，土地出让收入成为地方财政最主要的增收渠道，而土地出让支出则是推进土地城镇化与人口城镇化最主要的财政支持和资金保障。

此外，随着土地财政支出结构的调整，"人—地"协调、城乡统筹与民生建设等方面的财政投入金额有所上涨，土地城镇化与人口城镇化之间、城市与农村之间、经济发展与民生建设之间的矛盾得以有效缓和。然而，土地出让收入因受到土地市场以及国内外经济形势与国家相关政

---

① 国家财政部综合司：《2015 年全国土地出让收支情况》，中华人民共和国财政部网站，http：//zhs. mof. gov. cn/zhengwuxinxi/zonghexinxi/201604/t20160401_1934261. html。

② 陈志勇、陈莉莉：《"土地财政"问题及其治理研究》，经济科学出版社 2012 年版，第 18 页。

③ 刘尚希：《正确认识"土地财政"》，《中国国土资源报》2015 年 6 月 8 日。

④ "全部资金"是指政府直接投资、补贴给城投以企业名义投资的所有资金。参见刘守英《直面中国土地问题》，中国发展出版社 2014 年版，第 115—116 页。

⑤ 许倩：《全国 30 个主要城市土地财政依赖度排行榜》，《中国房地产报》2016 年 3 月 22 日。

策的影响，具有较大的不稳定性，甚至在部分年份会出现骤然缩减的态势。所以，尽管土地财政逐渐成为土地城镇化快速发展和人口城镇化迅速发展的有力保障，但是其极易陷入由自身属性和外部环境所导致的不可持续性困境，其能否长期支撑起城镇化发展仍有待考量。

二 土地财政的支持限度

长期以来，城市建设用地多是由地方政府征用的农地和荒地转换而来的。因而其基础的生产和生活设施大多需要从头建设，亟须巨额的财政支撑，陡然加重了地方财政负担。为此，地方政府将"低价征地、高价卖地"的土地财政发展模式，作为城镇基础设施建设和社会保障的资金保障，实现了快速的城镇化建设。然而，土地作为一种不可再生的稀缺资源，在国内外经济下行以及中央严守 18 亿亩的耕地资源红线的硬性约束下，"以地生财"的卖地财政受到诸多限制。尤其是土地出让收入的大幅波动与增收趋缓的现实，与城镇化支出刚性增长之间的矛盾看似不可调和。这不仅成为制约城镇化发展的瓶颈所在，而且土地财政也正在失去存续空间。

（一）土地财政增长趋势放缓与支持城镇化发展短期化

土地资源是稀缺的不可再生资源，在一定期限内可以利用和使用的总量有限。这决定了无论采取何种开发方式，地方政府能够获得的土地出让收入都是有限且不可持续的。[1]

一方面，土地财政的前提在于有地可卖，而我国的现实情况是目前一线城市面临着土地资源匮乏的境地[2]，部分城市甚至已经无地可卖。深圳市规划和国土资源委员会公布的数据显示，2013 年上半年仅有光明新区于年初出让了一块居住用地，其起始价约为 8 亿元，土地成交价达到 14.1 亿元，溢价高达 6 亿元，且该区直到当年 8 月，再无居住地可以出让。[3] 这说明地方政府的"卖地财政"正陷入无地可卖的困境，土地财政

---

① 唐在富：《中国土地财政基本理论研究——土地财政的起源、本质、风险与未来》，《经济经纬》2012 年第 2 期。

② 叶檀：《一线城市无地可卖，有条件开征房产税》，《南方都市报》2013 年 8 月 9 日。

③ 《深圳无地可卖，政府搞摊牌》，《华夏时报》2013 年 7 月 6 日。

也面临着资源枯竭的问题。

另一方面，与我国地方财政收入持续增长不同的是，土地出让收入的起伏较大，且多次出现下滑趋势（见图3—3）。而土地财政作为地方政府最主要的筹资渠道，却极易受到来自自身属性以及国内外经济和政策形势的影响，可持续能力较差。而城镇化建设并非一蹴而就的，而是一个长期的动态过程。因此，土地财政在城镇化推进过程中的财政支持作用较为有限，甚至无法长期支撑起城镇化的发展。

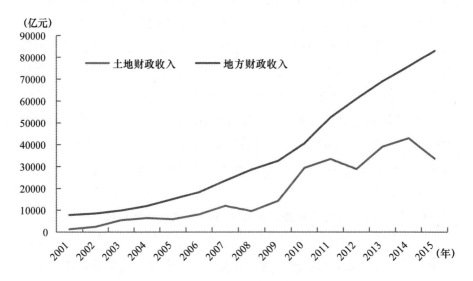

图3—3 2001—2015年地方财政与土地财政变化趋势

2001—2015年15年间，我国地方财政收入从最初的7803.3亿元一路增至82983亿元，增长了9.63倍，年均增长率约为18.4%；土地出让收入更是从1295.89亿元整体攀升至33657.13亿元，增长了25.97倍，年均增长率达到了26.2%，两者之间存在7.8%的差距。土地财政收入增速明显快于地方财政收入，由此以土地为依托的土地出让收入成为地方财政增收的主要推动力。但是值得注意的是，尽管土地出让收入在地方财政中的比重始终居高不下，但是其变化趋势并非与地方财政收入完全一致，甚至出现相悖的现象。尤其是2014年以来，由于国家慎重推进土地城镇化的政策[①],加之土地资源自身的稀缺性和不可复制性,我国的土地财政收入出现连续下滑势头,目前各地所依赖的"以地生财"模式的未来前景不明。

为此,本项研究利用2009—2014年度城镇化建设中的土地出让支出数据,试验了指数函数、线性函数、对数函数、幂函数和多项式函数等回归分析类型。从结果来看,多项式函数的拟合性质相对较好(R^2 = 0.9898)[②],因此本项研究采用多项式函数作为回归函数的形式,即:

$$f(x) = a x^2 + bx + c$$

根据既有数据,为方便运算,本项研究用数字1—6分别代表2009—2015年的各个年份,经测算,该多项式函数可以表示为一元多项式(见图3—4)。同时,本项研究还借助该函数模型对土地财政在城镇化发展中的未来支出趋势进行预测。

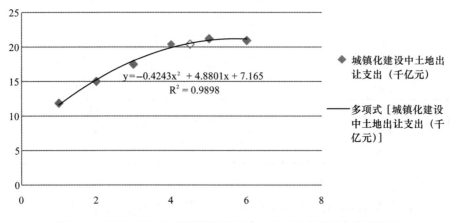

图3—4 2009—2014年度城镇化建设中土地出让支出拟合曲线模型

---

① 国家慎重推进土地城镇化,主要是指国家对容易引发人地矛盾的土地流转时机、土地分配格局与中等收入陷阱之间的关系持谨慎的态度,以避免在快速城镇化过程中出现因土地分配不公引发的中等收入陷阱问题。参见范剑勇、莫家伟《城镇化过程中慎重推进土地流转:国际经验及对中国的启示》,《毛泽东邓小平理论研究》2013年第1期。

② R^2主要用来测量拟合的优度,其取值为[0,1],且越接近1表明回归直线对观测值的拟合程度越好,反之,则拟合程度越差。本项研究所建立预测模型的R^2达到了0.9898,非常接近1,所以拟合优度是比较好的。

因此，我国土地出让支出函数的公式为：

$$f(x) = -0.4243 x^2 + 4.8801x + 7.165$$

其中，R^2 达到了 0.9898，说明该模型对观测值的拟合程度很好，可以比较准确地反映出未来城镇化建设中土地出让支出的变化发展趋势。基于此，本项研究尝试对未来 5 年的土地出让支出金额进行预测（见表 3—7）。

表 3—7　　2009—2020 年度城镇化建设中土地出让收入的实际支出与预测支出

年份	实际支出（千亿元）	预测支出（千亿元）
2009	11.8565944	—
2010	15.0057911	—
2011	17.4781332	—
2012	20.3962550	—
2013	21.1927745	—
2014	20.9304650	—
2015	—	—
2016	—	—
2017	—	16.72
2018	—	13.54
2019	—	9.51
2020	—	4.63

根据该拟合模型，课题组对 2017—2020 年度城镇化建设中土地出让支出规模进行了预测，认为未来土地出让支出形势不容乐观。这也从反面论证了土地出让收入面临着增收趋缓的困境。然而，我国的城镇化建设正处于快速推进期，预计至 2020 年，我国城镇化率将达到 62.21%。其中，城镇将接纳转移人口 1.1388 亿人左右，城镇人口净增量将达到 1.01 亿人；城镇建成区面积约为 137084 平方千米，将新增面积 29250 平方千米；城镇化发展资金总需求约为 41.6 万亿元，但土地需求缺口将达到 75 万多公顷；土地财政总收入约为 19.8 万亿元，但支出仅在 0.46 万亿元。所以，仅依托土地出让支出来推进城镇化建设，则面临着严重的

资金困境，亟须社会资本的注入。

（二）土地出让支出的刚性增长与城镇化成本大幅攀升

近年来，随着城镇化进程的加快，土地价值大幅上升、农民权利意识觉醒，加之部分地区的城镇用地逐步由增量土地转向存量用地，导致地方政府的土地财政收缩很快。① 尽管"卖地财政"抬高了地价，使土地溢价率居高不下，但是地方政府将土地出让收入作为银行贷款的抵押，并将其用于偿还地方债务、进行城镇基础设施建设、维护和管理以及对失地农民的征地拆迁补偿与社会服务保障等方面。因而土地财政支出呈现刚性增长的态势，尤其是土地城镇化和人口城镇化的成本大幅攀升。此外，基础设施建设和工业用地的产业园区模式的用地成本不断攀升，传统的土地低成本发展模式失去优势。由此，目前的城镇化建设正在告别"低价征地、高价卖地"的低成本发展模式。

一是由于大多数地方政府都将土地开发尤其是房地产项目作为招商引资的重要途径。依靠居住用地的出让，地方获得巨额的土地财政收入。然而，当前房地产市场总体上比较低迷，在一定程度上造成了土地市场的动荡，房地产企业买地卖房的热度整体下降，地方政府的"卖地财政"受到阻力。尤其是在房地产严重滞销的情况下，提高土地出让金已然无力补偿招商引资的工业用地成本。尽管土地财政增收趋缓，但是地方城镇化建设支出仍需要大规模的资金支持，因而两者之间的矛盾不断激化，城镇化发展的资金缺口也进一步拉大。

二是因为土地出让收入的本质在于通过出售土地未来70年的增值，实现一次性的投融资。但在总量有限的土地资源约束下，这种"以地生财"的发展模式相当于透支了未来相关的土地收益。而在长期的城镇化推进过程中，无论是土地的城镇化还是人口的城镇化，都需要巨额的财政支撑，尤其是在民生建设和社会保障支出项目上。譬如河北省出台的《关于加强城市规划和用地管理改革的意见》就曾提出，要完善土地出让收益分配机制，优先保障征地拆迁补偿、补助被征地农民社会保障等重

---

① 刘守英：《直面中国土地问题》，中国发展出版社2014年版，第103—104页。

点支出。① 其他省市类似政策也相继出台,大大提高了城镇化建设的支出成本。至 2015 年,我国城镇化建设的成本性支出中,用于征地拆迁补偿和补助被征地农民的支出金额高达 17935.82 亿元,占比为 66.8%,② 我国城镇化建设成本进一步增加。

三是当前部分城市出现了过分依赖工业化用地拉动城镇化进程的现象,造成了城镇化建设盲目扩张、人口聚集不足,进而导致城镇基础设施闲置等问题。③ 因此,《国土资源"十三五"规划纲要》明确提出,实行建设用地总量控制和减量化管理,全国适宜稳定利用的耕地保有量在 18.65 亿亩以上,新增建设用地总量控制在 3256 万亩。④ 加之国家对坚持 18 亿亩耕地红线的硬性要求,地方政府在城镇化建设中只能放弃对农地的大规模征用;转而开始注重"盘活存量",即重视提高存量用地在建设用地供应总量中的比重。⑤ 基于此,各地开始对存量建设用地进行再度开发和建设。盘活存量用地意味着对既有土地的二次开发和利用,即在原有建设成本上再进行新的资金投入,或者改变原来建设用地的性质重新开发,这些举措无疑都会增加城镇化建设成本。

三 土地财政的机制缺陷

在我国,以数倍于原土地价值的价格在项目开发中进行土地转让或挂牌拍卖,依托土地获得"剪刀差"红利的发展模式,已然成为地方财政的重要来源。而这种由肥厚收益诱发的地方政府竞相出让土地资源的行为,不仅是分税制下地方政府争取经济利益的动力所在,更是地方官员政治竞争的关键筹码。

因此,当前财税体制和考核机制的不合理是造成土地财政形成的主

① 河北省住房和城乡建设厅、省国土资源厅:《关于加强城市规划和用地管理改革的意见》(冀建规〔2016〕22 号),2016 年 12 月 1 日。
② 国家财政部综合司:《2015 年全国土地出让收支情况》,中华人民共和国财政部网站,http://zhs.mof.gov.cn/zhengwuxinxi/zonghexinxi/201604/t20160401_1934261.html。
③ 高伟:《中国新型城镇化用地首重"盘活存量"》,《经济参考报》2013 年 8 月 26 日。
④ 《国土资源"十三五"规划纲要》(国土资发〔2016〕38 号),2016 年 4 月 12 日。
⑤ 高伟:《中国新型城镇化用地首重"盘活存量"》,《经济参考报》2013 年 8 月 26 日。

要原因，亦是其存在机制缺陷的制度根源（见图3—5）。然而，在地方政府征地卖地整个过程中，土地征收、土地财政管理和使用等环节也极易出现不和谐因素，导致“地王”频出、房价高企，城市无序扩张、用地效率低下，农民土地权益受损、征地纠纷不断等现象出现[1]，这也使当前的城镇化建设面临着畸形发展和“伪城镇化”等问题。

土地财政作为地方政府预算外收入的重要组成，在地方财政中占据十分重要的地位。在经济分权的财税体制和政治集权的考核机制影响下，地方经济发展水平成为地方政府捞取政治资本、获得政治权力的硬性指标之一。为此，各地大规模地征地卖地，以获取巨额的土地出让收入。各地对土地财政的过度依赖，必须有足够规模的土地加以支撑，这又与土地资源的有限性和不可再生性产生矛盾。因而，地方政府多是借由城镇化政策，通过一次性的征地行为透支未来的土地红利，不惜违法征收农地耕地、行政强制拆迁。而对于其获得的土地出让收入，则在管理和使用方面存在较大漏洞，制度不健全导致资金管理粗放、土地增值收益分配不公平造成使用不合理等现实问题，反而使土地财政成为城镇化发展的掣肘。

（一）体制机制不合理与土地财政高依赖性

现阶段，中央政府通过经济分权的财税制度与政治集权的考核机制对地方政府实行强有力的控制。在地方财政收入构成中，中央财政对地方财政的转移支付是各地预算内收入的重要部分。中央政府通过下拨经费对地方政治、经济活动进行强有力的指导。与此同时，中央对地方的考核机制也实现了对地方政府官员晋升渠道的层级控制。由于中央政府拥有政治权力和经济权力的最终配置权[2]，因而地方政府即使难以依靠自身正式财政收入和上级政府转移支付来满足城市维护建设支出的刚性增

---

[1] 张耀宇、陈会广、宋璐怡等：《基于城市规模的地方政府土地财政行为差异研究》，《自然资源学报》2015年第10期。

[2] Chenggang Xu, "The Fundamental Institutions of China's Reforms and Development", *Journal Economic Literature*, Vol. 49, No. 4, 2011, pp. 1076 – 1151.

长需求①，也不得不响应中央号召，大力推进城镇化建设。

中央与地方在实行经济分权之际，也对地方保持了必要的政治集权，导致两者在土地"委托—代理"博弈中的信息不对称问题日益严重。分税制体制下，原先作为地方财政收入主要来源的地方工商企业税收已经大部分属于中央政府②，但是地方财权的不断削弱，并未减少其所承担的事权，尤其是在推进城镇化过程中，需要大规模的建设资金支持。因此，中国式的分权体制激励了地方政府用"扭曲之手"来攫取预算外财政收益，而地方竞争体制则进一步驱动了地方政府采取积极的土地财政策略。③ 而财政吃紧的地方政府为筹集城镇基础设施建设和维护资金，开始将其所掌控的土地资源作为重要的筹资渠道，低价征地高价卖地的土地财政发展模式逐渐成为地方财政主要来源，甚至成为地方政府的"第二财政"。

随着城镇化的快速推进，地方财政紧缺问题非但没有缓解，反而因为受到经济形势下行及国家土地新政策等因素影响，导致土地出让收入出现较大波动，甚至"收不抵支"。因此，地方政府又将把土地出让收入作为银行贷款抵押④，以筹集城镇基础设施建设所需的巨额资金。这些地方债务的偿还则需要依靠政府下一轮卖地所获得的土地红利。根据 2013 年国家审计署公布统计数据显示，全国 18 个省会和直辖市中有 17 个承诺以土地出让收入偿债，占比高达 95%，且 2012 年高达 6000 亿元的土地出让净收入竟不足以支付地方债的年利息。⑤ 由此，地方政府陷入"卖地—偿债—卖地"的恶性循环之中，而一旦土地出让资金断裂，地方政府将会产生更为严重的财政困局。

---

① 杨灿明、詹新宇：《土地财政的再分配效应——来自中国省级面板数据的经验证据》，《经济学动态》2015 年第 11 期。

② 孙秀林、周飞舟：《土地财政与分税制：一个实证解释》，《中国社会科学》2013 年第 4 期。

③ 匡小平、卢小祁：《财政分权、地方财政赤字与土地财政——来自中部欠发达地区 J 省的经验证据》，《中南财经大学学报》2012 年第 1 期。

④ 范子英：《土地财政的根源：财政压力还是投资冲动》，《中国工业经济》2015 年第 6 期。

⑤ 《36 个地方政府本级政府性债务审计结果》（审计署发〔2013〕24 号），2013 年 6 月 25 日。

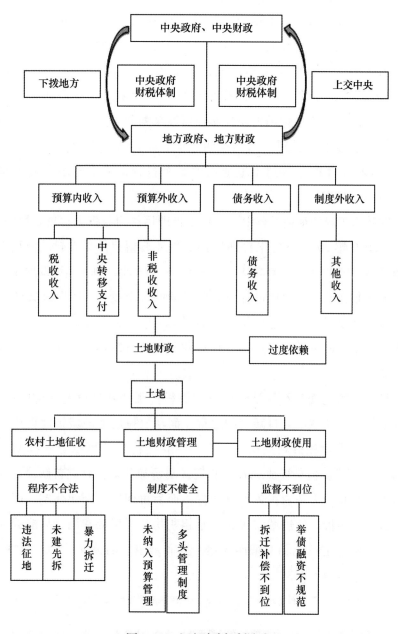

图3—5 土地财政机制缺陷

（二） 土地征用不规范与卖地行为弱合法性

虽然我国宪法和《土地管理法》明确规定，土地征收应基于公共利益目的，但是却没有明确界定"公共利益"的范围，因而政府裁量的自由度较大，造成了土地征收权的滥用。[1] 目前，判定用地是否为"公共利益"的标准并未严格按照其被公共使用或具备公共用途的定义，而是以其是经营性用地还是非经营性来划分。甚至由于地方政府在征地卖地过程中会受到多重利益的驱动，并且拿走土地增值收益的大头[2]，因而其直接介入到土地征用的整个过程，并将征用农地用作他用，以吸引投资。

在政府主导的征地过程中，土地未批即用的问题极为常见。据统计，2007—2009 年 25 个省份未批即用违法用地典型案件 132 起，涉及土地 1.15 万亩，违法用地比例高达六成以上。[3] 一方面，地方经济发展压力过大，尤其是在推进城镇化过程中需要巨额的资金投入，因此地方政府以土地资源换取经济、政治优势，以加强其纵向与横向竞争能力；另一方面则是由于土地审批程序烦琐，政府利用自身行政权力，使土地审批流于形式。

城镇化的过程，不仅是城市空间面积扩张和基础设施完善的过程，也是农村人口向城市人口转变的过程。而在农村用地向城镇建设用地转变过程中，未建先拆现象层出不穷。尽管先拆后建可以有效抑制农地"建新不交旧"，但是被征地农民的安置问题却并未得到完善解决。各地通常的做法是让失地农民先租房居住，而后再回迁到新建住宅。但是日益增长的高房价，使进城农民无力承担租房、买房的费用，只能选择留守农村，而这也造成了"征而未建、拆而未建"的情况产生。2013 年，

---

[1] 曹艳芝：《我国农村土地征收中存在的问题及其制度完善》，《社会科学家》2006 年第 2 期。

[2] 主流意见认为，土地财政的主要问题是政府垄断了土地供应，并拿走了土地增值收益的大头，对失地农民利益保护严重不足。参见华生《新土改：土地制度改革焦点难点辨析》，东方出版社 2015 年版，第 44 页。

[3] 贾海峰、靳雅娜：《六成违法土地"未批即用"》，《21 世纪经济报道》2010 年 2 月 22 日。

北京市"征而未建、拆而未建"总面积超过5800余万平方米,其中,城区有220处征而未建、拆而未建地块,郊区县则有59处类似地块。[①] 而这不仅是城镇化推进的最大阻力,而且无家可归的问题造成了失地农民的强烈不满,亦激化了基层社会的矛盾和冲突。

此外,征地拆迁主体不明、征地公告不规范甚至行政强制拆迁等问题也始终存在。《城市房屋拆迁管理条例》明确规定:"被拆迁人或者房屋承租人在裁决规定的搬迁期限内未搬迁的,由房屋所在地的市、县人民政府责成有关部门强制拆迁,或者由房屋拆迁管理部门依法申请人民法院强制拆迁。"其前提在于合法的拆迁裁决。在实际拆迁过程中,地方政府因卖地所能获得的巨额土地出让收入诱惑,往往规避法律裁决以推进城镇化建设为幌子,直接动用行政力量征收农地,并将其用作商业开发甚至直接为企业征地。而这也混淆了地方政府的财政权和规划权,使土地出让收入与城镇化建设混为一谈。

(三)管理制度不健全与政府行为高随意性

根据《国务院办公厅关于规范国有土地使用权出让收支管理的通知》规定,土地财政收入应全额纳入政府性基金预算,实行收支两条线管理。但是在各地的实际运作中,地方政府既坚持政府自由裁量权的土地财政不放,又在各种压力下被迫不断提高失地农民的一次性货币补偿,结果是财政债务负担、房价地价等城镇化建设资本循环飙升,导致我国"人—地"城镇化道路越走越艰难。[②] 土地出让收入作为地方非税收入的组成部分,被各地当作预算外财政收入的重要来源。2011年国土资源工作会议公布的数据显示,2万亿元的土地出让金为政府预算外收入,其流向待透明,并且在有些县市土地出让金占预算外财政收入比重甚至占到80%以上。[③] 地方政府形成了以土地出让收入支撑城市扩张,从而带动产业税收的财政格局。

2007年以来,财政部门和国土资源管理部门开始共同负责管理土地

---

① 荆宝洁:《279处裸露地块:城市伤疤背后的利益纠缠》,《21世纪经济报道》2013年6月6日。

② 华生:《新土改:土地制度改革焦点难点辨析》,东方出版社2015年版,第48页。

③ 《2万亿土地出让金为政府预算外收入流向待透明》,《新民晚报》2011年1月13日。

财政。两个部门负责的管理体制给地方政府以地生财提供了便利。2009年财政部和国土资源部公布的全国土地出让收入数据分别为1.42万亿元和1.59万亿元，两者相差约1700亿元。① 尽管造成差异的原因主要是统计口径的不同，前者为实际缴纳地方国库的土地出让收入数额，后者则为各地签订土地出让合同的价款数额，但是地方政府瞒报、漏报问题极易出现。

同年，国家审计署对河北、辽宁、吉林、江苏等11个省区2007—2008年土地专项资金审计抽查时发现，12个市欠征的土地出让收入金额为323.26亿元，11个市的674.81亿元土地出让收入未按规定纳入基金预算管理，占征收总额的20.1%。② 由此可见，在双头领导的土地财政管理体制下，地方政府审批随意性与自由裁量权都很大。

（四）使用监管不到位与利益分配高悬殊性

城镇化的发展在很大程度上表现为土地城镇化的建设过程。地方政府则以低廉的价格征收大量农村土地，并将其变为城镇建设用地，借此吸引投资以发展地方经济和推进城镇化建设。因此，土地财政的形成并不是为了简单的收支，而是旨在融资和投资，以实现地方经济和城镇建设的滚动发展。③ 而在这一过程中，由于缺乏公开透明性和严格的监督与约束机制，多数地方政府不仅挪用土地出让收入，甚至以其持有的土地抵押向银行大量借贷。④《国务院关于规范地方政府债务管理工作情况的报告》的统计数据显示，2015年全国地方政府债务限额为16万亿元，各地偿债压力较大。⑤ 为此，地方政府极易建立起土地财政背后的利益链条，陷入卖地偿债的恶性循环之中，并极易滋生"权力寻租"、违规举债和变相举债等腐败问题。

① 赵鹏：《财政部国土部所公布土地出让金相差1700亿》，《京华时报》2010年3月13日。
② 《国土部财政部联手严查土地出让金去向》，《经济观察报》2011年1月15日。
③ 刘立峰：《地方政府的土地财政及其可持续性研究》，《宏观经济研究》2014年第1期。
④ 周晓燕、汪德华：《土地财政的制度背景及财政管理》，《财政研究》2012年第10期。
⑤ 楼继伟：《国务院关于规范地方政府债务管理工作情况的报告》，中国人大网，http://www.npc.gov.cn/2grdw/npc/xinwen/2015-12/22/content_1955661.htm。

现阶段，我国仍处于经济社会转型期和矛盾多发期。地方政府在征地卖地过程中，原土地的价值几乎翻了数倍，其所获得的土地出让收入更是成为城市维护建设支出的重要来源。因此，地方政府在筹资过程中，用于商业开发目的征地行为频繁出现，与公共利益相关的保障房建设等项目则较为抵触，并降低了部分公共产品的增速和经济增长绩效的提高。① 一方面，地方政府间以地招商、恶性竞争、地价返还等行为屡禁不止，土地出让收入大打折扣，因而用于民生建设项目支出的资金投入亦相应减少；另一方面，由于地方政府忽视了对失地农民的补偿和保障，加剧了基层社会矛盾，并诱发了地方群体性冲突。在农村地区，尽管矛盾和冲突构成复杂，但是一半左右的群体性事件都是由征地拆迁引发的，尤其是在政府行政强征和暴力拆迁过程中。

第三节 "人—地"城镇化的财政风险

近年来，随着工业化和城镇化的快速发展，土地成为市场上利润空间最大的必需品。土地的作用越大，土地城镇化的诱惑就越大②，人口城镇化也越容易被忽视。作为经济社会发展必然结果的城镇化，其不仅具有不可逆性，而且需要巨额的财政支持。而土地财政作为一种财政制度，在带有财政自身风险的同时，还涉及巨大的金融风险。③ 同时，土地城镇化与人口城镇化的不均衡发展，加剧了土地财政支出的偏向性和城乡的二元分化，易诱发债务危机、政治矛盾和社会冲突。此外，"人—地"城镇化对土地财政的过度依赖，使土地出让收入与地方政府、金融机构、房地产行业等都结合在一起，一旦出现资金断裂，则会形成巨大的系统风险。

---

① 王玉波：《土地财政研究述评、启示及展望》，《西北农林科技大学学报》（社会科学版）2016年第1期；其他代表性文献还包括：田传浩、李明冲、郦水清：《土地财政与地方公共物品供给——基于城市层面的经验》，《公共管理学报》2014年第11期。

② 胡雪萍、李静：《我国城镇化面临的两难抉择及其破解对策》，《理论探索》2015年。

③ 骆祖春：《中国土地财政问题研究》，经济科学出版社2012年版，第28页。

一　土地财政的财政风险与金融风险

近年来，土地财政成为地方增收的主要手段，亦是城镇化发展的重要财源，各地对其依赖程度大幅增加。然而，受资源禀赋的内在约束，城市建设用地不可能无限供应，且资源禀赋越低，土地财政依赖程度越高，财政风险性也越高。[①]　与此同时，土地财政以金融为媒介，将地方政府、房地产企业和居民个人有机捆绑在一起，倘若利益链条中某一环节出现问题，就会引发严重的金融风险。[②]　基于此，以土地出让收支为财政支持的城镇化发展模式具有一定的高风险性。

（一）土地财政来源有限与地方财政风险加剧

现阶段，我国的财税制度呈现出明显的分权化特征。尽管 80% 的财政支出来自地方政府，但是地方仅获得 50% 的财政收入且缺乏其他融资渠道。[③]　因此，各地普遍面临着地方财政增收趋缓与支出刚性增长之间的矛盾，加重了地方政府在推进城镇化进程中潜伏的财政风险。2004—2014 年的 11 年间，我国地方财政收支差额由最初的 8699.44 亿元增至 53231.9 亿元，大约增长了 5.12 倍，年均增长率达 19.86%（见表 3—8）。巨大的收支差额使地方财政难以支撑城镇化建设，由此以土地为依托的土地出让收支逐渐成为地方城镇基础设施建设、维护和管理的主要资金来源。据不完全统计，2001 年土地出让收入占地方财政收入的比重仅为 16.6%，但至 2009 年，其比重攀升至 48.8%。[④]　这一比重仍在持续增长，2011 年后其比重甚至高居六成以上。

---

① 郭贯成、汪勋杰：《地方政府土地财政的动机、能力、约束与效应：一个分析框架》，《当代财经》2013 年第 11 期。

② 蔡红东：《地方政府应改变，别再依赖土地财政》，《中华工商时报》2012 年 11 月 29 日。

③ 北京大学—林肯研究院城市发展与土地政策研究中心主任满燕云及其团队通过计算数据得出具体的数值。参见王韬《学者称土地财政系地方债务风险所在》，财新网，http://economy.caixin.com/2012 - 03 - 15/100368873.html。

④ 杜雪君、黄忠华、吴次芳：《中国土地财政与经济增长——基于省际面板数据的分析》，《财贸经济》2009 年第 1 期。

表3—8　　　　　　　2004—2014 年度地方财政收支及其差额　　　　单位：亿元

年份	地方财政收入	地方财政支出	收支差额
2004	11893.37	20592.81	-8699.44
2005	14884.22	25154.31	-10270.09
2006	18303.58	30431.33	-12127.75
2007	23572.62	38339.29	-14766.67
2008	28649.79	49248.49	-20598.70
2009	32602.59	61044.14	-28441.55
2010	40613.04	73884.43	-33271.39
2011	52547.11	92733.68	-40186.57
2012	61078.29	107188.34	-46110.05
2013	69011.16	119740.34	-50243.98
2014	75859.73	129091.63	-53231.90

　　然而，在市场经济条件下，土地市场是整个市场的重要组成部分，尽管现实土地市场是由地方政府垄断，但是其毕竟是遵循市场等价交换原则进行的市场交易行为，影响与服从市场周期波动的规律。[1] 尽管地方财政模式过度依赖土地财政收入，但是土地出让金却隶属于地租性收入，较之具有税、费属性的财政收入，缺乏行政强制性特征。故一旦出现无地可供的情况，地方财政必然会面临较大的不确定性。[2] 加之目前中国城镇化进程以增量土地开发为主的模式，面临土地资源硬约束，土地资源的有限性决定了土地出让收入也是有限和不可持续的。[3] 所以，土地财政极易受到国内外经济发展形势的影响，尤其是在经济下行时期，容易出现巨大的财政缺口，引发财政风险。

　　与此同时，土地财政本质上是透支未来土地相关收益的一次性行为。由于土地是一种稀缺的、不可再生的重要经济资源，因而地方政府的"财源"极其有限，而建设用地后备资源的稀缺决定了以地生财的不可持

---

　　[1] 骆祖春：《中国土地财政问题研究》，经济科学出版社 2012 年版。

　　[2] 郭贯成、汪勋杰：《地方政府土地财政的动机、能力、约束与效应：一个分析框架》，《当代财经》2013 年第 11 期。

　　[3] 骆祖春：《中国土地财政问题研究》，经济科学出版社 2012 年版，第 186 页。

续性。① 加之地方政府非常看重土地开发的初级市场或者交易环节所产生的收入，但"以地养市"波动性大、可靠性不足。② 所以在人地矛盾突出的现实情况下，由于当代政府提前攫取了后几届政府的土地红利，无形中加重了未来的地方财政负担，也将潜在的财政风险转嫁给未来的地方政府。因此从长远来看，地方政府"届际"间的不公平竞争以及"前人卖地、后人承担"的城镇化发展模式不仅形成了恶性循环，而且进一步加大了地方政府的财政风险。

（二）地方资金链条不稳与金融风险居高不下

土地财政的一个重要特征在于政府通过"政府＋土地＋金融"的模式，实现了将不易流动的土地资源与易流动的金融资源结合，并通过金融的放大作用，土地财政获得超出自身财力数倍的财力。③ 尤其是 20 世纪 90 年代末以来，中国的土地市场尤其是房地产市场持续走高，成为金融机构一块优质市场，银行金融机构对整个房地产的产业链发放了巨额贷款，并与地方政府、房地产企业和居民个人之间形成了超长的资金利益链条。而从房地产市场资金链的实际情况看，商业银行基本参与了土地储备、交易、房地产开发和房产销售的全过程，并且在目前的房地产融资结构中，超过资金 60% 直接或间接来自商业银行。所以，土地财政驱使各地竞相招、拍、挂土地，地价上涨推升房价产生的房地产泡沫直接危及银行信贷安全④，从而诱发金融风险。

在当前土地财政模式下，各地对房地产业的过度投资，不仅容易引发房地产市场泡沫危机，而且过多投机资本的进入也不利于地区经济的长足发展。⑤ 而银行系统在促成房地产行业成为经济高速增长之主导产业

① 程瑶：《制度经济学视角下的土地财政》，《经济体制改革》2009 年第 1 期。
② 秦勇：《论"土地财政"的效应、成因及其法律解决之道》，《河北法学》2012 年第 7 期。
③ 骆祖春：《中国土地财政问题研究》，经济科学出版社 2012 年版，第 192 页。
④ 周雪飞：《当前我国土地财政"倒逼金融"现象分析及对策研究》，《财政研究》2008 年第 9 期。
⑤ 郭贯成、汪勋杰：《地方政府土地财政的动机、能力、约束与效应：一个分析框架》，《当代财经》2013 年第 11 期。

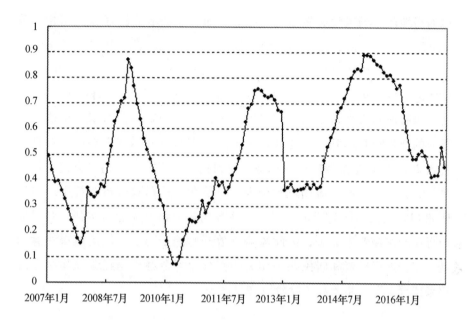

图3—6 2007—2016 年度我国房地产市场风险指数

资料来源：金融风险权威测算：《房地产仅中位 金融机构处高位》，（2017 – 03 – 30）
〔2018 – 04 –20〕. http：//finance. ifeng. com/a/20170330/15273519_0. shtml。

的同时，也为土地市场的繁荣与地方政府的土地财政找到了下游出口。①
由于地方政府过分追求 GDP 收入的绩效考核机制，因而为了实现土地出
让收入的最大化，利用土地资源大规模招商引资，忽视企业同质竞争和
重复建设所带来的产能过剩问题，不仅使得作为开发商的房地产企业存
在产能过剩的潜在风险，而且极易造成地方企业经营困难，产生坏账、
烂账。这些因素都直接影响到银行的不良贷款率，造成房地产市场的动
荡（见图3—6），进而诱发银行等金融行业的危机。

2007—2016 年的 10 年间，我国房地产市场风险指数波动较大，但近
些年呈下降趋势，其行业风险总体可控。根据其变化趋势，大致可分为
三个阶段：一是 2007—2009 年度，其变化主要呈现出先降后升再降的态
势。这主要是受到金融危机的影响，造成房地产泡沫经济和产能过剩，

① 刘守英、蒋省三：《土地融资与财政和金融风险》，《中国土地科学》2005 年第 5 期。

因而房地产市场风险骤然攀升；随后，随着经济形势转好和国家相关政策的出台，其风险指数开始大幅下降。二是2010—2012年度，我国的房地产市场风险指数再次急剧增长，而后逐渐回落。其原因在于我国通货膨胀的经济形势下，房价高企、房产滞销，所以其潜在风险集中爆发；之所以有所回落则是受到国家与地方调控政策的影响，抑制了房地产等行业的通货膨胀形势。三是2013年至今，其风险指数先升后降，并且在进入2016年来基本保持稳定状态。受到我国经济下行与相对宽松的货币政策的影响，房地产市场风险增大；但是在央地财政政策调控下，通过诸如PPP模式等社会资本的引入，地方化解金融风险能力增强，对房地产行业的调控效果显著，因此风险指数开始趋于稳定。但是值得注意的是，与房地产投资和居民购房相关的银行业等金融机构经营风险则在近年来持续走高，步入高风险阶段（见图3—7）。

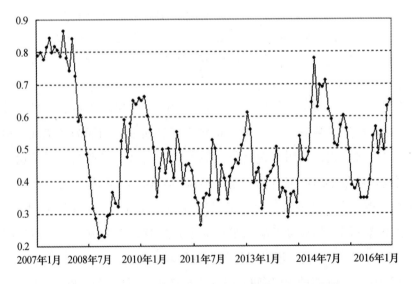

图3—7　2007—2016年度我国金融机构经营风险指数

资料来源：金融风险权威测算：《房地产仅中位金融机构处高位》，（2017 – 03 – 30）［2018 – 04 – 20］．http：//finance. ifeng. com/a/20170330/15273519_0. shtml。

　　一方面是由于地方政府土地储备贷款、开发性金融贷款的比重上升助推了"投资过热"，造成了地价上涨、房价攀升，使房地产泡沫堆积，并危及了银行信贷安全[1]；另一方面则是在中央政府对高房价的不断调控和打压下，二线、三线城市房地产去产能、去库存的压力加大，极易造成商业银行坏账率上升，诱发区域性金融风险。[2] 由此，央地出台的相关房地产行业政策，能够有效调控震荡的房价和房地产市场，使其风险相对稳定；但是其对于因房地产市场动荡所引起的金融机构经营风险调控能力有限，因而该风险指数反而总体呈上升趋势。

此外，政府长期以来对金融行业的深度控制和管理，使民间金融发展缺乏组织性和规范性，而地方领导干部出于地方经济发展、加快推进城镇化进程或者个人寻租等目的，不仅对区域经济金融活动干预十分明显，而且默许甚至纵容某些非法的金融活动。地方金融监管部门往往受制于地方经济发展，难以发挥事前和事中金融监管作用。[3] 而当地方融资出现危机时，地方政府不得不以土地作保成为非法融资方的连带责任人，这也加重了地方政府的财政负担。同时，在各地主导的征地卖地过程中，地方政府、房地产业、银行等金融业之间的利益关系错综复杂，且都会受到市场经济波动的影响。基于此，一旦房产滞销，企业资金便难以回笼，银行贷款亦无法偿还，地方财政尤其是土地财政急剧骤减，极易导致地方资金链条的断裂，诱发金融行业的信贷风险和经营风险。

二 土地财政的债务风险与政治风险

从事公共管理、提供公共服务、建设公共基础设施、发展经济等都是地方政府的基本职责和应发挥的功能，其发挥离不开地方财政的大力支持。然而在分税制财政体制下，土地出让收入成为各地最主要的筹资渠道，为城镇化建设提供最重要的财政支持。然而，土地财政由于受到国内外经济形势和相关政策影响，波动较大。而地方财政问题不仅仅是

---

① 周雪飞：《当前我国土地财政"倒逼金融"现象分析及对策研究》，《财政研究》2008年第 9 期。

② 周师迅：《防控风险倒逼地方金融监管体制改革》，《上海证券报》2016 年 9 月 14 日。

③ 周师迅：《防控风险倒逼地方金融监管体制改革》，《上海证券报》2016 年 9 月 14 日。

财的问题更是政的问题，其资金短缺则可能引发政治矛盾。[①] 因此，地方政府不仅加大了征地力度，而且以"土地信用"为担保大规模举债，以发展地方经济和推进城镇化进程，这又随之产生了较高的政府债务风险。

（一）债台高筑及其风险

当前，各地成立的融资平台公司和项目建设公司，纷纷以土地作抵押融资搞建设，并以地方政府的还款承诺即政府信用作支撑。[②] 因此，地方政府以"土地信用"为抵押获得大量信贷资金以支持城镇基础设施建设、维护和管理的同时，也由此派生出由政府兜底的巨额地方性债务。反过来，地方政府债务中土地储备贷款、开发性金融贷款比重上升助推"投资过热"，不仅加大了宏观调控的难度，而且使地方债务规模急剧膨胀，特别是层级越低的地方政府，其负债的相对规模也越大、债务风险越凸显。[③] 截至 2013 年 6 月，地方政府直接负有偿还责任的债务约为 108859.17 亿元，其中省级政府偿债占比为 16.3%、市级政府偿债比例为 44.5%、县级政府偿还债务的比例为 36.4%，而乡镇政府也要偿还 2.8% 的地方债务。由此，市县两级地方政府是偿还债务的主体，其地方财政面临着较大的偿债压力（见表 3—9）。

表3—9　　　　　　　　**2013 年 6 月底地方各级政府性债务规模**　　　　单位：亿元

政府层级	政府负有偿还责任的债务	政府或有债务	
		政府负有担保责任的债务	政府可能承担一定救助责任债务
省级	17780.84	15627.58	18531.33
市级	48434.61	7424.13	17043.70
县级	39573.6	3488.04	7357.54
乡镇	3070.12	116.02	461.15
合计	108859.17	26655.77	43393.72

资料来源：课题组根据审计署发布的全国政府性债务审计结果（2013 年 12 月 30 日公告）整理。

---

① 项继权、储鑫：《农村集体建设用地平等入市的多重风险及其对策》，《江西社会科学》2014 年第 2 期。

② 唐在富：《中国土地财政基本理论研究——土地财政的起源、本质、风险与未来》，《经济经纬》2012 年第 2 期。

③ 周雪飞：《当前我国土地财政"倒逼金融"现象分析及对策研究》，《财政研究》2008 年第 9 期。

在以土地出让收入兜底的地方投融资平台建设方面，地方金融监管部门无力协调，只能任由政府以土地出让收益为抵押向银行大规模举债。当土地价格下降或者土地无法出让时，地方政府就无法获得足够的土地红利用于偿还投融资债务，从而引发地方债务危机。根据审计署2016年公布的抽查数据，浙江、四川、山东和河南等省通过违规担保、集资或承诺还款等方式，举债余额为153.5亿元；湖南、山东、河南和广东等省则在委托代建项目中，约定以政府购买服务名义支付建设资金，涉及融资175.65亿元等。① 这些贷款的主体虽多为各地的地方融资平台（主要表现为地方城市建设投资公司），但是偿债资金却都由土地财政兜底，因而近些年的政府债务危机指数居高不下（见图3—8）。

2014年7月以来，我国政府债务风险指数虽有轻微浮动，但始终居于高位。之所以政府债务风险居高不下，一是因为地方政府为筹集城镇化建设资金，以土地出让收入为抵押向银行大量借贷，并大规模发行债券，产生了包括政府负有偿还责任、政府负有担保责任以及政府可能承担一定救助责任在内的巨额的地方债务。然而，地方政府不具备举债权限，也没有建立规范的债务偿还机制，对于债务偿还的时限、方式等内容更没有明确和统一的标准。② 所以，地方政府对于偿债的认知还停留在依靠上级政府或者中央政府的转移支付上，经常通过"借新还旧"的方式偿付到期的债务。这种行为实质上是对未来土地收益的过度透支，显然是一种不可持续的发展模式，非但未能有效遏制，且进一步扩大了各地盲目举债的不合理行为。此外，作为潜在的招商引资的空间主体的县级市和地级市等政府部门债务负担严重，影响其继续招商引资和发展经济的能力，造成土地出让的效果明显下降。

二是由于地方政府为了维护社会稳定，被迫不断提高征地补偿，因而越来越大的建设摊子和攀升的土地补偿成本使地方政府普遍陷入了严

---

① 国家审计署：《国务院关于2015年度中央预算执行和其他财政收支的审计工作报告》，中华人民共和国审计署网站，http://www.audit.gov.cn/n4/n19/c84954/content.html。其中，国家审计署在财政审计中重点审计了11个省本级、10个市本级和21个县的地方政府性债务情况。

② 李堃、张维风：《新型城镇化进程中县域政府债务风险防范分析》，《审计研究》2014年第3期。

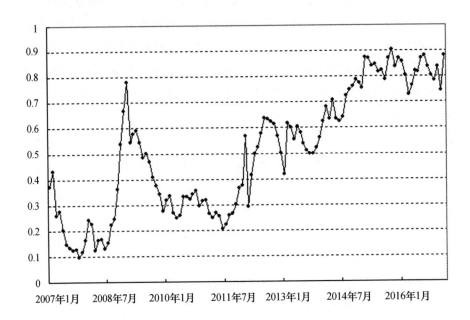

图 3—8　2007—2016 年度我国政府债务风险指数

资料来源：凤凰网财金频道，http：//finance. ifeng. com/a/20170330/15273519_0. shtml。

重的债务危机。[①] 为此，各地开始抽调土地融资平台本用于储备土地项目贷款的部分资金作为财政资金使用，并用土地抵押贷款，用于弥补其他城市建设项目资金缺口。[②] 加之，随着国家关于土地整治相关政策的出台，土地出让收入有所减少，地方偿债压力进一步增大。在这种现实情况下，扩大城乡房屋拆迁规模时被拆迁居民不仅无法得到充足补偿，而且隐蔽变相的大量融资借债也超出了合理的范围。[③] 因此，土地财政与地方债务之间陷入恶性循环的怪圈，政府债务亦步入高风险时期。

（二）干群矛盾及其风险

不可逆的城镇化之所以有突破性的进步，是因为随着信用体系的创

---

① 华生：《新土改土地制度改革焦点难点辨析》，东方出版社 2015 年版，第 44 页。

② 骆祖春：《中国土地财政问题研究》，博士学位论文，南京大学，2012 年，第 111—114 页。

③ 娄成武、王玉波：《中国土地财政中的地方政府行为与负效应研究》，《战略与决策》2013 年第 6 期。

新，未来的收益可以贴现至现在，致使土地资本的形成方式得以摆脱对过去的积累依赖，转向预期收益。① 但是，由于受到房地产市场调控政策的影响以及土地资源尤其是耕地资源瓶颈的约束，"后土地财政"时期已经开始，地方政府亦无法继续依靠土地性收入维持地方支出。② 因此，通过低价征地高价卖地获取"剪刀差"的卖地财政也越来越不适应地方经济发展和城镇化建设的要求。然而，在巨额的土地出让收入诱惑下，部分地方政府相对轻视农民的利益诉求，试图以空泛的政治说教化解征地卖地过程中的利益纠纷，甚至通过高压的方式把抗争群众排斥在体制性的利益表达之外③，致使政府公信力和行政能力下降，政府与群众之间的矛盾和冲突激化。

与此同时，在18亿亩耕地红线的约束下，地方政府开始转向加大城市已有土地的使用效率与投资强度，制度性的将城市变高，但却在客观上造成了居民对高房价的抗议与抵制，从而引发政治风险。④ 加之"摊大饼"式的土地财政发展模式造成了权力的异化，损害了政府的群众基础，亦导致了政府信用的缺失。尽管中央三令五申土地流转必须依法、自愿、有偿进行，但在实际操作中，一些地方政府往往从现实政绩出发，直接操控土地流转，损害农民利益。有的以权力剥夺农户的自主决策权，把农民排除在流转过程之外；也有的以土地规模经营为借口，用行政命令强行收回农民的承包地搞"反租倒包"；还有与民争利，随意克扣农民的转包收益等。

尤其是在法制仍不健全的条件下，通过征地卖地发展经济和推进城镇化建设，极有可能出现权力、资本及黑恶势力勾结来掠夺农民土地财产的风险，导致严重的政治问题。⑤ 譬如，商业房地产较道路、学校等公

---

① 赵燕菁：《土地财政：历史、逻辑与抉择》，《城市发展研究》2014年第1期。

② 王玉波：《"后土地财政时代"地方政府角色转变与公共财政体系重构》，《改革》2013年第2期。

③ 于建嵘：《利益博弈与抗争性政治——当代中国社会冲突的政治社会学理解》，《中国农业大学学报》（社会科学版）2009年第1期。

④ 骆祖春：《中国土地财政问题研究》，博士学位论文，南京大学，2012，第96页。

⑤ 项继权、储鑫：《农村集体建设用地平等入市的多重风险及其对策》，《江西社会科学》2014年第2期。

共基础设施和经济适用住房的收益更高，可以增加地方税收且土地征售间的价差较大，因此土地政府"圈地运动"愈演愈烈。① 这不仅会影响中央和地方农地改革等各项政策的执行效力，而且会弱化农民对各级政府的信任和政治认同，严重削弱党和国家的权威和公信力。

此外，粮食安全问题也会影响到政治稳定。一是在我国的粮食主产区，土地流转后的"非粮化"危及粮食生产。由于过分追求市场化利润和土地产出率，一些粮食主产区的流转土地，有的由传统的粮油生产转向发展高效农业，也有的用于良种繁育，土地流转的"非粮化"的倾向，不仅会使土地肥力下降，田间水利设施、灌溉系统、土壤层也将发生改变甚至破坏。二是土地流转后的"非农化"危及粮食生产。大部分地区仍然存在通过"以租代征"等变相的土地流转形式非法将耕地转化成建设用地的现象，如果这种"非粮化""非农化"趋势进一步加剧，势必影响到国家的粮食安全，进而影响到民众的日常生活、社会的和谐和经济的持续发展，最终影响国家的政治稳定和国家战略安全。

三　土地财政的社会风险与系统风险

随着国家现代化程度的不断提高，市场化进程的快速推进，社会分化的程度日益严重，各类社会问题层出不穷，社会矛盾与日俱增，社会面貌已经不再如常——传统的常态社会，社会风险时常处于临发状态，面对经济下行引起的种种社会稳定问题，各级政府除了调整经济结构和优化利益分配之外，更要将维稳视作其主要行动目标。这种应对思路虽然也解决了一些问题，但其亦具有系统性的风险和潜在的隐患。② 因此，在推进"人—地"城镇化进程中，社会风险和系统风险应引起足够的重视。

（一）土地红利分配与阶层分化

土地财政的形成是有其较强的经济与政治动因的。地方政府极度热

---

① 陈明：《"土地财政"的多重风险及其政治阐释》，《经济体制改革》2010年第5期。

② 于建嵘：《经济下行背景下的社会稳定问题》，《华中师范大学学报》（人文社会科学版）2017年第3期。

衷于大量征用农村土地,现实后果是大量既"失地"又"失业"农民的存在,危及社会和谐与安定发展。[①] 在传统观念中,土地是农民的"命根子",而随着城镇化的推进,每征用 1 亩耕地,就会产生 1.5 个失地农民。[②] 这些失地农民因土地权益受损、缺少后续的安置保障,逐渐沦为城镇的边缘群体[③],加之其在劳动力市场上不具备竞争优势,再就业难度较大。因此,失地农民转型困难,且极易失去稳定的经济来源,引起其强烈不满。与此同时,土地财政助推房价过高乃至"天价"已成为当前一个非常突出的社会问题,更是加剧了城市居民购房困难与社会分化,导致社会贫富差距不断拉大,社会矛盾日益尖锐。[④] 所以,土地流转后农户极易失去基本的生活保障,这在相当程度上影响民心的安定。

基于此,土地财政所引发的社会风险,主要体现在土地红利分配和社会阶层分化两个方面。前者指地方政府在现有财政压力下和自利性膨胀影响下,最终选择了自身可支配收入的最大化,忽视了失地农民的合法利益,使他们成为社会不安定的核心力量。[⑤] 据不完全统计,近年来与土地相关的群体性纠纷事件呈现递增趋势。而在城镇化推进过程中,以土地资源为依托的巨额土地出让收益被地方政府牢牢握在手中,并成为城市维护建设支出的主要来源。而在完善城镇基础设施的同时,地方政府却牺牲了农民利益、压缩了农业和农村的发展空间,这势必会造成巨量的农村资源和资金流入城市[⑥],加剧城乡发展的失衡,导致工业与农民之间发展的不协调。

后者则是透过与土地财政密切相关的房地产行业反映出来的,即富

---

① 娄成武、王玉波:《地方政府土地财政公共治理变革研究》,《当代财经》2011 年第 10 期。

② 王慧博:《失地农民市民化社会融入研究》,《江西社会科学》2011 年第 6 期。

③ 刘建平、杨磊:《中国快速城镇化的风险与城市治理转型》,《中国行政管理》2014 年第 4 期。

④ 骆祖春:《中国土地财政问题研究》,经济科学出版社 2012 年版,第 196—197 页。

⑤ 骆祖春:《中国土地财政问题研究》,博士学位论文,南京大学,2012 年版,第 114—115 页。

⑥ 项继权、储鑫:《农村集体建设用地平等入市的多重风险及其对策》,《江西社会科学》2014 年第 2 期。

裕阶层通过"买房—炒房—卖房"积累了大量财富，而普通群众特别是贫困农民在高房价的压力下，背负沉重的贷款甚至无力购买住房。而地方政府作为公共利益的代表，理应控制房价过快上涨，但是在攀升的地价和平抑的房价矛盾之间，地方政府往往难以做出决策①，甚至牺牲居民利益来谋求地方经济的增长。因此，由土地财政助推所形成的高房价进一步拉大了我国的贫富差距，也激化了不同社会阶层之间的矛盾冲突，造成了贫困阶层对社会的怨恨和不满。

与此同时，长期以来我国实行城乡二元分割的结构体制，重城轻乡、重地轻人的土地财政支出结构进一步加大了城市和农村、市民和农民以及土地城镇化和人口城镇化之间的矛盾。地方政府在推进城镇化的过程中，违法违规征地的状况层出不穷，特别是对农地未批先用、对农民未依法补偿的问题十分突出。这些问题之所以未得到妥善解决，与集权体制下地方政府权责失衡、财力不足所导致的社会保障功能缺位密切相关。而该问题的直接后果是造成了大量由土地纠纷引发的上访事件。

尽管各地不断加大对失地农民的征地拆迁补偿补助力度，但是不同区域之间、城郊地区与偏远农村之间的补偿价格差距颇大，造成补偿金额较少的被征地农民心理失衡严重。据统计，群体性上访事件六成与土地有关，其中土地纠纷已成为税费改革后农民上访的焦点，占到社会上访总量的四成。② 而每年因征地拆迁引发的纠纷达到 400 万件左右，而征地补偿纠纷则占到土地纠纷的 84.7%。建设部 2004 年公布的统计数据显示：截至上半年，征地拆迁上访人数共计 4026 批、18620 人，其中集体上访 905 批、13223 人，个体上访 3121 批、5397 人，已超过 2003 年全年的 3929 批、18071 人。③ 而到了 2015 年，国家信访局公布的 50 个信访事项中，农村征地和城镇拆迁问题一度到达了七成④，基层维稳压力进一步增大。

---

① 骆祖春：《中国土地财政问题研究》，博士学位论文，南京大学，2012，第 115 页。
② 刘守英、周飞舟、邵挺：《土地制度改革与转变发展方式》，中国发展出版社 2012 年版，第 187 页。
③ 建设部：《今年上半年征地拆迁上访超过去年总量》，《人民日报》2004 年 7 月 5 日。
④ 刘雪玉：《督查组不是"钦差"地方督查不能靠压服》，《京华时报》2015 年 9 月 28 日。

近年来，随着土地价值日益显化、土地增值收益迅速攀升，围绕土地利益的争夺亦不断加剧。[1] 由于政府在国家治理中的公共权力已经非常充足甚至超越了市场的边界[2]，地方政府甚至村干部利用其行政权力主导了征地卖地的整个过程，并且与民争利，因而与土地收益相关的贪腐案件的发生频率始终较高。譬如2009—2012年，江苏省检察院在查出的村干部贪腐案件中，约七成涉及征地拆迁问题，所以由土地流转引发的群体间的纠纷与矛盾越来越多，土地违法案件居高不下（见表3—10），维护社会安定的压力增大。

表3—10   2001—2008年土地违法情况

年度	土地违法案件数 （件）	涉及土地面积 （公顷）	平均每件土地违法案件涉及的土地面积（公顷/件）
2001	130129	26465.1	0.203
2002	115529	27737.2	0.240
2003	125636	51711.8	0.412
2004	83916	70130.4	0.836
2005	79841	43041.1	0.539
2006	90340	69558.9	0.770
2007	92347	80873.1	0.876
2008	60100	46700.0	0.777

2001—2008年，尽管土地违法案件总数逐年下降，但是涉及的土地总面积波动较大，且平均每件土地违法案件涉及的土地面积亦呈总体上涨态势。中央政府虽长期打压土地违法，却并未减少土地政府的这一行为。地方政府在财政压力下，面对"土地银行"的诱惑，滋生出花样翻新的手段来侵占土地，即使要在对土地出让收入的追逐中付出很大的社会成本。[3] 与此同时，土地出让收入每增加1%，会诱发土地违法案件数

---

[1] 刘守英、周飞舟、邵挺：《土地制度改革与转变发展方式》，中国发展出版社2012年版，第187页。

[2] 陈明：《"土地财政"的多重风险及其政治阐释》，《经济体制改革》2010年第5期。

[3] 骆祖春：《中国土地财政问题研究》，经济科学出版社2012年版，第197页。

量增加 0.4917%，涉及的违法土地面积将增加 0.6823%。[①] 从已查处的案件来看，因土地征用补偿款等土地收益资金数额巨大，逐渐成为少数村官贪腐作案最严重的领域。据统计，江苏省检察院 2009—2012 年查办的村干部中，约 70% 涉及征地拆迁领域；深圳市龙岗区"村官"周伟思，在旧城改造项目中"坐地生财"，收受贿赂上千万元。

此外，尽管明确规定土地出让收益需要拿出 3 个 10% 用于教育、农田水利和保障房建设，但是近年来土地财政波动较大且"收不抵支"问题突出，加之地方债务沉重，因而地方政府对于教育、农田水利和保障房建设并不重视，反而加大招商引资，吸引房地产企业投资并以土地红利兜底大规模向银行举债。显然，土地出让支出结构的不合理，限制了地方财政对城乡基础设施建设、教育投资等具有公共性质产品的支出规模。加之 2013 年开始各种成本（拆迁、三通一平的基础设施投入等）占比上升很快且已接近 80%，因而在扣除成本后土地收入占地方财政收入的比重下降很快，土地财政空间正在被挤压。[②] 这些都势必会造成地方财政资金的短缺，导致公共设施和公共服务项目建设停滞，从而影响社会稳定，诱发社会风险。

（二）地方常态发展的系统风险

当前，世界经济复苏乏力、我国经济下行压力依然较大的实际，给我国市场经济良性、有序运行带来了极大的挑战。地方经济不景气、城镇化建设进入瓶颈期，也是各地政府普遍面临的现实问题。为弥补地方收支差距、筹集建设资金，地方政府仍然把土地出让收益作为最主要的财政来源和筹资渠道，甚至不惜透支未来的土地收益，形成了前人卖地、后人维护的发展模式。由于土地财政与房地产企业、商业银行等利益主体挂钩，甚至牵一发而动全身，因而过度和不当的政治和行政干预常常造成不良贷款，使金融机构背负沉重的包袱，难以为继，演变成系统性风险。加之地方政府融资能力受房地产市场波动影响较大，且极易因债

---

① 龙开胜、陈利根：《中国土地违法现象的影响因素分析——基于 1999 年—2008 年省际面板数据》，《资源科学》2011 年第 6 期。

② 《访国务院发展研究中心市场经济研究所副研究员邵挺》，《中国经济时报》2014 年 5 月 19 日。

务违约导致系统风险，其后果不会小于收税财政曾带来的"大萧条"和"金融风暴"。[1] 由此，土地财政发展模式面临着严峻的考验和挑战。

随着城镇化建设成本的持续攀升，地方政府对土地财政的依赖程度不断增加。而在未来经济形势不明的情况下，一旦土地出让收益不足以弥补地方债务、支持城镇化建设支出，会直接影响地方财政、房地产市场和金融市场的稳定。为了偿还地方债务和完善城镇基础设施建设，地方政府不得不加大征地卖地力度，并再次向银行举债。但是，土地资源的有限性和土地出让收益的不可持续性并不能长期支撑起城镇化建设，而商业银行也因受金融形势影响无力提供大量贷款，加之地方政府规避风险意识不强，共同造成了地方财政紧缩，从而威胁到地方政府的正常运行。

总之，地方政府土地收益与风险的不对称性，加剧了系统性风险的产生。地方政府利用低价征地高价卖地的土地财政发展模式，获得了显而易见的收入。其以土地为依托，不仅能够大规模地招商引资、发展经济，而且将土地红利用于城镇基础设施建设和对失地农民的补偿和补助，实现了快速的土地城镇化过程，也促进了人口城镇化的发展。但是，土地资源的有限性和土地出让收入的不可持续性，并不能长期支撑起城镇化建设，加之部分地方政府对土地财政风险的认识不足，无法及时应对土地出让收支波动变化引起的债务风险、金融危机，也不能有效化解政府与农民在征地、拆迁中的矛盾和利益冲突，放大了社会的不和谐问题。这些潜在矛盾和风险的激化，对政治、经济和社会的发展都是沉重的打击，也刺激了系统风险的产生。

---

① 张平：《后土地财政时代我国地方政府偿债问题研究》，《当代财经》2013 年第 1 期。

第 四 章

农业转移人口市民化的成本及分摊

市民化本质上即是人口城镇化过程。人的城镇化，即是农业转移人口的市民化，"实际上是变农村户籍人口为城镇户籍人口，或变农业人口为非农业人口"[①]，即由农村居民变为城市居民的人口居住分布变动的过程。在这个过程中，"农村人口离开土地和农业生产，向城镇/城市转移并在城镇/城市从事非农产业"[②]；与此过程同期，"农业转移人口的市民化必然带来文化的交融"[③]，引发"农转城"人口在意识、行为和生活方式等方面的变化。具体来讲，就是在身份、地位、价值观念、社会心理、工作方式、生活方式、行为方式与交际方式，以及居住状态、社会保障、公共服务等诸多方面将转换成城镇居民的状态。

农业转移人口的市民化既是一项复杂的系统工程，也是一个比较漫长的历史转变过程，不仅包括在空间分布上的城镇居住格局的调整、所属职业分类的非农化，而且包括一系列软性要素的变迁，诸如农民与市民角色意识的切换、生活生产思想观念的变化、城市社会权责的履行以及行为模式的转移，是一个多元化、多层次的整体性的转型历程。然而，这个过程的实现需要付出一定的代价，称为"成本"[④]，即农业转移人口

---

① 刘铮：《人口理论教程》，中国人民大学出版社 1985 年版，第 251 页。

② 姜作培：《从战略高度认识农民市民化》，《现代经济探讨》2002 年第 12 期。

③ 我国农村劳动力转移与农民市民化研究课题组：《农民市民化的趋势与国内相关理论学派的主张》，《经济研究参考》2003 年第 5 期。

④ 随着社会的发展，成本概念的外延和内涵都处于不断的变化之中，凡是经济资源的牺牲都可看作是成本。因此，成本可以是货币化的或非货币化的，也可以是有形的或无形的。

市民化的成本。对国家与社会整体而言，农业转移人口市民化的成本受经济、政治与文化、制度性和非制度性等诸多因素的影响，与其群体自身的切身权益和国家社会的整体发展密切相关。

因此，本章通过对我国农业转移人口市民化成本的内涵和外延的介绍，以及对于其成本构成的分析，根据 2011—2015 年的相关统计数据，对我国 2016—2020 年度农业转移人口市民化的成本进行了简要测算，剖析了影响市民化成本的主要因素，结合国内外农业转移人口市民化成本分担的实际案例，以期探索出适合我国农业转移人口市民化成本的分摊机制，找到可供政府决策层识别，并能够有效利用宏微观政策导向，从而促进农业转移人口合理、健康与有序地向城镇、大中小城市流动，为新型城镇化的持续、深入与全面地发展提供经验借鉴和理论参考。

第一节　市民化成本的测算基础

不同于西方国家市场主导的城市化现象，我国的人口城镇化的进程，是以农业转移人口为主体的市民化过程，且呈现出更为"内卷化"① 的特征。这种特征可以概括为两点：就制度而言，农业转移人口被称为"农民工"，该体制是旧有的城乡二元制度在城市地区的复现，对于农民工体制修修补补，难以实现实质性的制度突破；就阶层而言，农业转移人口本身只是社会主义市场转型期的一种过渡性的身份，但却出现身份逐渐凝固化的发展态势。② 正由于这种特征的存在，使得我国农业转移人口的市民化进程具有了特殊的"两步转移"现象，长此以往，也使得农业转

---

① "内卷化"概念最初由美国人类学家戈登维泽（Alexander Goldenweiser）提出，后经格尔茨（Clifford Geertz）发展，用来描述社会文化发展迟缓现象。具体概念是指一种文化模式达到某种最终形态以后，既没有办法稳定下来，也没有办法转变到新的形态，取而代之的是内部不断变得更加复杂。也就是说，某一现象或问题在外部扩张条件受到严格约束情况下，内部变得不断精细化和复杂化的过程。

② 甘满堂：《农民工改变中国——农村劳动力转移与城乡协调发展》，社会科学文献出版社 2011 年版，第 272 页。

移人口的市民化成本逐渐变成新型城镇化发展进程中的重点和焦点问题。本小节系统分析了农业转移人口市民化的成本界定与内涵构成，为农业转移人口市民化的成本测算和政策制定奠定基础。

一　市民化成本的研究基础

农业转移人口的市民化既是农业剩余劳动力在全国范围和第一、第二、第三产业部门之间的要素流动和资源再分配的过程，也是社会人口结构在经济发展、制度变迁过程中的宏观刻画，具有不同时期经济发展与社会进步的鲜明时代烙印。农业转移人口的市民化成本是农业转移人口个体与社会对人口结构性转化过程所付出的系列代价，关于市民化成本的研究就自然成为国内外备受关注的议题。

（一）国内外研究进展

Schults 认为"劳动力在向城镇迁移的过程中会产生交通、住房、生活、心理等成本，这些成本既包括货币化的成本，也包括非货币化的成本"[1]。Castells 认为政府应该承担公共成本，即政府应该提供类似于公共住房、交通、学校等公共物品，因为"具有社会福利性质，私人资本不愿投资，政府就应该成为主要的提供主体"[2]。Cheng，T. 与 Selden，M. 认为"政府通过维持农村移民在城市中的农民工身份来减少自身和企业的成本支出"[3]，从而造成这些农民工与城市居民在公共服务、就业、住房和子女教育等方面的福利差异。Rob Potter 认为"乡村人口向城镇迁移并最终市民化的过程中会在居住、教育、医疗等方面产生相应的社会成本"[4]。

Yoshitsugu Kanemoto 指出应借鉴日本的经验，进行户籍制度和社会保

---

① Schults T. M. , "Investment in human capital" *American Economic Review*, Vol. 51, No. 1, 1961, pp. 1 – 17.

② Castells, *The Urban Question*, London: Boward Anol, 1977, pp. 461 – 462.

③ Cheng, T and Selden, M. , "The origins and social consequences of China's hukou system", *The China Quarterly*, No. 139, 1994, pp. 644 – 668.

④ Decsai V. and Potter R. , *The companion to development studies*, Hodder Education, 2008, pp. 252 – 256.

障制度改革，"保障农民工与城市居民在养老、医疗和失业等社会保障方面"[1] 的同等待遇，帮助其就业，利用财政拨款的方式提供住房补贴。Wong Tai‑chee，Guillot Xavier 等人认为应借鉴新加坡的移民经验，借由政府实施"居者有其屋"的住房保障计划，在政府补贴的同时，同步建立"政府、企业和个人共同分担住房成本的成本分担机制"[2]。R. Harris 和 C. Giles 提出"由政府建设大量过渡性住宅，向包括转移到城镇的农村人口在内的贫困人口出租，并给予政府津贴，结合金融、法律及制度等综合性的扶持，以拉低房屋支付价格，来帮助他们拥有自己的城市住房"[3]。Charles L. 和 Chonguill 提出解决农业转移人口的市民化成本，必须"给予农村移民在内的贫困人口以家庭为单位的住房，同时消除城镇居民对这些群体的歧视心理，避免在经济和政治上被边缘化的情况"[4]。

　　国外对于城市化进程中的农村居民转移过程的研究比较有限，对于成本的论述也多集中在政府与社会、个人成本的理论研究中，最后落实措施也仅仅止于政府公共财政的补贴行为，其原因不难推测，乃是由于国外，尤其是西方发达国家经历了较长的现代化历程，城镇化发展的速度和人口转移的速度较为均衡，且特殊的城乡制度使得农业转移人口市民化的成本问题几乎难以成为受到关注的问题，而我国则有所不同，这表现在国内学者的研究视角中。如表 4—1 所示。

表 4—1　　　　　　　市民化成本的主要界定：代表、年份、内涵

研究者	年份	内容界定
中国科学院	2005	将"成本"概念用于城镇化，这是我国首次从成本视角研究城镇化问题

　　① Yoshitsugu Kanemoto, " The Housing Question in Japan", *Reginal Science and Urban Economics*, Vol. 9, No. 27, 1997, pp. 613 –641.

　　② Wong Tai‑chee and Guillot Xavier, *A Roof Over Every Head: Singapore's Housing Policy between State Monopoly and Privatization*, IRASEC Sampark, 2004, p. 89.

　　③ R. Harris and C Giles, " A Mixed Message: The Agents and Forms of International Housing Policy", *Habitat International*, No. 27, 2003, pp. 167 –191.

　　④ Charles L. , Chonguill, "The Search for Policies to Support Sustainable Housing", *Habitat International*, Vol. 31, No. 3, 2007, pp. 143 –149.

续表

研究者	年份	内容界定
范红忠	2006	将农业转移人口市民化成本分为私人成本和政府成本（医疗保险、养老保险、子女教育等社会保障和福利以及城市的基础设施费用）
杨轾波	2007	对江西省农业转移人口市民化成本进行了研究，将农业转移人口市民化成本划分为"基础成本—收益指数、生活成本—收益指数、空间成本—收益指数、智力成本—收益指数构成"四种
张国胜	2008	提出了"农业转移人口市民化成本的概念"
张国胜	2009	从公共财政的视角出发，正式提出了"农业转移人口市民化成本分担"的理论
国务院发展研究课题组	2011	认为应完善就业、创业制度和就业培训制度，提高农业转移人口进入城市的人力资本
张华	2012	中央政府、地级政府以及农业转移人口自身按比例分担相应的成本比例为 5:3:2
辜胜阻	2013	通过实地调研，将农业转移人口市民化成本分为六项，分别是随迁子女教育成本、医疗保险成本、养老保险成本、保障性住房成本、社会管理成本以及其他社会福利及保障成本
苟兴朝	2014	从政府（包括中央政府和地方政府）、企业和农业转移人口个人三方面构建成本分担机制，探讨运转该机制应该处理好的各种关系，并研究所需要的制度创新和改革
吴国培 吴 伟 方晓炜	2015	主要从市民化成本分担方面对市民化成本进行了研究，对政府、企业和农业转移人口三者的分担比例做了界定，分别占总成本的比重为 25%、20% 和 55%
王敬尧 叶成	2015	从地方财政视角下研究农业转移人口市民化成本，将其分解为私人消费成本与公共福利成本
何玲玲 蔡炉明	2016	以研究综述的形式对农业转移人口市民化成本进行了解析

在当前阶段性研究中，"农业转移人口"及"农业转移人口市民化"的含义界定，大体是以时空变化为轴，从中央文件或学术论文中找出"概念"的"源"提出时间，并从概念含义的演变过程进行渐进意义上的界定。如"农业转移人口"的称谓最早可以追溯到2010年度的中央经济工作会议，经历了"农村剩余劳动力—农民工/新生代农民工—农业转移人口"的名称转变，与其同步发生了内涵的变化。当前学术界对农业转移人口市民化概念内涵的叙述虽有所区别，但多是以身份转换、职业变化、生活方式、思想文化、制度认同、社会支持以及迁移理论等作为概念的界定要素。[①]

就此看，"农业转移人口"概念比较含蓄和中性，亦具有"阶段性"的特征，大都是从"农民工"一词逐渐演变而来，但概念的外延要比"农民工"更为宽泛。"农业转移人口"就是指潜在的"城市市民"，在成为城市市民之前的"农村居民"或者具有成为"城市市民"意愿的"农村居民或非农产业从业者"，均可以被纳入"农业转移人口"的概念范畴。基于此，户籍仍属农村，但已经从农村地区迁移到城镇区域工作生活或在农村与城镇区域之间流动的人口是"农业转移人口"最有可能实现市民化的主体。

国内大多数学者对于市民化成本问题的研究逻辑，大致都沿着"含义归纳—成本分类—测算方法—分担机制"的研究线索次第展开。本书也是依循此思路，首先需要明确当前学界对于农业转移人口市民化的成本的概念界定和分类构成。

农业转移人口市民化目的是让农转城人口在就业、就学、就医等社会保障方面与城市居民享有同等待遇，这是一系列基本权力保障和公共服务享受实现的过程。实现这个过程需要支付一定的"成本"。[②] 我国人口城镇化进程缓慢的主要原因是转移的经济成本较高，科学地界定农业转移人口市民化成本的概念显得尤为重要。

---

① 邱鹏旭：《对"农业转移人口市民化"的认识和理解》，人民网，http：//theory. people. com. cn/n/2013/0313/c40537－20778267. html。

② 成本是经济学的一个基本概念。在经济社会中，资源是相对稀缺的，人们为了获得一定的资源必须支付一笔费用或代价，这就是"成本"。

（二）农业转移人口市民化成本界定与构成

农业转移人口市民化成本，即农村转移人口在向城镇迁移、户籍由农业向非农转变过程当中，所需要付出的人力与物力。从广义上来讲，农业转移人口市民化成本是城镇/城市增加每单位人口时所附加的成本。也就是，指要将初始覆盖城镇本地区域户籍居民的基本公共服务，均等化地扩展覆盖到离土、离乡的农村居民及其随迁家属，并保障其特殊权益而额外需要的投入。[①] 也可以理解为，是为了实现农村转移人口在城镇得以定居，所需要进行的各项经济投入，即要让农转城人口享有与本地市民同等权利和公共服务所需的最低资金量。

在研究之初就有学者提出，农业转移人口市民化过程中产生的高昂费用，需要农业转移人口个体和政府共同承担。由此，农业转移人口个体及其家庭所支付承担的成本便称为个人成本，由政府或社会整体承担的相应就是社会或公共成本。就个体成本的内涵作具体划分，则包括进城迁移成本、城市生活成本、城市教育成本以及就业机会成本、城市社会保障成本和住房成本等，这是农转城人口在向城市市民身份转化的过程中，个人及家庭所必须支付承担的成本。社会成本或政府成本等公共成本，则涵盖公共基础设施建设成本、社会保障成本以及公共服务、生态环境等城市内功能要素的资源投资成本，这是企业、移居所在地政府与中央政府必须支付的各类费用。

值得注意的是，公共成本和私人成本这两部分的成本应当由不同的主体进行分担，而研究市民化成本的意义恰好就在于将各类成本细分至各个不同的类目，从而便于政府对其过程成本的控制。因此，除了按照成本性质将农民市民化成本划分为公共成本和私人成本之外，还有的学者依据投入来源的差异，将其解析为一般性成本和制度性成本（见图4—1）。"由于专家学者对农业转移人口市民化成本的构成有不同理解，使得如何划分市民化成本的具体类型莫衷一是，至今还未形成统一的农业转

---

① 申兵：《"十二五"时期农民工市民化成本测算及其分担机制构建——以跨省农民工集中流入地区宁波市为案例》，《城市发展研究》2012年第1期。

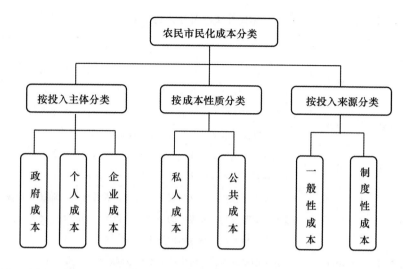

图4—1　农民市民化成本分类

移人口市民化成本划分标准及依据。"① 但就多种研究来看，当前大多数学者都是从人的城市化/城镇化的角度和起点来分析的，认为农业转移人口市民化成本大体可以分类为两个组成部分，即个人成本和公共成本。②

　　但从实际操作中，必须考虑如何对承担主体的市民化成本进行具体划分，即政府、企业、个人承担的配比和成本类型。③ 此问题成为学界争论的焦点，具体内容如表4—2 所示。

---

　　① 陈映芳：《"农民工"制度安排与身份认同》，《社会学研究》2005 年第 3 期。

　　② 文军：《农民市民化：从农民到市民的角色转型》，《华东师范大学学报》（哲学社会科学版）2004 年第 3 期。

　　③ 政府成本主要表现为政府为市民化的农民（即新市民）提供各项公共服务、社会保障和基础设施新扩建等而需增加的财政支出。个人成本主要指农民个人及其家庭在城镇定居需要支付的高于若仍在农村会发生的生活和发展费用。企业成本，是根据国家新劳动合同法规定，企业必须为所聘员工提供必要的劳动条件、劳动保护、福利报酬，并依法为劳动者缴纳社会保险。一般性成本是指在农民市民化过程中，纯粹由于身份转变所导致的生活方式、消费方式转变而带来的费用增加。主要包括农民工市民化后为了维持在城镇的正常生活而必需的水、电、气、交通、通信、食物、文化娱乐、住房等方面的支出。制度性成本是指在农民市民化过程中，由于城乡二元制度的存在而引起的费用支出。它主要由制度性直接成本和制度性机会成本两部分构成。私人成本主要集中在与城市居民享有同等的生活水平所支付的生活费用，公共成本包括城市基础设施建设成本（包括城市建设维护费和公共管理服务费）、随迁子女的教育成本、社会保障成本（包括养老、医疗和失业保险成本）等。

表4—2　　　　　　　　　　　市民化成本研究分类

研究者	年份	构成内容
中科院	2005	将市民化成本分为公共成本与个人成本。公共成本是基础设施成本、教育成本、社保成本，个人成本如生活成本、居住成本等
范红忠	2006	私人成本和政府成本（涵盖医疗、养老等社会保障和子女教育等公共福利，以及城市建设和运营的基础设施费用）
张国胜	2008	个人成本［包括生活、住房、社会保障（个体）等成本］和公共成本（如城市的基础设施建设、城市提供公共服务的费用等）
黄琨	2011	一般性成本（包括城市基础设施的成本、农转城人口随迁子女教育的成本、城市公共管理服务的成本、社会保障的成本及社会公共福利的成本）以及制度性成本的支出
许玉明	2011	主要分为制度成本、城市生活成本和心理成本三大类
曹兵 郭玉辉	2012	私人发展成本（是指农转城人口私人生活成本和城市居住性住房成本）与公共发展成本（分为社会保障成本和市内基础设施建设成本）
张占兵	2014	公共成本：随迁子女的教育支出、社会保障支出、保障性住房支出、就业服务支出

　　基于此，无论是从成本承担的对象与成本自身的性质，还是考虑了可量化的有形成本，与不可量化的无形如机会成本和心理成本，也不论是将其分类为当期成本与远期成本，实际上，前述学者们对农转人口市民化的成本构成所存异议略小。总体而言，研究者们都偏重于从经济角度进行分析，而且是以"市民化"后（假定成为所迁居城市的市民之后）的实际成本来进行量化测算。

　　结合上文分析，在进行成本分析时，本书坚持依循学界主流观点依照"负担主体"，将农转人口的市民化成本分为个人成本和公共成本两类。并定义个人成本为：由农业转移人口个体及其家庭分担的成本；公共成本：农业转移人口市民化过程中给政府（中央政府和迁居所在地政府）、用工企业等社会主体带来的费用支出，在承担责任上由政府和企业承担。具体如表4—3所示。

表4—3　　　　农业转移人口市民化公共成本组成部分

成本构成			具体内容
个人成本	个人生活成本		指在农转人口在城市生活中的用水、用气、用电、交通出行等生活方面的基本开支
	个人机会成本		由于转型成为市民后放弃农村土地经营权后产生的，是农转人口在农村享有的农业生产、兼业经营等所带来的收益
	个人住房成本		是农转人口在城市化过程中为获得房屋居住权而必须支付的房租或者费用
公共成本	城市公共设施成本		指转型为城市居民后，再随着城镇人口的增加，在城市的水电、交通等基础设施建设与运营领域所进行的财政支出
	随迁子女教育成本		指的是农业转移人口及其随迁子女，进入城市后享有与城市居民同等受教育水平和教育环境所需要承担的成本
	社会保障成本	养老保险成本	主要是指农业转移人口从农村到城市就业，转变为城镇职工所增加的养老保障的成本
		医疗保险成本	是指农业转移人口进入城市之后，迁居所在地政府就医疗卫生服务等公共福利而进行的财政结构支出
		社会救助成本	是指政府维持低收入农业转移人口基本生存和生活所贴付的成本，从一定程度上可以简单认为就是低保成本

二　测算方法与市民化资金需求

近年来，在我国，农业转移人口虽然实现了地域的转移和职业的转换，但是绝大多数尚未实现身份的转换，究其原因乃是因为市民化过程涉及农业转移人口市民化的巨大成本如何分担的问题。人的城镇化进程中，市民化成本的测算由此成为农业转移人口市民化研究的核心，自2000 年起，诸多学者围绕成本构成、成本测算和成本分担等问题进行了积极探讨。

梳理现有研究文献，可以从测算的规模方面分为全国层面的宏观测算和地域层面（主要大城市和省域）的成本测算，其主要观点如表4—4所示。

表4—4   农业转移人口市民化成本测算：全国层面

研究者	年份	测量结果（万元）	测度指标
中科院	2005	1.5	每进入城市一人，需公共财政支付1.5万元
建设部调研组	2006	大：6；中：3；小：2	每增加一个城市人口需增加市政公用设施配套费（不含运行和管理成本）
张国胜	2009	沿海一代：10 二代：9 内陆一代：6 二代：5	主要分为生活成本、智力成本、公共发展成本、住房成本、社会保障成本
中国发展研究基金会	2010	10	包括城市基础设施成本与养老保险成本年支出额、医疗保障成本、教育成本以及住房保障支出和公共管理成本
周小刚	2010	3.6	包括城市基础设施成本、养老保险成本年支出额、人均医疗保障成本及其人均失业保险金支出成本、农转城人口随迁子女转为城市市民子女的人均教育成本支出、城市的人均公共管理成本
国务院发展研究课题组	2011	8	包括义务教育（包括中小学生与校舍建设）、居民合作医疗保险、基本养老保险以及民政部门的其他社会保险（包括意外伤害保险、低保与医疗等救助、妇幼保健、孤寡老人扶助等）和城市管理费用和住房费用
周晓津	2011	5.6	指（本市居民预期人均寿命－农民工市民化时的年龄）×城市居民人均年消费支出金额。该成本为2006年进入广东的农转城人口一生需支付的市民化成本
刘洪银	2013	1.3	研究了新生代农业转移人口市民化地级市政府所承担的成本，得出全国平均为1.3万元/人

　　全国层面的农业转移人口市民化测算主要是围绕政府支出和社会承办两个方面展开，多数学者主张政府是最大的成本分担主体，通过事权来划分中央和地方政府的支出范围。由于研究角度存在不同，所采用的测算标准不同，估算的结果差异较大。另外，由于新型城镇化提出较晚（2014 年），国家许多重要政策陆续颁布，尚未形成完整的政策目标和具体要求，因为先前测算结果数值多数偏低。相对于全国层面，就地域层面而言，全国（港、澳、台地区除外）31 个省级地区，每一个省级地区都有相关文献对本省农业转移人口市民化问题进行研究。本书采用"表格"汇总的方式，将近期各省农业转移人口市民化成本测度的研究成果对比展现出来。

表4—5　　　　　　农业转移人口市民化成本测算：地域层面

学者	测度对象	测算方法	测度结果
魏后凯、陈雪原	北京市	分类测算法	集中城镇化区约为50万元，非集中区约为20万元
石忆邵、王樱晓	上海市（2013）	实证模型测算法	综合成本合计38万元
王合翠	安徽省（2012）	分类加总法	综合成本合计约19.8万元
魏橙荣、陈宇海	福建省（2010）	分类测算法	综合成本合计16.4万元
高仲秋	湖南省（以株洲市为例）	分类加总法	2014—2020年全市60万农业转移人口市民化总投入为1317.33万元
王斯贝、刘彦麟	河北省	分类加总法	综合成本合计约为7.8万元
孙斌育、张曼平	河南省（2013）	分类测算法	8.13万元，其中短期成本1.82万元，长期成本4.3万元，年度成本为50元
张继良、马洪福	江苏省	测算两代人差别	第一代人口约为11.2万元，第二代人口约为14.3万元
徐建荣	江苏省（2013）	统计数据测算法	综合成本合计约为4.9万元
徐亮、廖亮、郭定文	江西省（2013）	分类加总法	综合成本合计约为24.4万元
周春山，杨高	广东省（2010）	结合马斯洛需求层级理论测算法	综合成本合计约为9.4万元

续表

学者	测度对象	测算方法	测度结果
袁荫贞	广东省（以东莞市为例，2014）	测算市民化企业和个人担负情况	企业和个体担负成本分别为5593元和3.8万元
张欣	黑龙江省	专家预测法	城中安置1个劳动力需要4万—5万元，而乡镇且仅需4000元
姜明慧、李学坤、张榆琴等	青海省（2015）	平均数法和指数平滑法	个人总成本2015、2020、2030年分别为3万元、12.3万元、32.2万元
张广裕	甘肃省（2014）	实地情况估算法	综合计算大约9万元
张静	新疆（以乌鲁木齐市为例）	分类加总法	综合成本合计约为10.4万元
王志燕、魏云海、董文超	山东省（2013）	分类加总法	公共成本总计为15.07万元
李长生、李学坤、戴波等	云南省	成本预测模型法	综合成本合计为8.1万元
董莹	湖北省（以武汉市为例，2013）	建立成本指标体系，定量分析法	总成本计为80422元（其中年均支付成本50427元，一次性支付29995元）
眭海霞、陈俊江	四川省（以成都市为例，2013）	分类加总法	总成本28.6万元
刘美月、李开宇、唐倩倩等	陕西省（以西安市为例，2013）	总结综述	综合成本合计约为22.76万元
何玲玲、蔡炉明	广西（2014）	算数平均法	计算结果约为5.2万元
钟蕊羽、丁春梅、郝德强	重庆市（以攀枝花市为例，2014）	成本测算法	个体成本6.1万元，政府成本为11.9万元
刘克鹏	吉林省	成本测算法	含房价即期成本为10.8万元
马晓河、胡拥军	分省测算	分类加总法	2017—2020年全国人均13万元，各省数据有所不同

当前学界对于农业转移人口市民化的成本测算主要分为两类，其中一类是运用指标类统计数据进行分类加总测算，另一类是运用实证研究方法，搭建成本—收益模型进行测算。就方法而言，并没有本质区别，

都是根据一定的数据基础，例如测算区域内成本构成指标的平均水平，分项计算，而后汇总，测算农业转移人口市民化的成本。但就实际效果来看，由于采用的方法有所差异，所显现的结果也不尽一致。通观上述研究文献，可以发现，对于农业转移人口市民化的测算多采用比较简便的分类加总法，即通过本地区相关统计年鉴中农业转移人口的数据，结合当地相关标准进行一种并不精准的测算，虽然也构建出了一些实证分析模型，但受限于指标数据获得的困难和片面性，致使测算结果存在较大的差异。且在研究初期，一些学者并未关注到农业转移人口市民化成本的时空延续性，即即期成本与延续成本的差异，而是采用一次性计算的方式。这就提醒我们对于"农业转移人口"成本测度可行性必须进行再认识：

其一，时间延续性。需要明确一个期限，此前研究中在测算农业转移人口市民化的成本时，多是以期年为基本单位，有些市民化的支出是跨越年度的，甚至逐年投入比例也有所不同，而有些成本则是根据地方财力的承受度，而决定是否投入及投入比例的。因此，对于农业转移人口市民化的成本测度应采用"动态均衡"的视角，这种"动态均衡"体现在制度与非制度性、实际购买力与转化时间方面的非静态方面。

其二，成本因地、因人不同也会产生一定的差异。因此，仅就全国层面，"一刀切"地进行农业转移人口市民化成本的核算是不相适宜的。限于城市的规模不同、区域经济的发达程度不同、城市的包容力不同、公共财政的承受力不同，以及农业转移人口个体的生活水平要求以及家庭财力要求等均有差异性，由此，在测度时应当尽量采取全面层面和地域层面同步测算的方式，与此同时也需更加注重市民化成本的不可测性与不可比性的问题。

第二节　农业转移人口市民化的成本测算

在严格界定了农业转移人口市民化成本的概念内涵和成本分类，对成本测算的先期研究成果进行深入评析后，必须选定市民化成本的测算思路和测算方法，继而确定"农业转移人口"的数量和构成，这是测算农业转移人口市民化成本的关键。

一　成本测算的思路与方法

由前文文献分析可知，当前学界用于测算农业转移人口市民化的测算思路主要是三类，一为分类加总的测算思路，二为上下限成本的测算思路①，三为模型变量估计的思路。

（一）测算思路

A. 分类加总的思路。这种思路具体操作是分类别测算各要素成本的单项指标，再对各单项类型成本按照迁居所在地人均测算标准进行计算，随后按项加总求和。这种思路的突出特点就是方法可操作性较强，数据指标数据易获取。在这种思路下，常见的测算方法具体有成本差额计算法、成本直接加总法两种。

①成本差额计算法。主要是针对公共成本的计算，是农业转移人口市民化后的成本与农业转移人口市民化前的成本的差额。在此，举例说明农转人口随迁子女教育成本、城市基础设施建设成本的计算公式，如下：

农转人口随迁子女教育总成本 = 迁居随迁子女的数量 × （义务教育经费人均成本 + 城乡中小学校舍建设成本）

农转人口随迁子女教育人均成本 = 随迁子女教育的总成本/农转人口数量

基础设施建设成本 = （城镇固定资产投资 - 房地产开发投资）/城镇户籍人口

②成本直接加总法。就是不考虑农业转移人口市民化之前和之后的区别，直接进行加总求和的计算方法。

B. 上下限成本的思路。按照测算模型将市民化成本分类为上下限成本两端，并将测算值限定在某一个数值区间内，同时一般情况下也会设定一个具有弹性的浮动区间，农业转移人口市民化的测算结果在此区间内浮动的成本，就被认为是具有合理性与可采纳的。

---

① 段靖、马燕玲：《市民化成本测算方法分析与比较》，《地方财政研究》2017 年第 10 期。

所谓下限成本是指理想化状态下农业转移人口的市民化已经发生的成本[1]，这是农业转移人口市民化的最低边际成本，也就是迁居所在地政府为满足增加的城镇/城市人口的基本公共服务必需"增加成本"的均值。

下限成本＝基本公共服务支出增量/城镇人口新增数量

基本公共服务一般涵盖公共文化、公共卫生、公共教育，交通通信、社会公共保障等福利性事业。

上限成本指在理想化状态下农转人口市民化的社会公共成本，即其能够较好地融入城市，顺利地转化为稳定状态下的城市市民，迁居所在地政府提供的相应的基本公共服务供给，此处可以将其理解为农村居民转化为城市居民的社会成本的最大边际成本。[2]

上限成本＝社会公共保障成本＋义务教育阶段成本＋住房居住成本＋城市基础设施成本……

C. 模型变量估计的思路。针对财政支出的成本测算思路，与上述两种不同，即 OLS 模型估计测算法，该方法是基于公共服务均等化的视角，以递增城镇户籍人口/每户或每人，所增加的财政支出来表示农业转移人口市民化的成本。[3]

这种思路通过运用数学函数的分析模型，选取政府财政开支作为被解释变量、选取城镇户籍人口和农村户籍人口作为解释变量，采用相关统计数据构造时间序列数据库，并借助 OLS 模型进行计量分析。解释变量"城镇人口的系数"则表示每递增一名城镇户籍的人口所需要的政府财政开支的增量，即农业转移人口市民化的边际成本或实际成本。

（二）测算方法

因此，本书根据分担主体的差异，将农业转移人口市民化的成本进行细分，依次测算各类不同主体承担的成本，最后加总得到农业转移人

---

[1] 陆成林：《新型城镇化过程中农民工市民化成本测算》，《财经问题研究》2014 年第 7 期。

[2] 孙正林、左赫：《农民工市民化成本估算与分摊机制》，《学术交流》2016 年第 10 期。

[3] 姚毅、明亮：《我国农民工市民化成本测算及分摊机制设计》，《财经科学》2015 年第 7 期。

口市民化成本。

在总结了当前学界对农业转移人口市民化成本指标选取与指标体系设定的研究后，参照《国家新型城镇化规划（2014—2020）》关于"有序推进农业转移人口市民化"中人民政府具有负担公共成本的责任，将社会公共成本进一步划分为城市的基础设施建设成本、农转人口随迁子女义务教育成本、社会公共保障成本和住房（主要是指廉租房此类政府补贴性住房）保障成本，把普遍认同的最重要指标：个人生活成本（C_1）、个人机会成本（C_2）、个人住房成本（C_3）、社会保障成本（C_4）、随迁子女义务教育成本（C_5）、基础设施建设成本（C_6），按照社会公共和农转人口个体各自承担进行主体划分，结合上述测算的总体思路，构建如下的成本测算模型：

结合上述公式，可以得出 $C_{tot} = C_1 + C_2 + C_3 + C_4 + C_5 + C_6$，即如下公式所示：

$$C_T = C_{tot} \times N_{tot}$$

公式中 C_T 为我国农业转移人口市民化总成本，C_{tot} 是农业转移人口市民化个人成本和公共成本之和，N_{tot} 为预测的农业转移人口市民化总人数，本书中农业转移人口市民化人数来源于政府正式公开数据和预测数据为准，如 2016 年国务院办公厅发布《推进 1 亿非户籍人口在城市落户方案》中提到"十三五时期，户籍人口城镇化率年均提高 1 个百分点以上，年均转户 1300 万人以上"。

本书并没有选择代表性处理的方式，原因是难以确定所选择的样本具有代表性。本书测算的是我国农业市民化年成本，因此所选择样本数据要适用于全国，这使得选择的样本数据既不能是只反映中小城市的，也不能是只反映大城市的；既不能简单地以省会城市的数据为例，也不能仅仅选择像北京、上海、深圳等特大型城市的数据；当然也不能仅仅以某几个或者某十几个城市的数据为例，因为很难找到确定代表性城市的依据。

鉴于测算和研究的准确性与普适性需要，研究组采取全国平均数①的计算方式对农业转移人口市民化成本进行测算。一方面，不同的城市"农业转移人口市民化的成本"各不相同，不仅存在一线、二线、三线城市之间农业转移人口市民化成本的不同，东部、中部和西部地区之间市民化成本也存在差异。另一方面，不同的农业转移人口之间，由于性别、年龄、受教育程度、子女情况等因素，导致市民化成本差别也很大，因此，不能够只以某一个年龄段为例，也不能够根据某一个层次的农业转移人口市民化的数据进行测算。所以，根据理论与实际的结合，本书选择了平均数计算的方式，对农业转移人口市民化成本进行测算。

二 市民化成本的主体分类

农业转移人口市民化需要较大幅度地增加资金投入，有必要对农业转移人口的市民化成本进行分类测算，从而评估这一进程的可行性，为进行合理的政府公共财政调控和公共成本的多方分担机制做出预先研判。

（一）市民化成本测算的基本条件假设

农业转移人口的总人数。根据《推动1亿非户籍人口在城市落户方案》要求，"十三五"期间，户籍人口城镇化率年均提高1个百分点以上，年均转移1300万人以上，其中落户重点对象是"农村学生升学和参军进入城镇化的人口、在城镇化就业居住5年以上和举家迁徙的农业转移人口以及新生代农民工"。根据《2017年全国教育事业发展统计公报》全国义务教育阶段在校生中进城务工人员随迁子女共1406.63万人，在小学就读1042.18万人、在初中就读364.45万人，《2017年农民工监测调查报告》外出农民工17185万人，进城农民工13710万人。每转移3名农业转移人口，需解决1个义务教育阶段随迁子女的落户需求。有研究表

---

① 因为不同地区之间的农民，农民市民化成本是存在差异的，故文章中所涉及的数字，一律根据国家统计局的公开数字，选用平均数。1978—2012年数据来源于分别独立开展的农村住户抽样调查和城镇住户调查，从2013年起，国家统计局开展了城乡一体化的住户收支与生活状况调查，与2012年及以前分别开展的城镇和农村住户调查的调查范围、调查方法、指标口径有所不同，故出现文章为了数据的准确性和统一性，所有数据样本都是从2013年开始，选取了近5年的平均数据进行测算。

明，农业转移人口及其随迁子女占非户籍人口的比例一般为 77% 左右。综合分析，根据《落户方案》的年均落户目标，除了农村学生升学转户与参军进入城镇外，2017—2020 年，全国共需为 3100 万名进城务工农业转移人口解决落户问题，大约有 1000 万名义务教育阶段子女需要随迁入户。

　　收入增速。社会企业在岗职工工资按照每年 5% 的速度增长计算。

　　摩擦性失业。本书采用最近几年国家和省域层面平均失业率计算，为保证全国与各地域的稳定，取趋近值 5% 来计算。

　　社会福利待遇标准。如无正式国家法律和文件认定，则认定，农业转移人口市民化后享受城镇企业一般职工待遇，此外，特别需要说明的是，虽然国家在 2018 年 10 月 1 日颁布了新的个税和社会保险标准，但为减少计算量，各项社会保险缴费基数参照有关险种的最近缴费基数。企业职工和农业转移人口在 60 岁时可以领取养老金，按照国家卫健委发布的《2017 年我国卫生健康事业发展统计公报》显示，我国居民人均预期寿命提高到 76.7 岁，为减少计算量和平衡各省数据差异，假定计算人均预期寿命为 76 岁。

　　农业转移人口市民化意愿。根据国家统计局统计科学研究所 2013 年的调查数据显示，农业转移人口市民化的意愿高达 80.3%；2016 年，本课题组在全国范围内做的调查问卷反馈得知，有意愿迁移到城市的农业转移人口达到 70%；另据江苏省社会保障厅的《江苏省新生代外出农民工工作生活调研报告》显示，有 80.3% 的农民工愿意转化为市民。虽然，许多学者对于农业转移人口市民化的意愿强度持不同态度，我们参考2017 年农民工监测调查报告中进城农民工对于社会融合满意度 87.4% 的数据，对农业转移人口市民化意愿持乐观态度，认定测算值为 80%。

　　（二）分类成本测算

　　根据前文所述农业转移人口市民化的成本构成，本书采用的基本方法是分类核算、随后加总。实践操作过程就是通过计算以下两个大类、六个领域的农转人口市民化前后所支付成本的差值总和，得出每增加一个农转城市民所增加的人均成本。结合假设条件和预测转移人口数量，推算出限定期限内农业转移人口市民化的全部成本。

农业转移人口市民化生活成本。是指农转人口融入城市后在城市的基本生活开支，包括衣、食、住、行等方面的日常消费，例如用电、用水、用气、交通通信、食品开支等。随着收入水平的提高和社会保障的完善，市民化的农业转移人口发展性资料的消费会逐步提高。本书设定农转人口市民化后的生活水平处于偏下水平，生活成本开支与城乡居民生活成本差额的比例为75%。此处需要特别说明，住房成本占农民市民化成本的很大一部分，故本书将长期住房成本单独计算。

表4—6　　　　我国城市居民和农村居民消费水平差距情况　　　单位：元

年份	城市居民 人均年消费支出	农村居民 人均年消费支出	生活成本 （人均年支出差额）
2001	5309.0	1741.1	3567.9
2002	6029.9	1834.3	4195.6
2003	6510.9	1943.3	4567.6
2004	7182.1	2184.7	4997.4
2005	7942.9	2555.4	5387.5
2006	8696.6	2829.0	5867.6
2007	9997.5	3223.9	6773.6
2008	11242.9	3660.7	7582.2
2009	12264.6	3993.5	8271.1
2010	13471.5	4381.8	9089.7
2011	15160.9	5221.1	9939.8
2012	16674.3	5908.0	10766.3
2013	18487.5	7485.2	11002.3
2014	19968.1	8382.6	11585.5
2015	21392.4	9222.6	12169.8

由表4—6可得，农业转移人口市民化转型后平均增加的生活成本即为：

$$C_1 = \frac{1}{15} \sum_{2001}^{2015} (C_{cit} - C_{cou}) \times 80\% = 8757 \text{元}$$

本项研究主要通过城镇居民与农民人均消费支出差额衡量其个人生

活成本，即 $C_1 = C_{cit} - C_{cou}$（C_{cit} 为城镇居民人均年消费支出，C_{cou} 为农村居民人均年消费支出）。由此可知，在新型城镇化进程中，农业转移人口市民化个人生活成本为每年的城乡人均年支出差额，并且此数据呈现出逐年递增趋势。

农业转移人口市民化机会成本。机会成本是指农业转移人口市民化后，在城市工作生活所放弃在农村承包土地的租金收入、农业生产收入和从事非农活动所获得的经济收益，有学者提出可以大体用农村人均纯收入进行衡量，在资料收集过程中，存在国家统计指标数据变动的情况，农村居民人均纯收入统计数据缺失，因而采用此种方法存在现实困境。此外，经实地调查与走访，课题组了解到，现有统计指标中对于农村居民人均纯收入的调查数据并非是切合农业转移人口市民化机会成本收入，因为其中包括农村居民外出务工收入，以此作为机会成本会出现预估值过高的问题。本书将机会成本局限压缩于农村土地承包产生的收益。以户籍人口、人均耕地、国家农业直补标准测算等指标估算，每年每亩土地收益平均为890元。

农业转移人口市民化住房成本。住房成本是农业转移人口包括其随迁家属能够享受与城镇居民住房或购置住房产权的同等待遇，主要内容是购买城市私有产权房屋或租赁房屋居住的开支。依据国务院出台的《关于促进房地产市场平衡健康发展的通知》，可将城镇居民住房需求，按照可支配收入水平进行划分为四等八类：第一等最低收入户（10%）和低收入户（10%）可申请廉租房；第二等中等偏下户（20%）和中等收入户（20%）可申请公租房、经济适用房；第三等中等偏上户（20%）可申请经济适用房和限价商品房；第四等高收入户（10%）和最高收入户（10%）可购买商品房。

假设农转人口选择自购城市住房，通盘考虑该群体即使在实现市民化转变后，其收入也应该属于迁居所在地城市/城镇居民收入的中等偏下水平。由此，本书选取了经济适用房的平稳均价，来近似地代替农业转移人口市民化后的自购住房成本。根据《经济适用房住房价格管理实施办法》的规定，经济适用房建设开发商的利润被严格限制在3%以内，因此，经济适用房价格要比同地段普通商品房均价低20%—30%。经济适用房的建筑面积一般控制在 60 平方米/套左右，假定农业转移人口平均每户常住人口与农村居民相同，经济适用房价格比普通商品房价格低 30%，面积为 60 平方米，那么农业转移人口市民化转型住房成本计算，可以用农业转移人口及家属人均居住面积×单套经济适用房的均价。用公式表示：

$$C_{自} = M \times V$$

表4—7　　　　　农业转移人口市民化转型人均住房成本情况

年份	住宅商品房平均销售价格（元/平方米）	经济适用房销售价格（元/平方米）	农村住房每户常住人口（人）	农业转移人口及家属人均居住面积（平方米）
2012	5429.93	3800.30	3.69	16.26
2013	5850.00	4095.00	3.68	16.30
2014	5933.00	4153.10	3.44	17.44
2015	6473.00	4531.10	3.23	18.10
2016	7203.00	5042.10	3.10	19.40

资料来源：根据国家统计局和《中国统计年鉴》计算得到。

由表4—7可得，农业转移人口市民化转型后自购房屋平均增加的住房成本为：

$$C_{自} = \frac{1}{5} \sum_{2012}^{2016} (M_n \times V_n) = 78389 \text{ 元}$$

其中，$C_{自}$ 代表农业转移人口自己购买住房成本，M_n 表示农业转移人口（农民工）人均住房面积，V_n 表示经济适用房的平均销售单价。

另外，对于市民化后的低收入家庭，可以选择由所在地地方政府供给的公共租赁房等福利保障性住房。以江苏省为例，依据《廉租房管理办法》推算，目前的补贴标准为 20 元/月/平方米，按照租住 60 平方米计算，每年需要补贴 14400 元，则补贴为 4168 元人/年。另外，根据国家统计局 2016 年房地产开发竣工房屋造价为 3039 元，我们以廉租房的建设成本单价，即建设廉租房的成本大约为 3039 元/平方米，按照一户 60 平方米计算，人均投入约为 58819.35 元。假设国家通过货币补贴以及建设廉租房等措施将农业转移人口纳入住房保障范围，人均补助成本大约为62987.4元。

按照房权对象划分标准，对个体自购房屋成本与政府保障性住房成本进行赋权平均，从而得到农业转移人口市民化的人均住房成本，即 $C_3 = 70688$ 元，其中政府支出为38312.90元，所占比例为54.2%；个人支出32375.10元，所占比例为45.8%。

农业转移人口的城市公共设施成本。城市公共设施成本包括农民转型为城市居民后，随着城镇人口的增加，在城市的水电、交通、通信、地下管道和公共娱乐等基础设施建设领域投入的最低资金量。考虑到农业转移人口市民化与城市居民享有同等城市公共设施和服务，同时由于城镇或城市基础设施并不具有排他性，因此并不需要重建所有基础设施，只需要相应扩大和改造城市公共基础设施即可，因此，新增一个市民所需增加的基础设施成本会显著低于人均基础设施成本。即边际成本小于人均成本，按照估算本次此处将此值设定为 $\theta = 0.307$。由此，课题组选择将城镇固定资产投资总额除以常住人口数来近似代替人均基础设施建设成本。那么城市公共设施成本用公式表示为：

$$C_4 = \frac{I}{P} \times \theta$$

表4—8　　　　　农业转移人口市民化人均基础设施成本情况

年 份	城镇固定资产投资总额 （亿元）	城镇常住人口 （万）	人均基础设施成本 （元/人）
2012	364854.15	71182	51256.52
2013	435747.43	73111	59600.80
2014	501264.87	74916	66910.26
2015	551590.04	77116	71527.31
2016	596500.75	79298	75222.67

由表4—8可得，农业转移人口市民化转型平均增加的基础设施成本为：

$$C_4 = \frac{1}{5} \sum_{n=2008}^{2016} \left(\frac{I_n}{P_n} \right) \times \theta = 19925.38 \, 元$$

其中，C_5 代表农业转移人口市民化平均增加的公共基础设施成本，I 代表城镇固定资产投资总额，P 代表城镇常住人口，θ 代表边际成本与平均成本的比值。

农业转移人口及随迁子女教育成本。教育成本包括农业转移人口的就业技能培训及其随迁子女获得同城市居民同等的义务教育阶段教育水平和教育环境所支付的成本。有学者采用生均教育经费和生均新建校舍费用之和乘以外出农民工的少年儿童抚养比的方式来计算农业转移人口随迁子女生均财政经费[①]，此种算法在早期受到比较多的采用，随着统计指标的变化，城乡教育经费尤其是新建校舍费用统计指标的取消，导致这种测算数据更加难以获得。鉴于数据的可得性，农业转移人口及随迁子女教育支出成本就选用全社会公共财政教育支出额除以全社会常住人口来衡量（见表4—9）。

表4—9　　农业转移人口及随迁子女财政性教育经费支出情况

年份	全社会公共财政教育支出额（亿元）	全社会常住人口（万人）	年人均教育成本（元/年）
2006	4780.41	131448	363.70
2007	7122.32	132129	539.00
2008	9010.21	132802	678.50
2009	10437.54	133450	782.10
2010	12550.02	134091	935.90
2011	16497.33	134735	1224.40
2012	21242.10	135404	1568.80
2013	22001.76	136072	1616.90
2014	23041.70	136782	1684.60
2015	26271.88	137462	1911.20

① 张继良、马洪福：《江苏外来农民工市民化成本测算及分摊》，《中国农村观察》2015年第2期。

根据表4—9中的数据可知，农业转移人口市民化转型后年平均增加的教育成本为：

$$C_5 = \frac{1}{10} \sum_{n=2006}^{2015} \left(\frac{U_n}{A_n} \right) = 1130.51 \text{ 元}$$

其中，C_5代表农业转移人口市民化后平均增加的教育成本，U_n代表全社会公共财政教育支出额，A_n代表全社会常住人口。

农业转移人口社会保障成本。社会保障成本是指农民市民化转型后为保障其在城镇获得基本养老、失业、医疗等社会保险而必须投入的资金。社会保障成本主要包括养老保险成本、医疗保险成本、工伤保险成本、生育保险成本、失业保险成本和最低生活保障等方面内容。

A. 养老保险成本，主要由市民化的职工养老保险和市民化前的新农保成本两部分构成，市民化后城镇职工基本养老保险成本（$C_{养职}$）测算基于以下假设：

假设：①起始年龄，根据国家统计局发布的《2017年农民工监测调查报告》可知，外出农民工的平均年龄为34岁，预期寿命为76岁，即从2013年开始参加城镇职工养老保险，在2043年退休，领取16年养老金至2059年。②城镇职工养老保险由企业和个人共同缴纳，每年按照企业20%、个人8%的比例缴纳；个人账户中的养老金按每年4%的复利计算。③养老金缴纳基数为当年城镇在职职工月平均工资的60%。④农业专业人口存在摩擦性失业，按照官方对外公布的5%来确定失业率。

具体测算：按照上述条件以及当年城镇职工养老政策，将企业职工退休后领取的养老金总额和27年缴纳的养老保险总额分别折现到2013年，并按照27年进行均分，均分后的养老保险缺口由财政来负担，三方所分摊的成本计算如表4—10所示。

表4—10　　　　　　　　　　城镇职工养老成本有关情况　　　　　　　　单位：元

	职工养老总成本	个人缴纳	企业缴纳	财政负担
折现到2013年初	1085784	71185	177963	836636
年均（27年分摊）	40214	2636	6591	30987

市民化前的新农保成本（城乡居民养老保险 $C_农$），除个人缴费额度最低档 100 元/年，政府补贴为 30 元/年外，其他条件与市民化后城镇居民享受的条件相同。由于新型农村社会养老保险的缴费主体是农民和政府，通过对农村居民缴纳养老保险金额和所领取的养老金总额折现到 2013 年，并按照 27 年进行均分，计算得到农民养老总成本和年均成本，两者间的缺口由公共财政负担。具体各方所分摊的成本计算如表 4—11 所示。

表 4—11　　　　　　　　　新农保农民养老成本有关情况　　　　　　　单位：元

	农民养老总成本	个人缴纳	财政负担
折现到 2013 年初	64824	4604	60220
年均（27 年分摊）	2401	171	2230

市民化前后养老成本变动计算。农业转移人口如果享受职工养老保险就无法再享受城乡居民基本养老保险，因此，一个农业转移人口养老保险转为职工养老保险，人均养老保险成本（$C_养$）年增加：

$$C_养 = C_{养职} - C_农 = 40214 - 2401 = 37813 \ 元$$

从上述结果可以得知，农业转移人口市民化养老保险成本的缺口主要由公共财政来负担，大约占总额的 77.1%，未来政府的养老保险压力较大。具体各方需要承担的成本增加额如表 4—12 所示。

表 4—12　　　　农业转移人口参加职工基本养老保险成本增加情况　　　　单位：元

	职工	农村居民	增加的成本
	A	B	C = A − B
个人缴纳	2636	171	2465
企业缴纳	6591	0	6591
财政增加补助	30987	2230	28757
人均成本变动	40214	2401	37813

B. 失业保险支出成本，按照最低缴费基数计算，并以用人单位按照2%、个人1%的缴费比例，用人单位为每位职工缴纳的失业保险人均额度大概为535元，部分省份公共财政对于参保人员失业保险补助额度不同，以平均5元计算。这样2013年，人均失业保险成本（$C_失$）合计为540元。

C. 生育保险支出成本，按照最低缴费基数，即当年城镇在职职工月平均工资的60%，并按照0.8%的缴费比例，用人单位每年至少需要为每位职工缴纳生育险220.7元，按照各省平均公共财政补贴额度1.3元，人均生育保险支出成本（$C_生$）合计为222元。

D. 医疗保险支出成本。医疗保险成本的变化体现出农业转移人口和随迁家属医疗保险支出成本变化之和。

随迁家属医保成本：全国各级政府对于城乡居民医保补助的标准均为每年不低于280元/人，财政补助方面不存在城乡差距。新农合个人缴纳标准为80元。对于城镇居民医保，各地缴费标准不同。以福建省为例，将福建各市区标准简单平均，成人缴费标准为106元，比新农合高46元，未成年人标准51元，比新农合低9元。根据福建省农业转移人口及其家属年龄结构，0—14岁人口数是60岁及以上老年人数的40倍左右。根据上述人均缴费标准和人口结构资料，可以判定异地转移的农业转移人口及其随迁家属如果全部市民化，随迁老人带来的医保成本增额能够被随迁子女带来的医保成本减额抵消，医保总成本应不会增加。

农业转移人口医保成本：按照最低缴费标准，职工个人每年需要缴纳医保费539.7元，比新农合增加439.7元，单位缴纳比例为7%，企业一年需要每位职工缴纳医保1889.1元。根据2013年福建公共财政在基本医疗保险方面的补助情况测算[①]，当年人均获得财政补贴为8.8元，比新农合减少271.2元。平均每增加一名农业转移人口职工，人均医保成本（$C_医$）将增加2057.6元。

---

① 盛来运：《大国城镇化：新实践 新探索》，中国统计出版社2014年版，第243—252页。

表4—13　　　　农业转移人口转化为企业职工后医保成本增加情况

项目	职工医保人均成本 （元）	新农合人均成本 （元）	成本增减 （元）
个人缴纳	539.7	100	439.7
企业缴纳	1889.1	0	1889.1
财政补助	8.8	280	−271.2
合计	2437.6	380	2057.6

E. 最低生活保障支出成本，我国城镇常住人口中能够享有最低生活保障的人数比例为0.8%左右，考虑到农业转移人口群体的整体收入水平较低下，随迁家属的生活开支加大，市民化支出占收入比例的情况较为严峻。因此，农业转移人口最低生活保障比例在原有基础上，有所调整，即具体的低保率：$r_{低}$ ＝5%×城镇平均户籍规模人数＋0.8%。由于全国各地政府的最低生活保障线高低设置不同，课题组此次以江苏省为例。根据江苏省《居民最低生活保障工作规程》，城镇居民最低生活保障线标准以省辖市为单位，按照不低于当地上年度城镇居民人均可支配收入20%的比例确定，本书假设人均可支配收入按照年均8%的速度增长，并按照4%的折现率将农业转移人口市民化所需的最低生活保障成本折现到2013年，具体成本变动如表4—14所示。

表4—14　　　　农业转移人口市民化后最低生活保障成本增加情况

	折现到2013年（万元）	年人均补贴（万元）
财政补助	36.3	0.78
人均分摊	0.18	

按照此水平估测，分摊至农业转移人口群体人均最低生活保障成本（$C_{低}$）为1884.5元。

F. 工伤保险支出成本，根据有关规定，用人单位应当为本单位职工缴纳工伤保险，职工个人无须负担。不同行业根据行业工伤风险程度实行差别费率。根据工伤保险基金收入和财政补贴情况来看，2013年用人单位为每位职工缴纳的工伤保险平均费用为 241.75 元，公共财政平均补贴金额为 18.5 元，由此，人均工伤保险支出成本（$C_工$）合计为 260.25 元。

合计上述各种社会保障支出，农业转移人口市民化后人均社会保障成本增加：

$$C_6 = C_养 + C_医 + C_工 + C_生 + C_失 + C_低 = 45178.35\ 元$$

如表 4—15 所示。

表 4—15　　　　　农业转移人口社会保障成本增加情况

项目	养老	医保	工伤	生育	失业	低保	合计
金额（元）	40214	2057.6	260.25	222	540	1884.5	45178.35

上述各项分类测算了农业转移人口市民化的具体成本，是公共财政、用人单位和农业转移人口及随迁家属个人三方面共同承担的总成本。按照新型城镇化的现行政策，部分项目如个人缴费额度、生活成本等需要个人承担；部分项目如工伤、生育、失业等，农业转移人口主体无须负担，由相关用人单位负责缴纳，财政进行适当的补助；另有一些项目，如城镇公共基础设施建设成本、农业转移人口及随迁子女教育成本等则由财政全额承担。具体情况如表 4—16 所示。

表 4—16　　　　　我国农民市民化人均总成本测算结果　　　　　单位：元

项目	人均成本（元）	个人承担		用人单位		财政支出	
		金额（元）	占比（%）	金额（元）	占比（%）	金额（元）	占比（%）
一、社会保障成本	45178.35	3075.70	6.80	8942.55	19.79	32620.10	72.20
养老	40214.00	2636	6.55	6591	16.39	30987	77.06
医保	2057.60	439.70	21.37	1889.10	91.81	−271.2	−13.18
工伤	260.25	0	0	241.75	92.89	18.50	7.11
生育	222.00	0	0	220.7	99.41	1.3	0.59
失业	540.00	0	0	535	99.07	5	0.92
低保	1884.50	0	0	0	0	1884.50	100

续表

项目	人均成本（元）	个人承担		用人单位		财政支出	
		金额（元）	占比（%）	金额（元）	占比（%）	金额（元）	占比（%）
二、生活成本	8757.00	8757.00	100	0	0	0	0
三、教育成本	1130.51	0	0	0	0	1130.51	100
四、住房成本	70688.00	32375.10	45.80	0	0	38312.90	54.2
五、基层设施成本	19925.38	0	0	0	0	19925.38	100
六、机会成本	890.00	800.00	89.90	0	0	90.00	10.10
人均成本合计	146569.24	45007.8	30.71	9477.55	6.10	92078.89	62.82

农业转移人口市民化人均成本为 14.7 万元，其中财政承担 9.2 万元，占 62.82%，用人单位承担 0.9 万元，占 6.1%，农业转移人口个人承担 4.5 万元，占 30.7%。上表计算中之所以会出现与其他测算较大的差距，乃是由于本次测算中将农业转移人口的住房成本分解为由农业转移人口个人与政府公共财政公共分担，但无论如何，随着新型城镇化进程的不断推进，大量农业转移人口会快速涌入城市，公共财政负担会快速增加。

三　市民化规模与成本测算

根据《国家新型城镇化规划 2014—2020》，实现"1 亿左右农业转移人口和其他常住人口在城镇落户"是 2020 年新型城镇化的重要目标。截至 2016 年底，全国户籍人口城镇化率为 41.2%，到 2020 年仍然需要解决规模庞大的非户籍人口在城镇落户，结合上文预测结果我们可以了解到公共成本及其分担是问题的关键，具体结果分析如下：

（一）农业转移人口市民化的规模与地区结构

为了快速推进人口城镇化的发展进程，2016 年国务院办公厅发布《推动 1 亿非户籍人口在城市落户方案》要求，"十三五"期间，户籍人口城镇化率年均提高 1 个百分点以上，年均转移 1300 万人以上，其中落户重点对象是"农村学生升学和参军进入城镇化的人口、在城镇就业居住 5 年以上和举家迁徙的农业转移人口以及新生代农民工"。根据《2017

年全国教育事业发展统计公报》的进城务工人员随迁子女义务教育数据①、《2017 年农民工监测调查报告》的外出农民工数量②，可估算每转移 3 名农业转移人口，需解决 1 个义务教育阶段随迁子女的落户需求。有研究表明，农业转移人口及其随迁子女占非户籍人口的比例一般为 77% 左右。

综合分析，根据《落户方案》的年均落户目标，除了农村学生升学转户与参军进入城镇外，2017—2020 年，全国共需为 3100 万进城务工农业转移人口解决落户问题，大约有 1000 万名义务教育阶段子女需要随迁入户。

结合第六次人口普查的流动人口户籍来源地结构，假设 31 个省市区根据流动人口户籍来源地结构同比例安排农业转移人口及其随迁子女落户数量，年均落户规模超过 100 万的有北京、内蒙古、辽宁、上海、江苏、浙江、福建、山东、广东、四川 10 个省市区，其中省内跨县落户超过 100 万的有江苏、山东、广东和四川 4 省，跨省落户超过 100 万的有北京、上海、浙江、江苏、福建和广东 6 个省市。

（二）公共成本支出领域与新增投入

农业转移人口进城落户的公共成本主要包括各级政府在义务教育、养老保险、医疗卫生、就业培训和住房保障 5 个领域的公共投入。

根据测算，要实现从 2017 年到 2020 年的农业转移人口落户目标，各级政府需要承担的公共成本总额约为 3.9 万亿元，人均成本约为 13 万元，其中人均义务教育、养老保险、医疗卫生、住房保障成本分别为 3.67 万元、3.72 万元、3.32 万元、2.13 万元，义务教育、养老保险、医疗卫生、住房保障是主要支出领域，全国及各省市区公共财政支出结构见表4—17。

在进城落户公共成本总额中，由于各级政府正在为农业转移人口提供部分市民化服务，只有部分公共成本属于新增。义务教育的新增成本

---

①　全国义务教育阶段在校生中进城务工人员随迁子女共 1406.63 万人。其中，在小学就读1042.18 万人，在初中就读 364.45 万人。

②　2017 年农民工总量达到 28652 万人，外出农民工 17185 万人，进城农民工 13710 万人。

主要是为随迁落户中小学生配套安排的校舍建设投入、教学仪器设备购置投入，以及跨省输入地与输出地之间的公共财政预算经费差。养老保险新增成本主要是跨省输入地与输出地之间城镇居民养老保险基础养老金的差额。医疗卫生新增成本主要是为进城落户农业转移人口及其子女安排的医疗机构新建扩建投入、医疗设备购置投入、医师培训投入，一级跨省输入地与输出地对城镇居民医疗保险财政补助的差额。技能培训新增成本主要是跨省输入地与输出地之间技能培训财政补贴的差额。

表4—17　　　　　全国及各省市区农业转移人口市民化的
总成本与人均成本　　　　　单位：亿元

地区	义务教育	养老保险	医疗卫生	技能培训	住房保障	总成本	人均成本（万元）
全国	11023	11169	9967	505	6377	39041	14.6
北京	4102	1651	867	21	715	4656	29.7
天津	411	391	293	20	155	1269	18.7
河北	156	139	181	10	109	595	8.4
山西	137	97	136	4	72	446	8.1
内蒙古	244	185	193	13	97	732	9.4
辽宁	280	177	237	19	141	854	9.0
吉林	107	57	81	4	45	294	9.0
黑龙江	160	95	120	6	63	444	9.2
上海	1414	3384	1921	66	892	7678	39.6
江苏	973	644	644	37	449	2747	11.4
浙江	1045	744	1030	46	672	3568	13.3
安徽	159	127	164	6	91	547	8.5
福建	442	301	354	17	280	1394	10.0
江西	89	64	90	5	50	297	8.2
山东	344	271	311	15	171	1112	8.9
河南	146	140	196	8	91	581	7.3
湖北	235	149	211	11	128	733	8.7
湖南	161	115	162	9	84	530	8.1
广东	1685	1309	1422	121	1295	5831	10.6
广西	142	130	164	10	89	534	8.1

续表

地区	义务教育	养老保险	医疗卫生	技能培训	住房保障	总成本	人均成本万元
海南	74	68	57	3	54	257	11.6
重庆	129	102	123	8	76	439	8.9
四川	315	201	302	16	175	1011	8.3
贵州	102	71	114	4	62	354	7.7
云南	155	115	172	7	98	548	7.9
西藏	21	12	11	1	6	51	11.2
陕西	179	130	137	7	77	529	9.6
甘肃	69	53	71	2	37	232	8.1
青海	43	46	34	3	19	144	10.4
宁夏	39	41	39	2	19	140	8.8
新疆	186	131	131	4	64	516	9.7

根据测算，从全国范围看，在稳定已有的城乡公共服务投入与市民化支出力度下，推动农业转移人口进城落户需要新增投入1.78万亿元，人均新增5.9万元。其中，保障性住房建设是最主要的新增投入，约为6377亿元；义务教育、养老保险、医疗卫生领域的新增公共支出分别为4149亿元、4431亿元、2777亿元，技能培训的新增支出约为100亿元。

（三）公共支出的期限与央地分担结构

农业转移人口市民化的公共成本并不是一次性支出的。根据公共成本的支出时间，农业转移人口市民化的公共成本可以分为三类：第一类是一次性支出的公共成本，包括新建校舍、新购教学仪器设备、医疗机构新建扩建、医疗仪器设备购置、执业医师培训、就业技能培训、廉租房建设等；第二类是连续性支出的公共成本，包括公共财政预算教育经费、城镇居民医疗保险的财政补贴、城镇居民养老保险的缴费补助。第三类是远期性支出的成本，主要是指未来为农业转移人口参保城镇居民养老保险支出的基础养老金。

表 4—18　　　　　农业转移人口市民化公共成本的期限分担结构　　　　单位：亿元

地区	义务教育	养老保险	医疗卫生	技能培训	住房保障	总成本	人均成本（万元）	占比
全国	11023	11169	9967	505	6377	39041	14.6	100%
一次性支出	2962	—	942	505	6377	10786	3.6	27.6%
连续性支出	8061	378	9025	—	—	17464	5.8	44.7%
远期性支出	—	10791				10791	3.6	27.7%

　　根据测算可知，在农业转移人口市民化公共成本总额中，需要近期一次性支出的公共成本约为 10786 亿元，人均约 3.6 万元，占比 27.6%；需要连续性支出的公共成本约为 17464 亿元，人均约为 5.8 万元，占比 44.7%；远期性支出的公共成本约为 10791 亿元，人均约为 3.6 万元，占比 27.7%（见表 4—18）。

　　理顺中央与地方对市民化成本的分担机制是推动农业转移人口市民化的重要因素。根据测算，在农业转移人口市民化公共成本总额中，需要中央财政支出的部分约为 7785 万元，人均约为 2.59 万元，占比约为 21.7%。其中医疗保险、养老保险、住房保障领域需要的中央财政支出分别为 3003 亿元、2904 亿元、1216 亿元。从中央财政支出的区域分布来看，中央财政支出明显向中西部地区倾斜，如中央财政支出占比最高的省份是贵州省，达到 86%；占比最低的省份是上海市，仅为 4.6%；上海、北京、天津、浙江、江苏、广东、海南、福建 8 省市的中央财政支出比例均低于全国平均水平的 21.7%。如图 4—2 所示。

　　从省域分布来看，在全国 31 个省级区域中，上海市、广东省、北京市、浙江省、江苏省、福建省、天津市、山东省和四川省 9 个省市市民化公共成本超过 1000 亿元。上海市、北京市、天津市和浙江省的人均市民化公共成本位居前列，分别为 39.6 万元、29.7 万元、18.7 万元和 13.3 万元。大约 64% 的农业转移人口和 77% 的市民化成本集中在东部省份，东中西部地区人均市民化成本分别为 15.5 万元、8.3 万元和 8.7 万元。

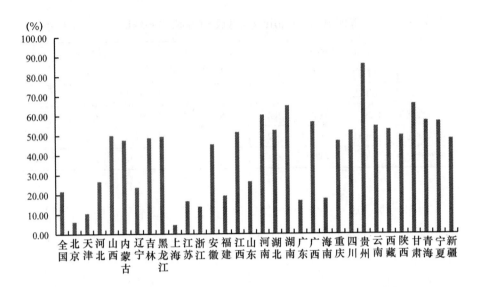

图4—2 全国省域层面农业转移人口市民化公共成本的中央财政支出结构

表4—19 东中西部地区农业转移人口市民化成本情况

指标	东部	中部	西部	全国
市民化人数（万人）	2576.6	622	801.4	4000
占全国比例（%）	64	16	20	100
市民化成本（亿元）	29950	3860	5231	39041
占全国比例（%）	77	10	13	100
人均成本（万元）	15.5	8.3	8.7	13.0
占全国比例（%）	119	64	67	100

相对于省内农业转移人口而言，上海市、广东省、北京市、浙江省和江苏省是跨省农业转移人口最为集聚的5个省市，该5省市为跨省农业转移人口承担的市民化公共成本均超过1000亿元以上，分别为6257亿元、3993亿元、3679亿元、2762亿元和1482亿元。

第三节 成本分摊的地方实践

不同于西方国家的市民化，我国农业转移人口市民化受到土地制度、社会保险制度和城乡二元户籍制度的影响，致使我国农村居民向城市转移的制度障碍增加，因此产生的制度性成本也随之增加。但是，影响我国农业人口向城市转移的因素还包括一些非制度性因素，比如城市融入困难、经济发展权缺失以及政治发展权缺失。新型城镇化背景下，农民市民化的二元制度壁垒有所突破，进城农民权益的法律法规相对完善，农民进城的成本分摊机制也不断地完善，但是制度缺失、不当（制度背后的福利因素是造成农业转移人口市民化成本的又一门槛）以及实际困难（主要指居住、孩子教育和就业不稳定等）三者并存，增加了市民化的成本和不稳定性。

因此，我国农业转移人口市民化成本是由制度性因素和非制度性因素综合作用的结果，要分摊市民化成本，需要同时考虑这两个方面的因素，做到二者兼顾。目前，为分摊市民化成本，各地区都进行了相应的改革与试点工作。其中重庆和成都的户籍制度改革、嘉兴和天津的土地制度改革以及东莞的医疗保险制度改革等具有代表性，这些地区通过改革的形式，破除制度障碍，消除制度背后的福利差异，分摊和降低农业转移人口市民化成本，推进人的城镇化发展进程。本节主要对成本分担的地方实践进行考察。

一　市民化成本的主要影响因素

（一）户籍制度二元化徒增"个人成本"

我国长期实行的城乡户籍二元结构的户籍管理制度，给农业转移人口的市民化带来了额外的个人成本。户籍制度设立的初衷是对全国人口进行有效的管理和服务，这本身只是一种人口治理的手段，但是在城乡二元结构的大背景下，逐渐与差异巨大的社会福利和公共产品供给结构相互勾连。与农村居民及农业转移人口户籍不同的是，拥有城镇户籍的市民能够享受到与经济社会进步同步带来的发展成果和现代化服务水平、教育水平等社会福利。这就使得农业转移人口尽管已经发生了地域转移和职业转变，即由农村转移至城镇、由从事农业转变为非农业，但并不能与城镇原居民同等地享有公共福利，进而需要承担额外的公共服务成本，使得其难以真正融入城镇生活。

城乡二元户籍制度安排是其主要障碍。在二元户籍制度安排下，由农村转移至城镇的农业人口在享受公共福利待遇方面受到多重歧视。其中，最为突出的是公共医疗费用与随迁子女的教育费用。在社会保障方面，农业转移人口或很难与城镇居民一样，享受医疗保险、养老保险和义务教育等公共服务，或需要支付高昂的享受和使用费用。此时，作为一种身份约束，城市户口或许比农村户口含金量要高。因此，在评价城乡户籍制度优劣时，关键是要比较制度背后形成的城乡福利差异。

长期以来，农业转移人口与城市公共服务之间并不存在密切的关联性，加之城乡居民之间在生活习惯上的较大差异，以及城市居民对农业转移人口较低的认同感，使得农业转移人口很难融入城镇社会生活。递言之，户籍制度成为横亘于城乡之间的主要障碍，具体表现为对农村转移人口的职业和户籍是否协同的影响，进而对其生活产生影响。农业转移人口在进入城镇后，尽管获得了非农就业或半工半农，发生了职业转变，但因其属于农业户口，因此职业和户籍之间处于错配阶段。但市民化不仅使地域转移和职业转变，更是户籍身份的转变。也就是说，应该是实现农业人口的身份彻底转移，从而实现户籍与职业从错配走向匹配阶段。

同时，城镇之间存在的行政层级制，使得不同层级的城市之间的公共服务供给和接纳农业转移人口的意愿明显不一。整体来看，两者之间存在负相关关系。即公共服务相对完善的城市，其接纳农业转移人口的意愿相对较低。农业人口向此类城市转移时，往往需要支付较高的落户成本。而中小城市尤其是小城镇的公共服务供给相对不足，其市民化成本则相对较低。有学者对不同层级城市市民化的成本进行测算发现，一线城市、二线城市、三四线城市市民化总成本分别为 237.93 万元、121.84 万元和 71.58 万元，三者之比为 3.32：1.70：1。[①] 大规模农业转移人口向城镇集中，本质上是二元户籍造成的城乡基本公共服务供给不平衡的问题，而这样的不平衡势必会增加农业人口的转移成本。

---

① 寇建岭、谢志岿：《市民化成本的科学测算与我国城市化模式问题》，《城市发展研究》2018 年第 9 期。

（二）土地流转不顺畅形塑"机会成本"

长期以来，土地在农村居民生活中扮演着基础性角色。土地集体所有、农户依托成员身份承包的制度安排，意味着唯有具备集体经济组织成员身份，农户才拥有获得土地承包的基本权利。同时，房地一体的农村宅基地的特殊性还表现在，农户仅仅拥有宅基地的使用权，而建造于宅基地之上的农房则属于农户的私有财产，尽管其可对农房进行处置、自由买卖和转让，但宅基地的集体所有并未赋予其处置的权利。对于农业转移人口而言，这样的制度安排，可能使得其在转变为城镇户口后，失去农村集体经济组织成员身份，从而很难继续占有农村承包地和宅基地等其他权利。

尽管农地"三权分置"赋予农户经营权流转的权利，进而为其进城提供土地财产性收益，但现阶段农村土地使用权的市场流转并不发达。同时，宅基地仅限村庄内部流转，严重制约着其经济利益的实现。土地流转不畅或流转收益较低，直接影响着农户的市民化意愿。而待农户进城后，待生活成本上升后，农户又很难回到原集体经济组织。因此，现行土地制度安排和土地流转不畅等问题，使得农业转移人口面临着向城镇转移的机会成本，使得其很难完全放弃土地收益等农村权利而坚定市民化信心。

（三）社保体系不完善带来"社会成本"

改革开放四十多年来，经过数次调整，我国社会保障体系得以建立并逐步完善。当前，我国社会保障制度体系主要包括城市企业职工、机关事业单位职工、农村居民及军人四类社保制度。但对于向城镇转移的农业人口而言，当前的社会保障体系还很难完全实现，加之城乡社保在缴费标准、投保年薪以及资金发放等方面存在的巨大差异，使得其很难享受到与城镇居民同等的公共服务水平，从而增加了农业转移人口迁居城镇的社会成本。

对比城乡社保缴费标准，可以发现，两者在缴费主体上明显不同。其中，城市职工的养老保险主要由个体和单位按照政府设定的缴纳标准共同承担。而农村居民一方面以"养儿"和土地为主要方式进行养老，辅以由个体单方面承担的养老保险。

以农业转移人口的主要构成主体——农民工为例，尽管其已在转移城市从事工作多年，但其参缴"五险一金"的比例整体偏低且选择性缴纳（见表4—20）。其中，参保比例最高的属工伤保险，而住房公积金参缴比例相对较小。也就是说，对于农民工而言，其在城市以从事高危行业为主，且愿意在城市购房的意愿并不强。这在一定程度上可以说明，城乡社会保险的差异性及社保体系的不完善，加之缴费年限的束缚，增加了农业人口向城镇转移的经济成本，进而增加市民化社会成本。

表4—20　　　　　　　2014年农民工参与五险一金的比例　　　　单位:%

	工伤保险	医疗保险	养老保险	失业保险	生育保险	住房公积金
合计	26.2	17.6	16.7	10.5	7.8	5.5
外出	29.7	18.2	16.4	9.8	7.1	5.6
本地	21.1	16.8	17.2	11.5	8.7	5.3
比上年增加	1.2	0.5	0.5	0.7	0.6	0.5
外出	1.2	0.6	0.7	0.7	0.5	0.6
本地	1.0	0.4	0.3	0.9	0.8	0.4

资料来源：数据来自国家统计局公布《2014年全国农民工监测调查报告》。

（四）经济发展不平衡造成"过渡成本"

发展权是个体和集体基于持续而全面的发展需要，而共同获取的促进彼此机会均等和利益共享的权利。[①] 农业转移人口进入城镇后，面临着经济发展权的缺失，获得稳定的就业机会和较高的经济收入，成为影响农业人口向城镇转移的重要因素。经济发展权的缺失主要表现在农业转移人口在城镇获得经济发展机会的不均等和经济发展成果分享的不充分。[②] 但他们在进入城镇后，从事的主要是以出卖劳动力的体力劳动，这样的行业往往劳动条件较差、工作强度较大且保障措施不完备。就业制

[①] 联合国人权委员会：《发展权利宣言》，联合国大会第41/128号决议，1986年12月4日。

[②] 赵德起、姚明明：《农民权利配置与收入增长关系研究》，《经济理论与经济管理》2014年第11期。

度不健全，是引起农业转移人口市民化成本增加的间接原因。

与此同时，城市就业服务机构不足和用工信息发布不及时，直接增加了农业转移人口在城市就业的"搜寻成本"。长此以往，这极易构成影响农业转移人口未来职业发展的关键因素。与此同时，在城市购房等领域，农业转移人口还面临着可供购房区位、贷款或抵押等诸多方面的障碍。这在一定程度上，加重了该群体市民化的过渡成本。

二　市民化成本的关联制度改革

当前，各地为推进农业转移人口市民化，进行了诸多制度改革和创新，主要涉及土地制度、户籍制度与社会保障制度等，虽然各地区改革的切入点和重点各不相同，但最终都是为了完善农业转移人口市民化分担机制，以促进市民化的快速发展。本项研究选取了五个典型的改革地区，并以时间为顺序展开了具体的案例分析，具体是 2000 年广东省东莞一体化社会养老保险制度改革，2005 年天津市实施的宅基地换房试点，2008 年浙江省嘉兴土地使用制度改革实验，2010 年成都市户籍制度改革。

（一）东莞：统一补偿与社保成本承担

东莞市作为我国四个不设区的地级市之一，下辖 32 个镇街，是全国唯一实现农（居）民医保全覆盖的地级市。早在 2014 年，全省城镇化率已达到 68%，高于同期全国近 13 个百分点；2016 年东莞的城镇化率已经达到 88%，达到甚至超过发达国家水平。尽管东莞市城镇化实践取得了重大成就，但全市 180 万户籍人口中，有近一半仍是农业户口。因此，东莞市农民市民化任务依然任重而道远。

早在 2000 年，东莞市就统筹推进城乡医疗保障制度改革，将不拥有本市户籍的从业人员纳入城镇职工基本医疗保险，率先在全国打破了城镇职工医疗的二元对待。2004 年，该市正式设立城乡基本医疗保障制度，彻底打破城乡医疗保障二元分割格局。2007 年，该市继续深化医疗社会保障，突破医疗保险的职业界限，推动了就业与非就业人员医疗保险的双轨并行。历经数十年探索，如今东莞已成功建立起能够覆盖全市所有人口的、公平对待的社会基本医疗保障制度，实现了城乡医疗保险的制度模式统一、服务管理统一、缴费标准统一和补偿水平统一的"四统一"。

需要注意的是，农业人口市民化并非简单地取得城镇户籍，其更深层次的要求，是农民在各方面享受城镇居民（市民）同等待遇。相对发达的经济在为东莞市构建水平高、覆盖广的城乡一统的医疗保障提供经济基础的同时，也持续改变着民众对医疗保障的认识，促使他们为享受公平的医疗卫生服务而持续奋斗。东莞市实现社会保障城乡一体化，实现城乡居民同等保障待遇，为今后深化农民市民化制度改革，以及农民市民化分担机制的构建，创造了更有利条件。

（二）天津：以房换房与住房成本转嫁

作为直辖市，天津市在城镇化进程中面临着土地资源约束瓶颈。为加快小城镇建设和解决城镇化进程中面临的建设用地紧张矛盾，城乡建设用地增减挂钩政策得以实施。2005 年，经国务院批准的《天津滨海新区综合配套改革试验总体方案》中，明确提出"在符合规划并在依法取得建设用地范围内建设小城镇，实施农民宅基地换房试点"。[①] 以该文件为基础，天津市进一步细化宅基地换房制度，并于同年开始探索"宅基地换房建设示范小城镇"的发展模式。[②]

"宅基地换房"，就是农村居民以退出宅基地为前提，按照文件规定的置换标准及其条件，待宅基地退出统一建立后，换取小城镇住宅，实现身份的转换。而原有的村里建设用地进行复耕，节约下来的土地整合之后拍卖。土地出售/拍卖后的土地收益分配如下，1/3 由农户用于建造住房使用，1/3 留有政府自用，剩余的 1/3 由开发商进行商业开发。

该项政策首先在 12 镇 5 村进行试点，试点覆盖到近郊 18 万农村居民。天津市华明示范镇是首批"宅基地换房"的试点镇。试点前，该镇下辖 12 个行政村，涉及的宅基地规模达 12071 亩。历时两年后，该镇农村居民于 2007 年开始进行集体搬迁入住，华明示范镇的居民也因此享受到了城镇化建设带来的实惠（见表 4—21）。

---

① 国务院：《天津滨海新区综合配套改革试验总体方案》，2005 年 8 月 3 日。
② 杨成林：《天津市"宅基地换房示范小城镇"建设模式的有效性和可行性》，《中国土地科学》2013 年第 2 期。

表4—21   天津华明镇宅基地换房置换条件

试点方案	主要内容
置换条件	自愿永久放弃全部农村宅基地
置换方式	公寓房
换取面积	1 平方米原住房置换 1 平方米商品房 2 平方米附房置换 1 平方米商品房 以人均 30 平方米标准置换商品房 每户最多置换 3—4 套商品房，超出面积进行货币补偿
公寓房产权性质	办理房屋所有权证、国有土地使用权证。参照经济适用房标准建设，5 年之后可以上市

宅基地换房示范小城镇的建设模式取得了多维效应。一是最大限度地维护了农民的土地权益。以 50 平方米原住房为例，政策实施前，该农房的价值仅为 10 万元。在政策实施后，拥有该房屋的农户可置换 90 平方米住房，而此时房屋价值则为 30 万—50 万元。与此同时，天津市政府还为参与宅基地换房的农村居民缴纳与城镇居民同样标准的养老保险。

二是为经济的发展腾出了空间，同时也坚持了国家在农村的基本经营制度和最严格的耕地保护制度。[①] 天津市的宅基地换房政策在不减少农村耕地的基础上，不仅妥善解决了城镇化进程中的资金短缺问题，而且为城镇化提供了土地来源。

（三）嘉兴：两分两换与安置成本承担

在众多的城乡一体化制度改革中，嘉兴的土地制度改革或许可以给我们一点启示。在加速推进城镇化背景之下，为整合农村地区的土地资源，嘉兴创新实施"两分两换"制度。所谓"两分"，是把农村宅基地与承包地分开、搬迁与土地流转分开；而"两换"则是以土地承包经营权换股换租换保障，以宅基地换钱换房换地方，推进农民集中居住，从而推进农民市民化进程。

"两分两换"制度的关键在于，以宅基地集中置换为突破口，引导农

---

① 杨成林：《天津市"宅基地换房示范小城镇"建设模式的有效性和可行性》，《中国土地科学》2013 年第 2 期。

民退出宅基地和承包地。而后由政府进行统一规划，集中管理，以此来达到城乡建设用地增减挂钩，推进土地集约化合理利用。在嘉兴"两分两换"工作中，由于政府在推进过程中扮演着主体性角色，加之农户的宅基地和房产面积较大，直接导致政府承担了安置的高成本。据测算，每户的安置成本为 37 万元，如全面铺开"两分两换"，政府将承担巨额经济成本，农民负担大大减轻。

显然，嘉兴这一次实验并没有涉及土地改革的核心——土地的产权，只是土地的管理和使用方式变化了，是规定范围内的实践。试点中，前期巨额资金的投入是需要通过后期集约利用的土地所换取的价格来进行弥补和平衡，如果没有合理的集约土地的利用，这种置换也可能是"得不偿失"，会使地方政府背上沉重的债务。

嘉兴实践也面临着一些约束条件，一是需要由充足的地方财政作支撑；二是与之相辅相成的是，地方政府可以获得持续稳定的土地预期收益；三是农村居民在进城后能有一份稳定持续的工作机会。因此，在目前现有制度环境尚需完善以及"两分两换"制度有待进一步修正的情况下，该实践的推广价值具有一定的局限性。

（四）成都：双重福利与个人成本削减

早在 2010 年，成都市就出台了《关于全域成都城乡统一户籍实现居民自由迁徙的意见》。文件提出，到 2012 年该市将统一城乡户籍制度，居民户口可以在城镇和乡村之间自由迁徙，并且能够平等地享受社会福利和公共服务，同时，农村居民在进城之后，同样保留农村的宅基地和承包地。

成都市户籍制度改革的目标是，以户籍制度改革为前提，消除附着于户籍之上的各种不平等的权利、福利和身份的差异，彻底地打破城乡二元结构，从而促进市民化。改革前，与城市户口相联的有"五件衣服"，分别是养老、教育、医疗、就业、住房，与农村户口密切关联的则是宅基地、承包地和林业权这"三件衣服"。

成都户籍制度改革的整体思路是，农村居民进入城市与城市居民一样享受同等的待遇。而农村居民原来享受的宅基地、承包地和林业权这"三件衣服"就慢慢地褪去。改革过程中，该市明确了农村居民进城不以牺牲其在农村所享受的权利为前提，即农村居民在穿上城市这"五件衣服"的同时，还享有农村的"三件衣服"。这样的政策既给了农村居民进城以保障，在享受城市的各种福利的同时可继续享有农村权利。而城镇的居民也可以通过这个政策，回归农村享受田园般的生活环境，达到城乡各个生成要素的完全自由流通。

这种改革思路，不同于之前一些地方的过渡性或者是功利性的户籍改革方案的是，方案回归到人人生而平等地享受社会福利这样一个出发点。政策的实施，最大限度地保护了进城农民的利益，保证了其在农村所享有的基本权利不因居住地的变动而受到侵害，实现了城乡统一公共服务和社会保障。与其他一些地方的户籍政策相对照，成都市的户籍政策应该是一大进步或者是一大突破。

整体来看，东莞一体化社会养老保险制度改革，通过统一制度消除了东莞的城镇职工、城镇居民、农村农民以及外来务工人员等不同群体差异，有效地化解了不同类别参保人在养老保险城乡两制之间频繁转换的成本。天津宅基地换房试点和嘉兴土地使用制度改革实验，推进集约高效利用农村土地，促进农民转换身份等改革；成都户籍制度改革，统筹推进城乡综合配套改革，依法保障了进城落户居民合法权益，促进农业转移人口市民化。这些改革探索案例，分别从社会保障制度、土地制度、户籍制度等方面入手，为农民市民化成本分担提供了经验借鉴。

第四节　适应性变革：成本分摊的思路与机制

目前，中国城镇化正处于快速推进阶段，预计到2030年需要实现市民化的农业转移人口规模将达到4亿左右。根据计算，2030年中国城镇化率将达到68%左右。而要解决这4亿农业转移人口的市民化问题，仅公共成本部分就十分高昂。如此高额的市民化成本，完全依靠农民、政府或者企业其中任何一方的力量都是很难实现的，需要政府、企业以及社会各界的积极引导和大力支持，同时也需要农民自己承担相应的责任。基于此，本节试图建立包括政府、市场和农民三者在内的市民化成本共担机制（见图4—3）。

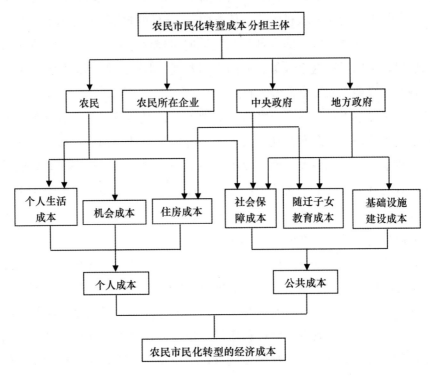

图4—3　市民化成本分担机制

　　从现有的资料来看，农业转移人口市民化成本多主体分担已经达成共识，而且普遍认为市民化成本分摊需要构建政府为主、企业为辅和农转个体参与的多主体成本分担机制。在新型城镇化背景下，要构建市民化成本分摊机制，实现市民化健康、合理、有序的发展，必须兼顾政府、农转个体和企业三者在市民化进程中的职责和利益。政府要承担主要责任，创新财税体制，推进产权制度改革，给予正确的政策引导，提高政府成本分担能力；企业要承担就业成本，提供融资和流转平台，为市民化筹措资金；农转个体要分担个人成本，增加产权收益，提高市民化能力。

　　基于新时期我国农业转移人口市民化的特征，对农业转移人口市民化成本的困境进行的分析，以及国内市民化成本分担的典型案例的启示，本书试图提出分摊市民化成本的有效机制，中央政府兜底，地方政府主导，企业主体，个人辅助的分担机制，从而处理好农业转移人口市民化与经济转型、社会转型和城市转型的关系，深入挖掘人口和制度双重红利，实现新时期农业转移人口市民化科学、可持续性的推进，助力新型城镇化的发展。

一 中央政府：剥离关联制度隐性福利

根据学界的研究和我国的实际情况来看，我国农业转移人口市民化成本分担的困境与制度因素有着重要联系，这里的制度因素主要是指土地制度、户籍制度以及社会保障制度。具体来说，农村居民在退出农村和进入城市之间，因为土地制度的制约，无法完全退出农村；又因为户籍制度，无法顺利进入城市；社会保障制度缺失，导致城乡社会保障不平等，进而影响农转群体融入城市。简言之，制度构成市民化发展的现实桎梏。从这个意义上讲，需重视破除制度阻碍在市民化成本分担中的积极作用。

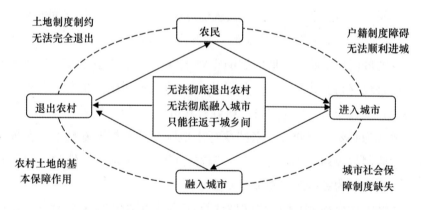

图4—4 制度因素带来的农业转移人口市民化成本

（一）完善户籍制度与降低市民化转移落户成本

长期以来，二元户籍制度安排，在限制农村人口向城镇转移的同时，其背后附着的医疗、卫生、教育等社会福利也存在明显的差异性。近年来，我国在推进户籍制度改革、加快农业转移人口市民化过程中取得了重大进展。以城乡统一户口为主要方式的户籍制度改革，尽管取得了巨大突破，但并未彻底改变城镇原住民和转移人口之间事实上的不平等，进而造成更大的制度成本。这样的制度成本，不仅造成转移人口处于"流而不迁""迁而不定"或穿梭于城乡之间，而且阻碍转移人口的自由流动。

保障公民自由迁徙是户籍制度的改革方向和最终目标。亦即"改变城乡二元体制，消除利益分配职能，强化人口信息统计和管理职能，最终实现城乡统一的公民平等权，以有利于农民向非农产业及城镇转移和工业化、城镇化发展"①。因此，在户籍制度改革过程中，应以创新人口登记和管理制度为前提，逐步消除城乡二元户籍实质性歧视，让户籍制度回归人口登记基本功能，从而推动人口有序流动、合理分布，进而实现城乡社会融合发展。

具体而言，健全居住证制度和人口信息管理制度是其主要内容。就居住证制度而言，应健全居住条件、职业性质、参保年限等与公共服务相挂钩的机制，并将其作为农业转移人口落户的基本条件。在人口信息管理方面，应在分类完善劳动就业、教育、收入、社保、房产、信用、计生、税务等信息系统基础上，实现信息在部门之间、地区之间的共享。

（二）深化土地产权制度改革与增加农民财产性收益

人的城镇化是厘清土地问题的重要线索。完善"地衬人转"制度安排、调整现有利益关系格局，是亟待解决的关键问题。在大量农业人口向城镇转移的今天，构建农村"耕者有其田"、城镇"居者有其屋"的制度安排尤为必要。因此，在坚持现行土地制度基本框架基础上，实现土地用途管制与规划管制合法合理，调整保障农民土地财产性收入权利和规范土地利用的具体制度安排至关重要。

为此，应以推进人的城镇化为核心目标，围绕合理区分政府与市场作用边界，推进市场导向性规划，确保政府规划管制与用途管制合法合理；充分发挥市场规划决定下的土地资源优化配置；以保护农民合法权利为关键任务，统筹农村集体土地制度改革，扎实推进农村土地"三权分置"改革和农村"三块地"改革，切实维护留村农民和进城农户合法

---

① 崔传义：《农民进城就业与市民化的制度创新》，山西经济出版社 2008 年版。

权益；以建立健全"人地钱"挂钩机制为现实任务，统筹政府"放管服"制度改革和"户籍—土地—财政"联动改革。

确保政府用途管制和规划管制合法合理。现在政府规划和用途管制已成为土地一级配置的国际惯例，实现政府双重管控合法合理非常重要。因此，迫切需要明确政府与市场的作用边界，始终坚持以市场为导向的政府规划与规划引导下的市场决定相结合，推进土地城镇化制度改革。为此，迫切需要政府系统研判城镇化规律，以市场需求为导向，充分吸纳民意，实现自上而下审批与自下而上民主决策的有机整合；充分尊重规划者的主动性和独立性，科学进行土地利用总体规划和控制性详细规划。同时使市场充分决定规划后的土地利用，对土地利用主体的利用行为进行有效监管，正确使用政府"有形之手"以确保土地高效利用。

保护农民土地性财产权利。农民土地财产性权利不足是制约其市民化能力的重要原因，从土地的角度讲，维护农民财产权利是消除进城农户后顾之忧的重要保障。近年来的"中央一号"文件均强调，要"深化农村集体产权制度改革，增加农民财产性收入"。"三权"是农民在农村最重要的财产权，也是其最重要的财富来源。维权的首要前提是赋权。因此，应扎实推进以"落实集体所有权、稳定农户承包权和放活土地经营权"的"三权分置"改革，推动土地由保障功能向财产功能转变，使进城农户能够通过流转土地经营权提升土地收益，既能带着财产进城，又能实现土地规模经营。同时，从农村"三块地"制度改革的角度讲，应推动"三块地"联动改革。既要通过合理确定土地征收范围，以社会共享为原则，合理界定不同主体的分配比例，适当提高失地农民的补偿比重，同时又注重构建经济补偿、社会保障以及就业培训等多元保障的机制。在宅基地制度和集体经营性建设用地入市改革方面，可通过探索有偿退出机制和做实农房抵押、担保制度以及保障农民依据集体经济组织成员权分享红利，提升农户住房在其落户城镇、长久生活于城镇中的资金支持作用。

（三） 实现社保制度一体化与统一城乡社保缴费标准

人口和财政的矛盾在于公共服务需求与供给的不匹配。① 农业转移人口向城镇转移意味着，公共服务供给数量必须相应增加，但公共服务与地方财政之间的强关联性，则意味着地方财政压力的持续增加。但在长期实践中，忽视农民工落户城镇带来的收益，成本测算高估和地方财政激励不足等，构成当前地方政府积极性不高的重要原因。② 同时，"外来迁移人口创造的大部分经济收益已通过增值税等方式被中央拿走"③，也构成地方政府不愿吸纳转移人口的重要原因。

鉴于地方政府在市民化实践中主要承担教育、社保、医疗、卫生、就业以及住房保障等服务，中央政府应通过财政转移支付的形式增加地方财政收入，从而增强地方政府行动积极性。具体而言，中央政府应加强吸纳人口较多、转移人口有较大定居意愿且落户的城镇的补贴力度。健全"人—钱"挂钩机制，推动吸纳人口数量和转移支付规模相统一，依照"人多财增"的策略方针有效缓解两者间的矛盾。

不同层级的城镇在接纳人口规模上具有明显的差异性。因此，除了增加财政转移支付规模外，中央政府还应通过政策、规划等调节不同层级之间的人口转移规模。与大城市相比，中小城市存在就业机会和公共服务供给上的不同，因此，给予中小城市更多的产业政策扶持进而增加就业机会成为现实需要。"小城镇公共服务的人均投资和运营成本比大中型城市更高，加上财政投入在各级城市间的不平衡，不同规模城镇的公共服务水平存在较大差异"④，因此财政转移支付应适当向中小城市倾斜。

二 地方政府：促进城乡公共服务均等化

一般而言，地方政府负责实施中央政府制定的宏观政策。对于目前

---

① 李铁：《城镇化是一次全面深刻的社会变革》，中国发展出版社 2013 年版，第 41 页。
② 魏义方、顾严：《农业转移人口市民化：为何地方政府不积极——基于农民工落户城镇的成本收益分析》，《宏观经济研究》2017 年第 8 期。
③ 李铁：《城镇化是一次全面深刻的社会变革》，中国发展出版社 2013 年版，第 41 页。
④ 王小鲁：《中国城市化路径与城市规模的经济学分析》，《经济研究》2010 年第 10 期。

的农业转移人口市民化而言，在中央承担起具有普惠性的基本公共服务财政支出的情况下，关键是要解决地方差异化的基本公共服务的均等供给问题，比如，保障性住房均等化、就业培训与基础教育等。因此，流入地的地方政府应做好转移人口的教育、住房及就业等公共服务的提供。农业转移人口市民化是农村人口流向城市的一种现象，在人口流动的过程中，提供给农村户籍人口和城市户籍人口的基本公共服务存在差异，其中以教育权利、住房条件以及就业机会不公平尤为明显。应按照保基本、逐步完善的原则，增加基本公共服务在常住人口分配上的比重，持续满足农业转移人口在市民化过程中所需要的公共产品和服务，保障基本权利等。具体来说，主要保障随迁农民子女享有平等的教育权利；完善住房保障制度，降低"安居"城市的成本；健全就业创业培训机制，降低农转人群的择业成本。

（一）逐步提高教育领域财政支出能力

"人力资本存量是农民转移进城的基本前提。"① 建立城乡一体化的九年免费义务教育，不仅有助于实现教育公平，而且为丰富农村人力资本积累奠定了基础。要实行农转人群随迁子女义务教育流入地政府负责制。地方政府要把农转人群随迁子女义务教育和学校建设纳入城镇社会事业发展规划和城镇基础设施建设规划。通过扩大公办学校招收、扶持民办学校、实施进城人户子女义务教育补助券制度，特别是中央政府要增加教育的财政经费投入与保障，最好由国家财政统一解决流动人口子女的义务教育经费，让农转城人群的孩子有学上、上得起学。

继续加大农业转移人口随迁子女教育经费在地方财政支出中的比重，通过科学规划学校布局和增加教师编制等途径，保障随迁子女的公办学校接受教育力度。对于难以在公办学校入学就读的，地方政府应通过购买公共服务的形式，保障随迁子女接受民办义务教育。

（二）保障性住房扩大与安居成本降低

居住权是一国公民的基本权利，是农村人口向城镇集中的基础性条

---

① 罗明忠：《农村劳动力转移的"三重"约束：理论范式及其实证分析》，《农业经济研究》2009 年第 2 期。

件。提供稳定的城镇住所，既是农业转移人口市民化的现实要求，也是
地方政府重要的职能所在。尤其是在举家进城成为农业转移人口进入城
镇的主要方式的整体形势下，租房更成为转移人口进行职业规划、谋求
生活和获取城镇基本公共服务的现实条件。

近年来，农业转移人口的居住和生活设施得到进一步改善。国家统
计局发布的 2017 年农民工监测调查报告显示，进城农民工人均居住面积
为 19.8 平方米，比上年提高 0.4 平方米。人均居住面积 5 平方米及以下
居住困难的农民工户占 4.6%，比上年下降 1.4 个百分点。[①]

但客观来看，"住房难""房价高""住房贵"仍然是困扰农业人口
向城镇居民转变的主要因素。就政策而言，农业转移人口住房保障政策
存在"缺陷性失灵"和"变异性失灵"。[②] 其中，前者主要表现在供给形
式单一、资源配置非均衡和准入门槛较高；后者则表现为政策选择性执
行、职住分离严重以及空间失配严重。同时，过高房价则对农业转移人
口形成"挤出"效应，进而增加转移人口的心理压力。

考虑到保障性住房具有的政府提供和服务对象以城市中的低收入家
庭为主，以及其具有的限定价格和租金等特性，地方政府应加大保障房
的供给力度尤其在供给过程中应重点向农业转移人口倾斜。首先，地方
政府应从本地经济社会发展水平和合理测算农业转移人口规模出发，制
订合理的保障房建设规划和供给计划。同时，为了提供转移人口的购房
能力，政府一方面应通过行政手段降低房价，另一方面应规定转移人口
及其单位共同承担住房公积金的缴纳责任。

发挥市场在资源配置中的决定性作用以及政府更好发挥其作用，推
动形成需求与规模相适应、住房价格与购房能力相适应的住房供求格局。
解决保障房定位不清、选址不合理和供给失配问题。完善租赁补贴制度，
推进廉租住房、公共租赁住房并轨运行。制定公平合理、公开透明的保
障性住房配租政策和监管程序，严格准入和退出制度，提高保障性住房

---

① 国家统计局：《2017 年农民工监测调查报告》，国家统计局官网，http://www.
stats. gov. cn/tjsj/zxfb/201804/t20180427_1596389. html。

② 吴宾、李娟：《基于住房视角的农业转移人口市民化的漂浮困境及其化解机制》，《农村
经济》2016 年第 12 期。

物业管理、服务水平和运营效率。①

（三）培训机制健全及择业成本降低

就业技能提升是促进农业转移人口市民化的基础和内在动力，是推动其融入城市社会的重要条件。② 劳动保护和社会保障不完善、人力资本积累受阻、社会资本建构空间不足等则是阻碍市民化有序推进的现实问题。③

因此，对于地方政府而言，应持续强化转移人口的就业能力培训，不断提高其职业技能和综合素质。为此，地方政府可通过整合本地职业教育资源和培训资源，通过政府补贴等形式增多转移人口接受职业技能培训的机会。同时，地方政府可通过与地方高等院校、普通职业院校以及各类培训机构相结合，定期为农业转移人口提供就业培训服务。此外，应建立本地就业信息咨询服务网络并推动其余地区的信息网络共享等措施，强化信息服务和政策咨询。

目前，城市对农业转移人群进行教育培训。如利用大专院校的技术、师资力量，在学校开设专业培训班培训转移农民，使之提高文化素质和职业技能，获得相关学历、职业资格证书、岗位技能资格证书，具有进入城市社会位置的资本；组织相关职业院校及各类培训机构，根据市场需求，以订单、定点和定向培训的形式，对转移人口进行就业技能培训，提高就业能力；对一些需求量较大而且技能要求不是很高的职业，可发挥民间机构的作用，举办"前店后坊"式的培训，使"农转城"人群较快掌握一种职业技能。

三 市场企业：拓展多元融资平台渠道

鉴于市民化推进过程中需要大量的资金作为物质基础，且政府财政资金难以有效应对的客观现实，改变过去政府直接操作的城镇化发展思

---

① 《国家新型城镇化规划（2014—2020 年）》，2014 年 3 月 16 日。

② 王绍芳、王岚、石学军：《关注就业技能提升对新生代农民工市民化的重要作用》，《经济纵横》2016 年第 8 期。

③ 李强：《非正规就业视角下农民工市民化的现实困境与路径选择》，《城市问题》2016 年第 1 期。

维，发挥社会力量在资金供给中的积极作用，拓展多元融资渠道成为现实需要。

（一）多元化金融支持体系构建

一是强化信贷在城镇化建设资金供给中的支撑作用。城镇基础设施建设和产业基础不断壮大势必要求强大的资金作支撑。为此，商业银行应做好资金筹划工作，为城镇化建设提供信贷资金。

同时，国际经验表明，小型金融机构向企业提供融资服务时具有明显的信息优势，这种优势是小型金融机构与小型企业和个人长期合作与共同监督的结果。美国共有 8000 多家社区银行，对美国的经济发展起着非常重要的作用。在美国，大银行的贷款多集中于规模较大的中型企业，对小型和微型企业的贷款主要由社区银行来满足。社区银行瞄准小客户，差异化优势明显，对于防止基层金融"空洞化"具有重要作用。当前要放松对各类金融机构的市场准入限制，促进城市社区中小银行等民营金融机构的建立，形成多元适度竞争的草根金融体系。

在调查中课题组发现，扎根基层的小型金融机构在支持小微企业和创业方面大有可为。重庆渝北银座村镇银行自成立以来就承载着"支持小微，服务三农"的重要使命，开业一年半时间，贷款余额突破 11 亿元，户均贷款余额 76 万元，累计支持了 1800 多户农户和小微企业的发展，为重庆两江新区的城镇化建设做出了重要贡献。这表明类似于社区银行的小微金融机构有非常大的发展空间。因此，可通过利用民间银行等金融机构资金作为城镇化的资金来源。

二是扫清农民以土地为资源进行资金借贷的制度障碍。当前，土地作为农民进城的财产性收益还未得到有效发挥。就目前来看，土地财产性收益不明显的很大原因在于，土地作为资源进行资金转换存在制度和体制障碍。具体表现在信贷机构很少面向承包地和宅基地及建造于其上的农房进行信贷，既有资产价值不显化原因，也有信贷金融程序烦琐问题。因此，应通过制度创新和简化程序等举措，扫清农业转移人口以土地为资源进行资金借贷的制度障碍。

（二）增加转移人口工资性收入

个体工资收入和家庭未来收入预期是影响农业转移人口做出成为市

民与否决策的重要因素。农业转移人口的收入不高，是影响市民化进程的重要因素，因此，在构建市民化分担机制的过程中，要改善农村居民低文化、低素质和低技能的现状，提升劳动力市场价值，解决收入偏低的问题，提高农转城人口自己的承担能力。

在进入城市生存之后，工资收入占农转城收入的一定比重。因此，固定工资收入对农业转移人口的市民化，尤其是农业转移人口个体分担市民化成本意义十分重要。相关研究表明，农民家庭非农收入比重对其市民化意愿有显著正向影响，家庭非农收入比重每增加 1 个单位，农民市民化意愿的可能性是原来的 1.543 倍。[①] 因此，提高工资性收入，不仅可以减少农业转移人口将土地作为维持其生存的唯一资源，从而降低其对土地的过度依赖，而且可以将其作为农业人口向城镇转移的经济基础和物质保障，进而增加个人在职业技能方面的获取能力。

为此，应当通过增加就业培训和提供高工资岗位等方式，增加农业转移人口工资性收入水平。同时，通过完善合同制度和强化合同执行力度，保障农业转移人口的合法权益尤其是工资性收入。对拖欠和克扣工资等问题，应通过全面整治确保足额工资按时发放。

四　农民主体：自我增能与分担融入成本

市民化成本的分担不是某一个主体的责任，也不是某一个主体可以承担并完成的任务，需要各个主体各司其职、共同努力。只有政府、农民和市场三者合力齐心，不断增强自身的承担能力，才能够促进市民化巨额成本的科学分担。政府要完善财权与事权，转变职能，提升"兜底"能力，承担市民化成本的主要责任；农民要提高自身素质，积极适应城市新环境，辅助政府分担市民化成本；市场要提供平台，鼓励公益组织参与补充农业转移人口市民化成本的分担。

在进入城市后，工作和生活的社会环境发生了巨大变化，其思想观念、生活方式、人际交往、社会参与等方面都要逐步具备城市性特征。

---

① 张小山、张应阳：《农民市民化意愿影响因素实证分析——基于非农收入比重和农民土地意识视角》，《湖南农业大学学报》（社会科学版）2017 年第 4 期。

要实现角色的转变，融入城市生活，就需要学习城市生活的一些基本常识、道德规范和法律法规等基本内容，通过对这些内容的了解促使农民转变思想观念、思维方式、生活方式、价值观念，培养其对城市文化的认同感、对城市生活的满足感以及对城市的归属感，以主人翁的姿态来融入城市，树立现代化的城市公民意识，积极参与到城市协作之中，尽快融入新环境、新生活之中。

但是，由于数千年来农耕思想的影响，以及生活的自然社会条件、资源禀赋和政策制度的作用，当下我国的农村居民的整体素质还不是很高。"农转城"群体在进城前就已经大部分完成了基本的社会化过程，他们的思维方式、思想观念、价值观和认知方式等都已形成，传统文化中一些消极、惰性的思想和行为由于乡土文化极强的生命力和渗透力已然深植于他们中部分人的思维方式、价值取向和行为习惯之中。尽管农业转移人群离开农村进入城市生活，但是大部分人的思想观念、生活习惯和价值追求的变化并不明显，对于城市文化和城市生活方式融入不够，城市文化的理解不深，农村落后的思想和文化仍然根深蒂固。

因此，转移人群需要转变自身的思想观念，进行城市化改造，真正融入城市生活。特别是目前一些青年转移群体，他们由于自身所受到的教育，以及体制、政策等的阻碍，在城市生活中遇到种种挫折和困难，他们的许多失范行为、与当地人群的冲突甚至是犯罪，这些都是城乡结构转型中所必须面对的问题。这也深层次地表明，转移人群是不可能自动融入进城市生活，转变为一个合格的城市居民的，出现这些问题，不仅仅是制度和政策上的约束，还有文化传统和价值观念的影响。

价值观念的转变是农业转移人口是否能够真正融入城市生活的一个标志，思想的转变才是转移人群真正的改变。要树立正确的价值观念和人生观，以一种开放积极的心态看待所接受的传统文化，去芜取菁，去伪存真，发扬传统文化中积极健康向上的精神，摒弃落后保守的思想观念。以科学的思维方法改造农民的传统思维方式、价值取向，让他们以更开放的姿态来迎接其新的生活，实现由"传统人"向"现代人"的转变，从而更好地融入城市生活。

第 五 章

平衡与充分:城镇化协调性
发展评估及预测

　　当前我国正处于城镇化发展的关键阶段,其发展是要素的流动和集聚的结果,其中人口要素为核心,土地要素为载体,财政要素为保障。然而当前我国城镇化背离了"人"的城镇化这一起点、重点及终点,依托土地要素的发展方式导致人口城镇化明显滞后于土地城镇化,呈现地区发展不平衡、受制于资源约束瓶颈以及各类矛盾伴生的特征,究其本质乃是三大关键要素的耦合协调问题。在传统城镇化发展不可持续、新型城镇化不可逆的背景下,评估我国城镇化的发展阶段及未来前景,构建"人口、土地及财政"约束协调机制,实现三要素在人的城镇化过程中的合理配置与高效运转具有重要的理论意义和现实价值。

　　本章基于2009—2014年全国及各省的面板数据,从人口、土地、财政要素系统城镇化入手,构建了新型城镇化发展水平评价指标体系,用于测度全国及各省城镇化发展的质量,完成了对新型城镇化影响因素和时空水平布局的分析。借助耦合协调函数模型,实证检验了全国及各区域要素系统城镇化间的耦合协调水平,得以了解新型城镇化转型升级的阶段、时空分布特征和协调收敛态势。结合新型城镇化发展的内涵和目标定位,在预测未来发展趋势的基础上,提出了新型城镇化集约与协调发展的制度路径与政策协同的相关建议。研究发现:

　　一是我国人口、土地及财政城镇化水平快速提升,具有显著的阶段性特征和"人—地"转型的转折点;二是各地区及省域城镇化发展的时空分布不均衡，整体呈现由东至西递减的趋势；三是人口、土地城镇化具有一定的条带、圈层结构布局，其分布样态与《国家新型城镇化发展规划》中的城市群体系相呼应；四是2009—2015年我国城镇化耦合协调水平进入一般耦合阶段，耦合协调差距呈现出先下降后逐步平稳的收敛态势，西部地区协调状况或许正在走向恶化；五是未来时期（至2030年）的发展预测表明：我国城镇化发展将面临巨大的土地和资金缺口，同时2014—2018年将成为转型升级的机遇期，在此后人口要素将主导城镇化的发展，而财政要素将在转型升级中扮演过渡性的关键角色。

整体而言，我国新型城镇化发展水平和耦合协调程度不断提升，逐渐由以土地为中心的城镇化过渡到统筹城乡、以人为本的新型城镇化发展阶段，正经历着新型城镇化的"地—人"转型升级，具有较好的发展前景。

第一节　"人—地—财"耦合维度的新型城镇化水平评价体系

新型城镇化水平评价体系是定量测算城镇化进程的重要工具。本节在对新型城镇化发展内涵的理论基础上，借鉴现有研究中对于城镇化发展评测体系建构的指标筛选原则，构建新型城镇化人口、土地及财政系统要素耦合下的评价指标体系，并借助物理学耦合函数与耦合协调模型，构造出能够真实反映城镇化发展水平和协调能力的新型城镇化"人—地—财"耦合协调度评价模型。

需要注意的是，在对城镇化水平评价指标进行综合测算之前，必须按照指标类型选择不同方法，对评价指标进行类型一致化与无量纲化处理，否则将面临评价结果统一性缺失和具体意义阐释混乱的困境。

一　评价指标体系的构建

由前文综述可知，我国城镇化发展的本质问题在发展的系统协调问题，因此，本书将城镇化发展评价置于集约与协调发展的总体要求下，以"人口—土地—财政"要素耦合及其动态过程作为新型城镇化系统协调的基础判断依据，以此为基本原则选择评价指标、构建评价体系。

（一）评价指标体系构建原则

新型城镇化发展评价指标体系必须以人的发展为根本价值，追求均衡发展、内涵式增长、包容城乡、生态和谐的目标思维和理念，且坚持"人—地—财"耦合协调视角下的应然①层面与实践层面的衔接。为展现城乡关系特征和耦合协调视角在城镇化发展中的作用，凸显城镇化发展要素系统的耦合性以及动态性，还应重视多维度、综合性体系的构造。

基于此，本书在选取评价指标、构建指标体系、完善后续耦合协调模型时，应当尽可能避免之前已采用的测度指标体系中出现的诸多问题，如单一评价指标方法的片面性，忽视评价主体本身的动态性和系统性，难以描摹事物发展动态的转变过程，以往这些偏颇之处往往会导致被评价主体的价值内涵和实践外延无法全面体现，使得评价结果的可靠性和全面性受到质疑。从另一角度来看，应以全面、动态和系统的理念构建评价指标体系的框架，更加重视地方现实和评价指标的具体表征意义，建立一个综合指标评价方法。② 此外，还需要留意避免出现筛选指标方法的随意性、主观化以及与现实发展进程脱节的问题。正是基于此，本书建构评价指标体系时应当依照以下原则。

综合性。城镇化是综合人口、土地、经济、产业发展和生态环境等多维视角下的人类社会发展过程，并非单一要素或层面发展的体系，是经济发展与资源消耗、产业转型与社会转型等诸多要素系统的协调发展状态与过程。由此，构建评价指标体系应当从人口、土地、财政等多维度、全方位地选择指标，从而对城镇化进程进行全景式的描述和刻画。③

---

① 此处所指"应然"层面的评价指标，其含义是指城镇化发展的理想模式，是总体性的规划远景，这种规划布局更多的是国家性的战略，而缺乏与实然层面的契合，即可能受地方战略、政策、自然条件等方面的影响，并缺乏一种比较的可能性，因而应然层面的指标，正如以往实践中所展现出来的，更多的情况是一种过于简化的评价指标和近乎随意性、主观化的概念，如城镇化可持续发展的五种要求。

② 综合指标法的优点是通过选取能够反映对象各方面特征的指标，对评价对象给出一个客观、全面的评价。

③ De Long J. Bradford and Shleifer Andrei and Summers Lawrence and Waldmann Robert J. Noise, "Trader risk in financial markets", *Journal of Political Economy*, Vol. 98, No. 4, 1990, pp. 703 – 738.

科学性。在构建指标体系时应当关注评价标准及方法与被评价对象的交互关联。具体来说，其一，要尽力剔除评价指标包含信息间的重叠，一般通过选择独立性较好的指标来实现；其二，指标的选择应具备准确反映城镇化发展价值内涵与外延的能力，即避免出现争议性较强、表现力弱化的指标，如对土地要素的表达，不应仅从土地要素单方面进行刻画，更应关注与人口、财政要素的联系和协调耦合方法的契合。

可比性。新型城镇化水平评价指标体系的首要目的在于进行评估和比较，因而要注重其横向层面和纵向比较的可行性。由此，评价指标的数据统计口径应当一致，且经常变更的可能性较小。评价指标体系应当满足不同区域、不同时间等维度的新型城镇化测算要求，提升新型城镇化测算结果的可比性，进而增强其学术理论价值的应用性。

适用性。在充分考虑上述原则的基础上，要注意选取含义清晰、辨识度高的指标，同时也要考虑到数据获取的难易程度以及运算的繁复情况，即所谓适用性或可行性原则。但是不可过分追求简化评价指标体系，以减少工作量，使得综合性与科学性不足，也应注意刻意烦冗指标体系的倾向，否则会陷入数据处理工作量巨大的窘境。

(二) 综合评价体系指标设计

新型城镇化是一项复杂的系统工程，城镇化发展水平的指标会涵盖人口、土地、财政、社会、生态、城乡一体化等要素内容。为了能够真实全面地反映我国新型城镇化发展水平和协调程度的基本面貌，课题组将采用多级指标体系的设计，以综合应然的理想层面和适用于实践的实然指标的需求。将应然层面的指标体系设为一级指标层，将可操作性的实然层面指标设为二级指标层。

在以往的指标体系设计中，较多维度的系统指标分类，对于城镇化发展面貌的刻画带有一些天然的弊端，例如从人口、社会、生态、空间、经济等维度设计的系统指标体系既难以避免相近维度间的共线性和关联性问题，又对于城镇化发展影响状况的明确描述，尤其是系统间耦合协调发展程度的比较处理乏力。

据此，本书拟将新型城镇化的发展仅与人口、土地、财政三个关键性要素系统的水平相勾连,作为一级系统层指标,并借鉴当前研究中城镇化水平测度指标①的选取方式,将相关研究和现有统计中关于城镇化发展质量测度的所有指标构建指标群,进行数据的收集和整理,并采用基于主要信息含量的指标筛选方法②,选取本研究的城市化评价指标(具体指标及权重如表5—1所示)。

表5—1　　　　　　　　　新型城镇化水平综合指标评价体系

目标层	系统层	指标层	单位
新型城镇化水平综合指标体系	人口要素	城镇常住人口比重	%
		市区人口密度	P
		第二、第三产业就业人口比重	%
		城镇居民房价收入比	倍
		每万人医疗机构床位数	张
		每万人高等学校在校生数	人
		生活垃圾处理率	%
		城镇居民人均可支配收入	元/年
	土地要素	地均国民经济生产总值	P
		人均建成区面积	P
		人均公园绿地面积	P
		人均城市道路面积	P
		本年征用土地与城市建设用地比值	%
		国有土地出让面积	P
		征用耕地出让新增面积	P

---

① 陈明星、陆大道、张华:《我国城市化水平的综合测度及其动力因子分析》,《地理学报》2009年第1期。

② 陈洪海、迟国泰:《基于主要信息含量的指标筛选方法》,《系统工程学报》2016年第2期。该方法是对大量评价指标进行筛选提炼的方法,以方差贡献率为权重对因子载荷的绝对值进行加权,取加权结果的最大值作为指标的信息含量,依据最大加权因子载荷标准确定累计信息含量比率,进而通过累计信息含量比率的大小进行指标的筛选。本书指标群涵盖三个系统指标共计88个,经过多次筛选,最终选取22个指标作为城镇化水平的测度指标。

续表

目标层	系统层	指标层	单位
新型城镇化水平综合指标体系	财政要素	土地财政占地方财政比重	%
		人均地方公共财政支出	P
		城乡社区支出占比	%
		城市税费占市政建设资金的比重	%
		债券、应付款占市政建设资金比重	%
		地均社会固定资产投资完成额	P
		房地产固定资产投资完成额占比	%

人口要素系统层的指标表征。人口城镇化作为我国新型城镇化战略的核心，是城镇化发展水平评价的关键部分，本书选取了 8 个二级指标从城镇人口数量、集聚状态、居住、就业、医疗、教育、日常生活和收入多方面进行描述。人口要素系统综合指标可以反映出我国城镇人口城镇化的发展水平。

城镇常住人口比重，是指在城镇区域经常居住超过半年及以上的人口占总人口的比重，目前该指标被认为是城镇化率的正式表达；市区人口密度是指城市行政区域内在一定时期内每平方千米上的人口数量，反映该区域一定时期人们生活空间的大小和水平；第二、第三产业就业人口比重反映了城市人力要素投入结构，是城市化进程更高阶段的重要衡量指标；城镇居民房价收入比①反映了城镇居民购买住宅能力的高低，在一定程度上可以反映居民在城镇长期居住和生活的能力和意愿；每万人医疗机构床位数、每万人高等学校在校生数和生活垃圾处理率分别从基本医疗服务水平、总体人口资源的受教育程度和日常生活方面总体概括了城市基础公共服务和供给产品的供给能力和水平。城镇居民人均可支配收入反映该区域一定时期居民家庭收入水平和状况。

土地要素系统层的指标表征。土地要素系统层指标的目的在于表达我国新型城镇化中土地城镇化的状态和进程。在以往的研究中，土地城

---

① 城镇居民房价收入比是指该城镇区域内（城镇居民户均住宅面积×城镇居民住宅商品房平均售价）／（户均人口×城镇居民人均可支配收入）。

镇化研究往往被纳入空间城镇化的研究范畴中，而这种划分的重点在于土地要素在城镇化发展的空间布局中的作用，然而这种方式却不能很好地将土地要素与经济、社会发展和公共福利的关联性凸显出来。因此，在此处将土地要素及其对外联系用 7 个二级指标具体展现。

地均国民经济生产总值①用于反映土地资源的利用和产出效率，以衡量土地集约高效发展的情况；人均建成区面积、人均公园绿地面积和人均城市道路面积这 3 个指标描述了土地资源的分配状况，分别反映城市人口空间集聚程度、交通发展状况和出行质量、绿化水平和环保力度，从侧面反映了土地资源与城市居民生活质量的关系。本年度征用土地与城市建设用地比值、国有土地出让面积、征用耕地出让新增面积是城市土地资源存量、外部增量及库存使用状况的表征。

财政要素系统层的指标表征。提升城镇化发展质量是政府财政职能的重要体现，也是地方财政支出的意义之所在。改革开放以来，政府财政投入一直是城镇化发展的重要推动力。因而，本书选取了七个二级指标来描摹财政要素对新型城镇化发展质和量上的影响。选取了土地财政占地方财政比重、城市税费占市政建设资金比重、债券和应付款占市政建设资金比重 3 个指标来表达新型城镇化中的财政吸取能力和效益。选取了人均地方公共财政支出、城乡社区支出占比用于描述财政的资源分配和处置能力，而地均社会固定资产投资完成额和房地产固定资产投资完成额占比则主要体现引导社会投资、调控国家宏观经济的能力。

土地财政占地方财政比重主要用于反映城镇化发展资金的良性阀域；城市税费主要包括房产（印花）税、增值税、城市维护建设税、城市公用事业附加费、城市基础设施配套费、公用设施有偿使用费等国外城市化进程中的主要资金来源，这些费用多具有可持续性，该指标的变化程度反映了城镇化建设资金的良性发展状况。债券和应付款是地方政府为加速城镇化建设而进行的融资和欠款，往往属于风险资金，反映了政府

---

① 地均国民经济生产总值，即某区域内每平方千米土地创造的 GDP，该指标反映产值密度及经济发达水平的，相比人均 GDP 能够更好地反映一个区域的发展程度和经济集中程度。此处对地均国民经济生产总值进行了范围的限定，将其限制在城市建成区内，课题组认为城市作为地区经济和工业生产活动的集聚地区，其生产地域应当是城市建成区。

财政债务的风险程度。

（三）评价指标类型的一致化

仔细审视"人—地—财"耦合协调视角下中国新型城镇化水平综合评价指标体系，不难发现其中一些评价指标存在着取值类型不一致的状况。指标取值类型不一致主要是指极大型、极小型、居中型和区间型等[①]几种指标的区别，如果不对这几类指标进行类型一致化处理，直接进行城镇化水平的评价，那么评价数值的范围所代表的实际意义就难以得到确定，无法找寻中立的评判标准，使得评估失去本质的价值和意义。因而，选取科学合理的方法对评价指标类型进行一致化的处理就成为综合评价的基础性工作。[②]

指标一致化的处理方法。一般情况下，学界惯常使用的指标一致化方法就是将"极小型"指标、"居中型"指标和"区间型"指标转为极大型指标：

A. 设极小型指标为 x，则有 $x^* = M - x$ 或 $x^* = \frac{1}{x}(x > 0)$，在前述公式中，M 即为指标 x 的一个允许上限；

B. 设居中型指标为 x，则有

$$x^* = \begin{cases} 2(x - m), m \leq x \leq \frac{M + m}{2} \\ 2(M - x), \frac{M + m}{2} \leq x \leq M \end{cases} \qquad 式5.1$$

在式5.1中，P 即为指标 P 的一个允许下限，P 则为指标 P 的一个允许上限；

C. 设区间型指标为 P，则有

---

① 极大型指标是指人们期望该指标的取值越大越好的指标；极小型指标是指人们期望该指标取值越小越好的指标；居中型是指人们既不期望该指标的取值越大越好，也不期望该指标的取值越小越好，而是期望该指标的取值居中越好；区间型指标是指人们期望该指标的取值落在某个区间为最佳的指标。

② 薛薇：《SPSS 统计分析方法及应用》，电子工业出版社 2004 年版，第 144—154、301—308 页。

$$x = \begin{cases} 1 - \dfrac{q_1 - x}{\max(q_1 - m, M - q_2)} & x < q_1 \\ \qquad , 若 \ x ? [q_1, q_2] \\ 1 - \dfrac{x - q_2}{\max(q_1 - m, M - q_2)} & x > q_2 \end{cases} \qquad 式 5.2$$

在式 5.2 中,$[q_1, q_2]$ 即为指标 x 的最佳稳定区间,M 与 m 成为指标 x 的上、下限。

指标的取值分类与类型一致化处理。按照评价指标所反映的城镇化发展表征含义,将指标层 22 个评价指标进行取值类型的划分,可以分为三类:第一类是极大型指标,它们是城镇常住人口比重、每万人医疗机构床位数、每万人高等学校在校生数、生活垃圾处理率、城镇居民人均消费水平、地均国民经济生产总值、人均地方公共财政支出、城市税务占市政建设资金的比重、地均社会固定资产投资完成额和房地产固定资产投资完成额;第二类是极小型指标,包括本年征用土地与城市建设用地比值、征用耕地出让新增面积和债券、应付款占市政建设资金比重三个指标;第三类是区间型指标,它们是市区人口密度、第二、第三产业就业人员比重、城镇居民房价收入比、人均公园绿地面积、人均建成区面积、国有土地出让面积、人均城市道路面积、土地财政占地方财政比重和城乡社区支出。

依照极大型指标的含义,其取值越大则城镇化发展程度越好,对于直接判断城镇化综合发展质量具有较好的适用性,因此,城镇化发展评价指标的取值类型一致化期望指标类型为极大型指标,其他类型指标均转化为极大型指标,上述 28 个城镇化评价指标的转化过程如例下所示:

(1) 对于城镇常住人口比重等极大型指标来讲,处理结果与原始数值一致,即为

$$x_{ij}^* = x_{ij} \qquad 式 5.3$$

(2) 对于征用耕地出让新增面积等极小型指标来讲,处理计算公式为

$$x_{ij}^* = \frac{1}{x_{ij}}, (x > 0) \qquad 式 5.4$$

（3）对于市区人口密度，人均城市道路面积等居中型指标来讲，处理计算的公式为

$$x_{ij}^* = \begin{cases} 2(x_{ij} - m_j), & m_j \leqslant x_{ij} \leqslant \dfrac{M_j + m_j}{2} \\ 2(M_j - x_j), & \dfrac{M_j + m_j}{2} \leqslant x_{ij} \leqslant M_j \end{cases} \qquad 式5.5$$

在式5.5中，m_j 是指标 x_{ij} 的一个允许下限，M_j 是指标 x_{ij} 的一个允许上限。

（四）相关数据的无量纲处理

因评价指标数值的量纲不同，即数据数值数量级存在巨大悬殊差别，这会使得评价指数存在巨大的波动，导致测度难以真实地反映现实情形，为消除这种难以控制的意外状况，就需要对评价指标数值采用无量纲方法处理。[1] 本书所使用的指标在上一小节进行了取值类型一致化的处理，若后文无特殊说明，则以下所有指标 x_j（$j = 1, 2, \cdots, m$），均为极大型指标，其取值范围为 $\{x_{ij} \mid i = 1, 2, \cdots, m\}$。

数值标准化的处理。

$$x_{ij}^* = \frac{x_{ij} - \bar{x}_j}{S_j} \qquad 式5.6$$

在上述式5.6中，$\bar{x}_j$ 与 S_j（$j = 1, 2, \cdots, m$）P 为第 P 项指标标准化处理前的样本值和标准差，P 为标准化后的数值。

适用式5.6的条件，如下：样本要满足数值的平均值为0、方差等于1；数值取值区间不确定，处理后数值的最大值、最小值不同；排除指标值恒定的情况；排除要求指标值 $x_{ij}^* > 0$ 的评价方法的适用性。

标准化的极值处理。

$$x_{ij}^* = \frac{x_{ij} - m_j}{M_j - m_j} \qquad 式5.7$$

在式5.7中，

$$M_j = max_i \{x_{ij}\}, \quad m_j = min_i \{x_{ij}\} \qquad 式5.8$$

---

[1] 邱东：《多指标综合评价的系统分析》，中国统计出版社1991年版，第54—67页。

适用上述公式的条件，如下：

若 $x_{ij}^* \in [0, 1]$，最大值为 1，最小值为 0；对于指标数值恒定下的情况不适用（分母为 0）。[①]

数据标准化的线性比例方法。

$x_{ij}^* = \dfrac{x_{ij}}{x'_j}$，$x'$ 为数值特殊点，一般可取为 m_j、M_j 或 $\bar{x}_j$。

适用上述公式的条件，如下：即要求 $x'_j > 0$。若 $x'_j = m_j > 0$，则 $x_{ij}^* \in [1, \infty)$，此时有最大数值 1，无固定的最大数值；若 $x'_j = M_j > 0$，则 $x_{ij}^* \in (0, 1]$，此时有最大数值 1，无固定的最小数值；若 $x'_j = \bar{x}_j > 0$，则 $x_{ij}^* \in (-\infty, +\infty)$，此时取值范围无法固定，即 $\sum_i x_{ij}^* = n$。

归一化的标准化处理方法。

$$x_{ij}^* = \frac{x_{ij}}{\sum\limits_{i=1}^{n} x_{ij}} \qquad \text{式 5.9}$$

适用式 5.9 的条件：可看成是线性比例法的一种特例，要求 $\sum\limits_{i=1}^{n} x_{ij} > 0$。当 $x_{ij} \geq 0$ 时，$x_{ij}^* \in (0, 1)$，无固定的最大值、最小值，$\sum\limits_i x_{ij}^* = 1$。

向量规范的标准化处理方法。

$$x_{ij}^* = \frac{x_{ij}}{\sqrt{\sum\limits_{i=1}^{n} x_{ij}^2}} \qquad \text{式 5.10}$$

适用式 5.10 的条件：当 $x_{ij} \geq 0$ 时，$x_{ij}^* \in (0, 1)$，无固定的最大值、最小值，$\sum\limits_i (x_{ij}^*)^2 = 1$。

标准化处理的功效系数方法。

$x_{ij}^* = c + \dfrac{x_{ij} - m'_j}{M'_j - m'_j} \times d$，在前述中，$M'_j$、$m'_j$ 分别为指标 x_j 的满意值和不容许值；设 c、d 均为已知正常数，参数 P 的作用是对变换后的数值进行"平移"，参数 d 的作用是对转换后的数值进行"缩放"处理。

[①]　胡永宏、贺思辉:《综合评价方法》，科学出版社 2000 年版。

适用功效系数法的条件：若预测值取值范围确定，且最大数值为 $c + d$，最小数值为 c，则功效系数法可以认为是一个普遍适用的极值处理方法。

理想的无量纲处理需要尽可能多地满足数据的单调性、平移无关性、差异比不变性、区间稳定性、缩放无关性及总量恒定性等先决条件。[①] 相比较而言，标准化处理方法、极值处理方法以及功效系数法满足的先决条件最多，同时适用数据无量纲与标准化处理的实际情况。

本书主要选择功效系数法作为评价体系指标数值的无量纲处理方法，假设指标处理前的值为原始数值，处理后的数值为指标标准数值。将各项评价指标对照其标准数值，参照统计指标的不同权重，利用功效函数将评价指标原始数值转化为评价指标的标准数值，计算公式如下：

$$F_i = \frac{X_i - X_{i\_min}}{X_{i\_max} - X_{i\_min}}\, i = 2009,\ 2010,\ 2011,\ \cdots,\ n \qquad 式5.11$$

在式 5.11 中，F_i 成为第 i 项指标的评价标准值；X_i 成为第 i 项指标的原始数值；X_{i_min} 即成为第 i 项指标原始数值的最大值；X_{i_min} 为第 i 项评价指标原始数值的最小数值。[②]

二　耦合协调度评价模型

本书拟从时空维度评估我国及各省域城镇化发展的进程，以了解"人—地—财"耦合协调视角下的中国新型城镇化的发展质量、时序变化、空间分布和影响因素等情况。在选定研究区域和分析单位、时间尺度等的基础上，借助新型城镇化水平评价指标体系，为进一步开展城镇化进程时空布局的差异性研究、发展趋势预测以及政策调控提供定量依据。基于此，课题组在设计耦合协调度评价模型时，尤其需要注意规避多指标评价问题中的多维选择困难的问题。

（一）评价指标权重系数求解

为了消除指标权重确定过程中人为主观因素的影响，本书选择采用

① 郭亚军等：《综合评价理论、方法及应用》，科学出版社 2007 年版，第 34—78 页。
② 许树柏：《层次分析法原理》，天津大学出版社 1988 年版，第 67—72 页。

均方差赋权法来确定权重。一般认为，指标值变化幅度越大，则指标均方差的数值就越大，而相对应的指标权重占比就越高；反之，则越小。对于负向指标得出结论则正好相反。

本书使用均方差决策方法[①]求解多指标决策的权重系数，首先求解得出评价指标随机变量的均方差，随后对均方差进行归一化处理，即可得出评价指标的权重系数。具体求解过程如下所示：

求解指标随机变量的均值：

$$E(Q) = \frac{1}{n} \sum_{i=1}^{n} y_{ij}, i = 1,2,\cdots,n; j = 1,2,\cdots,m \qquad 式 5.12$$

求解 P 得出均方差数值：

$$\sigma(Q_i) = \sqrt{\sum_{i=1}^{n} [y_{ij} - E(Q_i)]^2},$$
$$i = 1, 2, \cdots, n; j = 1, 2, \cdots, m \qquad 式 5.13$$

求解指标 Q_j 的权重系数：

$$w_j = \sigma(Q_i) / \sum_{j=1}^{m} \sigma(Q_i), j = 1,2,\cdots,m \qquad 式 5.14$$

最后求得各指标的权重系数如表 5—2 所示。

表 5—2　　　　　　　　　　新型城镇化各评价指标权重系数

系统层	2010	2014	指标层	2010	2014
人口要素	0.3557	0.3906	城镇常住人口比重	0.135	0.123
			市区人口密度	0.116	0.125
			第二、第三产业就业人口比重	0.129	0.123
			城镇居民房价收入比	0.111	0.108
			每万人医疗机构床位数	0.115	0.130
			每万人高等学校在校生数	0.129	0.122
			生活垃圾处理率	0.164	0.123
			城镇居民人均可支配收入	0.101	0.146

---

① 戴全厚、刘国彬、刘明义：《小流域生态经济系统可持续发展评价——以东北低山丘陵区黑牛河小流域为例》，《地理学报》2005 年第 60 卷第 2 期；王明涛：《多指标综合评价中权数确定的离差、均方差决策方法》，《中国软科学》1998 年第 8 卷第 8 期。

系统层	2010	2014	指标层	2010	2014
土地要素	0.3152	0.2993	地均国民经济生产总值	0.141	0.125
			人均建成区面积	0.126	0.124
			人均公园绿地面积	0.146	0.143
			人均城市道路面积	0.131	0.151
			本年征用土地与城市建设用地比值	0.214	0.148
			国有土地出让面积	0.114	0.178
			征用耕地出让新增面积	0.128	0.131
财政要素	0.3289	0.3101	土地财政占地方财政比重	0.152	0.170
			人均地方公共财政支出	0.154	0.145
			城乡社区支出占比	0.136	0.136
			城市税费占市政建设资金的比重	0.127	0.116
			债券、应付款占市政建设资金比重	0.157	0.128
			地均社会固定资产投资完成额	0.121	0.144
			房地产固定资产投资完成额占比	0.153	0.161

(二) 系统综合评价指标模型

课题组选择综合指数模型来分别测算 2009—2014 年度我国国家和省级层面人口要素系统、土地要素系统和财政要素系统城镇化评测指数及综合水平指数，综合评价指标模型的运算函数公式，如下所示：

$$D_i(w) = \sum_{i=1,j=1}^{m} y_{ij}w_j, i = 1,2,\cdots,n; j = 1,2,\cdots,m \qquad 式 5.15$$

其中，y_{ij} 为第 j 项指标下第 i 方案占该评价指标的比重，w_j 为第 j 项指标下第 i 个方案所对应的权重。

(三) 耦合协调度函数与模型

耦合这个概念产生自物理学，特指两个或多个系统（有时也指运动行为或轨迹过程）依照某种路径而交互影响作用的现象。耦合度就是这种作用和影响程度的衡量标准，其程度分层决定了某系统在达到临界值时将走向何种结构，这种思路后来演变为系统结构脆弱性理论。某系统由无序走向有序的关键在于该系统内部之间的协调互构，它影响着系统箱变的特征与规律，而耦合度恰成为这种协同作用的度量。[①]

　　为了客观、科学判断人口、土地及财政城镇化系统间的内在协调关联程度，课题组借鉴物理学研究中的容量耦合（Capacitive coupling）概念及容量耦合系数模型。[②] 借助耦合度函数的计算，从耦合度的视角评断三系统间的内在协调程度。

　　容量耦合度函数。"人口—土地—财政"城镇化系统耦合度是指人口城镇化系统、土地城镇化系统与财政城镇化系统彼此之间通过各自的耦合元素而交互影响的关联性，其强弱映射出三系统之间的协调发展水平。耦合度函数运算过程，具体如式 5.16 所示：

$$C_n = \{[U_A(u_1) \times U_A(u_2) \cdots U_A(u_n)]/[\Pi(U_A(u_i) + U_A(u_j))]\}^{\frac{1}{n}}$$

$$(n = 1, 2, 3; \ i, j = 1, 2, 3, \ i \neq j) \qquad\qquad 式 5.16$$

　　设定 C_n 是耦合度，取值范围 $[0,1]$，且随取值的增大而使人口、土地、财政城镇化各系统彼此间达到良性共振——耦合，系统结构趋向新的有序；反之，则处于无关状态，或系统将走向无序结构。u_i 在此处为耦合系统函数的序参量，$U_A(u_i)$ 设定为子系统对总系统的总序参量。

　　耦合协调度函数模型。仅仅通过 P 的取值来反映人口、土地、财政城镇化子系统间的协调程度，并不具有完全的适用性，无法反映结构的实际水平和状态。例如人口、土地、财政城镇化系统水平差距极小，且都处于低水平阶段，经公式 5.16 运算也会得出较高的协调指数，由此还需通过构建人口、土地、财政城镇化系统耦合协调模型来表征三系统之

---

①　刘耀彬、李仁东、宋学锋：《中国城市化与生态环境耦合度分析》，《自然资源学报》2005 年第 1 期；孙爱军、吴钧、刘国光等：《交通与城市化的耦合度分析——以江苏省委例》，《城市交通》2007 年第 2 期；许君燕：《城市化与土地资源利用的耦合协调机制研究》，《资源开发与市场》2010 年第 10 期。

②　孙平军、修明亮：《脆弱性视角的矿业城市人地耦合系统的耦合度评价——以阜新市为例》，《地域研究与开发》2010 年第 6 期；曹明秀、关忠良、纪寿文等：《资源型城企物流耦合系统的耦合度评价模型及其应用》，《物流技术》2008 年第 6 期。

间的耦合协调性①。

$$D = (C \times T)^{\frac{1}{2}} \qquad \text{式 5.17}$$

$$T = a \times U_A(u_1) + b \times U_A(u_2) + c \times U_A(u_3) \qquad \text{式 5.18}$$

　　其中 D 为耦合协调度，C 为耦合度，T 为人口、土地、财政系统城镇化的综合评价指数，反映两者（三者）的整体效益或水平，$U_A(u_i)$（$i = 1，2，3$）为人口、土地、财政城市化的时间函数，(a,b,c) 为待定参数。当计算两者之间的耦合协调度时，令 $c = 0, a = b = 0.5$；当计算三者之间的协调度时，则取 $a = b = c = 10/3$，为了便于横向比较，三个系数之和始终保持不变，即 $a + b + c = 1$。为了辨别各个阶段的发展特征，依据耦合协调度划分为四个阶段，如表5—3 所示。

表 5—3　　　　　　　　　　　系统协调度等级划分

耦合协调度	协调评价
P	低水平耦合阶段
P	拮抗阶段
P	磨合阶段
P	一般耦合阶段
P	高度耦合阶段
P	极度耦合阶段

　　资料来源：IEA/OECD，The Environmental Implications or Renewable［M］. Paris：Publishing House of DIDOT，1998：75。

第二节　"人—地—财"耦合城镇化水平
协调测度的分析与评价

　　在对原始数据进行指标化处理后，求出指标权重的数值及变化，随

　　①　王富喜、孙海燕、孙峰华：《山东省城乡协调性空间差异分析》，《地理科学》2009 年第3 期；黄金川、方创琳：《城市化与生态环境交互耦合机制与规律性分析》，《地理研究》2003 年第 2 期；张晓东、池天河：《90 年代中国省级区域经济与环境协调度分析》，《地理研究》2001年第 4 期；孟庆松、韩文秀：《复合系统整体协调度模型研究》，《河北师范大学学报》（自然科学版）1999 年第 2 期。

后求得2009—2014年全国及各省人口、土地、财政要素系统及其综合城镇化水平评价指数（见表5—4）。本节通过对指标权重系数和城镇化水平评价指数的分析，可以得出我国城镇化发展的真实样态，具体分析如下。

一 主要"影响因子"分析

本书采用均方差求解多指标决策权重系数，依据其基本原理①，可以认为指标权重也在一定程度上反映了某指标对于系统整体性发展客观影响的评价。根据这种思路，指标权重在一定程度上也可以视作新型城镇化发展的影响权重。② 据上文指标权重系数求解，我们可以求得2010年和2014年的指标权重系数，其表征含义及其变化含义如下。

（一）新型城镇化的影响因子分析

2014年指标权重系数反映了2009—2014年各指标对新型城镇化整体性发展的影响，其数值的准确性更好，此处我们仅对2014年权重系数进行比较分析。可以看出，在人口要素系统城镇化中起主导作用的是城镇居民人均消费水平和每万人医疗机构床位数，除城镇居民房价收入比重偏低外其余均相当，从大到小依次是市区人口密度、城镇常住人口比重、第二、第三产业就业人口比重、城镇生活垃圾处理率和每万人高等学校在校生人数。这表明2009—2014年城镇居民收入的快速增长是全国人口城镇化最主要的外在表征，正因国民收支水平的提高和城乡医疗保障体系的快速健全使得国民在新型城镇化进程中拥有更大的自由选择权，降低了工作、居所和教育等对城镇居民的影响，从而导致其他指标因子权重的增加不显著。

土地要素系统城镇化中国有土地出让面积发挥着重要作用，由大到小依次为人均城市道路面积、本年征用土地与城市建设用地比例、人均

---

① 其基本原理是：若某指标对所有的样本所得数据均无差别，则该指标对样本排序或方案决策不起作用，即将该指标赋权为0；反之，应对其赋予较大权数。

② 指标权重越大，说明该指标下各样本的数据值的相对离散程度越大，这种相对离散程度在一般情况下，也可以视为样本数据变化差异的大小，采用指标权重作为影响因子的科学性虽存疑，但是权重变化恰好可以拟合样本数据间的差异变化，此处仅作为新型城镇化各评价指标影响权重的分析，也具有一定的逻辑意义。

公园绿地面积、征用耕地出让新增面积、地均国民经济生产总值和人均建成区面积。结合 2009—2014 年我国城市规模的快速扩张，偏重于土地资源量的开发、由土地扩张而驱动的"土地城镇化"仍在我国新型城镇化发展中发挥着重要的作用；与往年相比，城市相关基础设施的建设逐渐受到重视，城市道路面积、公园绿地面积等基础设施成为城镇发展水平评定的重要依据；但是，大量外来人口的涌入对城市建设区的综合承载力施加巨大的压力；本年征用土地与城市建设用地比例较高，说明我国城市的空间扩张存在建设用地资源紧张的状况，而这种大规模的扩张在当前状态下明显呈现出低质量、低效益的状态。

在财政要素系统城镇化中，土地财政占地方财政的比重因子最高，其余依次为房地产固定资产投资完成额、人均地方公共财政支出、地均社会固定资产投资完成额、城乡社区支出占比、城市税务占市政建设资金比重、债券应付款占市政建设资金比重。新型城镇化建设是一项庞大、复杂的战略工程，需要多元化可持续的巨额资金投入，而就 2009—2014年我国财政要素系统城市化的指标权重来看，这一时期在我国城镇化发展投资中，土地财政起到了决定性作用，其中房地产行业的迅速发展和投资在地方经济发展中扮演了主要角色，同时地均社会固定资产投资完成额因子权重较大，这可以证明我国城镇化的发展正处于或倾向于土地资源的"变现"和社会基础设施的投资，这也加剧了人—地城镇化发展不均衡的现状。参照西方发达国家城镇化发展的实践，城镇建设投资中城市税务和社会投资应当占用相当的比重，而从我国和各省市的现实情形来看，城市税务的影响力甚至低于债券、应付款等财政负债对城镇化建设的助推作用。

（二）影响因子时序变化比较分析

对比 2010 年和 2014 年新型城镇化人口、土地、财政要素系统各评价指标权重系数的数值，可以较好地把握 2009—2014 年新型城镇化发展影响因子的时序变化，从整体上看，人口要素的权重系数出现了一定程度的上升，而这种上升是由土地要素和财政要素的同时下降而获得的。这表明近年来对人口城镇化的重视在一定程度上分别对土地城镇化和财政要素城镇化产生了抑制影响。

从各要素系统内部来看，人口要素系统 8 个评价指标中，仅有市区人口密度、每万人医疗机构床位数和城镇居民人均可支配收入 3 个指标呈现不同程度的上升趋势，其余各指标均出现了一定程度的下降。而这种升降的最终结果是各评价指标的权重系数差异逐渐消弭、趋于均等化，这表明我国对于人口城镇化的发展趋向一种匀速推动、均衡发展的状态。而在各指标中，生活垃圾处理率减幅最大、城镇居民人均可支配收入增幅最大，出现这种升降的原因应该是随着城镇基础设施的完善，各类城镇的日常生活基础设施等公共服务水平差距缩小。然而，城镇居民收入水平的差距拉大，引导了国民在不同类型城镇迁移的流向。

而在土地要素系统中，人均城市道路面积、国有土地出让面积、征用耕地出让新增面积均出现增长，这表明我国新型城镇化对于城镇道路等基础设施的重视增强，这反映了城镇为解决市内交通拥堵等问题而采取的手段。剩余两个指标的增长反映出我国新型城镇化发展对于土地资源的依赖，农地非农化逐渐成为城镇化土地资源扩充的手段；而国有土地出让面积增长最多，本年征用土地与城市建设用地比值减幅最大。综合两者的变化大体可以推断出，我国城镇化发展虽然对于土地资源的依赖不减，但是对于土地增量的要求在减弱，总体上走向了"盘活存量、集约利用"的发展道路。

在财政要素系统中，土地财政占地方财政比重、地均社会固定资产投资完成额、房地产固定资源投资完成额占比均出现不同程度的增长，这恰恰是"土地财政"和"投资"对于城镇化发展影响的真实写照。在我国城镇化进程中，投资和土地资本化成为我国城镇化发展的重要资金来源，而地方财政中"土地财政"更成为城镇化发展的绝对财政支撑。这三者权重因子数值的增长，说明其对于城镇化发展仍具有相当重要的影响作用。但是，同时可以发现地均社会固定资产投资完成额增幅最大，在一定程度上也可以认为社会资本介入城镇化建设的影响作用在增大。与此相对，债券、应付款占市政建设资金比重快速减少、下降幅度最大，说明负债推进城镇化建设的情形在发生改变，城镇化建设的政府债务风险的确有所减弱。

二　城镇化水平综合测度分析

（一）人—地—财城镇化进程与类型特征

整体性特征。分析表5—4可以得出，我国2009—2014年全国人口、土地、财政要素的城镇化水平及其综合化评价指数都表现出明显的上升趋势。2009—2014年，人口城镇化水平年均增幅为0.1512；土地城镇化水平年均增幅为0.0435；财政城镇化水平年均增幅为0.0863；综合城镇化水平年均增幅为0.0937。从年均增幅上可以发现，增长势头具有人口城镇化快速增长、位居第一；综合城镇化第二；财政城镇化紧随其后；土地城镇化增长几乎陷入停滞的特征。而在水平总量上，则表现出由2009年的土地和财政城镇化水平居于较高位次、人口城镇化水平位次较低的结构属性；逐渐演变成2014年的人口城镇化水平最高、土地城镇化水平最低，财政城镇化和综合城镇化水平居中排列的位序。

表5—4　　2009—2014年全国人口—土地—财政城镇化水平评价指数

年份	2009	2010	2011	2012	2013	2014
PU	0.0068	0.1795	0.4090	0.4362	0.7185	0.9145
EU	0.2789	0.4544	0.6495	0.7074	0.9167	0.5402
FU	0.3409	0.1796	0.4330	0.6610	0.6217	0.8587
PEFU	0.2089	0.2712		0.6015		

注：P代表人口，E代表土地，F代表财政。

从城镇化水平年均增幅和总量水平的位序变化来看，可以初步认为我国城镇化是一个由土地导向型城镇化（2009年）向人口导向型（2014年）演进的过程。从表5—4中可以清晰地发现，人口城镇化水平是以一个较低的起点，快速增长至最高的水平，而财政城镇化则有所不同，其发展初始水平便较高，增长幅度也较快，最为吊诡的是土地城镇化，大部分年度其增速最为迅猛，但巨大的线性跌落显然存有强制管束的表征。对于这三者的分析仅仅通过年均增幅和总量水平的位序变化显然是不充分的，故而有必要对其阶段特征和转折点进一步展开分析。

阶段性特征。人口、土地、财政要素城镇化发展都表现出明显的阶段性特征，且都存在较为显著的发展趋势转折点（见图5—1）：我国人口城镇化2009—2011年处于加速发展阶段，2011—2012年发展几乎陷入停滞，2012—2014年则转入快速发展时期；土地城镇化2009—2013年均处于快速发展阶段，2011—2012年存在短暂缓速发展时期，2013—2014年土地城镇化发展水平则出现大幅度的跌落；财政要素城镇化2009—2010年出现了较大幅度的下降，2010—2012年又转入飞速发展阶段，2012—2013年发展出现短暂的曲折，2013—2014年发展水平快速回升至较高位序。

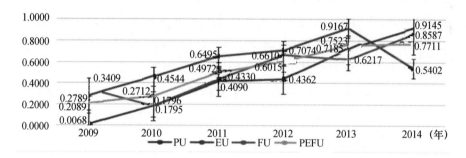

图5—1　2009—2014年全国人口、土地、财政及综合城镇化水平评价指数图

人口、土地城镇化发展均在2012年前后出现了转折，而财政要素的城镇化趋势不仅在2012年出现转折，在2009年后还出现了大幅跌落的现象，其原因是2008年受美国金融危机的影响，政府在基础设施方面的过度投资导致城镇化的效率下降。2012年三要素的巨大转折的原因，一方面是由于国内经济转型升级，不再完全依靠投资驱动经济发展，导致城镇化发展的直接投入相对不足①；另一方面则是更多地受到政府强制干预政策的影响。

在我国，城镇化的发展具备显著的政府主导的发展特征，而新型城镇化是以人的城镇化为核心的，以集约、协调为要求的城镇化，这种发

---

① 张士杰、李勇刚：《城镇化质量、动力因子与新型城镇化的路径选择——基于中部六省的实证研究》，《华东经济管理》2016年第12期。

展战略显然会抑制土地要素的急剧膨胀。而受此影响，土地财政的下滑连锁反应，又会导致新型城镇化建设资金的缺乏，直接影响到财政要素城镇化的发展水平；政府财政支持的力度被迫增加，加之引导社会资本的跟进注入，紧随其后又拉升了财政要素城镇化的发展。此两者的变化与对人的城镇化发展的重视，同时也对人口城镇化发展水平的提升产生了重要的推举效应。

从整体趋势和阶段性特征可以发现：在前期，土地城镇化是整个城镇化发展的主导力量，这种类型的城镇化属于土地导向型城镇化；财政要素城镇化水平受其影响位居其后，这从侧面映射出中国城镇化发展在前期是以"土地非农化"扩张和"土地资本化"的政府财政增收为主要驱动因素的。人的城镇化不是其发展重心，其发展水平也位居其次，这也印证了新型城镇化发展的"土地说"；而在此后，尤其是 2013 年之后，人口城镇化成为新型城镇化发展的重中之重，因而步入迅速发展的时期。受国家战略的影响，土地城镇化水平骤然降低，转入人口导向型城镇化的发展阶段，出现了城镇化发展"地—人"转型升级的趋势。

（二）新型城镇化的时空分异特征分析

从人口、土地、财政城镇化的时空分异来看，全国及各省区人口、土地和财政要素城镇化的发展存在着阶段性的差异，整体均衡分布不协调。为了研究需要，本书采用自然断裂法将城镇化水平评价指数划分为 5 个区间，具体情形如下。

整体性时空分异特征。从整体水平来看，我国人口城镇化水平 2009 年最高的是上海市（0.6880），最低的是广西壮族自治区（0.2921），两者相差 1.4 倍；2014 年最高的是上海市（0.6476），最低的是广西壮族自治区（0.2824），两者相差 1.3 倍。土地城镇化水平 2009 年最高的是山东省（0.8677），最低的是云南省（0.1524），两者相差 4.7 倍；2014 年最高的是山东省（0.8152），最低的是青海省（0.2544），两者相差 2.3 倍。财政城镇化水平 2009 年最高的是北京市（0.7229），最低的是云南省（0.2959），两者相差 1.4 倍；2014 年最高的是上海市（0.6899），最低的是甘肃省（0.2645），两者相差 1.6 倍。因此可以说，我国从整体水平来说其人口、土地、财政城镇化时空分异是非常明显的，且土地城镇化在城镇化发展的时空差距中起着绝对主导的作用。

其中，人口城镇化发展水平整体呈现由东至西递减的趋势①，从 2009 年、2014 年的比较来看，出现了明显的中部地区"弯道超越"的现象，中部地区包括西部地区部分省份人口城镇化实现了较快的发展，与东部地区的差距得以缩小；土地城镇化也呈现出由沿海地区向内陆地区递减的趋势，与人口城镇化演变趋势似乎存在一种"呼应"的内在规律，但与人口城镇化存在明显不同的是长江流域一线土地的城镇化呈现出一种较高的发展水平。

其实这在一方面也很大程度上印证了土地城镇化对于人口城镇化的影响。土地城镇化水平较高的地区其人口城镇化水平通常较高，城市土地规模的快速扩张刺激了国民经济的发展，提供了较多的就业岗位和生存空间，也为人口城镇化提供了较为扎实的基础设施和公共服务供给能力。

然而，在东部地区，这种土地资源的高速消耗并不是长期可持续的，这种土地导向的城镇化发展模式对社会经济的长期拉动效应极其有限，例如 2014 年福建省土地城镇化水平就出现了较大的下滑。这也反映了东部城镇化发展的"人口吸纳饱和"现象。例如，广东省作为全国第一流动人口大省，96% 的流动人口集中在珠三角，大规模外来流动人员的公共服务需求与流入地公共资源有限配置之间的矛盾较突出。虽然该地区大力推进基本公共服务对常住人口实行全覆盖，但其供给水平依旧较低，仍不能满足流动人口不断增长的现实需求。② 这也提醒人们城镇化进程中人口迁移的方向除了向东部发达地区以外，还可以关注中部等具有发展潜力的地区。

而我国财政系统城镇化水平分布较不均衡、规律性较差，但结合人口、土地城镇化的时空水平分布来看，土地城镇化发展水平较高的地

---

① 新疆地区由于人口分布比较特殊，其城镇人口聚集程度较高，城镇发展投资也比较集中，在西部地区中属于特例；其次，其数据统计存在特殊状况，因而在此处暂时不将其纳入比较分析的主要范围。

② 辜胜阻、曹誉波、李洪斌：《激发民间资本在新型城镇化中的投资活力》，《经济纵横》2014 年第 9 期。

区，在财政城镇化的后期发展中，处于劣势地位，其中较具代表性的如山东省和江苏省，这或许是因为城镇规模的快速扩张，人口的大量涌入，使得城镇化发展的财政压力较为艰巨，从而导致了后期发展乏力的现状。

地区性时间分异特征。从地区层面的城镇化水平评价平均得分来看，2009 年人口城镇化、土地城镇化呈现由东至西递减的趋势，财政城镇化则表现出东部较高，西部与中部存在较小差距的状态，2014 年人口城镇化、土地城镇化水平东部较高，中部与西部几近持平，财政城镇化东部（0.4336）、西部（0.3827）、中部（0.3659）较为平均。同样表明我国人口、土地、财政城镇化存在一定的时空差异，且这种差异出现逐渐淡化的走势。

从地区内部来看，无论是人口城镇化，还是土地城镇化都表现出较为独特的分布样态，呈现出一定程度的条带、圈层结构，主要是以北京、上海、广东、湖北、四川为中心或条带链接点依次向周边地区（城市）递减的形式表现。可以看出，这种条带圈层结构与《国家新型城镇化发展规划（2014—2020）》中城市群①的分布具有较强的关系。本书认为，这种条带、圈层结构的完善强度是城镇化区域内部协调度的衡量指标，因此可以认为东部地区城镇化区域协调程度＞中部地区＞西部地区。如人口城镇化中，东部地区北京、天津、辽宁、山东圈层结构与中部地区长江流域条带结构比较明显，西部四川、重庆成渝城市群圈层结构基本处于萌芽阶段，侧面反映了东部地区城市群社会经济的整体发展实力。

为了更好地说明这种圈层、条带结构的不均衡，我们以东部地区部分省份人口、土地及财政城镇化的发展比较进行阐述。东部地区人口城镇化水平最高的是上海，其次为北京、广东，并以此整体呈现出"三核心"的空间格局，"三核心"即京津冀地区、长江三角洲和珠江三角洲城市群，其他省份围绕其呈现辐射式递减；2009 年土地城镇化水平

---

① 参见《国家新型城镇化发展规划（2014—2020）》第四篇"优化城镇化布局和形态"中，构建以陆桥通道、长江通道为两条横轴"两横三纵"城镇化战略格局。

最高的为山东,最低的为海南,而到 2014 年最高的为山东,最低的为福建,珠江三角洲城市群的拉动作用就弱于京津冀和长江三角洲两中心。财政要素城镇化发展初步呈现出类似的形态,但目前仍处于初期发展阶段。

综上所述,我国及地区内部确实存在比较明显的人口、土地及财政城镇化时空分异情况。但从整体性的特征来看,我国的城镇化建设已从政策层面上由原来以土地为中心的城镇化过渡到统筹城乡、以人为本的新型城镇化发展阶段。

三　城镇化耦合协调发展评价与分析

仅仅依靠对城镇化水平时空分布的分析,可以窥见城镇化发展的区域协调状况,但是难以把握城镇化发展的协调程度。因而,本节借助"人—地—财"耦合协调评价模型,计算求得三系统之间的耦合协调度,即(如表 5—5、图 5—2 所示)2009—2014 年我国及各省区人口、土地、财政城镇化系统彼此间的耦合协调度评价指数,以便于分析我国新型城镇化的耦合协调的阶段、特征和发展趋势。

（一）耦合协调发展阶段评价

2009 年我国人口—土地（0.1474）、人口—财政（0.1550）城镇化耦合协调性整体水平均处于低水平耦合阶段,土地—财政（0.3926）耦合协调性处于拮抗阶段,而人口—土地—财政城镇化耦合协调水平为 0.1696,整体处于低水平耦合阶段;2014 年我国人口—土地（0.5928）、土地—财政（0.5836）城镇化耦合协调性整体水平处于一般耦合阶段,人口—财政（0.6656）高度耦合阶段,而人口—土地—财政城镇化耦合协调指数为 0.5005,则刚突破磨合阶段初步进入一般耦合阶段。

（二）要素系统耦合协调分析

2009—2014 年全国人口、土地、财政三系统之间城镇化耦合协调度大体呈现出一种较为平滑的走势,整体趋势线明显呈现出上升趋势,且保持较为均匀的走势,这说明我国人口—土地—财政城镇化耦合协调性处于一个不断完善的发展过程中,由低水平阶段匀速发展至一般耦合阶段（见图 5—2）。

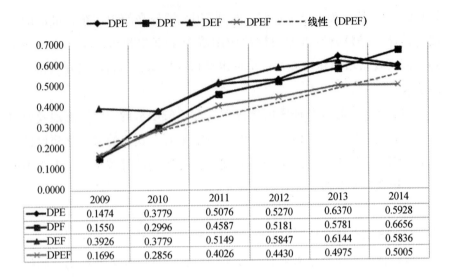

图 5—2　2009—2014 年全国人、地、财耦合协调评价指数

　　从耦合协调水平的比较来看，2013 年前人口—财政城镇化耦合协调度一直低于土地—财政、人口—土地城镇化耦合协调度，其中土地—财政城镇化耦合协调度一直处于最高的水平，这可以认为 2009—2013 年人口—财政要素协调状况相比较差，且严重拉低了人口—土地—财政三系统城镇化耦合协调的发展水平。而 2013 年后情况出现了反转，呈现出人口—财政城镇化耦合协调度 > 人口—土地城镇化耦合协调度 > 土地—财政城镇化耦合协调度的发展态势，这表明 2013 年后土地—财政系统间耦合协调发展出现了严重的失衡，"土地财政"这种具有资源消耗性和风险性的发展方式难以保持可持续的发展，而国家对于人口城镇化的财政投资大幅增加，则促进了两者系统间的快速协调发展。

　　从耦合协调度发展速度来看，2009—2013 年人口—土地城镇化耦合协调度以年均 83% 的速度快速增长，2013—2014 年出现了 6% 的下滑；2009—2014 年人口—财政城镇化耦合协调度以每年增加 65% 的速度持续增长；2009—2013 年土地—财政城镇化耦合协调度在短暂下降后以年均 20% 的速度上升，2013 年后出现了 5% 的下降。就两两系统耦合协调发展速度来看，人口—土地城镇化耦合协调度发展速度最快，人口—财政城镇化耦合协调其次，两者分别是土地—财政城镇化的 4 倍多和 3 倍多，这足以表明人口—土地、人口—财政城镇化系统耦合协调优化的速度较快,而土地—财政城镇化系统间优化调控的速度较慢,也可认为土地—财政城镇化系统间优化调控的难度较大①,这在地方政府对于土地财政的依赖方面也可以得到印证。

从耦合协调度发展的波动性来看,从图5—2中我们大体可以判断出人口—财政城镇化耦合协调度变化的稳定性较强,受2009年和2014年数据的影响,难以直接判断人口—土地与土地—财政两者城镇化耦合协调度变化的波动差异,课题组首先通过求出三者城镇化耦合协调度变动的均方差来协助判断,得出人口—土地城镇化耦合协调度波动性最大,其次为土地—财政城镇化,再次为人口—财政城镇化;将耦合要素系统进行拆分,可以得出人口—土地城镇化耦合协调度主要受人口、土地两个系统要素及其共同影响,土地—财政城镇化则受土地、财政两系统要素及其耦合作用、人口—财政城镇化的耦合协调受人口、财政系统要素及其交互作用,经运算可以得知土地要素城镇化的波动性最高,其次为人口要素和财政要素。②

（三）省域耦合协调时空分异

由上文对全国城镇化耦合协调度的走势分析可以得知,城镇化耦合协调度在2012—2013年间出现转折,为简化全国地区和各省2009—2014年度人口—土地—财政耦合协调度的分析数量,课题组仅对2009年、2012年和2014年度进行时空的分异比较。将各省区的城镇化水平指标带入公式,得出2009—2014年度全国各省城镇化耦合协调度（见表5—5）。

---

① 土地—财政两系统城镇化间存在较多的问题,这在学界和社会上已经达成了共识,且认为土地财政的调控存在较大的难度。

② 我国人口城镇化的对象主要为进城农民工群体,其流动性较强,且受国家政策和市场因素等多方作用;我国土地城镇化的发展受国家政策约束、房地产市场的影响和资源的限制,其波动性也较大。在此,我们将人口要素设为 x_1,土地要素设为 x_2,财政要素设为 y,则 $x_1 + x_2 + x_1 x_2 > x_2 + y + x_2 y > x_1 + y + x_1 y$,可以得出 $x_2 > x_1 > y$,即土地要素波动性 > 人口要素波动性 > 财政要素波动性。

表5—5 全国东中西部各省2009—2014年度人口—土地—财政城镇化耦合协调度

指标	年份	2009	2012	2014	2009	2012	2014	2009	2012	2014
	省份	DPE	DPE	DPE	DPF	DPF	DPF	DEF	DEF	DEF
东部地区	北京	0.4900	0.5063	0.5023	0.5714	0.5383	0.5268	0.5156	0.4936	0.5084
	天津	0.5010	0.4609	0.5010	0.5517	0.5463	0.5451	0.4966	0.4466	0.5137
	河北	0.4844	0.5057	0.4588	0.4343	0.4506	0.4038	0.4720	0.5123	0.4808
	辽宁	0.4901	0.4042	0.4831	0.4596	0.4688	0.4751	0.4647	0.3832	0.4581
	上海	0.5119	0.5292	0.5032	0.5882	0.5829	0.5781	0.5133	0.5216	0.5112
	江苏	0.5485	0.5201	0.5480	0.4528	0.4656	0.4646	0.5033	0.4753	0.4941
	浙江	0.5066	0.4776	0.4834	0.4420	0.4758	0.4611	0.4503	0.4476	0.4513
	福建	0.4725	0.4578	0.4366	0.4495	0.4448	0.4368	0.4441	0.4236	0.4260
	山东	0.5501	0.5313	0.5423	0.4221	0.4148	0.4172	0.5055	0.4768	0.4912
	广东	0.5071	0.4613	0.5063	0.4732	0.4722	0.4616	0.4792	0.4213	0.4899
	海南	0.4362	0.4652	0.4428	0.4228	0.4406	0.4234	0.4201	0.4398	0.4394
	均值	0.4998	0.4836	0.4916	0.4789	0.4819	0.4721	0.4786	0.4583	0.4786
中部地区	山西	0.4386	0.4566	0.4524	0.4321	0.4347	0.4516	0.4172	0.4416	0.4459
	吉林	0.4450	0.4282	0.4325	0.4529	0.4470	0.4318	0.4381	0.4155	0.4324
	黑龙江	0.4464	0.4709	0.4580	0.4523	0.4467	0.4534	0.4475	0.4664	0.4672
	安徽	0.4439	0.4069	0.4433	0.4218	0.4205	0.3979	0.4450	0.4019	0.4196
	江西	0.4933	0.4500	0.4836	0.4754	0.4502	0.4251	0.4753	0.4304	0.4303
	河南	0.4658	0.4924	0.4901	0.4741	0.4676	0.4445	0.4659	0.4867	0.4614
	湖北	0.4693	0.5055	0.4666	0.4390	0.4297	0.4509	0.4454	0.4673	0.4583
	湖南	0.4523	0.4347	0.4734	0.4626	0.4531	0.4691	0.4532	0.4339	0.4613
	均值	0.4568	0.4556	0.4625	0.4513	0.4437	0.4405	0.4485	0.4430	0.4471
西部地区	内蒙古	0.4694	0.5183	0.5047	0.4557	0.4737	0.4846	0.4943	0.5240	0.5296
	广西	0.4127	0.3512	0.3938	0.4103	0.3759	0.3925	0.4431	0.3474	0.4114
	重庆	0.4411	0.3927	0.3969	0.4587	0.4687	0.4318	0.4673	0.4121	0.3880
	四川	0.4346	0.4432	0.4552	0.4297	0.4085	0.4261	0.4460	0.4352	0.4643
	贵州	0.3921	0.4208	0.4324	0.4158	0.4332	0.3958	0.3949	0.4597	0.4160
	云南	0.3367	0.4011	0.4295	0.3974	0.4404	0.4474	0.3258	0.3967	0.4432
	陕西	0.4527	0.4739	0.4860	0.5022	0.4896	0.4792	0.4604	0.4650	0.4702
	甘肃	0.4209	0.3490	0.4150	0.4443	0.4402	0.3956	0.4231	0.3553	0.3816
	宁夏	0.4561	0.4460	0.4685	0.4245	0.4324	0.4186	0.4646	0.4529	0.4807
	青海	0.4261	0.4706	0.4266	0.4341	0.4783	0.4765	0.4243	0.4674	0.4372
	均值	0.4298	0.4343	0.4469	0.4452	0.4481	0.4377	0.4376	0.4352	0.4443

从整体布局来看,我国地区城镇化耦合协调度由东至西递减,"圈层 + 轴线"空间结构初步形成,其中以上海、北京、山东、广东、湖北、陕西六省为中心构成圈层结构(由中心向周围递减,也可以用长江三角洲地区、环渤海地区、珠江三角洲地区、长江中游地区、关中—天水地区①替代上述省份),轴线结构是指整体水平上长江流域一线城镇化耦合协调水平较高,向周边地区对称递减。

从地区层面来看,东中西部人口—土地、人口—财政、土地—财政及人口—土地—财政城镇化耦合协调度排序为东部、中部、西部。由此,也印证了地区城镇化耦合协调度由东至西递减的趋势。仔细比较可以发现,东部与中西部相比,在人口—土地城镇化耦合协调度上存在较大差距,人口—财政城镇化耦合协调度与土地城镇化耦合协调度差距基本持平,且这种差距正缓慢地缩减;中部地区在人口—土地城镇化耦合协调度上存在一定的优势,但在其他两个方面协调度基本持平,这可能是中央财政对中西部地区转移支付的偏好所致。

从地区内部来看,东部地区上海、天津、北京三地人口—财政城镇化耦合协调水平较高,其土地—财政、人口—土地城镇化耦合协调水平也保持较高的水准,而山东、浙江、江苏、广东四省其人口—土地城镇化耦合协调水平在东部处于领先地位,但其他城镇化耦合协调水平则相对较低,甚至部分省份低于地区平均水平。这说明该地域中财政要素对人口城镇化的资金配置比例较高,人口红利激活了社会经济发展,促进了房地产市场的繁荣;然而,出于政绩观的考核要求而过于重视城市规模的快速扩张和人口城市化率的迅速提高,忽视人口城镇化过程中公共产品和服务供给、市民化过程的资金配置,过分依赖土地财政等一次性财政收入,会对城镇化的总体发展产生恶劣的影响。

中部地区各省各项城镇化耦合协调指数比较均匀②,没有出现较为明

---

① 《关于印发〈全国主体功能区规划〉的通知》(国发〔2010〕46 号),2010 年 12 月 21 日。

② 张士杰、李勇刚基于城镇化发展质量的内涵界定,以 2000—2014 年中部六省的相关数据为例,采用熵值法对其城镇化发展质量进行了综合评价,分析结果表明,中部六省的城镇化发展质量逐年增长,且呈趋同趋势。

显的时空差异。而西部地区则呈现出十分显著的时空差异，且这种差异在空间布局上与国家主体功能区城市群的分布相呼应。同时，可以发现西部地区三系统间城镇化耦合协调程度的波动性较强，这一方面表明其城镇化耦合协调仍处于萌芽阶段，走在失衡的边缘，另一方面说明这些省份人口、土地、财政要素系统城镇化发展难以找到长期依托，无法保持可持续稳定的发展。

(四) 发展耦合协调收敛分析

结合上文分析可以得知，中国地区和省域层面的"人口—土地—财政"城镇化系统耦合协调状况有一定的差异性，这种差异似乎呈现出收敛的态势。但是，这种良性的变化仅仅通过对图表的分析难以得出准确的结论，因而需要进一步探清这种差异的特点和走向，有必要对其进行收敛性[①]的分析检验。

表 5—6　　　　　中国 30 个省域耦合协调度值的描述性统计结果

年份	描述性统计指标									
	极小值	极大值	均值		标准差	方差	偏度		峰度	
			统计量	标准误			统计量	标准误	统计量	标准误
2009	0.1584	0.3878	0.2793	0.0955	0.5230	0.003	−0.630	0.427	0.610	0.833
2010	0.2582	0.3676	0.3098	0.0482	0.2639	0.001	0.058	0.427	−0.469	0.833
2011	0.3238	0.4539	0.3899	0.0569	0.3188	0.001	0.061	0.427	0.049	0.833
2012	0.3823	0.4817	0.4295	0.0485	0.2656	0.001	0.057	0.427	−0.957	0.833
2013	0.4163	0.5278	0.4701	0.0465	0.2546	0.001	0.262	0.427	0.392	0.833
2014	0.4395	0.5240	0.4935	0.0383	0.2099	0.000	−0.582	0.427	0.144	0.833

本书采用较为常用的 σ 收敛模型，如果 $\sigma_{i+1} < \sigma$，则表明存在 σ 收敛，说明各地区的人口—土地—财政城镇化系统间的耦合协调差距出现

---

① 收敛性概念来源于以 Solow、Swan 为代表的新古典经济增长理论和以 Romer、Lucas 为代表的新经济增长理论。收敛性假说认为，随着时间的推移，不同区域国家或经济体间增长率的差异会逐渐缩小甚至消失，直至最后两者趋于稳定的均衡状态。由增长模型核心条件的不同，传统的收敛假说分为 Q 收敛和 β 收敛，前者强调的是时间断面上的静态比较；后者专注于从动态的角度去考察特定时间段内的经济增长，一般又分为绝对收敛、条件收敛和俱乐部收敛三种假说。

缩小趋势，其发展水平呈现趋近态势。[①] 收敛检验运算公式，如下所示：

$$\sigma_t = \left\{ N^{-1} \sum_{m=1}^{N} \left[X_m(t) - \left[N^{-1} \sum_{k=1}^{N} X_k(t) \right] \right]^2 \right\}^{\frac{1}{2}} \qquad 式 5.19$$

其中，$X_m(t)$ 表示第 m 省份在第 t 年的耦合协调度；N（$N=30$）在此处表示参与评估省份的个数，为减少运算，本书仅考察地区层面，测算结果见图 5—3 所示。

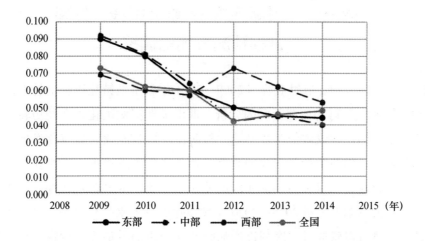

图 5—3　中国人口—土地—财政系统城镇化耦合协调度收敛性检验

如图 5—3 所示，在 2009—2015 年，中国"人口—土地—财政"城镇化系统耦合协调度的收敛情况出现了一种先下降而后逐步平稳的态势。可以将 2012 年作为其走势分界点，在 2012 年之前保持基本收敛的态势，而 2013 年以后则主要呈现出平稳的走势。

就东部地区的情况来说，"人口—土地—财政"城镇化系统间的耦合协调程度则存在较强的突变态势，其拐点出现在 2013 年，在此前，走势基本保持逐步递减，而后，平均下降的走势发生了变化，出现了增减交替的情况。但是从整体来看，东部区域的 σ 值显示出了收敛态势。对于

① 刘法威、许恒周、王姝：《人口—土地—经济城镇化的时空耦合协调性分析——基于中国省级面板数据的实证研究》，《城市发展研究》2014 年第 8 期。

中部地区而言，其 σ 值比全国的略低一些，但变化走向与全国整体变化相似。而西部地区则有所不同，西部地区的 σ 值呈现 Uσ 型变化态势，其低点大致出现在 2013 年，这表明西部地区人口—土地—财政城镇化系统的耦合协调度并不具有收敛性，这在一定程度上可以认为我国西部地区人口—土地—财政系统城镇化在全域层面的耦合协调状况的改善出现了波折，内部的不协调程度正走向恶化。

第三节　目标鸿沟 VS 趋近路线：发展进程预测与优化调控

在上一节中，通过对我国 2009—2014 年新型城镇化进程的转型阶段和"人—地—财"协调程度的分析，得出了新型城镇化正在经历转型升级与耦合协调性收敛的初步结论。然而，未来阶段我国城镇化发展进程前景如何，仍旧是悬而未决的难题。在关注未来发展前，有必要厘清新型城镇化建设的目标与当前实践的差距。由此，本节将对目标与差距进行分析的基础上，对 2015—2020 年城镇化的发展水平和协调性进行预测研究，既可以延伸时间序列以增强收敛性分析的可信度，也将为新时期政策优化调控提供科学的参考和依据。

一　鸿沟：新型城镇化的目标设定与当前差距

（一）发展理念的定位与具体指标设定

课题组以时间为刻度，以制度变迁为位序对新型城镇化发展的理念定位与总体目标进行回顾与总结（见表 5—7）。

表 5—7　　　　　　　　　　新型城镇化发展的理念定位

时间	制度名称	发展理念定位
2013.11	《中共中央关于全面深化改革若干重大问题的决定》	以人为核心的城镇化，大中小城市和小城镇协调发展、产业和城镇融合发展，城镇化和新农村建设协调推进

续表

时间	制度名称	发展理念定位
2014.03	《国家新型城镇化规划（2014—2020 年）》	城镇化质量，以人为本、四化同步、集约高效、生态文明、文化传承的中国特色新型城镇化道路
2015.10	《中华人民共和国国民经济和社会发展第十三个五年规划纲要》	以人的城镇化为核心、以城市群为主体形态、以城市综合承载能力为支撑、以体制机制创新为保障，缩小城乡发展差距，城乡发展一体化
2015.12	《2016 中央城市工作会议》	坚持集约发展，框定总量、限定容量、盘活存量、优化增量、提高质量；人口用地匹配，城市规模同资源环境承载能力相适应；明确城市发展空间布局、功能定位，紧凑集约、高效绿色发展；城市发展由外延扩张式向内涵提升式转变
2016.02	《国务院关于深入推进新型城镇化建设的若干意见》	创新、协调、绿色、开放、共享理念，人的城镇化为核心，提高质量为关键；加快户籍制度改革，提升城市综合承载能力，完善土地、财政、投融资等配套政策；大中小城市和小城镇协调发展，加快新生中小城市培育发展和新型城市建设为重点
—	党和政府决策高层的思路	习近平：城镇化不是土地城镇化，而是人口城镇化（2013）；推进人的城镇化重点环节在户籍制度（2014）；城镇化的首要任务是农民工市民化，要改革和创新投融资体制机制（2015）；加快提高户籍人口城镇化率，引导调控城市规模，优化城市空间布局（2015）；倡导"四个注重"，坚持以人为核心（2016）李克强：新型城镇化就是以人为核心的城镇化（2013）；挖掘中国中西部地区发展潜力和回旋余地（2015）；"人地挂钩"与"人钱挂钩"（2016）；突出"新"字，写好"人"字，重点向中西部倾斜，促进 1 亿人中西部就近城镇化（2016）

随着新型城镇化建设进程的不断推进，对于新型城镇化发展战略的内涵、特征与理念目标也越发清晰。在技术治理、精准治国的思路下，党和政府在《国家新型城镇化规划（2014—2020年）》中正式提出了对于新型城镇化建设的部分具体指标（见表5—8）。

表5—8　　　　　　　　新型城镇化建设的具体指标

建设指标	一 年	2020年	2030年
城镇化水平			
常住人口城镇化率（%）	57.35	60.00	70.00
户籍人口城镇化率（%）	41.2	45.00	60.00
农村向城镇转移人口（亿）	—	1	2
基本公共服务			
农民工随迁子女接受义务教育比例（%）		99.00	
城镇失业人员、农民工、新成长劳动力接受免费义务基本职业技能培训覆盖率（%）		95.00	
城镇常住人口基本养老保险覆盖率（%）	66.9	90.00	
城镇常住人口基本医疗保险覆盖率（%）	95	98.00	
城镇常住人口保障性住房覆盖率（%）	12.5	23.00	
城镇基础设施			
百万以上人口城市公共交通占机动化出行比例（%）	45	60.00	
城镇公共供水普及率（%）	81.7	90.00	
城市污水处理率（%）	87.3	95.00	
城市生活垃圾无害化处理率（%）	84.8	95.00	
城市家庭宽带接入能力（Mbps）	4	50.00	
城市社区综合服务设施覆盖率（%）	72.5	100.00	
资源环境			
人均城市建设用地（平方米）		100	
城镇可再生能源消费比重（%）	8.7	13.00	
城镇绿色建筑占新建建筑比重（%）	2	50.00	
城市建成区绿化率（%）	35.7	38.90	
地级以上城市空气质量达到国家标准的比例（%）	40.9	60.00	

资料来源：《国家新型城镇化规划（2014—2020年）》《国家人口发展规划（2016—2030年）》。

通过对于新型城镇化发展理念定位和具体指标设定的总结，可以清晰地发现，我国对新型城镇化建设的目标具有以下几点特征：发展理念的科学性、发展过程的协调性、发展方式的集约性和发展目标的人本性。这些发展理念的形成既是党和国家对于科学发展观思想的具体深化，更是受过去城镇化建设现实问题的影响，更与我国新型城镇化建设实践和发展目标间的差距有密切的关联。

（二）城镇化建设实践与发展目标差距

目前，我国对于新型城镇化建设的发展理念和具体目标已然设定，新型城镇化建设也步入加速发展的阶段。然而，地方建设的实践情形却不容乐观，存在一些必须高度重视并着力解决的突出矛盾和问题。

主要表现在以下几个方面：一是大量农业转移人口难以融入城市社会，市民化进程滞后；二是"土地城镇化"快于人口城镇化，建设用地粗放低效；三是城镇空间分布和规模结构不合理，与资源环境承载能力不匹配；四是城乡分割的户籍管理、土地管理、社会保障制度，以及财税金融、行政管理等制度，固化城乡利益失衡格局，阻碍城乡发展一体化。

结合新型城镇化发展理念定位与城镇化转型升级的现实背景，来分析以上现实问题，可以发现这些问题均是与新型城镇化建设的人口、土地和财政要素有着千丝万缕的关联，或者是由于要素系统资源的匮乏所致，抑或是三要素之间的协调与集约发展出现难以调和的矛盾。将其归纳总结为当前新型城镇化建设的三大现实矛盾问题。

资源困境：土地要素系统的集约压力。近年来，随着我国城镇化的快速推进，建设用地挤占耕地现象不断加剧，因城镇化而导致的耕地面积不断减少矛盾依然存在。具体来看，其突出表现在城镇建设用地增加与农村土地保护、粗放扩展与闲置浪费以及刚性需求与后备紧缺三大方面。土地是城镇化的物质载体，适量的农地非农化对于城镇化建设能够产生促进作用，然而，当前的现实问题便是农地资源规模有限与城镇土地刚性需求之间的矛盾。

十八亿亩红线是不能逾越的耕地界限，而因城镇化导致的耕地面积不断减少，城镇化建设与农地保护之间存在显著的矛盾。在城镇化推进过程中，受财税制度体系、土地管理制度、GDP 用地情结、政绩考核体系等多重因素驱使，我国城市边界建设重审批轻开发，重开源轻挖潜，重扩展轻保护，存在大量批而未供、供而未建的存量土地，那么，如何实现新型城镇化的土地利用从粗放式无限扩展向集约式有序扩展转变、增量型农地非农化向挖潜型存量盘活转变的结构转型，是深入推进城镇化的首要矛盾。

难以协调：土地与人口要素的协同难题。农地非农化与农民市民化的协调发展，是城镇化的核心要义和本质使然。然而，基于制度困境、政绩竞争，地方政府在城镇化进程中"要地不要人""化地不化人"，使得农地大规模非农化与农民权益保护及农民市民化滞后的矛盾激化。具体表现在土地城镇化快于人口的城镇化、常住人口城镇化快于户籍人口城镇化、人口城镇化快于人的城镇化三大方面。

伴随征地规模的不断扩大，因征地而导致的农民土地权益受损，进而引发征地型群体性事件不断发生 。一味追求"外延式""摊大饼式"的大城镇、大空间扩展，致使土地城镇化规模与速度远远高于人口城镇化。与此同时，农民进入城镇工作生活却难以享受到与城镇市民同样的住房、教育、医疗、卫生等社会公共服务，"同城不同权""半市民化""半城镇化"现象依然存在甚至强化。因此，如何保障农民的合法权益，有序实现农业转移人口市民化，实现真正意义上人的城镇化，是适应经济新常态，全面建成小康社会决胜阶段的关键任务。

增量窘境：财政要素系统的转型矛盾。城镇化发展中巨额资金需求与政府财力和资金投入有限矛盾。无论是土地城镇化还是人口城镇化，都需要充足的建设资金投入。就现阶段而言，我国城镇化面临着资金收支矛盾，具体表现在土地资源稀缺与土地财政依赖矛盾、资金有限却需求过高两大矛盾。1994 年推行分税制改革后，中央政府财权上收而事权留置甚或增加，使得各地都将"经营城市"和"土地财政"作为补充城镇化建设资金的重要甚至根本方式。

虽然此举可以为政府及城镇化提供大量资金支持，但是，"土地财政"也面临土地稀缺和耕地红线制约。此外，空间扩展也加剧了城镇基础设施和公共服务体系的投入压力，增大了政府农地补偿及农民安置的支出,造成需求与供给之间的矛盾。如何在推进新型城镇化进程中,拓宽投融资渠道,开辟地方政府新财源,摆脱政府土地财政依赖,增加政府可支配收入,是解决城镇化进程中财政支撑的基础条件。

基于此,新型城镇化建设纷繁复杂的矛盾与难题、瓶颈与困境,就可以采用要素系统的观点进行提炼,即新型城镇化建设的现实与差距便可以从人口、土地与财政要素系统的各项指标中加以评判,而对于新型城镇化建设未来发展前景的预测变得极为重要。

二　我国城镇化发展进程的预测（2015—2030 年)

本书涉及多项指标至 2030 年的长期预测,由于指标性质和演变趋势各异,且受到数据指标缺失情况和时间序列长度的限制,故而有针对性地采用移动平均法、趋势外推预测法[①]、时间序列预测法和复合函数预测法[②]等方法对我国城镇化发展进程的人口、土地、财政等关键要素进行预测。

（一）预测研究方法

近年来,中国城镇化的速度不断加快,引起了政府和社会的广泛关注,众多学者、团队对全面建成小康社会时期的城镇化进行了相关的预测研究[③],形成了许多分析方法和模型。在科学、经典、简便原则指导下,本书所采用的具体预测方法如下所示。

移动平均法。移动平均数是通过对时间序列的数值进行分段,计算

---

① 朱建平、靳刘蕊:《经济预测与决策》,厦门大学出版社 2012 年版,第 70—73、第 96—103 页;李华、胡奇英:《预测与决策教程》,机械工业出版社 2012 年版,第 93—95 页;易丹辉:《数据分析与 EViews 应用》,中国人民大学出版社 2008 年版,第 98—103、122—151 页。

② 武洁、权少伟:《我国人口城镇化率统计和推算方法探讨》,《调研世界》2013 年第 7 期;孙东琪、陈明星、陈玉福等:《2015—2030 年中国新型城镇化发展及其资金需求预测》,《地理学报》2016 年第 6 期。

③ 经济学人智库中国研究团队:《2030 年的中国城市化》,《中国经济报告》2014 年第 7 期;陈明、王凯:《我国城镇化速度和趋势分析》,《城市规划》2013 年第 7 卷第 5 期;李林杰、金剑:《中国城市化水平预测的时间序列模型及其应用》,《中国人口科学》2005 年第 1 期;"Population Division of the Department of Economic and Social Affairs of the United Nations Secretariat",*World Population Prospects*:*The* 2012 *Revision*,http：//esa. un. org/unpd/wpp/index. htm;简新华、黄锟:《中国城镇化水平和速度的实证分析与前景预测》,《经济研究》2010 年第 60 卷第 3 期。

出算术平均值，进而得到一个新的时间序列数值。故此，移动平均数一直以来被认定是一种改良版本，其对于时间序列的短期预测具有较强的适用性，本质上是算术平均测推的方法。移动平均法的计算过程简捷且效用价值强，其基本原理是通过时间序列，参照其移动周期长度进行逐期移动平均，由此修匀时间序列的周期变动和不规则变动，进而刻画出现象变动的趋势，依据时间序列的走势对长期趋势进行预测。移动平均法包括一次移动平均法和二次移动平均法。本书主要使用一次移动平均法，在此对一次移动平均法的原理进行简要阐述。设 tX 为 t 周期的实际值，一次平均值计算公式如下：

$$M_t^{(1)}(N) = \frac{X_t + X_{t-1} + \cdots + X_{t-N+1}}{N} = \frac{\sum_{t=0}^{N=1} X_{t-1}}{N} \qquad 式 5.20$$

在式 5.20 中，N 是移动周期的长度，则 $t+1$ 期的预测取值是

$$\widehat{X}_{t+1} = M_t^{(1)} \qquad 式 5.21$$

通常来看，如将 $\widehat{X}_{t+1}$ 设定为第 $t+1$ 期的实际值，利用算式 5.21 即可计算出第 $t+2$ 期的预测数值是 $\widehat{X}_{t+2}$，照此类推求解，可以得出之后的时间序列预测数值。鉴于误差将会出现积累问题，故此，该方法通常仅仅适用于短期预测。[①]

时间序列预测法。时间序列预测法（或称为历史引申预测法）是通过对历史资料的延伸进行预测的方法。其基本原理是：把握时间数列所能表现出的现象发展过程及其规律性，由此向后引申外推、预测得出其未来时期的发展趋势。在确认待测数列适用时间序列预测法后，也要选择适当的趋势模型，以拟合不同模型自身的特征和演变规律。其本质表达形式如下：

$$\widehat{y}_t = f(t) \qquad 式 5.22$$

在式 5.22 中，设 t 是时间变量，其取值范围从 0，1，2，3，…，或…，−3，−2，−1，0，1，2，3，…。[②] 趋势外推模型包括直线型、

---

① 朱建平、靳刘蕊：《经济预测与决策》，厦门大学出版社 2012 年版，第 96—103 页。

② 李华、胡奇英：《预测与决策教程》，机械工业出版社 2012 年版，第 93—95 页。

多次型和指数型曲线等。

（1）直线趋势外推模型预测法。当预测对象随着时间推移基本上呈现出直线发展趋势时，一般情况下，选取直线趋势外推预测，即通过拟合直线模型达到预测目的。直线趋势外推预测模型的表达形式为：

$$\hat{y}_t = a_0 + bt \qquad\qquad 式5.23$$

在式5.23中，设$\hat{y}_t$为模型的因变量；时间t为模型的自变量；a、b为参数。

（2）二次多项曲线模型预测法。多项式曲线模型的基本表达形式如下：

$$\hat{y}_t = a_0 + a_1 t + a_2 t + \cdots + a_p t^p + \mu_t \qquad\qquad 式5.24$$

在式5.24中，设$\hat{y}_t$为模型的因变量；时间t为模型的自变量；a_i为（$i = 0$，1，2，$\cdots$，p）参数；p为多项式的阶次；μ_t为误差项。在本书的预测方法中，较多使用二次多项式曲线模型和三次多项式曲线模型，因而，仅对这两种模型进行择要介绍，如下：

$$\hat{y}_t = a_0 + a_1 t + a_2 t^2 + \mu_t \qquad\qquad 式5.25$$

在式5.24中，设$\hat{y}_t$为模型的因变量；时间t为模型的自变量；a_0，a_1，a_2为未知参数；μ_t为误差项。若时间序列可能趋近与二次曲线的发展趋势，便可直接拟合二次多项式曲线模型。在实际预测中，一般情况下利用最小二乘法拟合二次曲线最为常用。

（3）三次多项式曲线模型预测法如下：

$$\hat{y}_t = a_0 + a_1 t + a_2 t^2 + a_3 t^3 + \mu_t \qquad\qquad 式5.26$$

在式5.26中，设$\hat{y}_t$为模型的因变量；时间 t 为模型的自变量；a_0，a_1，a_2，a_3为未知参数；μ_t为误差项。若时间序列数据走向出现两次方向性的转换，在拐点处发展方向出现变化，将可能会呈现出三次曲线的发展趋势，在这种情况下，可以直接拟合三次多项式曲线模型。[①]

（4）指数型曲线模型预测法。中国城镇化发展的总体进程，应该呈

---

① 易丹辉：《数据分析与 E - Views 应用》，中国人民大学出版社 2008 年版，第98—103、122—151 页。

现出非线性发展的走势，而当前中国正处在城镇化发展的加速阶段，该阶段应该是不断提升的近乎线性变化的样态。在此处，本书以 1991—2030 年我国城镇率为例。利用用公式 5.27 表示（此处为城镇化率）指标与历史演进的关系：

$$y = 1/(1 + \lambda\, e^{-\beta t})\qquad\qquad\text{式 5.27}$$

在式 5.27 中，设定 y 为指标数值；t 为时间，设 1991 年为 0，1992 年为 1，2030 年为 39；λ、β 为参数，对式 5.27 进行变换，则公式转换为：

$$1/y = \lambda\, e^{-\beta t}\qquad\qquad\text{式 5.28}$$

将公式 5.28 两边取自然对数，即：$\ln(1/y - 1) = -\beta t \ln\lambda$

设 $\ln\lambda = a_0$，$-\beta = a_1$，$\ln(1/y - 1) = y_1$，则式 5.28 可转化为：

$$y_1 = a_0 a_1 t\qquad\qquad\text{式 5.29}$$

将历年指标数值再次带入求解 y_1，随后利用 *SPSS* 22.0 软件求解式 5.29 的未知参数，结果：$a_0 = 1.5492$，$a_0 = -0.0616$，且相关系数 $r = 0.996$，由此可得 y_1 与 t 存在显著的线性关系，同时证明该回归方程拟合程度较高。

因 $\ln\beta = 1.5492$，推导可得 $\beta = 4.7077$，由此，新型城镇化水平的时间序列方程式则可以得出：

$$y = 1/(1 + 4.7077\, e^{-0.0616t})\qquad\qquad\text{式 5.30}$$

基于此，便可以利用式 5.30 预测 2015—2030 年我国的预期城镇化率。

Logistic 曲线估算法。Logistic 曲线是一种常见的 S 型函数，由德国数学家、生物学家 Verhust 于 1837 年发现。该曲线适用于进行模仿人口增长，初始阶段大致呈现指数增长，随后增长逐渐变慢，之后进入增长极限阶段，甚至出现负增长。[1] 其 S 型函数方程式为：

$$z = (1/\phi + b_0 b_1 t)^{-1}\qquad\qquad\text{式 5.31}$$

算式中，z 为因变量，b_0 为常数，b_1 为回归系数；ϕ 为待估参数，t 为自

---

[1]　孙东琪、陈明星、陈玉福等：《2015—2030 年中国新型城镇化发展及其资金需求预测》，《地理学报》2016 年第 71 卷第 6 期。

变量（时间）。例如，利用 1991—2012 年的人口统计数据，借助 SPSS 22.0 软件计算式 5.31 的参数，计算结果是：$\phi = 0.02951$，$b_0 = 0.853$，$b_1 = 0.993$，$t = 39$，而且 $r = 0.973$，表明回归方程拟合度较好。因此，可以达到预测目的。

复合函数估算法。由于本书预测指标中涉及部分经济指标，在这种情况下，利用两个相关变量中的一个变量对另一个变量进行预测时，有很多种方法。由于不能仅凭借观测量确定一个最佳模型，则可以用函数曲线估算方法在众多回归模型中建立一个简便适用的模型。通过 *SPSS* 22.0 软件模拟确认复合函数估算模型为最佳。采用复合函数估算法预测经济指标，与客观实际拟合较好。其方程为：

$$E = x(1 + \alpha)^t \tag{式 5.32}$$

在式 5.32 中：以 E 为因变量，以 x 为基期年份数据，以 α 为参数（或增长率），以 t 为自变量（时间）。利用往年相关的统计数据，带入 *SPSS* 软件中，即可进行预测的运算。

（二）城镇化率及相关要素的需求预测

利用上述相关方法，使用 *Excel* 2017 和 *SPSS* 22.0 软件对 2015—2030 年中国城镇化率、城镇人口数量、农转城人口数量、国有土地出让面积、土地财政收入和城镇建成区年度增长面积进行预测。城镇化率、城镇总人口数量和农转城人口数量是新型城镇化的人口要素的核心考察指标，国有土地出让面积和城镇建成区年度增长面积是土地要素健康发展的重点评判依据，而土地财政收入则是新型城镇化资金投入尤其是财政支持的主要来源，均是从关键指标层面来反馈新型城镇化发展的要素需求。其具体数值如表 5—9 所示。

表5—9　　　　2015—2030 年中国城镇化率及相关要素的时序变化

年份	城镇化率（%）	城镇人口（亿人）	农转城人口（亿人）	国有土地出让面积（平方千米）	土地财政收入（万亿元）	城镇建成区年度增长面积（平方千米）
2015	56.15	7.72	0.1836	2214	2.98	3346
2016	57.58	7.95	0.1869	2082	3.56	6194

年份	城镇化率 （%）	城镇人口 （亿人）	农转城 人口 （亿人）	国有土地 出让面积 （平方千米）	土地财政 收入（万 亿元）	城镇建成区 年度增长面积 （平方千米）
2017	58.74	8.15	0.1896	3046	3.19	4808
2018	59.91	8.34	0.1911	3114	3.28	4888
2019	61.07	8.53	0.1928	3180	3.36	4967
2020	62.21	8.73	0.1948	3245	3.43	5047
2021	63.31	8.91	0.1966	3307	3.50	5127
2022	64.45	9.10	0.1983	3367	3.57	5206
2023	65.72	9.31	0.2003	3426	3.64	5286
2024	66.11	9.39	0.1997	3483	3.70	5366
2025	67.48	9.62	0.1989	3538	3.76	5445
2026	68.82	9.84	0.1984	3593	3.82	5525
2027	69.56	9.97	0.1965	3646	3.88	5605
2028	70.12	10.08	0.1954	3698	3.93	5684
2029	71.24	10.27	0.1932	3749	3.98	5764
2030	72.36	10.46	0.1903	3798	4.03	5844

从表5—9中可以发现，我国城镇化率由2015年的56.15%增长至2020年的62.21%，差额为6.06%（2020年是我国新型城镇化发展战略的重要一年，故而会多次比较该年情况，下同），到2030年的72.36%，与2015年差距为16.21%；城镇总人口由当前的7.72亿人，增长至2020年的8.73亿人，人口差为1.01亿人，最后增长至2030年的10.46亿人，差额为2.74亿人；农转城人口由2015年始以年均1942万人的转移增量实现市民化转移，其转移趋势呈现倒"V"字形，在2023年达到转移的高峰。随后，由于城市人口承载力的饱和与城乡差距等因素消弭的影响，而出现市民化速度减缓甚至人口逆城镇化的情况，至2020年将转移人口达1.1388亿人，至2030年转移人口总量为3.1064亿人。在此，需要专

门说明的是农转城人口总量并不等同于城镇增加人口总量,因此还要考虑城镇自身再生产人口数量,据相关研究显示,2015—2030 年城镇自身再生产人口将达到 7016.26 万人,这也就是说 2015—2030 年城镇增加人口总量将达到 3.81 亿人。

　　新型城镇化率及城镇化发展资金需求预测。依照上述指标的预测结果,我国新型城镇化建设从 2015 年始,至 2020 年总计需要承载 1.1388 亿农村转移人口市民化,承担 1.01 亿人的城镇人口净增量,实现城镇化率 6.06% 的增长;至 2030 年,需要承载 3.1064 亿农村转移人口市民化、承担 2.74 亿城镇人口净增量,实现 16.21% 的城镇化率增长。指标数值的变动背后是新型城镇化建设资金的巨额投入和城镇空间规模的再度扩展。从城镇化发展资金的投入来说,新型城镇化建设的核心是人的城镇化,那么其发展资金必然包括农村转移人口市民化所必须的教育、医疗、住房、社会保障等公共服务和相关基础设施建设的资金投入。

　　近年来,中国科学院、国务院发展研究中心与国家开发银行等机构曾测算过农民工市民化的人均成本从 2 万元到 13 万元不等。此外,基础设施建设等成本所需资金更多,辜胜阻、迟福林等学者研究认为,未来 10 年中国城镇化率将保持年均 1.2% 的速度增长,其固定资产投资需求就将达到 40 万亿元,人均固定资产投资将达到 10 万元;而据国家开发银行估算 2014—2017 年新型城镇化资金需求将达到 25 万亿元,年均 8 万多亿元,而到 2020 年前中国至少需要 50 万亿元的新投资用于城镇建设。

　　对于上述预测取保守观点,即中国新型城镇化率每提升 1%,需要追加至少 6 万亿元的城镇固定资产投资,至 2020 年需继续增加 36 万亿元以上的城镇建设资金。此外,由于需要实现 1 亿多农村转移人口的城镇公共服务均等化,假设以人均 5 万元计算,则还需支付 5.6 万亿元,这样 2015—2020 年中国新型城镇化建设资金需求总量大约为 41.6 万亿元,平均每年需要投入 8 万多亿元,相当于 2016 年全国财政收入的一半;同理计算可知 2015—2030 年城镇化建设资金投入总额为 116.31 万亿元。

　　城镇规模扩展土地要素需求的约束性限制。新型城镇化率的快速提升、城镇容纳人口的急剧增长，不可避免地要占用大量的土地资源，而这一方面是城镇规模扩展的空间和用地需求，另一方面则是"以地谋资"的土地财政作为新型城镇化主要资金来源的无奈选择。然而，土地资源的稀缺性决定了新型城镇化既需要充足的土地供应但又不可能是无所根据的提供，由此，《中华人民共和国国民经济和社会发展第十三个五年规划》指出，2015—2020 年新增城乡建设用地总量控制必须在3256 万亩（≤21707 平方千米），这就对未来城镇化建设用地设置了约束性的限制。

　　但是，由表 5—9 可得 2015—2020 年，我国城镇建成区年度增长总面积为 29250 平方千米，年均增长 4875 平方千米；2015—2030 年，我国城镇建成区新增总面积为 84014 平方千米，几乎等同于 2008 年全国城镇建成区的总面积，年均新增面积 5256 平方千米。这一定程度上说明受农村人口向城市集中和第二、第三产业发展需要以及政府政策规划等多重社会经济因素影响，城市建成区面积呈逐年扩展趋势，且扩展的幅度在不断增大。然而，这种快速扩展的趋势，显然是与国家对于土地资源的约束性条件相冲突的，2015—2020 年我国城镇建成区的规模扩展远大于国家对于新增城乡建设用地总量的控制面积，如不考虑其他因素的影响，2015—2020 年我国新型城镇化对于土地要素的需求缺口将达到 75 万多公顷，接近 2016 年国有土地出让面积的 4 倍，而 2015—2030 年的土地需求缺口则更为惊人。

　　城镇建成区建设用地的主要来源是对于农村土地的性质转换与征用，其中耕地占用具有相当的份额，2016 年国有建设用地供应面积与占用耕地面积的比值为 40%，国有建设用地出让面积与占用耕地面积的比值为99.58%，这种占用耕地来充实城乡建设用地面积的方式由来已久，并呈现愈演愈烈的趋势。

　　1999—2013 年，我国建设用地占用耕地面积整体上处于上升趋势。建设用地的急剧上升，除了少数农村居民宅基地面积增加外，很大程度上是由我国城镇化的空间扩张造成的。从建设用地占地面积占耕地减少面积比重来看，除少部分年份波动以外，2006 年以后的年份呈线性增长趋势。这种发展趋势既与《国土资源"十三五"规划纲要》中"对耕地实行约束性指标控制,即不能依靠占用耕地面积来推动城镇化发展"的要求相悖,又会对我国粮食安全和耕地总量红线施加重大压力。

可是,城镇化的发展必然要对部分农村土地进行性质变换和整体面貌的改变,这是现代化发展的必然趋势,是不能违背的。然而,我国新型城镇化建设的巨额土地需求却有着与其他国家迥然不同的原因,即土地财政对于土地要素大量汲取的引导和鼓动,这与我国新型城镇化建设资金的来源有着密切的关联。

资金缺口:土地财政支撑不足。目前,我国财政投入城镇化发展的资金来源非常有限,就地方政府在推行城镇化建设中的到位资金来看,土地财政在其中发挥着极为重要的作用,占据主导地位。然而,土地财政收入并不完全承担我国新型城镇化建设的巨额资金投入。在我国城市市政公用设施建设维护管理财政性资金的市级预算中,2009—2015年各类资金投资累计量占投资总量的比例是:城市维护建设税占13.07%,城市公用事业附加费占1.46%,城市基础设施配套费占6.37%,国有土地使用权出让收入占56.71%,市政公用设施有偿使用费占3.40%,其他资金占18.98%。依此看,土地出让收入仅略超过市政建设资金投入的一半。

但是这仅是窄口径的土地财政收入,土地财政收入还包括以土地为抵押的融资和债券等收入。从宽口径上进行比较如表5—9所示,2016年土地财政的宽口径收入为3.56万亿元,甚至达不到年均城镇化建设资金投入预测值的一半;从2015—2020年城镇化发展资金总量上看,土地财政总收入为19.8万亿元,占同期投入资金的48%,2015—2030年土地财政总收入为57.61万亿元,占同期投入总资金量的49.54%。这就表明,如果仅依托土地财政收入则2015—2020/2030年新型城镇化建设资金需求将分别面临21.80万亿元和58.70万亿元的巨大资金缺口。

基于上述分析,可知2015年至2020年,我国城镇化率将增到62.21%,城镇接纳转移人口1.1388亿人,城镇人口净增量达到1.01亿人,城镇建成区面积达到137084平方千米,新增面积29250平方千米,土地需求缺口将达到75万多公顷,土地财政总收入19.8万亿元,城镇化发展资金总需求为 41.6 万亿元，仅依托土地财政支撑城镇化建设，其资金缺口为 21.80 万亿元。

新型城镇化率的提升，农村转移人口市民化的安置，城镇基础设施和公共服务的供给，出现了土地资源和发展资金投入的巨额缺口，那么我国未来（2020 年）城镇化发展的水平和质量、集约协调的程度和分布是走质量型、耦合协调发展，还是面临城镇化发展崩盘的噩梦，抑或是保持原有的发展方式继续前行，其前景尚未可知，这就需要我们对我国城镇化的未来阶段发展进行进一步的预测评价。

三　城镇化发展评价指数及耦合协调性预测

在借助 Excel 2017 和 SPSS 22.0 软件对我国 2015—2020 年城镇化发展的各项指标进行预测①后，因预测方法选择不同和受数值饱满性的影响，其预测准确度和预测时间序列长度并不一致，导致进行城镇化发展评价的时间序列数值较为有限。因而，本书仅选择 2015—2020 年全国城镇化发展评价指标预测数值带入系统耦合协调函数模型中，对 2009—2020 年我国人口、土地、财政城市化评价指数和耦合协调度进行重新测算（测算结果如表 5—10、图 5—4 所示）。

表 5—10　2009—2020 年我国人口—土地—财政城镇化水平及其耦合协调度②

年份	PU	EU	FU	DPE	DPF	DEF	DPEF
2009	0.0037	0.3296	0.3312	0.1321	0.1323	0.4064	0.1570
2010	0.0753	0.4164	0.1328	0.2976	0.2236	0.3429	0.2316
2011	0.1630	0.5172	0.2983	0.3810	0.3321	0.4432	0.3125
2012	0.1873	0.5441	0.4703	0.3995	0.3852	0.5029	0.3480

---

① 由于预测的数据量过大，涉及数据较多，此处略掉。

② 2009—2014 年城市化水平和耦合协调度测算数值与 2009—2020 年城市化水平和耦合协调度测算数值均为耦合协调函数模型比较数值，并不能进行跨模型的数值比较，仅适用于模型内分析和比较。耦合协调函数模型在数据量和时间序列增加的情况下，其评价的准确度会有所提高，这会导致同一年份在不同的时间序列长度中的得分出现些许差异。

续表

年份	PU	EU	FU	DPE	DPF	DEF	DPEF
2013	0.3740	0.6260	0.3961	0.4919	0.4387	0.4990	0.3884
2014	0.4020	0.4895	0.5766	0.4710	0.4906	0.5154	0.4017
2015	0.4943	0.5250	0.6160	0.5047	0.5252	0.5332	0.4253
2016	0.5892	0.5596	0.6587	0.5358	0.5581	0.5510	0.4476
2017	0.6871	0.5925	0.7054	0.5648	0.5900	0.5686	0.4690
2018	0.7880	0.6228	0.7567	0.5919	0.6214	0.5859	0.4895
2019	0.8923	0.6493	0.8133	0.6169	0.6526	0.6028	0.5093
2020	0.9376	0.6704	0.8761	0.6398	0.6841	0.6190	0.5284

从我国城镇化时序发展的整体格局来看，2014—2018年是城镇化发展的转型机遇期。2009—2013年土地城镇化水平以每年20%的速度增长至0.6260，此阶段，我国城镇化发展由土地城镇化所主导，财政城镇化次之且上升的波动性较强，人口城镇化以较低的起点快速发展；2014年财政城镇化超越了土地城镇化，2014—2017年成为财政城镇化主导时期，2016年后土地城镇化发展速度严重放缓，人口城镇化发展后来居上，并与2018年进入人口城镇化主导阶段，形成了人口城镇化水平最高，其次是财政城镇化，最后是土地城镇化的发展格局。

与此相印证的是，我国人口、土地、财政系统城镇化的耦合协调发展阶段也在这一时期出现了显著的变化。2009—2015年我国土地—财政系统耦合协调度得分最高，人口—土地系统耦合协调水平处于第二，最后是人口—财政系统。然而，2012年后人口—财政系统耦合协调水平以较快的优化速度先后于2014年超越人口—土地系统、2016年赶超土地—财政系统并于2017年率先进入高度耦合阶段。人口—土地系统城镇化耦合协调性以较低水平波动上升，也与2018年超过土地—财政系统城镇化耦合协调度，至此形成了人口—财政系统城镇化耦合协调度第一、人口—土地系统次之、土地—财政系统最后的态势。从三者耦合协调性的整体水平也可以看出一些端倪，2014年前我国人口—土地—财政系统耦

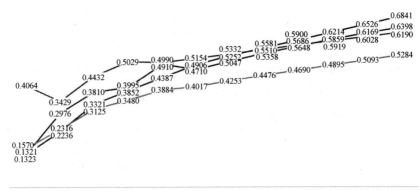

图5—4　2009—2020年全国城镇化耦合协调预测走势

合协调处于低水平和拮抗阶段，2014—2018年步入较长的磨合时期，2019年后整体进入一般耦合阶段。

基于上述分析，可以得知，在我国新型城镇化发展的前期，由于土地城镇化的快速发展和土地—财政系统处于较高的协调水平，使得土地要素成为我国城镇化发展的关键因素，而在此后，由于对人口城镇化发展的重视和人口—财政系统的协调发展，人口要素城镇化后来居上成为城镇化发展的主导方向，而在此期间，财政要素系统则起到了过渡的作用，成为新型城镇化转型升级的重要工具和标志，未来将出现新型城镇化主导因素由土地→财政→人口的演变轨迹。

四　新型城镇化的"地—人"转型与协调收敛

本书立足于新型城镇化不可逆发展的宏观背景下，构建人口、土地、财政关键要素系统的城镇化发展水平评价体系与耦合协调模型，采用实证检验的方法探求当前我国城镇化发展质量与耦合协调程度，以寻求新型城镇化转型升级的阶段、时空分布特征和协调收敛态势，并对未来城镇化发展前景进行预测分析和评价，以实现人、地、财要素的协调配置和集约利用，结合新型城镇化发展的理念定位和目标设定，提出制度改

革与政策耦合的相关建议。通过研究,得出如下结论:

一是我国城镇化发展水平提升迅速,人口、土地及财政系统城镇化水平均表现出明显的上升趋势,且具备较为明显的阶段性特征和转型升级的转折点。其中,人口系统城镇化水平以较为均匀的速度快速提升并在2012年超过土地和财政城镇化;而土地城镇化水平在前期呈现迅猛增长速度,保持最高水平直到2013年出现了大幅跌落,位居最后;财政支持系统水平曲折上升,在2012年前后受"土地财政"的下降影响而出现短暂曲折,后因政府财政支持力度加大和社会融资的介入而重新回升至较高水平。这可以说明,以人为核心的城镇化政策和限制土地要素膨胀的措施等因素正在发挥作用,我国城镇化由土地城镇化引领转入人口导向型城镇化阶段,出现了新型城镇化发展的"地—人"转型。

二是从新型城镇化的时空分异来看,全国范围、东中西部地区及各省区人口、土地及财政要素城镇化发展存在阶段性的差距,整体布局不均衡。发达地区与落后地区在三系统城镇化水平差距均较大,其中土地城镇化上的差距最为显著,这种差距在逐渐缩小。人口城镇化整体呈现由东至西递减的趋势,且出现了中部地区"弯道超越"的现象;土地城镇化水平呈现由沿海向内陆递减的状态,长江一线土地城镇化水平较高;财政要素城镇化水平分布不均衡,规律性较差,但土地城镇化水平较高的地区,后期财政城镇化明显发展不足甚至倒退。这说明土地城镇化的发展不具备可持续性,依托土地财政进行城镇化建设具有较高的风险。

三是从地区层面来看,人口城镇化与土地城镇化均呈现出一定程度的条带、圈层结构,且这种分布样态与《国家新型城镇化发展规划》中城市群体系的分布最为契合,这表明城镇群体系的发展对于城镇化整体水平的提高具有较强的作用。然而,对于中部,尤其是西部地区来说,这种城镇群体系圈层结构还处于萌芽阶段,作用并不十分显著。

四是2009—2015年我国城镇化耦合协调水平处于不断完善的发展过程中,由低水平阶段匀速发展至一般耦合阶段。在2013年之前,土地—财政耦合协调度一直处于最高水平,2013年后则呈现出人—财、人—地、土—财耦合协调的位序,这再次印证了土地城镇化的不可持续性,也证明了我国对于人口城镇化的重视程度有所提升。人口—土地、人口—财政城镇化耦合协调优化的速度较快，而土地—财政城镇化耦合协调优化调控的难度较大，这主要是由于土地要素的波动性较强及与财政要素分离难度较大所致。从省域城镇化耦合协调水平的时空分异来看，整体上呈现由东至西递减的趋势，基本形成了圈层＋轴线的空间结构。

五是我国各地区和省域间人口—土地—财政城镇化耦合协调差距呈现出一定的收敛态势。在全国范围内，这种收敛态势呈现先下降后逐步平稳的走势。东部和中部地区耦合协调程度整体趋向均匀，而西部地区人口—土地—财政城镇化耦合协调状况的改善则出现了波折，内部的不协调程度或许正在走向恶化。

六是结合对新型城镇化发展理念定位和目标设定，对未来时期新型城镇化发展核心要素进行了预测（2015—2030 年），结果表明依照原有的土地要素中心的城镇化发展模式，我国新型城镇化发展将面临巨大的土地和资金缺口，土地财政难以支撑新型城镇化的资金投入。然而，从我国城镇化时序发展的整体格局（2009—2020 年）来看，2014—2018 年我国将进入转型升级的机遇期，在此后人口要素将完全取代土地要素成为城镇化发展的主导，而在此期间，财政系统要素将在转型升级中扮演过渡性的角色。

七是当前阶段，我国新型城镇化优化调控的基本思路应当是以财政要素为突破口，抑制土地要素的快速膨胀，提高人的城镇化的质量和水平，以实现新型城镇化的集约与协调发展并进。为此要统筹跟进户籍制度、土地制度和财税金融体制改革，推进"人—地—钱"机制挂钩和政策协同。

综上所述，整体而言我国新型城镇化发展水平和耦合协调程度均保持上升趋势，内部时空差异呈现收敛的态势，具有较好的发展前景，逐渐由以土地为中心的城镇化过渡到统筹城乡、以人为本的新型城镇化发展阶段，正经历着新型城镇化的"地—人"转型升级。

第 六 章

集约与协调：新型城镇化的道路

城市化是人类社会发展中涉及领域较多、极为复杂的系统工程，是世界各国经济社会发展中存在的普遍现象。伴随工业革命的兴起，欧美国家开始了城市化进程，经过几百年"裂变"，世界各国探索出各具特色的城市化发展道路，积累了无数发展经验。当前，我国已进入新型城镇化发展的深入阶段，深刻研究、系统总结并有效借鉴世界发达国家及同水平发展中国家城市化发展经验，对于我国新型城镇化的可持续推进大有裨益。

以人为核心的新型城镇化，其关键是实现人口、土地和财政的耦合协调发展，能否妥善处理城镇化进程中的人、地与财之间的关系，对我国城镇化的稳健发展乃至整个社会和谐发展具有决定性影响。也正是在这个意义上，应将三维关键要素置于系统性、整体性和协同性的框架中，探究彼此之间的关联机制及其协同政策。本章立足于城市化建设的全球视野与本土命题，以世界经验的"为我所用"，对典型国家城市化发展历程和实践经验进行有效总结，在此基础上探究我国新型城镇化发展的机制创新及其政策协同。

第一节　城镇化的世界历程与发展道路

城市的诞生是人类文明的重要标志。早在 1 万年前的中东地区就诞生了城市，但现代意义上的城市发展于工业革命后。18 世纪中叶机器大工业的兴起，使得工厂手工业逐步取代家庭手工业，大规模工业化生产成为可能。生产方式的变革极大地促进了生产力的提升，使得社会化大生产不断吸引农民从农业转向工业的同时，进一步推动着人口由农村向城市流动。正是在这个意义上，现代意义上的城市化最早发生在最先开展工业革命的国家。

尽管人口向城市集中是世界各国城市化发展的共同特征，但受制于历史文化底蕴、自然环境条件、经济发展水平、制度政策安排以及个体行动意愿和能力等诸多自然和社会条件的影响，不同国家以及同一国家的不同地区的城市化发展水平与质量不尽相同。当前，我国新型城镇化发展已进入关键阶段，对世界主要发达国家和发展中国家的城市化历程进行深入研究，有效汲取世界城市发展的实践经验并规避发展中存在的相关问题，具有极为重要的现实意义。本节主要对城市化发展的世界历程进行有效梳理，并对不同时段的典型特征展开分析，在此基础上，探究我国新型城镇化发展可资借用的世界经验。

一 城市化的世界历程及其特征

（一）世界城市化发展历程

根据不同的标准，可将世界城市化发展历程划分为不同标准。如根据城市起源、发展动力和推进规模，可将城市化进程大致划分为三个阶段：一是工业革命前建立在传统农业基础上的人类城市化；二是工业革命后建立于早期工业化基础上的世界局部城市化；三是二战后建立于现代工业化基础上的全球城市化阶段。[①] 考虑到经济基础的决定性作用，本项研究根据世界产业革命史及联合国对世界城市发展情况统计预测资料，将城市化发展的世界进程具体划分为四个阶段。

1. 城市化初兴阶段：1760—1850 年

工业革命的浪潮从资产阶级革命首先获得胜利的英国起源，继而席卷欧美以及全世界。从此，世界从农业社会开始迈向工业社会，从乡村

---

① 新玉言：《国外城镇化：比较研究与经验启示》，国家行政学院出版社 2013 年版，第 1 页。

化时代开始进入城市化时代。[①] 受制于各国经济发展情况的差异性，世界各国城市化发展水平呈非均衡性。1800 年，世界城市人口仅占总人口的1% 。从 1760 年开始，经过 90 年的发展，到 1851 年英国主要城市的人口增长非常迅速（见表6—1），英国一跃成为世界上第一个城市人口比重超过 50% 的国家，基本实现了城市化。[②] 与此同时，英国也进入了社会结构变动剧烈的城市化临界完成阶段。

表6—1 英国 1801—1851 年主要城市人口增长 单位：千人

年 份	1801	1811	1821	1831	1841	1851
大伦敦	1117	1327	1600	1907	2239	2635
环比指数	—	18.8	20.6	19.2	17.4	17.7
伯明翰	71	83	102	144	183	233
环比指数	—	16.9	22.9	41.2	27.1	27.3
曼彻斯特	75	89	126	132	235	303
环比指数	—	18.7	41.6	4.8	78.0	28.9
利物浦	82	104	138	202	285	376
环比指数	—	26.8	32.7	46.4	41.4	31.9.
格拉斯格	77	101	147	202	275	343
环比指数	—	31.2	45.5	37.4	36.1	24.7
布雷德福	13	16	26	44	67	104
环比指数	—	23.1	62.5	69.2	52.3	55.5
利兹	53	63	84	123	152	172
环比指数	—	18.9	33.3	46.4	23.6	13.2
谢菲尔德	46	53	65	92	111	135
环比指数	—	15.2	22.6	41.5	20.7	21.6

资料来源：［英］K. J. 巴顿：《城市经济学——理论和政策》，商务印书馆 1984 年版，第17—19 页。

---

① Herbert Ktter, "Changes in Urban – Rural Relationships in Industrial Society", *International Journal of Comparative Sociology*, Vol. 4, No. 2, 1963, pp. 121 – 129.

② Phyllis Deane and A. W. Cole, *British Economic Growth*, 1688 – 1959, Cambridge：Cambrige University press, 1962, pp. 144 – 145.

与英国一样，欧洲和北美的绝大多数国家也通过工业革命，走上了城市化道路。工业革命的持续发生，推动着发达国家城市化的快速发展。1850 年发达国家的城市人口比重已达到 11.4%，刚刚超过了 10% 的城市化起步临界水平。[①] 1850 年世界城市化水平尚处于城市化的史前阶段，城市人口仅占世界总人口的 6.3%，其中发展中国家的城市人口占比为 6.0%。

整体来看，这一阶段的城市化发展具有如下主要特点：尽管城市兼具政治中心和军事堡垒以及经济交换场所，是手工业生产的集中地和农产品的集散地，但城市的规模较小、数量很少且较为分散，乡村仍然在经济上统治着城市。但需要注意的是，城市已经具有了明显的消费性，城乡差别不大。该阶段的社会生产水平整体比较低下，由于商品经济不发达且自然经济仍然居于主导地位，因此城市发展主要由农业支撑，城市发展十分缓慢。[②]

2. 城市化非均衡发展阶段：1851—1950 年

交通在城市发展中扮演着重要角色。英国轨道交通对城市发展和土地空间布局发挥重要的作用[③]，该国的城市化发展道路为欧洲和北美地区的发达国家提供了城市化发展的示范作用。1900 年城市人口占世界总人口的 13.6%，第二次世界大战以后发展更快，1950 年为 28.4%。在这 100 年时间里，一些发达国家城市人口从 1850 年的 0.4 亿人增长到 1950 年的 4.5 亿人，部分发达国家人口城市化率达到了 51.8%，远远高于世界城市化的平均水平（见表 6—2）。工业革命后，第二、第三产业的迅速发展为英国的城市化提供了发展动力和重要支撑。数据显示，1851 年英国的城市化率已经达到 50.2%，到 1950 年，该国的城市化率达到

---

① 刘合光、潘启龙、秦富：《中国的城市化与农业发展：基于世界视角的比较分析》，《农业经济》2013 年第 12 期。

② Prasanna K. Mohanty and Alok K. Mishra, "Cities and Agglomeration Externalities: Lessons for Urban Public Policy in Asian Countries", *Environment and Urbanization Asia*, Vol. 15, No. 2, 2014, pp. 235 – 251.

③ Levinson D., "Density and Disper, ion: the Co – development of Land use and rail in London", *Journal of Economic Geography*, Vol. 8, No. 1, 2008, pp. 55 – 57.

78.9%，已经成为高度发达的城市化的国家。

表6—2　1950年英国、发达国家、发展中国家和世界所处城市化阶段

国家和地区	英国	发达国家和地区	发展中国家和地区	世界
城市人口比重（%）	78.9	51.8	16.2	28.4
城市人口数（亿人）	0.043	4.444	2.676	7.121
所处阶段	高度发达城市化	基本城市化	起步城市化	加速城市化

资料来源：菲力普·M. 霍塞：《世界的都市化：趋势和展望》，陈洁光译，中山大学人口理论研究室，1983年，第166—172页。

　　与此同时，发展中国家的城市化也取得了显著发展。1850—1950年，在这100年时间里，发展中国家城市化率由6.0%增长至16.2%。尽管有了长足发展，但由于该阶段仍处于30%以下的水平，因此发展中国家整体处于城市化发展缓慢的初级阶段。与此形成鲜明对比的是，发达国家早在1900年，城市化水平已经超过30%。由此来看，在该阶段的城市化进程中，发展中国家明显滞后于发达国家。到1950年世界城镇人口已占到总人口的29.3%，比1850年提高了23%，整个世界站到了城市化的起跑线上。

　　第二次工业革命后，世界由"蒸汽时代"进入"电气时代"，城市化步入新的发展阶段。该阶段，发达资本主义国家的工业化产值已远远超过农业总产值。工业重心也发生了显著变化，即相较于轻纺工业，重工业的地位愈加重要，同时也出现了诸如电气、化学和石油等诸多新兴工业部门，这些部门在促进城市化发展过程中发挥着重要作用。工业化的高速发展不仅使工业产值占国民生产总产值的比重持续提升，而且非农产业的就业人数也出现了快速增长的趋势。

　　仅从德国来看，从1871年到1910年，城市人口的增长速度远高于农业人口的增长速度，40年间城市人口增加了2419万，平均每年约增加

60.5 万。① 1871 年仍是农业就业人口占主导地位，农业就业人口为 854.1 万，约占就业总人口的 50.9%，非农产业的就业人口为 807.8 万，到 1913 年转变为非农产业的就业人口占主体，农业的就业人口仅增至 1070.1 万，而非农产业的就业人口为 1954.2 万，约占 64.9%，② 其中工业的就业人口为 1172 万，已赶超当年农业就业人口。

两次工业革命极大地促进了生产力的发展，资本主义国家开始从自由资本主义向垄断资本主义即帝国主义阶级过渡。工业革命的快速发展，催生了社会分工与协作，这样的分工和协作产生的空间集聚效应，使得产业和人口迅速地向城市地区集中。同时，工业革命的发生一定程度上也促进了农业劳动生产率的快速提高，因工业革命造成的农产品和农业劳动力剩余，为城市化发展提供了充足的生产资料和劳动力，大大加速了城市化进程。

该阶段世界城市化的发展主要呈现如下特点：一是城市成为经济活动中心和生产要素的集聚地区，城市开始居于经济发展的重心主导地位，城乡关系开始发生逆转；二是城市逐渐成为商业贸易集散地和机器大工业生产区；三是城市的规模开始扩张且数量不断增加；与此同时，城乡之间的差距也在迅速扩大。

3. 城市化加速发展阶段：1950—2015 年

随着全球经济迅速发展及新技术在社会经济领域中的广泛运用，越来越多的国家已经达到或接近发达型城市化水平。③ 第二次世界大战后，许多发展中国家独立后，开始走工业化发展道路，加快了城市化进程，从而推动了世界城市化水平的迅速提升。自此，世界进入了人口城市化的加速发展阶段。据世界银行统计，1950 年世界城市化率仅为 29.3%，

---

① Gerd Hohorst, "Sozialgeschichtliches Arbeitsbuch", *Materialien zur Statistik des Kaiserreichs* 1870 – 1914, Vol. 52, No. 1, 1975, pp. 189 – 204.

② Walther G. , *Hoffmann*, *Das Wachstum der deutschen Wirtschaft der Mitte des* 19, *Jahrhundert*, Berlin：Springer, 1965.

③ 刘合光、潘启龙、秦富：《中国的城市化与农业发展：基于世界视角的比较分析》，《农业经济》2013 年第 12 期。

经过 60 年的发展到 2010 年已达 50.8%①，2015 年达到了 54.9%。短短
65 年是世界人口城市化空前发展、扩散、加快和全面普及时期。整体来
看，经济发展水平与城市化发展水平具有一定的正相关性（见表6—3）。

表6—3　　　　2008 年世界部分国家城市化与经济发展水平比较

国家	城市化率（%）	人均 GDP（美元）	国家	城市化率（%）	人均 GDP（美元）
美国	81.7	46715	中国	43.1	3263
英国	89.94	44088	俄罗斯	72.84	11338
德国	73.64	44470	乌克兰	67.98	3899
法国	77.36	45981	阿根廷	92.0	8235
日本	66.48	38443	巴西	85.58	8340
澳大利亚	88.74	47498	墨西哥	77.2	10211

资料来源：根据中经网统计数据库相关数据整理而成。参见网址：http://db.cei.gov.cn/page/Login.aspx。

　　联合国经济和社会事务部相关统计资料表明，无论是发展中国家还
是发达国家，逐渐上升是世界各国城市化发展的总体趋势，但需要注意
的是发展速度略有差异（见表6—4）。1955—1975 年，发达国家相较
发展中国家城市化率上升的速度快，而 1975—2015 年发达国家的速度
明显放慢，发展中国家明显加快。城市化率在各洲的分布也有很大差
别。以 1980 年为例，北欧城市化水平高达 85.0%，东非地区仅为
15.1%。从城市规模上看，世界 100 万人口以上城市 1950 年为 71 座，
1975 年为 181 座，2000 年为 413 座，占城市人口总数的比重分别为
24.6%、32.5%和43.9%，比中小城市发展的势头要强得多。超级城
市的发展特别猛，而且亚洲和拉丁美洲后来居上。世界最大的前 10 位

---

　　① Matleena Kniivila, United Nations, Department of Economic and Social Affairs, *Population Division*, *World Urbanization Prospects*, The 2011 Revrision. New York：United Nations, 2012, pp. 9–12.

城市，19世纪50年代多为欧洲国家和美国，19世纪80年代已为亚洲和拉丁美洲国家所取代。

　　与工业化时期相区别，后工业社会发达国家城市化发展的特征主要有：城市成为人类的主要聚居区域；第三产业开始取代工业生产中心成为城市主导产业；城市化速度放慢，总体上趋于稳定；城市带、城镇群大量出现，单个城镇的竞争力减弱；城市的发展不再仅凭单兵突进而更倾向于协同作战，城市竞争力更多地体现在城镇体系中所形成的独特优势；城乡融合，差别缩小。以日本为例，仅东京、名古屋、大阪三个大城市，不仅集中了日本80%以上大型大公司和大型私人企业，而且集中了日本50%以上的人口，1999年，这一地带城市人口总计达3900万，其中东京人口达1195万，占全国总人口的9.4%，由此，形成了京阪大都市连绵带（Tokaido）。① 随着城乡差别的缩小，发达国家开始出现逆城市化（也称反城市化）现象，人口和经济活动中心部分由城市向外围延伸，造成郊区无限蔓延。突出表现在如下方面：城市化缓慢提升的同时，郊区城市化以更快的速度推进。随着大都市区的发展，大量人口、就业和经济活动从中心城市迁往郊区，郊区基础设施日益完善，逐渐具备了城市中心的全部功能。② 由此带来的结果是，市区吸引力开始下降，郊区开始成为人口的集中区域。人口工作于市中心，居住于郊区，工作地与居住地开始分离。中心城市开始分解，小城市成为城市化的主力军。③ 19世纪七八十年代，诸如匹兹堡、谢菲尔德、里尔和列日等以制造业为主要经济部门的城市与地区，纷纷出现了因工业老化而导致的城市化扩散。④

---

① Fu – Chen Lo and Yue – man Yeung, *Emerging World Cities in Pacific Asia*, Tokyo United Nations Univerity Press, 1996, p. 223.

② Robert Fishman, *Bourgeois Utopias：The Rise amd Fall of Suburbia*, New York：Basic Books, 1987：26.

③ Michelsen, Ted, "A look ahead：Cooling urban heat islands", *Roofing Siding Insulation*, Vol. 75, No. 5, 1998, p. 26.

④ Paul, Knox, Place and Region, in *Global Contest：Human Greography*, Prentice Hall College Div, 200, p. 434.

表6—4　　　　　　　　世界分地区的城市总人口数及占总人口比例

地区	1955		1975		1995		2015	
	人口（千）	占比 %	人口（千）	占比 %	人口（千）	占比 %	人口（千）	占比 %
世界	872134	31.58	1534721	37.70	2568063	44.73	3957285	54.03
较发达地区	499007	57.80	720744	68.77	860171	73.30	985831	78.27
欠发达地区	373127	19.66	813978	26.93	1707892	37.39	2971454	48.99
东非	4852	6.48	15757	12.35	43843	19.47	101034	25.59
中非	4521	15.73	11495	25.04	28525	34.50	63061	44.01
北非	16085	28.68	37499	39.42	73732	47.32	112069	51.63
南非	6954	39.77	12872	44.24	24360	51.41	37813	61.64
西非	8551	11.13	25271	21.11	66445	32.35	157625	45.06
东亚	148294	20.23	280117	25.52	550368	37.74	982410	59.99
中南亚	97239	17.42	194258	22.27	389068	28.34	651197	35.01
中亚	7154	35.82	16367	44.27	22733	42.84	26767	40.45
南亚	90085	16.74	177891	21.30	366335	27.75	624430	34.81
东南亚	32067	17.02	74039	23.23	168068	34.65	301579	47.64
西亚	18931	32.58	48324	48.97	103756	62.44	177952	69.93
东欧	105388	44.42	172499	60.39	211380	68.16	202950	69.38
北欧	56192	70.59	66906	75.16	72230	77.49	82403	81.20
南欧	55118	48.68	80650	60.75	94510	65.55	109414	70.07
西欧	96582	65.77	123091	72.30	136244	74.77	152300	78.92
中美	18996	100.97	46896	169.64	85888	235.47	126854	294.32
南美	60861	137.15	136909	167.00	247493	193.63	345611	201.01
北美	125205	97.00	179212	83.31	229947	71.40	294834	71.04
大洋洲	9179	4.92	15450	6.37	20497	6.89	27853	7.71

资料来源：U. N. （2014）World Urbanization Prospects：The 2014 Revision.

整体上，发展中国家的城市化速度快于发达国家，但发展中国家的发展水平差距极大，超前发展和滞后发展构成发展中国家城市化发展的双重图景。如巴西在20世纪后半叶城市人口从1878.3万增长到13769.7

万，增长了 6.33 倍，也就是年增长率达 4.1‰[1]，但城市人口的爆炸性增长，也导致城市失业问题日趋严重，社会贫富差距的悬殊程度越来越大，社会秩序也极为混乱。

需要注意的是，发展中国家的城市化以农业为基础，较弱的城市经济反哺能力使该类国家的城市化并未进入健康运行轨道。该阶段，发展中国家城市化主要具有如下共同特征：城市人口快速增长，世界城市总人口的 60% 以上集中在发展中国家；城市人口集中性强且规模庞大。发展中国家在全球 15 个最大城市中，1950 年仅占 4 个，到 1994 年时已增加到 11 个。1980—1990 年的 10 年间，在全球新增的 77 个大城市群中，发展中国家便占有 68 个。发展中国家城市首位度[2]高于发达国家，如1970 年秘鲁的利马市首位度高达 13.1，而当时的美国纽约仅为 1.7。需要强调的是，这样的城市化也存在一定的局限，如城市基础设施和就业机会与城市人口增长的严重不匹配。这本质上是一种低水平的城市化，表现为二元结构突出，城市化并未改变农业生产和乡村发展面貌，农民拥有较强的进城意愿。

4. 城市化协调发展阶段：2015 年至今

根据联合国所提供的预测数据，到 2015 年后全球将基本实现城市化，其中发展中国家整体水平也将进入城市化临界完成阶段，发达国家达到高度稳定阶段。信息技术和全球一体化的发展，推动了生产要素在全球范围流动和组合进程，促进了发展中国家的城市化发展和城乡产业的一体化和服务化；全球开始掀起建设生态城市的浪潮[3]；多极、多层次的世

---

[1]　Brito Fausto, "An Urhanizacao Recente no Brasile as Aglomeracoes Metropolitanas", *OSF Preprints*, No. 1, 2001, pp. 168 – 184.

[2]　1939 年，马克·杰斐逊（M. Jefferson）提出了城市首位律（Law of the Primate City），作为对国家城市规模分布规律的概括。他提出这一法则是基于观察到一种普遍存在的现象，即一个国家的"首位城市"总要比这个国家的第二位城市大得异乎寻常。不仅如此，首位城市还体现了整个国家和民族的智能和情感，在国家中发挥异常突出的影响。城市首位律理论的核心内容是研究首位城市的相对重要性，即城市首位度。首位度在一定程度上代表了城镇体系中的城市发展要素在最大城市的集中程度。

[3]　Mike Hodson, Simon Marvin, "Urban Ecological Security: A New Urban Paradigm", *International Journal of Urban and Regional Research*, Vol. 33, No. 1, 2009, pp. 193 – 215.

界城市网络体系开始形成。

（二）世界城市化发展态势

城市化发展具有特定的规律性。整体上看,起步发端—快速发展—高位趋缓是世界城市化发展的基本轨迹（见表6—5）。长时段梳理世界城市化发展历程,发现其并非农业人口向城市集中的简单过程,而是农业经济向工业经济、服务业经济转变的过程,也是农业社会向更高水平的城市社会转变的过程。[1]产业结构转型升级、社会基本形态的转变都是一国经济社会发展的潜在标志。这即是说,城市化不单单是农业人口转变为非农业人口、城镇数量的增加和规模的扩展,更是一个传统社会向现代社会转型的深刻变革的过程。城市化的发展,既要重视经济维度的城市化,又要重视社会维度的城市化;既要将城镇的现代文明扩散到农村,使广大农民能够与城镇居民同等享受现代文明,又要重视人的发展,以调动并有效发挥人的积极性和创造性。

表6—5 主要国家的城市化历史、现状和未来

年度	中国	日本	韩国	英国	美国	俄罗斯	巴西	印度	印度尼西亚
1950	13.0	34.9	21.4	79.0	64.2	44.2	36.2	17	12.4
1955	14.2	38.9	24.4	78.7	67.2	49.0	40.5	17.6	13.5
1960	16.0	43.1	27.7	78.4	70.0	53.8	44.9	17.9	14.6
1965	17.6	47.4	32.4	77.8	71.9	58.4	50.3	18.8	15.8
1970	17.4	53.2	40.7	77.1	73.6	62.5	55.8	19.8	17.1
1975	17.4	56.8	48.0	82.7	73.7	66.9	61.7	21.3	19.3
1980	19.6	59.6	56.7	87.9	73.7	69.8	67.4	23.1	22.1
1985	23.0	60.6	64.9	88.6	74.5	72.0	71.3	24.3	26.1
1990	27.4	63.1	73.8	88.7	75.3	73.4	74.8	25.5	30.6
1995	31.4	64.6	78.2	89.0	77.3	73.4	77.8	26.6	35.6
2000	35.8	65.2	79.6	89.4	79.1	73.4	81.2	27.7	42.0
2005	40.4	66.0	80.8	89.7	80.8	72.9	84.2	28.7	48.1

---

[1] 刘合光、潘启龙、秦富:《中国的城市化与农业发展:基于世界视角的比较分析》,《农业经济》2013年第12期。

续表

年度	中国	日本	韩国	英国	美国	俄罗斯	巴西	印度	印度尼西亚
2010	44.9	66.8	81.9	90.1	82.3	72.8	86.5	30.1	53.7
2015	49.2	68.0	83.1	90.6	83.7	73.1	88.2	31.9	58.5
2020	53.2	69.4	84.2	91.1	84.9	73.8	89.5	34.3	62.6
2025	56.9	71.1	85.2	91.6	86.0	74.9	90.4	37.2	65.9
2030	60.3	73.0	86.3	92.2	87.0	76.4	91.1	40.6	68.9
2035	63.7	74.9	87.2	92.7	87.9	78.0	91.8	44.2	71.8
2040	66.9	76.7	88.1	93.1	88.8	79.5	92.4	47.8	74.5
2045	70.0	78.4	89.0	93.6	89.6	80.9	93	51.5	77.1
2050	72.9	80.1	89.8	94.0	90.4	82.2	93.6	55.2	79.4

资料来源：Population Division of the Economic and Social Affairs of the United Nations Secretariat, World Population Prospects: The 2006 Revision and World Urbanization Prospects, The 2007 Revision, http: //esa. un. org/unup.

　　发达国家的城市化进程表明，城市规模结构和空间布局以及城市体系构成，是由一国的经济社会条件、国情条件以及历史基础等多重因素决定的，不存在完全固定的发展模式。作为一个动态演进的发展过程，城市化在不同阶段具有不同特征。在推进机制上，由于遵循"管的最少的政府就是最好的政府"的自由放任理念，发达国家城市化主要以市场机制为主、政府调控为辅推动城市化进程。尽管市场化机制在推动发达国家城市化过程中发挥了重要作用，但也造成了诸如交通拥堵、环境污染等严重的城市问题。由此带给国内研究者的经验启示是，应在正确认识我国城镇化发展阶段、不同地区和不同行政层级的城镇的发展程度基础上，制定适应不同地区、不同阶段的城镇化发展战略。而在推进机制选择上，应正确处理好政府与市场在城镇化发展中的具体行动边界。应立足于本国和地区实际，以科学的城镇化发展规划为先导，发挥政府规划在推动城市化发展中的前瞻性作用，由市场决定资源的配置规模。

　　无论是在城市化的时代背景、内外部环境条件、可选择的发展战略等方面，发展中国家与发达国家都存在着巨大的差异。与发达国家不一样的是，绝大多数发展中国家的工业化与城市化整体处于非同步发展状态,城市规模结构和空间布局也存在较大的失调阶段,城市人口过度集中。[1] 这也在一定程度上表明,对于正处于急速发展期的我国,既应高度重视城镇化与工业化协同发展,又要对城镇规模结构和层次体系安排以及空间布局进行优化配置。

二　城镇化发展的中国经验和道路

1949 年中华人民共和国成立时,我国城镇化率仅为 10.6%,城镇人口约为 5765 万。70 余年来,在我国政治、经济和体制等多方面因素影响下,城镇化发展取得重大进展。改革开放 40 余年来,我国城镇化迅速发展。国家统计局发布的数据显示,2017 年,我国城镇常住人口 81347 万人,占总人口比重(常住人口城镇化率)为 58.52%,比上年末提高 1.17 个百分点。户籍人口城镇化率为 42.35%,比上年末提高 1.15 个百分点。[2] 与发达国家和同水平经济发展的发展中国家相比,由于我国的经济发展水平、社会发展程度以及自然资源条件与它们存在较大差异,所以我国城镇化具有鲜明的中国特色。本部分著者从人口和土地两大关键要素的纵向发展历程出发,试图从两者之间的关系维度探究中国城镇化的发展轨迹。

(一)"人—地"城镇化的发展轨迹

尽管新中国成立以来的城镇化有大幅度的发展,但城镇化发展进程并不顺利,不同时期发展极不平衡。从人口城镇化和土地城镇化的发展轨迹来看,新中国成立以后城镇化建设和发展可大致划分为如下四个时期:

1. 人口城镇化恢复发展阶段:1949—1960 年

新中国成立后,随着遭受战争严重破坏的国民经济逐渐得到恢复(1949—1952 年)以及"一五"时期(1953—1957 年)大力推进工业化,一度衰败的城镇迅速恢复活力。受经济城镇化影响,经济的恢复和发展

---

① 新玉言:《国外城镇化:比较研究与经验启示》,国家行政学院出版社 2013 年版,第 86—87 页。

② 国家统计局:《中华人民共和国 2017 年国民经济和社会发展统计公报》,国家统计局官网,http://www.stats.gov.cn/tjsj/zxfb/201802/t20180228_1585631.html。

促进了人口城镇化水平的稳步提高，加之中华人民共和国成立初期国家对农村人口向城镇迁移未加限制，也为城镇人口的聚集创造了条件。在计划经济体制下，大规模的工业建设吸收大批农民进入工厂，工业化带动城镇化，而且表明它对城镇化的影响是任何其他因素所无法相比的。[①]城镇人口有计划地增长，全国城镇化水平从 1949 年的 10.60% 增长到 1958 年的 16.25%，每年平均增加 0.63%。建制镇数量从新中国成立时的 2000 个增加到 1957 年的 5402 个，年均递增 30%。[②] 农村人口通过招工、招兵和招生等途径有序地向城镇转移。但在 1958—1960 年，全国进入"大跃进"时期，城镇化率水平从 15.4% 猛增至 19.8%，城市发展脱离了我国经济发展的基本国情，具有较大的盲目性。工业尤其是重工业建设高速发展，城市职工和人口增长很快，城镇人口增长了 31.4%，其占总人口的比重达 19.7%，城市的发展处于失控状态。

2. 人口城镇化停滞发展阶段：1961—1978 年

该阶段，在"大跃进"和"文化大革命"的干扰下，"非城镇化的工业化道路"一度成为经济社会发展的道路选择之一。其中，1961—1963 年，全国城镇人口减少 2600 万人左右。1958—1978 年的 20 年间，我国城镇化水平由 16.25% 增长至 17.92%，年均仅增长 0.08%，部分年份还出现了负增长。1961—1966 年，国民经济走出谷底进入恢复阶段时，城镇人口才开始缓慢增长；1967—1978 年人口城镇化发展停滞不前。[③] 这一方面在于从 20 世纪 50 年代开始，影响城镇化健康发展的各种问题长期没有得到解决，有些问题尤其是城乡分隔的经济体制在"文化大革命"期间表现得更加严重。[④]

---

①　叶耀先：《新中国城镇化的回顾和启示》，《中国人口·资源与环境》2016 年第 1 期。

②　中国社会科学院人口研究中心：《中国人口年鉴（1985）》，中国社会科学出版社 1986 年版；国务院人口普查办公室：《中国 1990 年人口普查 10% 抽样资料》，中国统计出版社 1991 年版。

③　叶耀先：《新中国城镇化的回顾和启示》，《中国人口·资源与环境》2016 年第 1 期。

④　程莉、周宗社：《人口城镇化与经济城镇化的协调与互动关系研究》，《理论月刊》2014 年第 1 期。

表6—6 1961—1978 年我国城镇化水平

年份	总人口（万人）	城镇人口（万人）	城镇人口增长率（%）	城镇化率（%）	城镇化率增长率（%）
1961	65895	12707	-2.80	19.29	-2.29
1962	67295	11659	-8.25	17.33	-10.21
1963	69172	11646	-0.11	16.84	-2.82
1964	70499	12950	11.20	18.37	9.10
1965	72538	13045	0.73	17.98	-2.10
1966	74542	13313	2.05	17.86	-0.69
1967	76368	13548	1.77	17.74	-0.67
1968	78534	13838	2.14	17.62	-0.68
1969	80671	14117	2.02	17.50	-0.69
1970	82992	14424	2.17	17.38	-0.68
1971	85229	14711	1.99	17.26	-0.69
1972	87177	14935	1.52	17.13	-0.75
1973	89211	15345	2.75	17.20	0.40
1974	90859	15595	1.63	17.16	-0.21
1975	92420	16030	2.79	17.34	1.05
1976	93717	16341	1.94	17.44	0.53
1977	94971	16669	2.01	17.55	0.66
1978	96259	17245	3.46	17.92	2.07

注：根据相关数据整理而成。

1966—1976 年，我国经济发展处于停滞不前状态，同时 1700 万名知识青年上山下乡，造成城镇人口向农村流动，城镇化水平非但未获得提升，反而稍有回落（见表6—6）。随着国民经济调整，压缩了城镇人口，1965 年仅有小城镇 2902 个，比 1961 年减少了 1527 个，比 1958 年减少了 2500 个，1965 年的小城镇人口仅有 3793 万人，回落到 1953 年 3372 万人的水平。[1] 1966—1976 年"文化大革命"期间，城镇建设更是出现了停

① 中国社会科学院人口研究中心：《中国人口年鉴（1985）》，中国社会科学出版社 1986 年版；国务院人口普查办公室：《中国 1990 年人口普查 10% 抽样资料》，中国统计出版社 1991 年版。

滞甚至倒退的局面。1978 年全国共有小城镇 2173 个，比 1954 年减少了近 60%，城镇人口由 1965 年的 3793 万人增加至 5316 万人，十多年间共增加了 1523 万人，年均仅递增 117 万人。[①]

3. "人—地"城镇化发展失调：1979—2014 年

1979 年召开的十一届三中全会，将党的工作重点转向经济建设，尤其是改革开放的深入，我国城镇化水平有了较大发展。据 1982 年第三次全国人口普查数据，1982 年全国城镇人口总数已达 21480 万人，城镇化水平达到 21.13%，比 1978 年的 17.92% 上升 2.68%。据第四次全国人口普查数据，1990 年全国城镇人口总数已达 30195 万人，人口城镇化率为 26.42%，城镇人口比 1982 年增加 8715 万人，城镇化水平提高 5.29%，截至 1994 年底，据统计全国城镇人口已超过 3.41 亿人，城镇化水平为 28.51%，比改革开放初期的 1973 年提高 8.4%。1994 年比 1982 年城镇人口增长 63.3%（见图 6—1）。第六次全国人口普查数据显示，2010 年全国常住城镇人口为 6.66 亿，人口城镇化水平达到 49.95%，比 2000 年上升了 13.73%。[②]

但是改革之后相当长一段时期，我国的政策仅允许农民向小乡镇流动，严格限制农民流入县镇、大城市。1984 年《关于农民进入集镇落户问题的通知》就明确规定，不允许农民进入县城、镇。这些政策制约着我国人口城镇化的发展空间，但在一定程度上有助于土地城镇化的发展。始于 1994 年的分税制[③]改革以及 1998 年的房地产改革，启动了"土地资本化"驱动城市化的我国城市化新阶段。我国的城市化进入快速发展的

---

① 中国社会科学院人口研究中心：《中国人口年鉴（1985）》，中国社会科学出版社 1986 年版；国务院人口普查办公室：《中国 1990 年人口普查 10% 抽样资料》，中国统计出版社 1991 年版。

② 国家统计局：《2010 年第六次全国人口普查主要数据公报》，国家统计局官网，http://www.gov.cn/test/2012－04/20/content_2118413.htm。

③ 所谓分税制是指在各级政府之间明确划分事权及支出范围的基础上，按照事权和财权相统一的原则，结合税种的特性，划分中央和地方的税收管理权限和税收收入，并辅以补助性的预算管理体制模式。

轨道。[1] 长期以来,受晋升政绩因素影响,绝大多数地方将城镇化视为单方面的土地城镇化,以城市空间的横向扩张为目标大搞新城建设,较少重视城市人口吸纳和发挥人口集聚规模经济效应,以地生财和以地融资成为城镇化的标配,导致我国人口城镇化明显滞后于土地城镇化。

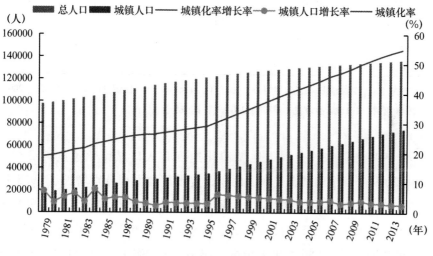

图6—1　1979—2011年我国城镇化水平

城镇化本质上是农村人口向城镇集中的过程,是人口、服务、财富和技术等要素的集聚过程,是生产和生活方式由农村向城镇转型的过程。但是,我国的城镇化,却背离城市化的出发点,不是以人口城镇化为主导,而是以土地城镇化为主导。[2] 从城镇化发展状况来看,土地城镇化速度远远超过人口城镇化速度。党的十六大以后,我国城镇化发展迅速,2002年至2014年,我国城镇化率以平均每年1.31个百分点的速度发展,城镇人口平均每年增长2058万人。2014年,城镇人口比重达到54.77%,比2002年上升了15.68%。

---

① 黄爱东:《分税制改革引发的土地财政与土地城市化之反思》,《湖南行政学院学报》2011年第3期。

② 黄爱东:《分税制改革引发的土地财政与土地城市化之反思》,《湖南行政学院学报》2011年第3期。

表6—7   **2000 年、2005 年城市建成区面积**

城市规模	建成区面积（平方千米）		2000—2005 年均增长率
	2000 年	2005 年	（%）
超大城市	3833.27	6322.86	10.53
特大城市	2854.54	4640.09	10.20
大型城市	3710.26	5927.11	9.80
中型城市	5723.16	6744.54	3.34
小型城市	6318.05	8886.12	7.06
全国总计	22439.28	32520.72	7.70

资料来源：《中国城市建设统计年报》，2005 年，第 48 页；《中国城市建设统计年报》，2004年，第 48 页；《中国城市建设统计年报》，2000 年，第 165 页。

自 1996 年以来，全国土地城镇化速度是人口城镇化速度的 3 倍，2000—2009 年，全国城市建成区面积、建设用地面积分别增长了 69.8%和 75.1 %，城市扩张的速度远远超过城市人口增长的速度。[1] 1981—2011 年全国城市新增建成区面积共 36165.23 平方千米，其中，1981—1999 年共增加了 14086.5 平方千米；2000—2010 年城市建城区面积增加了 21163.92 平方千米（见表 6—7），比此前 20 年增加的面积还要多。[2] 1990—2014 年，我国城市建成区面积扩张 3.69 万平方千米，扩大 286%。但同时段的表征人口转移的城镇化率仅提高 107%，远远低于土地城镇化的增长水平。

4. "人—地"城镇化走向协调：2015 年至今

当前，我国的城镇化建设已从政策层面上由原来以土地为中心的城镇化过渡到统筹城乡、以人为本的新型城镇化发展阶段。从最新批准用地的情况看，2015 年报国务院批准城市建设用地总量和新增建设用地量继续下降，主要使用存量用地的城市有所增加，用地结构进一步优化。其中，批准的城市建设用地总量比 2014 年减少了 7623 公顷、新增用地减

---

[1] 周民良：《切实推进中国新型城镇化进程：理论与实践应关注的若干方面》，《学习与实践》2013 年第 5 期。

[2] 谭术魁、宋海朋：《我国土地城市化与人口城市化的匹配状况》，《城市问题》2013 年第11 期。

少 5047 公顷、新增建设占用耕地量减少 2958 公顷，分别下降 17%、15.37% 和 13.4%。① 城镇化发展至今，必须处理好人口城镇化与土地城镇化的关系，尤其是城市规模的扩大与城镇人口增长的协调性问题以及推动城乡发展一体化。

（二）走以人为本的新型城镇化道路

可以看到，国外城镇化的发展在一定程度上带来了生态严重破坏、资源过度利用，以及严重的环境污染等问题②，加之中国人口众多、人均资源占有量低、区域发展不平衡是基本国情特征，特别是城镇化的推进和发展中出现的一些重外在、轻内涵，重速度、轻质量，重硬件、轻软件等亟待破解的问题，致使中国城镇化发展面临严峻的内外部环境。正如 Maoxing Pan 和 Brain J. L. Berry 的判断，他们应用 Tony 模型估计以生产力为基础的城市增长率，证实城市化供给不足贯穿 20 世纪 50—70 年代，城市化水平受到资源的硬约束和环境约束。③ 然而，城镇化和人口、土地等资源以及环境之间并不存在根本的利益冲突，有的只是短期利益与长期利益的矛盾。

事实上，新型城镇化的发展目标是以保护耕地为主的国家安全、维护和谐稳定的社会安全、保障市民化农民生存的生活安全以及维护"人—地"共协发展的生态安全相结合的协同发展。而能否妥善处理城镇化中人、地与财之间的关系，对我国城镇化稳健发展有决定性影响。应该说，核心是在"人—地"关系约束条件下的不可逆性城镇化，其可持续性发展有赖于农地非农化、农民市民化及其财政政策的政策创新与高度耦合，这也正是解决当前我国城镇化进程中矛盾的关键所在。

为此，应将新型城镇化发展中土地、人口和财政要素所涉及的相关政策并联起来，寓农地流转、农民市民化及财政政策于一体，深化制度

① 周怀龙：《2015 年报国务院批准城市建设用地审批完成》，http://gtszb.gtzyb.com/html/2015-09/24/node_1.htm。

② D. Strading and P. Thorsheim, "The Smoke of Great Cities, British and American Efforts to Control Air Pollution, 1860-1914", *Environmental History*, Vol. 4, No. 1, 1999, p. 6.

③ Pan Maoxing and Berry B. J. L., "Under urbanization policies asseessed: China, 1949-1986", *Urban Geography*, Vol. 10, No. 2, 1989, pp. 111-120.

改革、联动机制挂钩、推动政策协调。具体而言，要加快户籍制度改革，完善社会保障体系建设，解决进城农民工的落户和社会保障，促进农业转移人口市民化。[①] 同时，通过土地增减挂钩、土地整理等方式，统筹使用城乡土地，提高城镇建设用地集约化的程度，以解决新型城镇化进程中的土地问题。以财政转移支付改革为突破口，逐步解决制约农业转移人口市民化的资金问题，完善政府财政转移支付政策与社会多元融资政策协同促进，探索建立财政转移支付与农民市民化挂钩机制，合理分担农民工市民化成本。

第二节　新型城镇化发展的制度改革

人口、土地和财政是新型城镇化的三大关键要素，其推进过程中存在的诸如人口城镇化滞后于土地城镇化、财政支撑城镇化的能力不足以及人的城镇化程度不高等问题，本质上是制度低效甚至失效的结果。考虑到户籍、土地和财政制度在新型城镇化过程中具有的高度耦合的三位一体关系，本节分别从三大要素出发，探讨如何从户籍制度、土地制度和财政制度改革出发，完善新型城镇化的制度支撑。

一　户籍制度改革

户籍制度是我国的一项基础性制度安排，是城乡二元体制延伸的产物。长期以来，其所承担的社会管理功能被逐步拓展和强化，经历了由最初的人口登记功能向人口控制功能的变迁，与诸多制度相联结而成为资源配置和利益分配的社会管理工具。[②] 其具有的强控制属性和高利益关联特性，日益成为城镇化发展和人口向城镇集聚的现实掣肘。

现行户籍制度事实上承担了作为福利和利益分配标准的职能。[③] 近年

---

① 何树平、戚义明：《中国特色新型城镇化道路的发展演变及内涵要求》，《党的文献》2014 年第 3 期。

② 盛广耀：《制度变迁的关联性与户籍制度改革分析》，《经济学家》2017 年第 4 期。

③ 李振京、张林山：《我国户籍制度改革的主要问题与总体思路》，《宏观经济管理》2014 年第 3 期。

来,以"落户城镇"为创制导向,部分大城市推行的以积分落户和居住证为主要载体进行户籍制度改革,一定程度上打破了显性"户籍墙"。然而,积分落户潜在的精英选择导向①和居住证具有的强势工具理性②,只是淡化了户口性质,并未突破粘嵌于户籍之上的隐性"福利墙"。本质上,这样的户籍制度改革属过渡型帕累托改进式改革。仅以积分落户为例,其指标体系中的学历、居住年限和社保参加年限等权重过高,使落户人群主要为拥有高学历的白领阶层,户改的红利仍未惠及市民化的真正主体。

这种非市场化的劳动力配置机制必然会影响劳动力资源的自由流动和合理配置,进而使人口持续大规模流入福利和社保条件较高的地区,反之,其他区域则面临制约发展的人口瓶颈。也正是在这个意义上,户籍制度改革并非单一的户籍管控功能变革,更重要的是对附属其上的就业、社保、教育、住房和医疗等方面的变革。换言之,统筹推进户籍制度改革,改革户籍登记迁移制度只是基础性问题,而逐步剥离附加在户籍上的社会福利和公共服务,才是户籍制度改革的核心内容。

(一) 明确改革目标:标本兼治

户籍制度改革是一项涉及面极广的系统性社会工程,必须从抓好顶层设计的高度出发。具体而言,应树立以人为本的基本价值取向,以城乡一元户籍为目标,坚持"积极稳妥、分步推进、综合配套、因地制宜"的原则,从而推进农业转移人口有序向城镇集中。在这个过程中,要充分发挥中央政府在政策制定中的先导性主导作用,推动户籍制度改革由地方碎片化政策制定向中央一统性决策转变。在中央政府层面,应进一步完善全国统一的户籍制度改革总体方案。在此基础上,各地根据地方实际,以中央户籍制度改革方案为行动指南,因地制宜地制定符合地方实际的户改地方方案和配套措施。唯有以中央一统性和地方灵活性相结合,既尊重中央政策权威又体现地方实际,实现央地政策相衔接,户籍

---

① 刘林平、雍昕、唐斌斌:《中国城市化道路的反思——以积分制度为例》,《新视野》2017 年第 7 期。

② 杨菊花:《浅议〈居住证暂行条例〉与户籍制度改革——兼论居住证与新型城镇化》,《东岳论丛》2017 年第 3 期。

制度改革方能稳步推进。

户籍制度是依法收集、确认、提供住户人口基本信息的国家行政制度，其基本功能是身份证明、人口统计和社会管理。[①] 推进户籍制度改革，应打破城乡二元的地域分割限制，以居民常住区为户籍登记地，推行城乡一元户口登记制度。考虑到户籍制度在教育、住房和服务等方面的强粘嵌性，户籍制度改革的关键便是剥离附着其上的各种福利，户籍根本功能即户口登记功能。也就是说，内含的各种权利和福利制度的改革才是户籍制度改革的根本。需要注意的是，户籍制度改革并非消除该制度，而是取消城乡居民的二重身份差异，剥离粘嵌的权利与福利，建立城乡统一的户籍登记管理制度，从而推动户籍制度回归人口登记和迁移本源功能。

（二）创新改革路径：双轨并行

考虑到传统户籍制度的路径依赖和现阶段的改革呼声，课题组认为，当前的户籍制度改革应在放宽落户条件的同时，适应社会发展需求，畅通新型落户渠道。就放宽落户条件来说，应按照存量优先和分类实施的办法，完善与人的城镇化密切关联的土地制度、住房制度、社保制度、就业制度、教育制度以及卫生保障等制度支撑体系。对于不同层级的城镇而言，应进行分类实施。具体来说，对于建制镇和小城市而言，应全面放开其限制；而对于特大城市、大城市和中等城市而言，应分别采取严格控制、合理确定条件和有序放开的办法，让符合条件的转移人口尽可能得到有效安置。与此同时，健全转移人口的公共服务获得新机制。如对于在转移地稳定就业和居住一年以上的，应允许在该地落户并获得与原住居民的同等的公共服务权益。而对于暂未满足上述就业和居住条件的，应通过制度创新降低服务获取门槛，允许其获得部分公共福利。

户籍制度的强福利粘嵌效应表明，剥离户籍制度中内含的各种福利，持续增加转移人口的基本公共服务权益，使转移人口等值均量地获得，实现基本公共服务常住人口全覆盖才是户籍制度改革的关键所在。实际

---

① 魏后凯、盛广耀：《我国户籍制度改革的进展、障碍与推进思路》，《经济研究参考》2015 年第 3 期。

上,前者所述放开落户条件是典型的制度调整,而社会福利改善才是户改实质。从这个意义上讲,判断户籍制度改革成功与否,其关键在于是否建立了均等化的基本公共服务制度和城乡一体的体制机制。原因就在于,当城乡一体的户籍体制机制形成时,落户条件放开实则已失去了其意义所在。

(三)户改基本取向:全国统一

作为国家管理的一种重要方式,户籍制度兼具户籍登记和户口管理双重功能,但与管理相比,登记是户籍制度的重要组成部分和基础性内容。需要注意的是,在长期的人口政策中,由于沿袭计划经济思维,我国户籍制度扮演着更为重要的管理功能。因此,户籍制度改革应回归登记功能。近年来,我国户籍制度发生了从指标计划控制到条件准入调控的变革,暂住证向居住证的变迁,使得户籍制度的登记功能回归其基础性作用。绝大多数城市落户条件的逐步放宽,为非农业户籍人口向城镇转移提供了有利条件。

然而,在实践过程中,也存在着人为制造本地人口与转移人口的差别对待问题。这种区别对待,本质上是与户籍制度密切关联的福利分配差异体现,其结果必然造成人口持续大规模流入高福利地区,而福利条件低的城市则面临制约发展的人口瓶颈。此般安排,不仅影响着社会公平和稳定发展,还会造成资源配置的严重不平衡。

一是推进户籍登记制度改革。实现城乡统一的户籍制度管理,应以居住证为载体实施,赋予居住证持有者享有就业培训、义务教育、临时救助和医疗养老等方面的权利。在此基础上,以居住证持有年限、工作年限、收入的稳定程度以及社保缴纳情况等作为基本条件持续完善本地区的户籍制度。需要注意的是,居住证仅可作为过渡阶段的身份证明和信息登记,待基本公共服务全覆盖常住人口时,应取消居住证,建立城乡统一的户籍登记制度,从而实现居住证向统一化的户籍迈进。

二是建立以身份证为中心的动态化人口管理系统。户口登记属于静态管理的范畴;人口登记则属于动态管理的范畴。随着经济社会的发展,单纯依靠户口登记制度已很难进行有效的管理和监控,解决人户分离是当前面临的问题之一。① 因此，应推动人口管理方式由户籍管理向人口管理转变，建立以居住地为管理点的动态化管理方式。实行以身份证为中心的管理，通过身份证全面记载个人资料信息，从而将公民户籍管理与公民流动管理分开。②

户籍制度改革的最终目标是在全国实行以居民常住地登记户口的方式，降低各级城镇落户条件，实行居民身份证制度和信息化基础上的人口动态化管理，以身份证制度作为建立社会信用体系的基本依据，实现开放、动态的户籍管理，从而使户籍与居民身份证紧密关联。在此基础上，建立全国统一的人口信息管理体系，充分整合人口信息平台、智能式身份证、社会信用体系等资源，从而实现户籍制度由过去单纯的管理手段向服务为主、管理为辅的手段转变。

（四）剥离附带福利：城乡一体

我国户籍制度改革陷入困境的重要原因在于在户籍基础上嵌套了各种社会福利和公共供给，从而使户籍制度不仅是居住地登记制度，户籍本身构成了一个"福利包"。逐步剥离附加在户籍上的城市福利和社会保障功能，是户籍制度改革的核心内容。③ 户籍与保障、土地、教育等的相互嵌套、相互影响，使户籍改革难以推进。因此，推进户籍制度与其他关联社会福利之间的去粘嵌化，成为户籍制度改革的基本面向。为此，应以城镇常住人口为标准建立公共服务获取新的分配机制，让转移人口享受到教育、医疗、卫生等与居民日常生活密切关联的公共服务。也就是说，要建立公共服务覆盖城镇常住人口的基本格局，形成普惠性社会福利体系。

一是推动社会福利和公共服务与户籍身份相脱钩。加快社会保障制度、土地管理制度、劳动就业制度、城乡教育体制改革，逐步使城乡居

---

① 曹路：《论我国户籍制度的改革与发展》，《东南大学学报》（哲学社会科学版）2015年第17期。

② 张谦元、柴晓宇等：《城乡二元户籍制度改革研究》，中国社会科学出版社2012年版，第246页。

③ 李振京、张林山：《我国户籍制度改革的主要问题与总体思路》，《宏观经济管理》2014年第3期。

民福利和户籍制度脱钩,并减少各种关联制度对户籍改革的阻碍,逐步淡化包括教育培训、健康服务、计划生育、住房和户籍身份关联的制度。因此,在做好中央政府明确要求的就业服务、义务教育以及技能培训等基本要求外,还应继续扩大公共服务的覆盖领域,持续解除这些公共服务与户口之间的强关联特性。与此同时,应尽快完善城乡一体的公共服务标准。在居住地基础上对所有人口渐进式地增加社会福利,减少本地居民和非户籍人口的福利差,实现公共服务的属地化和均等化。①

二是探索公共服务均等化的福利增量改革。与社会福利和公共服务与户籍脱钩相对应,探索地方公共服务均等化的福利增量改革,对居住地所有人口渐进式地增加社会福利和公共服务,减少本地居民和非户籍人口的福利差,实现公共服务的属地化和均等化。② 地方公共服务均等化的福利增量改革,即居住地应为户籍人口和常住人口提供均等化的基本公共服务,消除两者之间在教育、就业、卫生等方面的福利供给差。以此,为户籍制度改革提供制度支撑。

对于地方公共服务均等化的福利增量改革,可采取居住时间累进式和服务需求差异化两种形式展开。其中,前者以转移人口在转移城镇的居住年限为依据,根据其居住时间的长短适当增加其公共服务可获得内容和数量,最终使转移人口转变为本地新市民。后者是根据实际需要,持续增加其社会福利需求,从而推动城镇基本公共服务和社会福利体制改革。无论是前者抑或后者,其最终目的在于逐步实现基本公共服务的均等化和增量化配置。

(五)分摊改革成本:多元一体

户籍制度改革涉及户籍登记制度改革以及依附在户籍上的教育、就业、住房、公共福利等多维层面,巨额改革资金需求是面临的最大困境。由于各级政府、社会、企业和转移人口是市民化公共服务的分担主体,因此有必要建立起多元主体共同参与的成本分担机制。

---

① 万丹:《农民工市民化的障碍和出路——对全国31个省2711位农民工的调查与研究》,中国智库网站,http://www.chinathinktanks.org.cn/content/detail/id/f6e83v17。

② 任远:《当前中国户籍制度改革的目标、原则与路径》,《南京社会科学》2016年第2期。

一是以中央和各级地方政府财政为主导。中央和各级地方政府均是市民化公共服务的承担主体，但由于职责分工不同，因此应明确各级政府的具体职责。具体来说，中央政府主要承担并提高义务教育、社会救助等最基本的公共服务的财政投入标准；而省级以下地方政府应承担就业扶持、权益维护、计划生育、公共卫生、社区服务、保障性住房等方面的投入，中央和省级财政通过加大转移支付给予相应支持。[1] 要建立财政转移支付同农业转移人口市民化挂钩机制。中央和省级财政部门在安排就业专项资金时，要充分考虑农业转移人口就业问题，将城镇常住人口和城镇新增就业人数作为分配因素，并赋予适当权重。[2]

二是充分调动企业和社会广泛参与的积极性。由于企业就业是转移人口就业和获取城镇持久发展的动力。因此，应调动企业的积极性，尤其尽可能分担转移人口就业培训、基本权益维护、社会保障和住房条件改善等方面的成本；以"同工同酬、同工同时、同工同权"为原则，按照劳动合同，确保农民工的工资待遇和福利保障等相关权利；按照国家标准和行业要求提供劳动保护、职业病防治等措施，改善农民工的工作环境；强化职业技能培训，持续提升其工作能力；通过集中建立农民工宿舍或公寓，改善农民工居住社区的环境。

强化企业社会责任，及时足额为农民工缴纳相关保险费用，提高农民工参与城镇社会保险的比例。此外，外来人口个人要承担城市生活成本，提升个人能力素质成本，以及社会保障中需要个人承担的支出。[3] 同时，要加快转变观念，在保障自身农村土地权益的前提下，积极盘活农村资产，参与政府对城市安居成本和社会保障的成本分担，尽可能减轻政府的压力。

---

① 李振京、张林山：《我国户籍制度改革的主要问题与总体思路》，《宏观经济管理》2014年第3期。

② 《国务院关于实施支持农业转移人口市民化若干财政政策的通知》（国发〔2016〕44号），2016年8月5日。

③ 魏后凯、盛广耀：《我国户籍制度改革的进展、障碍与推进思路》，《经济研究参考》2015年第3期。

二 土地制度改革

土地是新型城镇化的空间载体,是人的城镇化的前提条件。新型城镇化进程中面临的土地资源的需求旺盛、总量约束和低效利用以及由此引致的群体性事件的不断增多表明,土地构成新型城镇化制度改革的重中之重。现阶段,以土地承包、使用及收益等权益保障为目标的产权制度和以规划管制与用途管制为基础的管制制度构成土地制度的核心要件[1],并与其关联的财税和监督等制度共同构成土地制度体系,激励和约束着城镇化进程中的土地利用。[2] 由于我国实行国家所有和集体所有的二重土地制度,其中前者深刻地影响着人的城镇化"进得来",后者主要从"离得开"层面约束着转移人口,因此土地制度改革必然涉及上述两个层面。

推进土地制度改革应坚持问题导向,产权与管制之间的密切关联意味着,既要强化土地产权制度改革,又要推进其管理制度改革。某种程度上,城镇化进程中土地的诸多问题是土地管理制度内容不明晰和由此引致的主体行为失当的结果。从这个意义上讲,解决土地要素需求旺盛、总量约束和低效利用以及衍生的诸多问题,要坚持"开源"与"节流"并举、坚持更新与再造一体,明晰土地管理制度具体内容和强化主体行为责任。

(一) 改革完善现代土地产权制度

清晰而明确的现代产权制度,是经济社会发展的基础性条件。公有制是我国的基本经济制度,在我国经济社会发展中发挥着重要作用。推进土地产权制度改革,应以公有制为基本框架,明确土地的所有权和使用权主体,构建权能高效的现代土地产权制度。

1. 明确土地所有权主体及其实现方式

保持农村土地承包关系长久不变是当前我国农村承包地的基本政策

---

① 黄金升、陈利根:《土地产权制度与管制制度的制度均衡分析》,《南京农业大学学报》(社会科学版) 2016 年第 1 期。

② 袁方成、靳永广:《土地城镇化的现状与未来——以新型城镇化为背景》,《武汉大学学报》(哲学社会科学版) 2017 年第 6 期。

取向。党的十九大报告指出，要深化农村土地制度改革，完善承包地"三权"分置制度。保持土地承包关系稳定并长久不变，第二轮土地承包到期后再延长 30 年。① 因此，对于农村承包地而言，应对《土地管理法》《农村土地承包法》以及《物权法》等有关"长久不变"内容进行界定，并予以明确，以法律的形式赋予农民永久土地使用权，并明确土地承包权的权能，包括占有、使用、收益、转让、抵押和遗赠等各项权利②；第二步，以书面租约形式建立标准、程序统一的土地登记制度，并通过程序完善的土地交易记录等形式，明确农民土地承包权，解决土地纠纷，确保在发生土地征收时确定受影响的人员，从而为保障土地使用权、实施土地利用规划、进行土地分配与流转、征收土地相关税收以及监测土地市场发展奠定基础。③ 同时，应明确禁止任何一级政府和集体组织在承包期内对农民承包地进行重新分配和调整。

对于城市国有土地，正视国家与地方产权关系问题的存在，探索建立在土地管理和权益分配制度上的委托—代理关系或土地权益分级占有和管理的机制。国务院具有的城市土地所有者代表身份，使其天然享有城市国有土地的占有、使用、收益和处置权能。与此同时，国务院的国家最高行政机构角色，使其天然不能从事土地经营活动。④ 因此，需要组建并授权给各级政府土地资产经营管理公司来经营土地。由土地资产经营公司主要代表各级政府对土地资产进行资本运作和管理，保证土地的保值增值。层级制行政制度创设，为地方各级政府代理行使城市国有土地所有权管理提供了制度支撑。因此，国务院在将城市国有土地委托授权给具有合法身份的经营主体来经营的同时，具有合法身份经营主体也需要经营管理好城市国有土地。相较于前者，后者的执行效能更为

---

① 《决胜全面建成小康社会　夺取新时代中国特色社会主义伟大胜利——在中国共产党第十九次全国代表大会上的报告》，《人民日报》2017 年 10 月 28 日。

② 张林山：《我国土地管理制度主要问题分析与政策展望》，《宏观经济管理》2011 年第 3 期。

③ 国务院发展研究中心和世界银行联合课题组：《中国推进高效、包容、可持续的城镇化》，《管理世界》2014 年第 4 期。

④ 潘世炳：《中国城市国有土地产权研究》，博士学位论文，华中农业大学，2005 年。

重要。

在设计土地产权委托授权时，要充分考虑国家兼有的土地所有权主体和公共管理者的双重身份，要求政府"有所为亦有所不为"。具体来说，政府应在授权的操作性和监督性方面发挥主导作用，做好政府的"有所为"。而在土地的交易环节，政府应以土地所有者身份而非管理者身份参与土地产权授权经营管理。

2. 公平对待国家土地和集体土地所有权

集体所有和国家所有是我国二元土地产权状态。尽管两者在本质上均体现为公有，但在实际的运作过程中二者却极不平等。因此，应改变土地二元分割格局，按照同地同权同价基本原则，公平对待两种所有权属性的土地。也就是说，在土地的物权设定和转移过程中，无论对于何种所有权属性的土地都要遵循同样的原则对待，尤其是权益受到侵害时，更应平等对待。与此同时，应充分发挥市场的主导性作用，将放松政府管制、发展土地交易市场作为土地制度改革的根本方向，也就是说要改变政府垄断土地一级市场地位，始终坚持以市场为导向的政府规划与规划引导下的市场决定相结合，推进土地城镇化制度改革。

（二）打破土地一级市场垄断格局

新型城镇化进程中存在的土地利用无序，一定程度上是以土地财政为资金目标的政府行政行为的结果，而其本质上是土地制度有关公共利益的概念界定不明晰以及由此导致的政府垄断一级土地市场造成的。

一是明确界定土地征收的"公共利益"。当前城镇化进程中，不断增长的土地财政和持续发生着的征地型群体性事件，除却政府的以地生财和以地融资逐利动机外，更重要的是"公共利益"的不明晰。因此，应通过立法方式，打破政府在土地一级市场中的垄断地位，有效规避征地矛盾，关键是要清晰界定"公共利益"的范围以及政府可行限度。

由于公共利益的肯定性内容难以完整规定，可采用否定式目录进行，即明确非公共利益事项。以此为依据，进行土地征收和国土监察。在此过程中，可通过处理城镇土地征收方式，明确农村土地征收公共利益，消除现行损害农民合法土地权益的法律规定。与此同时，考虑目前行政划拨用地的用途过于宽泛，占地过多，既浪费土地，又滋生腐败，对建设用地中公共设施建设划拨用地的比重要作出严格限定，清理已用于营利性目的的用地。[①]

二是打破政府在土地一级市场中的垄断地位。从土地城镇化的实践来看，"用途管制让位于规划管制"和"土地所有制管制激励规划管制"[②] 的农地转用"三重管制"安排表明，政府规划约束甚至决定着土地配置过程。政府在该实践过程中的土地征收环节处于垄断地位。因此，打破政府在土地一级市场中的垄断地位尤为重要。具体来说，政府行动的关键是引导土地资源的高效配置，确定土地用途等规划后，将土地的交易交由市场，充分发挥市场的决定性作用。

为此，应对现阶段相关土地管理法律法规进行修改，明确符合国家用途管制的集体土地转为非农建设用地，从而实现集体土地资源的高效配置和增加土地收益。在城镇区域的农村集体土地，可留置部分土地给被征收的集体经济组织，允许其建造标准厂房和铺面等通过出租等形式增加集体收益。

（三）建立城乡统一建设用地市场

抛却因政府行政不当导致的土地浪费和 18 亿亩耕地红线不能突破的总量约束，土地资源瓶颈的一个重要原因是农村集体经营性建设用地难以与国有土地一样平等入市和享有同等的权利和交易价格。此外，因征地而造成的群体性事件，本质上是征地制度中存在的征地范围不明晰、征地程序不合理和补偿不充分等原因使然。因此，建立城乡建设用地市场，寻找土地补充源，则成为现实需要。

一是允许集体经营性建设用地与国有建设用地平等入市。明确集体经营性建设用地与国有建设用地具有平等入市的权利，实现集体建设用地市场与城镇国有土地市场接轨，实现集体土地与国有土地"同地、同

---

① 张林山：《我国土地管理制度主要问题分析与政策展望》，《宏观经济管理》2011 年第 3 期。

② 刘守英：《中国城乡二元土地制度的特征、问题与改革》，《国际经济评论》2014 年第 3 期。

权、同价"①，进行租赁、流转、抵押和入股等，保持两种所有制土地在权能上的一致性。以此为前提，明确集体经营性建设用地进入城市土地市场交易的具体实施细则，确定可交易的具体地块类型、进入可选方式和具体的利益分配机制。就现阶段而言，推动集体经营性建设用地入市不仅要强调同地、同权、同价，而且还要强调同责。在这个过程中，完善集体土地所有权制度、做好配套制度改革，推动政府转变角色，发挥其在规划和用途管制等方面的作用，是其现实需要。②

二是缩小征地范围，规范征地程序，提高补偿标准。土地征收是与新型城镇化最为密切的行政行为，也是当前迫切需要完善的制度之一。由于货币补偿是现阶段针对被征地农民的主要补偿方式，且存在着货币补偿金额偏低等问题，因此形成多元化、规范化、合理化的保障机制尤为重要。也就是说，既要在规范程序和补偿到位的前提下，对征地对象进行合理价格补偿，也要给予被征地农民相应的城镇社保以及分享土地增值收益等方面的权益。要完善征地的社会稳定风险评估机制，引入独立的第三方评估方，改变政府运动员和裁判员的双重身份问题。逐步缩小征地范围和完善征收程序等也应是完善土地征收制度的重要内容。

三是充分发挥市场在土地资源配置中的决定性作用。充分发挥市场在土地资源配置中的决定性作用，应加快建立规范、透明的土地租赁、转让、抵押等二级市场，所有城镇建设用地转让，都需统一进入规范的土地二级市场中进行交易，通过活跃的土地二级市场来刺激土地一级出让市场的发展③；同时，扩大国有土地有偿使用范围，减少非公益性用地的划拨，除了军事、国防、国家安全、社会保障等属于公益用途的领域之外，均按有偿使用原则，公开、透明地在市场上出让，从而让市场在

---

① 宋志红:《中国农村土地制度改革研究——思路、难点与制度建设》，中国人民大学出版社 2017 年版，第 222 页。

② 宋志红:《中国农村土地制度改革研究——思路、难点与制度建设》，中国人民大学出版社 2017 年版，第 223—225 页。

③ 任兴洲、邵挺:《深化土地管理制度改革》，《大连日报》2014 年 2 月 19 日。

土地资源配置中起决定性作用;① 另外，以增加进城农民土地财产险收益为主要内容进行宅基地制度改革试点，探索宅基地的有偿获得与使用、宅基地交易与流转，通过宅基地"三权分置"增强其经济功能。

（四）建立完善土地行政管理体制

土地行政管理制度约束着行政主体的行政行为。土地行政管理部门兼具的裁判员与运动员身份，使得其难以有效应对土地行政行为中存在诸多问题，而土地纵向监管滞后性和横向监督协同性不足，也是造成城镇化进程中土地问题的现实根源。

一是合理划分政府与职能部门权责。在中国政府组织中，国土部门主要负责特定地域的国有土地的管理，但从部门关系角度讲，其受当地党委政府领导。为服务于地方城镇化和经济发展，地方政府往往以地生财，其势必要求国土部门进行土地的有效整合。从这个意义上讲，人事权的政府掌握使得国土部门很难独立行使行政权。因此，适当上收国土部门的人事任命权，成为完善土地行政管理体制的重要内容。同时，在地方发展中，国土部门主要负责土地的审批，而相关职能部门才是真正的用地主体。很大程度上，土地违法行为发生在使用阶段。因此，宜在同级政府部门之间构建部门联动的土地管理格局。具体而言，有必要探索国土部门协调配合而其他部门依据土地用途专项管理的基本格局。

二是调整各主体土地收益分配占比。中央政府和地方政府均是土地收益分配的重要主体。长期以来，在土地的收益分配中，央地极不平等。因此，应明确中央政府与地方政府之间土地管理权限和土地收益分配，尽可能减弱两者在土地利用上的目标异化。② 具体来说，国务院和地方政府应严格按照土地利用总体规划、征收程序和建设审批等相关规定行使相关权力。同时，有偿使用土地缴纳的土地使用费分配时，应按照存量土地的收益全部归地方、增量土地的收益按 3∶7 在中央政府与地方政府之间分成，以此打破地方政府的以地谋利的行为，从而促进土地资源的

---

① 郭旭东：《中国土地管理制度存在问题及完善的思考》，《中国土地科学》2012 年第 2 期。

② 李名峰、曹阳、王春超：《中央政府与地方政府在土地垂直管理制度改革中的利益博弈分析》，《中国土地科学》2010 年第 6 期。

优化配置。①

三是强化土地监督和责任追究。土地利用和管理中存在诸多违法问题，因此必须强化土地领域的有效监督和责任追究。具言之，应实现土地利用的决策与执行职能相分离、执行与监督相分离。与此同时，全面实施土地领域的审计制度，将审计制度引入土地监督中，强化对各级土地部门领导的年度审查和离职审计。健全土地执法监管体系，加强对省级政府土地利用的监督；另外，加强责任追究制度建设，制定合理的责任追究细则，加强对于土地违法违规、耕地保护不力的责任追究力度。②同时，加强土地行政监督体系的外部监督，如加强公民监督，建立一条畅通的民间信息传导机制，充分反映民情民意。

总之，以农村土地制度助力新型城镇化，要发挥好农村和城市两个积极性。继续深化承包地"三权分置"改革和农村"三块地"改革实践，做优农村集体经济权益处置。也就是说，应在现阶段确权颁证基础上，放活承包地经营权，一方面推动农业转移人口将承包地的经营权通过流转形式，转移给农业大户或农民专业合作社；另一方面简化承包地抵押贷款程序并依据地方经济发展水平，适当提高其贷款额度，以此增加农民的土地财产性收益。

就农村"三块地"改革而言，一方面应探索宅基地"三权分置"的有效实现形式，适度放活宅基地和农民住房所有权，允许农民在宅基地上建房自住或营商，抑或对农房资源进行统一收储并流转经营。另一方面，针对农房抵押贷款烦琐和周期偏短等问题，应通过简化程序和适当延长贷款周期和提供适度贷款额度等举措，寻求农民住房财产收益增加的实现途径。对于城镇化发展中的征地问题，应在现有分配格局中适当提高被征地农民的货币补偿比重，重视优化包含货币补偿、社会保障和就业培训等在内的多元化保障机制。而对于集体经营性建设用地，则应将其置于市场化交易的商品范畴之内，增加农民的集体收益分红比重。

---

① 张林山：《我国土地管理制度主要问题分析与政策展望》，《宏观经济管理》2011 年第 3 期。

② 王玉波：《中央与地方政府土地利用总体规划博弈治理研究》，《南京农业大学学报》（社会科学版）2011 年第 4 期。

需要注意的是，农村"三块地"之间本身存在较强的系统联系，应探索"三块地"联动改革的政策和机制，如针对闲置宅基地过多的现实问题，可考虑将其转变为集体经营性建设用地进行入市交易。

三　财税制度改革

新型城镇化不仅包括农村土地城镇化，而且包括农村人口城镇化；不仅要解决城镇基础设施建设问题，而且要解决城镇公共服务供给问题。但毋庸置疑，二者都需要投入巨额财政资金。[①] 1994 年以来，我国实行财政权力与财政收入双集中型财政体制，城镇化财政采取了"土地财政 + 贷款融资"模式。

在我国，地方政府分别依托土地财政和融资平台进行土地出让金的获取和银行贷款。但随着新型城镇化建设的深入推进，在"土地财政 + 贷款融资"模式下，我国的新型城镇化之路日益面临着可持续发展难题，突出表现在土地供给日益紧缩，拆迁成本不断提高，土地财政难以为继。同时，由于传统以银行贷款为主的融资模式，其贷款规模不易控制，投资收益难以确定，偿债资产缺少保障，债务风险持续走高。

（一）完善分税制财税体制

统筹深入推进新型城镇化，应当摒弃"土地财政 + 贷款融资"的资金来源模式，构建新型可持续的财政支持机制。而深化财税金融体制改革，新型财政模式的构建，应该以新型城镇化为契机，明确央地政府的财政收入和支出责任，解决地方政府收支不平衡问题，适当提高地方税收收入，充实和完善地方税系，创新投融资模式。

一是构建扁平化的财税征收管理体系。即组织机构扁平化，推行"总局—区域局（跨省区设置）—省辖市局"的三层管理机构；征收机制高度集约化，体现为征收机构集中化，征收数据处理统一化，征收模式城市化，实现人员、征收、数据处理权的上收；管理机构高度专业化，以县级局为基层管理单位，按经济区域划分为若干个管理分局，实行专

---

① 窦清红：《推进我国城镇化建设的财税策略——"财税改革与城镇化"研讨会发言摘要》，《税务研究》2015 年第 1 期。

业化管理;稽查监控高度集约化,以区域局为稽查的一级管理组织,形成以区域局—省辖市局的二级联动的独立运行的稽查体制,推动省级以下财政部门层级扁平化,形成与市场经济相适应的、有序运行的税收分级财政体制。

首先,财税征收层级扁平化。以保留五级财政基本架构为基础,继续深化省直管县、乡财县管等改革措施,将现行的 5 个管理层次,减少到"总局—省局—地市局"3 个管理层,形成中央、省、市县的三级财政架构,最终减少到"总局—区域局"两个管理层。地市级局以下机构要压缩,形成县局和分局两级"扁平化"的管理机构;其次,税收数据处理集中化。通过撤销县级征收机构,将地市级税务部门打造为税收的数据采集和交换中心,将省级和中心城市税收部门打造为税收数据处理中心,在总局建立全国税收数据处理、监控、调度总中心,从而实现数据采集的集中统一;再次,纳税申报方式多元化,财税征收模式多样化。纳税申报可通过直接申报、远程电子申报、电话申报、银行网点申报、网上申报等申报方式进行。推行多样化的征收模式,在城市地区可实行以城市为中心集中征收,在农村地区则建立多样化的征收方式,如在交通不便的地区,可采取上门征收,在一些偏远的山区、乡村,可委托当地政府代征等。

同时,可继续推行省直管县改革和乡镇财政体制改革。一方面,在坚持市对县的行政直管的基础上,继续推行省对县的财政执行直管,适当下放经济管理权,推进管理重心下移,使得县一级的财权、事权相匹配;另一方面,大力推进乡镇财政体制改革,尤其是对一些经济发展较落后、财政收益较少的乡镇,由县级财政统管其财政收入和支出,在一般的乡镇则实施"乡财县管"的形式,维持乡镇资金占领权和运用权、财务审查批示权不变。

二是实现地方财力支出与事权相适应和有效匹配。在财政层级结构"扁平化"的过程中,进一步理顺政府间财政分配关系,努力化解产生地方财政困难、巨量隐性负债和"土地财政"短期行为等制度性症结,必须加快推进财税体制改革,其重点在于调动地方积极性,大力推进财力与事权、事权与支出责任相匹配,建立健全城镇基本公共服务支出分担机制，使地方政府积极主动落实中央政府制定的城镇化目标。

首先，明确教育、基本医疗、社会保障等基本公共服务中的央地以及不同层级地方政府之间的事权，适当增加中央政府的事权责任，而后由中央统筹平衡各地基层公共服务标准。在合理配置中央、省、市县各级事权的基础上，进一步落实与之相匹配的财力，厘清政府间财政分配关系，使中央、省、市县各级政府的财权与事权相顺应、财力与事权相匹配，逐步建立全国统一的基本公共服务经费保障机制。① 以明晰事权为前提，明确中央事权、地方事权和中央与地方共同事权，部分中央事权可通过转移支付形式委托给地方承担。

其次，调整转移支付制度，建立地方政府在"农业人口市民化"上的财力与事权相匹配的财税体制。根据事权和支出责任，在法律法规明确规定的前提下，强化和优化中央、省两级自上而下地转移支付制度。② 由于各地财政收入、负担能力不同，因此公共服务支出必须由上级财政主持调剂，中央财政可通过增加转移支付总额、调整转移支付比例、修订转移支付系数等方式来调节地区间、城市间的实际负担水平。省级政府则相应承担均衡区域内财力差距的责任，健全省以下转移支付制度。③

与此同时，应加快财税立法，研究中央与地方政府之间的财政法律制度，以法律形式规范各层级政府之间的财税关系和责权划分，从而有效约束中央政府部门的自由裁量权，杜绝"跑步前进"的弊端，同时可转变长期以来地方政府过度依赖"土地财政"财政模式的现象。

（二）充实地方税体系来源

面对"土地财政"难以为继的难题，在逐步完善财税征收体制过程中，应不断充实地方税体系，给地方政府找一个稳固的税源，适当提高地方税收收入，建立地方性的财税体系，增强地方公共服务的保障能力。充实地方税体系，必须采取更严格的土地管制，更集约的土地用地指标，

---

① 邓智化：《新型城镇化建设：土地、户籍、财税改革是关键》，《中国财政》2014 年第 8 期。

② 张占斌、冯俏彬、黄锟：《我国农村转移人口市民化的财政支出测算与时空分布研究》，《中央财经大学学报》2013 年第 10 期。

③ 楼继伟：《推进各级政府事权规范化法律化》，《人民日报》2014 年 12 月 1 日。

开征房地产税。同时继续推进关于个人所得税的综合配套改革，适当提高城市维护建设税在地方财政收入中的比重。

作为财产税类主体税种的房地产税，开征房地产税，不仅有利于促进房地产业健康发展，给地方政府提供一项可靠的财政收入，而且比间接税更有利于调节收入分配差距，调节贫富差距。[1]

首先，应加快推进房地产税的信息搜集和不动产统一登记工作，对每个自然人进行全员建档，对其所拥有的房地产产权数量、布局，以及个人房地产相关交易信息等房产信息进行统一登记。并尽快完成各级不动产登记数据整合建库，加快建设完成覆盖全国的不动产登记信息平台，实现不动产数据信息全国统一联网，这极有利于摸清每个人的房产家底，从而为房地产税的出台提供基础数据，为房地产税等税制改革奠定更为扎实的基础。

其次，继续加快完成房地产税草案拟定工作。从目前房地产税草案的进展情况来看，要加强对房地产税改革与立法当中的重点、难点问题进行深入的调查、研究、论证、起草草案等相关工作，重点从加强划定征收范围和确定房地产税率两方面展开。应当明确，房地产税虽然是在全国层面立法，但由于房地产税作为地方税种，而地方之间的实际情况千差万别，故不能无视巨大而复杂的地区间差异性。对于如何确定房地产税征收范围，较为妥当的处理方式则是由将房地产税的定价权有条件地交给地方政府，由其根据地方实际自行决定是否征收以及征税的范围等问题。

由于我国各地差异性较大，住房价格不尽然相同。因此，房地产税的免税标准应按照房屋价值确定免征额。本质上，房地产税是一种财产税，应按照房地产价值进行计税。因此在制定税率时，要从税收公平角度出发，以市场价格作为未来房地产税的计税依据。

再次，加快房地产税立法并适时推进改革。待研究制定出可妥善合理的房地产税征收范围、计税依据、税率、免征额和免税对象等焦点问

---

[1]　贾康：《以房产税资源税等充实地方税体系》，中国江苏网，http：//review. jschi-na. com. cn/system/2012/09/28/014734321. shtml。

题的解决方案，待草案比较成熟，并综合考虑各个方面的因素后，适时提请全国人大常委会审议。房地产税立法通过后，应当在充分考虑到当前的楼市情况和"去库存"主要方向的前提下，在确保市场保持一定的交易活跃度的基础上，适时择机开征房地产税，从而降低逆转房地产市场预期，增加去库存难度的风险。

推进房地产税改革，总的方向应在保障基本居住需求的基础上，科学合理制定中央与地方的房地产税分成比例，对城乡个人住房和工商业房地产统筹考虑税收与收费等因素，合理设置建设、交易、保有环节税负，促进房地产市场健康发展，使房地产税逐步成为地方财政持续稳定的收入来源。[①]

（三）建立多层次金融体系

在推进新型城镇化过程中，以土地出让收益和银行贷款等传统融资渠道满足城镇化建设资金巨大需求，具有显著的不可持续性。长此以往，不仅很难以满足新型城镇化建设的资金需求，而且极易引发大规模金融风险以及系统性风险。因此，推进投融资改革，构建多层次、多元化的金融支撑体系，成为城镇化持久发展的现实需要。

一是建立多元化、可持续的城镇化资金保障机制。在建设新型城镇化的过程中，不仅要保证政府财政尤其是省以下市县级财政的可持续收入来源，还需要民间资本的大量投入，以助推地方城镇化可持续发展。鉴于当前我国民间资金、社会资本在市场准入方面仍面临许多体制性和政策性障碍，引导其进入城市重大基础设施和市政工程建设领域，关键在于放开市场准入条件，允许民间资金注入并激活其活力。因此，应持续拓宽准入范围和降低准入标准，形成科学合理、运转高效的市场准入机制，清除制约民间资金进入城市基础设施建设等市政领域的制度性约束，营造规范有序、公平竞争的投资经营环境，从而调动民间资金活力，为社会资本参与城镇化建设"松绑开路"。

在实际运作中，各级政府应结合实际，以"市场＋政府"为导向，加快构建"政府引导、市场运作、主体多元、模式多样、政策支持"的

---

① 楼继伟：《深化财税体制改革 建立现代财政制度》，《求是》2014 年第 20 期。

融资模式，提高其多样性、市场性、效益性和效率性，挖掘投资潜力和发展动力，让民间资金、社会资本有序参与公共服务提供和城镇基础设施建设，为新型城镇化发展提供全方位的资金支撑。对于城市中准经营性领域，如轨道交通建设和污水垃圾处理等，应积极通过政府与社会资本合作模式亦即 PPP 模式解决融资困难问题。而对于城市中诸如基本公共服务和排水管网等非经营性领域，则应通过增加财政补贴或政府购买公共服务的形式增加项目资金。

公私合作、股权合作的价值在于，可以通过鼓励、支持和引导社会资本平等参与项目投资和运营，努力实现投资主体多元化、资金来源社会化、经营机制市场化、管理方式科学化，从而解决地方政府在重大基础设施和市政工程建设领域存在的资金紧缺、机制僵化等突出问题。① 此外，在 PPP 模式运行中，还应注重政府职能转变，增强政府部门在 PPP 项目中的契约精神和服务意识，加强 PPP 项目的内部监管和外部监督，形成公开透明的建设运营氛围。

二是加强投融资平台建设，建立规范透明的政府融资机制。一般而言，城市基础设施建设的资金来源为四大渠道，即中央政府和各级地方政府的预算拨款、地方政府征收的税收和费用、地方政府以土地租赁给私人开发商使用获取的土地转让费和土地租赁收入以及银行信贷。但传统城镇化过程中，地方政府主要通过政府举债等形式推动城镇基础设施建设，这样的资金来源为金融危机的产生埋下了潜在隐患。在经济新常态下，应剥离融资平台公司政府融资职能。同时，应继续完善地方预算相关规定，将地方政府的债务全部纳入全口径的预算管理中。如此，可对地方债务进行规模约束，为规范透明的政府融资机制提供保障。加强投融资平台建设，必须以"谁借谁还、风险自担"为准则，正确处理好政府和市场的关系，政企分开，促进投融资平台的"去行政化"。②

加强投融资平台建设，可尝试从以下几个方面着手：一是以投融资

---

① 南宁市政府发展研究中心：《创新城镇化建设的投入机制和融资模式》，《广西日报》2015 年 3 月 12 日。

② 甘日栋：《创新城镇化建设的投入机制和融资模式》，《广西日报》2015 年 3 月 12 日。

平台建设为抓手，持续完善平台设立的标准与程序，将平台数量和规模控制在有效范围内；二是建立政企分开、科学规范且可有效制衡的平台管理结构，以公司化管理形式，强化投融资平台运行风险的防范、控制和监管；三是创新管理方式。应坚持"政企分开"，地方政府对融资平台公司的管理，应从以往的"资产管理"向"资本管理"转变，不直接干涉企业的日常生产经营活动，促进企业的"去行政化"，持续提高投资与经营管理的效益；四是明确地方财政为融资平台提供融资担保，从而防止融资风险恶化为地方财政风险。同时，为了避免产生债务连锁反应，避免发生区域性和系统性风险，融资平台公司之间也不得相互担保。

总之，强化投融资平台建设的关键是要构建规范透明、运转高效的政府融资平台，激发社会资本参与城镇基础设施建设的活力，满足新型城镇化的资金缺口。

第三节　新型城镇化推进的机制挂钩

新型城镇化不仅是实现人的城镇化，更是实现具有关联性的人口、土地和财政要素协同发展的过程。就现阶段而言，新型城镇化进程中存在的诸如人口选择性吸纳、土地非均衡配置和财政供给不平衡等问题，本质上是关键要素之间的联动机制不强造成的。实现以人为核心的新型城镇化，应建立健全"人—地—钱"挂钩机制，即"财政转移支付与农业转移人口市民化挂钩，城镇建设用地新增指标与农业转移人口落户数挂钩，基建投资安排与农业转移人口市民化挂钩"①。

一　农民市民化落户与城镇化用地规模增加挂钩机制

城镇化、工业化的快速发展在推动我国经济社会快速发展的同时，也进一步造成要素发展失衡矛盾。当前，"人—地"要素发展失衡构成当前我国城镇化的现实矛盾，其突出表现为土地城镇化严重超前于人的城

---

① 《2016 年中央政府工作报告》，中国政府网，http：//www. gov. cn/guowuyuan/2016 - 03/17/content_5054901. htm。

镇化、土地粗放使用与人口吸纳不足和土地空间融合和人口空间区隔等问题。① 这样的矛盾,既是要素发展不平衡的现实表现,也是要素发展不充分尤其是人口发展不充分的集中体现。

(一) 政策演变与实践价值

为有效解决上述问题,从 2008 年起,国家多次发文提出要探索实行城乡之间、地区之间人地挂钩的试点工作,要求充分发挥人地挂钩政策在推动区域协调发展、引导经济布局、推动人口合理分布以及增强资源环境承载能力等方面的积极作用,从而实现人口、土地、经济和环境等要素之间的协同发展。

沿着先行先试的政策实践路径,2011 年 10 月,国务院下发《国务院关于支持河南省加快建设中原经济区的指导意见》,允许河南省在严格遵循土地利用总体规划、土地整治规划及其他相关规划的基础上,探索开展地区间的人地挂钩政策试点。② 2016 年 9 月,原国土资源部联合国家发展改革委、公安部、人力资源和社会保障部、住房和城乡建设部下发的《关于建立城镇建设用地增加规模同吸纳农业转移人口落户数量挂钩机制的实施意见》,分别从差别化用地标准实行、规划统筹管控实施、用地计划安排改进、土地供应结构优化、农村土地利用效率提高等方面明确了建立人地挂钩机制的主要内容③ (见表6—8)。

实际上,作为一项复杂的社会系统工程,人地挂钩政策关涉经济社会生活的诸多方面,其不仅是人口与土地要素之间的协同管理,更是要素本身的有效协同,也就是说城乡建设用地增减挂钩、农村建设用地的指标节约和有偿使用、土地发展权转移收益与农民利益挂钩等均构成其

---

① 杨玉珍:《城乡一体化下人地挂钩的制度创新与运行模式》,《经济地理》2014 年第 7 期。

② 文件指出,地区之间人地挂钩政策试点,实行城镇建设用地增加规模与吸纳农村人口进入城市定居规模挂钩、城市化地区建设用地增加规模与吸纳外来人口进入城市定居规模挂钩,有效破解"三化"协调发展用地矛盾。详见《国务院关于支持河南省加快建设中原经济区的指导意见》(国发〔2011〕32 号),2011 年 10 月 7 日。

③ 《国土资源部、国家发展改革委、公安部、人力资源社会保障部、住房和城乡建设部关于印发〈关于建立城镇建设用地增加规模同吸纳农业转移人口落户数量挂钩机制的实施意见〉的通知》(国土资发〔2016〕123 号),2016 年 9 月 29 日。

基本内容。① 从关系上看，要素本身的协同构成要素之间协同的基础和前提。即时政策、现有资本以及未来预期等因素影响，人口不仅在本地区城乡之间进行转移，同时在不同地区之间进行转移。就目前来看，相较于城乡之间，跨地区转移尤为显著。因此，人地挂钩具体表现为城乡之间和地区之间两种类型，前者指城镇建设用地增加规模与吸纳农村人口进入城市定居规模之间的挂钩，后者指城镇化地区建设用地增加规模与吸纳外来人口进入城市定居规模之间的挂钩。②

表6—8　　　　　　　　　　　　人地挂钩政策演变

发文单位、时间	文件名称	主要内容
国务院办公厅 2008 年 7 月	《国务院办公厅转发发展改革委关于 2008 年深化经济体制改革工作意见的通知》（国办发〔2008〕103 号）	首次提出城镇建设用地增加规模与吸纳农村人口定居规模相挂钩的试点工作
国务院 2010 年 12 月	《国务院关于印发全国主体功能区规划的通知》（国发〔2010〕46 号）	明确提出要探索实行城乡之间、地区之间人地挂钩的政策
国务院 2011 年 9 月	《国务院关于支持河南省加快建设中原经济区的指导意见》（国发〔2011〕32 号）	要求河南省试点人地挂钩政策
国土资源部、发展改革委、公安部、人力资源社会保障部、住房城乡建设部 2016 年 9 月	《关于建立城镇建设用地增加规模同吸纳农业转移人口落户数量挂钩机制的实施意见》（国土资发〔2016〕123 号）	明确人地挂钩的目标任务和主要举措等内容

资料来源：根据相关文件整理而成。

_____

① 张世全、李汉敏：《"挂钩"透析——对城乡建设用地增减挂钩和人地挂钩的思考》，《中国土地》2013 年第 2 期。

② 杨玉珍：《城镇化视阈中人地挂钩制度创新及保障机制》，《经济经纬》2015 年第 2 期。

　　尽管人地挂钩以转移人口为最终受益主体，但人地挂钩关涉多个主体，涉及转移地区的原城镇居民和新进入人口、城镇居民和农村农户、城镇建设用地的所有者（国家及其代理人政府）和农村建设用地所有者（村级自治组织和经济组织），因此，其既要保障好农民土地权益，又要保障好其他利益主体的切身利益。本质上，人地挂钩力求有序推进城乡之间、区域之间的劳动力和土地等生产要素的布局调整与优化配置，缓解城市化、工业化进程中的"人、地"矛盾，实现土地城市化和人口城市化的同步协调发展，最终实现城乡一体化。①

　　人地挂钩政策超越了单纯的建设用地指标的城乡挂钩，为人的城镇化提供了土地要素和空间载体，为解决"人—地"非同步推进提供了制度支撑。各地在积极探索人地挂钩实践过程中取得了显著成效。但也存在着诸如人口流动监管平台缺乏、农地权属管理难、人地挂钩政策资金来源和挂钩指标使用等问题。② 在新型城镇化快速推进背景下，实施人地挂钩机制应坚持以人的城镇化为根本目标，以人口吸纳数量确定土地使用数量，既要保护耕地更要节约用地，要通过改革创新、规范运作和维护权益等途径实现人地和谐。通过规划总量调控、计划单列下达、用地优化安排，从而满足新型城镇化用地需求。③

　　（二）要素构成与运作机理

　　人地挂钩政策旨在实现新型城镇化进程中的人口要素与土地要素的协调发展。其以人口的动态变动为挂钩基础，通过对城乡建设用地的调整，推动农业转移人口市民化的有序实现。简单来说，人地挂钩具体包括"人往城转""地衬人转"和"钱从地出"三项内容④，其关键是地衬人转。其中，"人转"既包括农村人口向城镇转移，也包括人口之间

——————————

　　① 李明秋、付志杰、牛海鹏：《人地挂钩政策的理论基础及其内涵研究》，《农业经济》2016 年第 2 期。

　　② 张世全、沈昊靖等：《关于人地挂钩政策问题的探讨》，《国土与自然资源研究》2013 年第 3 期。

　　③ 《国土资源部、国家发展改革委、公安部、人力资源社会保障部、住房和城乡建设部关于印发〈关于建立城镇建设用地增加规模同吸纳农业转移人口落户数量挂钩机制的实施意见〉的通知》（国土资发〔2016〕123 号），2016 年 9 月 29 日。

　　④ 鲍家伟：《实施人地挂钩　促进农民工融入城镇》，《宏观经济管理》2015 年第 11 期。

的跨区转移。在这个过程中，人口不仅是地域转换，更重要的是户籍身份转化，即由农村居民转变为城镇居民、由原居住地向现居住地的转变。

从土地要素角度讲，"地衬"既包括农村集体土地的支撑，又包括农村集体土地转换为城镇建设用地的支撑作用，更包括土地要素的跨区域挂钩。也就是说，城镇（转移地区）应根据转移人口数量，按照人均建设用地指标增加用以安置人口的建设用地，同时当人口离开农村（原居住地区）时，应相应地减少建设用地指标。经由人口转移产生的指标，应转移至城镇用于基础设施的建设。这样的制度安排，既可保证建设用地的整体规模不变，而且可实现转移人口的带地进城。而转移至城镇的农村人口的承包地，则可以通过经营权流转形式，增加其进城的原始资本。① 简言之，人地挂钩本质上是，城镇（流向地区）增人增地和农村（流出地区）减人减地。

由于地衬人转以人转为前提，而人转更多的是个体依据现时政策、既有资本和未来预期进行的个体理性抉择，其本质上属个体行为，具有非确定性。因此，对人口转移规模的科学预测及后续的城镇建设或工业用地等相关地类需求预测显得尤为重要。同样对转出人口规模及其可减少土地的预测和统计同样重要。考虑到人口转移的即时性和规划的高成本性，应以专项计划或年度实施方案的形式进行。在此处上，对因人口转移而产生的建设用地等相关地类进行综合整治，将产生的指标通过指标交易的形式供应给城镇地区，由城镇为新转移至该地的人口供应建设用地用于安置该类人口。而经交易产生的收益则用于反哺农村和基本的农田建设（见图6—2）。

一是推动土地要素的多规合一。在我国土地指标分配实行行政逐级纵向配给制，而配置往往以国家和地方性规划为标准。但无论是作为导向型的城乡发展总体规划，还是明确约束性的土地利用总体规划抑或控

---

① 严格意义上，农村承包地的经营权流转不属于人地挂钩机制。关于此部分，本书将在第四节中进行详细论述。

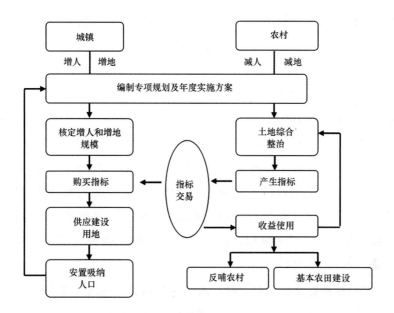

图6—2 人地挂钩运作机理

制性详细规划,均不同程度地面临着总是过时、控制不住和方法落后局限①,更为严重的是,规划之间存在着彼此冲突。与此同时,相对稳定的土地规划很难有效适应人口流动的不确定性。考虑到规划在人地挂钩平台形成中的基础性地位,推动多规合一则是其现实需要。

重视新型城镇化进程中,土地与人口的高度关联性。在规划制订过程中,应将城乡发展、土地利用、产业布局和人口分布等进行综合考虑。这样做的目的在于,推动人地挂钩政策与土地利用总体规划、城镇发展规划和新型城镇化等相关规划全面协调,实现多规同步和协调运作,进而以规划为引领,推动城镇化健康发展。在具体的指标设定上,应将土地利用总体规划和上年度进城落户人口数量作为挂钩依据,以城镇新增建设用地指标,满足转移落户人口土地需求。

城镇建设用地指标实行纵向行政配置制意味着,国家在向省(区、市)进行年度指标分配时,应充分考虑该省(区、市)上一年度进城落

---

① 袁方成、靳永广:《土地城镇化的现状与未来——以新型城镇化为背景》,《武汉大学学报》(哲学社会科学版)2017年第6期。

户人口规模；同样，省（区、市）也应根据所辖各市县上一年度进城落户人口规模，专项安排进城落户人口相应地新增建设用地计划指标；县（市、区）在组织城镇建设时，优先安排吸纳进城落户人口镇的用地。①

二是形成建设用地指标。由于人地挂钩旨在通过城市建设用地和农村建设用地的增减挂钩为人的城镇化提供空间支撑，因此必须建立城乡统一的建设用地市场，从而显化农村土地的资源、资产和资本价值。② 在这个过程中，既要科学预测城市新增建设用地需求规模，又要科学核定人口转移后可退出的农村土地规模。在此基础上，通过城乡建设用地增减挂钩形式，明确结余的建设用地指标。同时，可在保证集体建设用地性质不变前提下，通过出租、作价入股、抵押或联合开发等多种形式，为城市建设用地提供资源。

三是搭建指标交易平台。建立由交易机构、交易场所和交易规则等构成的指标交易平台，将结余的建设用地指标通过该平台以公开招标挂牌方式交易，规范运作行为，从而通过市场之手推进结余用地货币化、资本化。县级单位可以将自有资金用于整治农用地和农村建设用地，将产生的建设用地指标优先满足本地建设需要，后将剩余的建设用地指标通过人地挂钩指标公开交易平台和土地承包经营权流转平台，在扩大化了的交易范围进行公开交易和流转，流转的方式可以是挂牌或者拍卖，省级主管部门对其进行统一监督和管理。超越县域范围的土地交易和流转的价值在于，省域和市域的建设用地指标需求相对旺盛，能够增加同等条件下的结余指标收益，从而为指标产生地的土地整理提供资金。与此同时，指标交易的范围扩大后，可实现更大范围的土地资源的优化配置和节约集约利用。

（三）规划管控与措施配套

在我国，政府为土地用途变更及其一级配置的决定主体，规划管制与用途管制意在通过指标管控和条件限制来实现土地资源的优化配置和

① 《国土资源部、国家发展改革委、公安部、人力资源社会保障部、住房城乡建设部关于印发〈关于建立城镇建设用地增加规模同吸纳农业转移人口落户数量挂钩机制的实施意见〉的通知》（国土资发〔2016〕123号），2016年9月29日。
② 张世全、沈昊婧、李汉敏等：《关于人地挂钩政策问题的探讨》，《国土与自然资源研究》2013年第3期。

合理使用。而市场在资源配置中的决定性作用以及人口流动的高自主性,使得单纯依靠行政力量很难有效实现人地挂钩。因此,政府和市场构成人地挂钩的两种模式。其中,行政配置主要是由中央政府以行政分配的形式,在给予地方非农用地指标的同时也将其吸纳的人口数量下达;而市场交易模式则是市农民以用脚投票的形式将用地指标带至公共服务和福利好的城市。[①] 但无论是前者抑或后者,规划管控均构成模式有效运作的前提保障。而以规划管控为导向的行政配置的色彩仍旧浓重的现阶段,更应通过规划管制形式予以实现。

考虑到规划兼具约束和导向作用且彼此之间存在着嵌套性关系,在规划的修订过程中,应在充分研究经济社会发展水平、土地利用现状和未来需求、转移(出)人口数量等因素基础上,对具有关联关系的土地利用总体规划和城乡规划等进行整体性修整。由于有效吸纳转移人口是市民化的目标所在,因此规划修整过程中,应科学地预测人口方向及其数量,在此基础上以人居用地面积为基数,合理安排城镇新增人口的用地总量。

一是差异化配置新增建设用地。在我国,城镇行政体制等级制安排以及由此引致的城镇层级之间的资源非均衡配置、政策非均等供给和经济非平衡发展等,使城市层级之间在城镇可吸纳能力上呈现明显的异质性,进而造成农村人口在流入地选择上具有明显的空间偏好。人口集聚在空间上的选择偏好和城镇现有空间规模,使得必须形成差异化的新增建设用地标准(见表6—9)。

表6—9　　　　　　　进城落户人口新增城镇建设用地标准　　　　单位:平方米

现状人均城镇建设用地	≤100	100—150	>150
新增城镇建设用地标准	100	80	50

资料来源:根据五部委联合下发的《关于建立城镇建设用地增加规模同吸纳农业转移人口落户数量挂钩机制的实施意见》(国土资发〔2016〕123号)。

[①] 上海财经大学农业与城乡协调发展研究中心:《解决"三农"问题的根本出路在于坚持市场导向的城市化道路——关于加快消除城乡二元结构的政策建议》,《上海财经大学高等研究院2009年度政策建议》,SUFE–IAR–200903。

建立市民化农民落户与城镇化用地规模增加挂钩机制，就是要依据城镇人口增加规模和人均建设用地标准确定实施挂钩的建设用地增加规模。城镇新增建设用地规模的确定，应综合考虑地区经济社会发展水平和可吸纳人口数量，并预留一定的机动性指标。其中在制定年度土地计划指标时，既要考虑实际可吸纳人口，又要以过去的城镇化质量和水平为参考依据，合理安排用地规模。而在控制性详细规划制订中，在允许的条件范围内，通过绩效纵向层面的垂直扩展，增加居住用地的容积率和满足绿地等其他地类需求。

二是建立建设用地复垦机制。健全市民化农民落户与城镇化用地规模增加挂钩机制，需要以农村建设用地的复垦即综合整治为前提。因此，对复垦区域确定、复垦主体明确、复垦资金保障和项目检查验收等都是健全人地挂钩机制的基础条件。就地类来说，当前亟须整治的土地有闲置土地、低效粗放利用土地（主要来自原有超标准使用的宅基地和一户多宅多占的宅基地腾退的土地）、已经完成城镇化进程的居民遗留在农村的宅基地和因管理不善或产业调整而倒闭的集体企业用地等。以建设用地复垦为抓手的土地综合整治，不仅有助于治理低效用地和提高农村土地的节约集约利用水平，而且有利于为城镇建设用地提供资源来源，而指标交易后产生的收益则可成为居民土地财产性收益的来源。

农村建设用地复垦过程中，应统筹整合职能部门的涉农、惠农资金，强化部门协作，严格按照国家和地方标准，进行基本农田建设。通过制度统筹和动态监测，确保土地整治工作取得实效，保证耕地红线不突破和农田底线不逾越。

三是扩大建设用地交易范围。现阶段，我国城乡建设用地指标的挂钩交易区域主要集中在县域内，以拆旧区和建新区指标交易的形式进行，遵循着耕地指标不减少、建设用地不增加和统筹城乡发展的政策目标。但县域经济发展相对有限，很难完全使用完农村拆旧区的指标，从而造成指标浪费。换言之，县域范围的内部平衡、自我平衡，导致增减挂钩限制了挂钩指标的周转范围，从而限制了"人地挂钩机制"

的推动。① 因此,只有突破建设用地增减挂钩的地域限制、突破指标的交易范围,才能实现指标效益最大化。为此,应打破土地指标的县域行政界限,将通过土地综合整治节约的建设用地指标在省域和市域以及跨地区的范围内交易,以此最大显化土地资本价值。

四是健全宅基地的退出和补偿机制。居者有其屋,以人为本的新型城镇化的关键是实现农业转移人口市民化,而解决转移人口进城面临的城市住房是不可回避的现实问题。农村宅基地有序退出不仅能够提高宅基地的利用效率,且将宅基地退出与城市购房相挂钩,可解决进城农民的住房和去库存,更为重要的是,其本质上也是市民化农民落户与城镇化用地规模增加挂钩机制的题中应有之义。

因此,应以当前农村宅基地制度改革为契机,允许进城落户人员以自愿有偿退出或流转等形式退出原集体经济组织赋予的宅基地使用权。建立健全宅基地的退出补偿机制,科学运营宅基地的退出资产,合理分配退出宅基地再利用的经济收益。② 在分配村集体经济组织费用和提供复垦费用后宅基地退出所得资金应完整返还给退出农户。按照自觉自愿、合理补偿等原则,赋予农民多样化选择的权利,鼓励和引导宅基地有偿或置换退出,不断提高农村集体建设用地的使用效率。补偿标准的制定应当基于新占耕地建房宅基地取得成本,要体现既能调动农民退出宅基地的积极性、维护农民利益,又能节约集约利用土地,促进和规范农村宅基地退出机制的建立。③ 与此同时,转移进城的农户,政府可通过政府回购形式,事先从开发商手中回购,而后以低于购买价格形式,让退出宅基地的农户可购买得起进城的经济适用房或商品房。

五是建立“人地挂钩”动态监测机制。人口迁移到哪里,这些人口所占用的建设用地面积就增加到哪里;人口从哪里迁出,哪里就相应要

---

① 张世全、李汉敏:《“挂钩”透析——对城乡建设用地增减挂钩和人地挂钩的思考》,《理论探讨》2013 年第 2 期。

② 刘灵辉:《提高进城农民购房能力的有效举措——农村宅基地退出与城市购房相挂钩》,《西北农林科技大学学报》(社会科学版)2017 年第 5 期。

③ 张世全、彭显文、冯长春等:《商丘市构建农村宅基地退出机制探讨》,《地域研究与开发》2012 年第 2 期。

减少这些人所用的建设用地面积。① 这意味着，实行"人地挂钩"必须建立人口流动、土地增减、指标置换等内容的数据库。客观来看，当前我国人户分离比较严重，尽管户籍制度改革取得重大进展，但对持续流动着的转移人口而言，其很难准确核定转移人口数量和流向，使得人地挂钩指标和户籍登记未能实现有效衔接。因此，建立可搜集和处理流动人口和常住人口的动态监测平台，以信息共享的形式确保数据时效性和准确性。同时，土地部门负责农村空闲宅基地的统计工作，配合统计部门统计农村宅基地空闲数据。数据自下而上逐级汇总，形成人口动态监测数据库，实时动态的反馈数据，作为编制"人地挂钩"规划的基础数据和依据。② 在技术支持上，可借鉴河南省基于 . NET 建立的"人地挂钩"动态监测监管系统，采用 ArcGIS 开发平台进行。

二 城镇化建设用地规模增加与财政收支能力协调机制

新型城镇化既是人的城镇化的过程，更是适应人的城镇化发展需要的交通、住房等基础设施持续完善的过程。而城镇基础设施建设以城镇化建设用地增加为承载载体，以政府财政收入为资金支持。因此，需要实现城镇化建设用地规模增加与财政收支能力协调。

城镇建设用地为我国经济发展和城镇化率提升发挥了巨大动力，被认为是中国经济持续增长的"永续发动机"。但与此同时，城镇化进程中的建设用地利用问题也比较突出，尤其表现为与人的城镇化不同步、利用结构不合理等方面。而科学评价城镇化建设用地绩效极其重要，但当前的考核评价指标较为单一且缺乏针对性，无法进行因地制宜的差异化评价，极易引起城镇化的调控失灵。

从财政收入结构上看，自 2003 年以来，与土地有关的房地产税、土地增值税等相关税收占地方财政的比重持续上升，地方财政收入越来越依赖于土地要素。以地为要素的财政来源，进一步强化了地方政府的造

---

① 王永宇：《"人地挂钩"政策刍议》，《资源导刊》2011 年第 12 期。

② 杨永磊：《农民工："积分落户"与"人地挂钩"协同推进研究》，《上海经济研究》2016 年第 2 期。

城动力。同时，地方政府并未将人的城镇化作为首要目标，造成公共服务的供给不足、结构失衡、供需失配等问题。前已述及，很大程度上是分税制改革后地方财政收支不匹配造成的。

我国政府财政收支能力对土地和人口城镇化率具有显著影响，政府财政收支结构和能力影响甚至决定着城镇化的发展质量。而新型城镇化的发展势必要求增加建设用地规模，研究建立健全城镇化建设用地规模增加与财政收支能力协调机制显得十分必要。

（一）科学测算城镇化建设用地规模增量及其绩效

以人均建设用地标准和城镇化转移人口数量为标准，评估建设用地增量规模及其实际绩效。具体而言，可通过城镇建设用地的分配公平程度、税收管理公平程度和满足居民生活水平等多维度展开，研究其在经济产出效益、社会法务能力、生态环境保护等方面的绩效。

从微观层面上依据产业结构、城镇化水平、地形条件等因素，划分不同的绩效改善类型区，制定差别化城乡用地政策，改善各区域城镇化建设用地综合绩效水平；从宏观层面上通过制定城镇化建设用地绩效管理建设方案和制度安排保障措施来提升各区域的城镇化建设用地绩效水平。[①]

（二）提升政府财政收入水平与优化财政收入结构

地方财政收入主要由地方本级财政收入和中央转移支付构成。因此，增加地方政府财政收入，必然涉及中央与地方财政收入结构的调整。为此，应增加中央政府对落后地区的财政转移力度，以此解决城镇化的区域发展失衡问题。

同时，可根据地区间的发展程度差异，建立地区政府间的横向财政转移支付制度。在紧密结合我国实际情况的基础上，借鉴国际经验，研究开增遗产税，特别是针对不动产的遗产税；研究完善消费税、资源税和环境税制度，调节消费和生产，提高资源使用效率，改善环境质量，增进可持续发展能力，促进城镇化的节能发展、生态发展。[②]

---

① 于海珊：《财政收支矛盾视角下的城镇化质量研究》，《中国财政》2016 年第 23 期。
② 于海珊：《财政收支矛盾视角下的城镇化质量研究》，《中国财政》2016 年第 23 期。

（三）降低城镇化的财政成本与合理分配财政支出

在科学合理测算城镇化建设用地规模增量及其绩效的基础上，进一步测算出各地区所需财政成本，结合各地区经济发展情况以及政府财政收入水平和能力，尽可能降低城镇化所需财政成本，合理预算与分配政府财政支出，实现政府财政效益最大化。

强化财政政策与政府财政在社会资本参与城镇化发展中的撬动作用。以财政奖补、贷款降息和政策优惠等举措，吸纳社会资本参与城镇交通建设、城市旧城改造和住房建设保障等城镇基础设施建设。引入市场主体参与公共产品和服务的提供，创新政府公共产品和服务提供方式，降低城镇化成本。按照"布局集中、用地集约、产业集聚、经济循环"的城镇集约思路，利用财政政策引导产业集聚，合理开展城镇建设用地和城镇发展规划，通过建设产业园区与城镇区布局合理、功能互补、协同互动、融合发展的城镇经济体系，增强生产性服务业为新型城镇化提供现代服务业支撑，从多个方面政策协同配套，走集约发展的新型城镇化道路，降低新型城镇化成本。

同时，加强政府财政预算和支出绩效监督管理，提升政府财政资金的使用效率。统筹整合相关职能部门资金，强化资金捆绑使用，集中财力用于市民化过程，持续完善城镇基础设施和其他相关社会事业发展。优化财政支出结构和事项，提升与市民化相配套的住房保障、文化教育、医疗卫生和社会保障以及就业服务等方面的供给水平。

三 财政转移支付规模与市民化公共服务保障挂钩机制

人口由农村向城镇转移，很大程度上是由于城乡基本公共服务供给失衡造成的。而提供基本公共服务，实现基本公共服务均等化的责任主体是政府。其关键是政府财政能力均等化，而财政能力的均等化又取决于政府间的财政体制安排。[①] 分税制改革后，政府间的财政收支存在严重的不平衡，转移支付作为平衡政府间财政的重要手段，在地方财政安排和公共服务供给中发挥着重要作用。从这个意义上讲，推动农业转移人

---

① 田发：《基本公共服务均等化与地方财政体制变迁》，中国财政经济出版社2013年版。

口市民化,关键是要健全财政转移支付和市民化挂钩机制。

党的十八届三中全会指出,"建立财政转移支付同农业转移人口市民化挂钩机制"①,国家十三五规划也提出,要"健全财政转移支付同农业转移人口市民化挂钩机制"②。2016年8月,国务院印发《关于实施支持农业转移人口市民化若干财政政策的通知》,明确了保障农业转移人口子女平等受教育权利、基本医疗保险、城乡社会保障体系统筹、健全奖励机制等10项政策措施。③ 就现阶段而言,由于法制不健全、结构不合理和制度建设滞后④等原因,财政转移支付在支持农业转移人口市民化过程中仍然存在着资金严重短缺、对农业转移人口的忽视及各级政府的财力与支出责任不匹配、支付结构不合理等问题⑤,迫切需要通过改革予以完善。

(一)健全财政转移支付测算依据

理论上,财政转移支付和公共服务配置应以地区常住人口为标准。但现阶段我国财政转移支付和地方政府公共服务配置往往以辖区户籍人口规模和人口静止不动等静态指标为配置标准,而城乡间和城际间人口动态流动表明这样的配置极易造成人口流入地受限于既定财政转移支付,难以有效提供公共服务,而人口流出地相应地获得了脱离人口实际的转移支付却无须提供公共服务。⑥ 因此,必须完善财政转移支付的测算依据,以常住人口代替户籍人口进行财政转移支付规模测算。

为此,中央政府在进行财政转移支付时,对于流入地而言,应以常住人口数量为依据进行转移支付规模测定。这样做的价值在于,可以提

① 《中共中央关于全面深化改革若干重大问题的决定》,http://www.gov.cn/jrzg/2013-11/15/content_2528179.htm。
② 《中华人民共和国国民经济和社会发展第十三个五年规划纲要》,中国人大网。
③ 《关于实施支持农业转移人口市民化若干财政政策的通知》,2016年8月5日。
④ 石智雷、朱明宝:《财政转移支付与农业转移人口市民化研究》,《西安财经学院学报》2015年第2期。
⑤ 张致宁、桂爱勤:《财政转移支付支持农业转移人口市民化问题研究》,《湖北社会科学》2018年第1期。
⑥ 杨俊峰:《人"地钱"挂钩之后——中国城市化的体制下障碍与出路》,《学术月刊》2017年第1期。

高地方政府在提供基本公共服务均等化中的意愿。而对于外流型且财政困难的地区，则仍然以户籍人口进行测算，不仅有利于增强该类地区政府的基本公共服务能力，而且能够增强其吸纳转移人口的能力。

（二）明确央地政府支出责任事项

尽管央地政府是农业转移人口市民化基本公共服务的供给主体，但两者的支出责任不尽相同，因此，必须清晰划分央地政府之间的具体事项。整体而言，中央政府应强化转移支付资金支持力度，尤其是对接受跨省、跨地区转移人口较多的省份，最大化保障持有居住证的人口基本公共服务的支出。就省级政府而言，应重点支持本省内接纳跨市和县较多的转移人口。与此同时，中央和省级财政部门在安排就业专项资金时，要充分考虑农业转移人口就业问题，将城镇常住人口和城镇新增就业人数作为分配因素，并赋予适当权重。① 由于市、县政府是市民化公共服务的主要供给主体，因此应增加本级政府在公共基础设施建设等方面的资金支持。

在市民化公共服务的具体内容分担上，中央政府应重点做好持有居住证的社会保障制度和城乡社会保障制度的有机衔接；而教育、卫生由中央和地方共同负担，中央制定最低标准并承担相应成本，超出标准部分由地方负责。②

（三）建立市民化的财力保障机制

地方政府是公共服务供给的主体，因此应建立起地方政府提供公共服务的财力保障机制。一是增加地方本级财政创收渠道。地方政府应以发展地方经济为抓手，持续增加本级财政收入。在这个过程中，应明确经济发展的财政收入划分机制，适当减少中央在经济发展中的财政分成比重，以此调动地方政府提供公共服务的积极性。二是动态调整财政支出结构。农村人口向城镇转移后，应及时调整其在农村可享受的基本公共服务中的相关内容，将其调整至城镇基本公共服务。如可对转移人口

---

① 《国务院关于实施支持农业转移人口市民化若干财政政策的通知》，2016 年 8 月 5 日。
② 安徽省财政科学研究所课题组：《财政转移支付与农民市民化挂钩机制研究》，《公共财政研究》2015 年第 5 期。

随迁子女的教育财政资金和社会保障等内容中的财政支出比例进行灵活调整。

（四）优化政府财政转移支付结构

从结构上看,财政转移支付结构主要包括一般转移支付和专项转移支付两大部分。前者主要以均衡为目标,后者则具有明显的专项性质。在市民化的财政转移支付上,应强化均衡性转移支付的主体性地位。在这个过程中,应以常住人口为标准,对转移支付规模进行测算,为地方政府提供吸纳外来人口长效财政支持机制,切实增强地方政府吸纳转移人口市民化的能力。同时,地方政府应用好专项转移支付资金,在做好教育、医疗、卫生和社保等相关领域的公共服务的同时,要尽可能整合相关资金,将资金捆绑使用,最大化地发挥转移支付资金在增强地方基本公共服务方面的积极作用。

（五）完善支付使用考核奖励机制

推动财政转移支付与市民化相挂钩以及新型城镇化实践在我国经济社会发展中的重要地位意味着,必须将转移支付资金用于市民化领域,为此建立转移支付的绩效评价机制对执行情况进行考核监督,不仅考察资金的使用状况,而且对公共服务的供给数量和供给效度进行考核。以考核结果为依据,创新市民化奖励机制。中央财政建立农业转移人口市民化奖励机制,奖励资金根据农业转移人口实际进城落户以及地方提供基本公共服务情况,并适当考虑农业转移人口流动、城市规模等因素进行测算分配。①

第四节　新型城镇化发展的政策协同

任何制度安排均镶嵌于整个制度结构中,其适应性效率取决于其他制度实现其功能的完善程度。② 制度之间存在的强关联特性意味着,应将

---

① 《国务院关于实施支持农业转移人口市民化若干财政政策的通知》（国发〔2016〕44号）,2016 年 8 月 5 日。

② J. Lin, "An Economic Theory of Institutional Change: Induced and Imposed Change", *Cato Journal*, No. 91989.

其置于整体性、系统性和协同性的视角下，实现政策之间的有效协同。习近平总书记指出，全面深化改革时期应重点处理好"政策五关系"。[①]人口、土地和财政是新型城镇化进程中具有关联性特性的三大关键要素，实现三者之间的协调发展是新型城镇化推进的重要内容。要素关联和制度协同表明，应走政策协同的新型城镇化发展道路。从政策设计角度讲，应坚持如下基本思路：抑制过快的土地城镇化，逐步提高人口城镇化的质量和水平，以促进新型城镇化的集约与协调发展并进。因此，积极探索户籍政策粘嵌分离，加快城乡公共服务政策的创新，进一步完善农村土地产权政策，构建政府财政转移支付政策与社会多元融资政策协同等就成为新型城镇化发展的应有之义。

一　户籍政策粘嵌分离与城乡公共服务政策协同跟进

政策粘嵌是通过特殊的功能逻辑来解决政府面临的复杂问题，是特定时期政策设计的产物。从原始政策目标或者政府意图之外的标准来看，政策粘嵌存在不利于社会系统调适负面效应的可能性。[②]政策粘嵌的负效应在于，其是对公共政策的分配、再分配和控制的基本功能的扭曲，具体表现为资源分配失衡、社会控制过度以及"中心"政策变异。正是政策粘嵌本身具有的弱点，使政策由粘嵌向分离迈进成为政策再设计的重要动因。

新型城镇化进程中，随着人口的加速流动，以户籍制度为中心的政策粘嵌通过人口控制与公共产品非均衡分配严格限制了人口流动，具有粘嵌特性的户籍政策越发难以有效适应社会的发展转型，其负面效应愈加凸显。近年来，尽管各地进行了以居住证和积分落户为载体的户籍制度改革，但效果都不是很理想，甚至处于整体失效状态。这其中自然有

---

① 政策五关系具体指：弄清楚整体政策安排与某一具体政策的关系、系统政策链条与某一政策环节的关系、政策顶层设计与政策分层对接的关系、政策统一性与政策差异性的关系、长期性政策与阶段性政策的关系。详见《习近平首提深化改革"政策五关系"》，《人民日报》2014年2月22日。

② 朱光喜：《工具替代、利益阻滞与户籍改革中的政策"粘附"剥离》，《甘肃行政学院学报》2014年第12期。

从资源分布的空间失衡和社会力量舆论压力影响,但政策创制的地方权力主导和地方政策执行情境的不确定性①等因素也深刻地影响着户籍改革的推进程度与公共服务的供给程度。本质上,户籍制度改革的关键是实现城乡、地区之间公共服务的均衡化配置。从这个意义上讲,积极探索户籍粘嵌政策分离与创新城乡公共服务政策协同跟进是当前户籍政策调整的趋势所在。

（一）探索户籍政策粘嵌分离的路径

新型城镇化建设背景下,户籍政策的粘嵌诸如就业、住房、教育等政策的弊端愈加明显,推动户籍政策粘嵌分离②已势在必行。户籍制度改革的重点和难点,是剥离依附于户籍制度的各项福利待遇和权利保障③,其核心是剥离公共服务的户籍绑定属性,改革创新户籍制度。

一是完善居住证制度。就制度设计而言,居住证的申办可以以固定住所、稳定职业、足够收入等主要生活基础为依据制定落户标准,允许自由流动,逐步实行开放式管理,确保持证人在就业权、义务教育、技能培训、临时性救助、基本医疗保险、基本养老保险和失业保险等方面,享受与当地户籍人口同等待遇,以此促进人口向中心城市、中心集镇集聚。④ 因此,应充分发挥居住证制度在过渡时期,在保障流动人口基本权益获得中的功能作用。⑤ 为此,应以建立城乡统一的人口登记管理制度为载体,在市级层面建立流动人口居住证制度,完善以居住年限为依据的基本公共服务供给机制。

在具体的制度设计上,各地应尽可能提供一站式的流动人口居住证办理中心。探索降低对居住条件、就业条件的要求来吸纳更多的人口,

---

① 袁方成、康红军:《"张弛之间":地方落户政策因何失效?——基于"模糊—冲突"模型的理解》,《中国行政管理》2018 年第 1 期。

② 政策粘嵌分离指横向不同领域政策间解除方案和准则上的"挂钩"关系而成为相互独立状态。

③ 侯力:《户籍制度改革的新突破与新课题》,《人口学刊》2014 年第 36 卷第 6 期。

④ 邓智华:《新型城镇化建设:土地、户籍、财税改革是关键》,《经济纵横》2014 年第 8 期。

⑤ 刘志军、华骁、刘天剑:《居住证制度的现状与前瞻》,《中南民族大学学报》(人文社会科学版) 2012 年第 6 期。

如将非正规就业、长期租住在违章建筑内的流动人口纳入居住证体系中。① 与此同时，可通过单位和企业集中办理形式提高证件办理效率，亦可探索将居住证的实施、落实情况纳入地方政绩考核指标体系中，多措并举合力提高居住证覆盖范围。稳妥实施居住证制度，以居住证为载体，实行更加灵活、更加优惠的户籍管理办法，在有条件的地区逐步取消农业户口和非农业户口，建立城乡统一的居民户口。

二是健全积分落户制度。作为完善户籍制度的一种有效举措，积分落户具有的操作性较强、灵活度较高、高透明度和进退灵活等优势，为转移人口在城镇定居落户②提供了行动基础，一定程度上打破了显性"户籍墙"。但客观来看，积分落户潜在的精英选择导向③只是淡化了户口性质，并未突破粘嵌于户籍之上的隐性"福利墙"，尤其是指标体系中的学历、居住年限和社保参加年限等权重过高，使落户人群主要为拥有高学历的白领阶层，户改的红利仍未惠及市民化的真正主体即农业转移人口。

忽视低收入流动人口服务管理、以效率手段解决公平问题、关键性服务可能虚化、难防造假寻租等不足④表明，现有的积分落户制度在一定程度上仍是基于内外有别的城乡二元思路制定，有悖于市场资源的有效配置和人口的自由流动⑤，这样的户籍制度改革本质上属过渡型帕累托改进式改革。因此，完善细化不同类型城市落户的条件和政策，细化城市落户的基本指标和调整积分落户的具体分值，尤其是保障以农民工为群体的流动人口的公共服务享有权显得尤为重要。

在设置落户积分分值时，应当以公平正义为导向，实现在落户对象

---

① 陆杰华、李月：《居住证制度改革新政：演进、挑战与改革路径》，《国家行政学院学报》2015 年第 5 期。

② 彭希哲、万芊、黄苏萍：《积分权益制：兼顾户籍改革多重目标的普惠型制度选择》，《人口与经济》2014 年第 1 期。

③ 刘林平、雍昕、唐斌斌：《中国城市化道路的反思——以积分落户为例》，《新视野》2017 年第 6 期。

④ 谢宝富：《居住证积分制：户籍改革的又一个"补丁"？——上海居住证积分制的特征、问题及对策研究》，《人口研究》2014 年第 1 期。

⑤ 冯涛：《新型城镇化进程中的地方政府治理转型》，浙江大学出版社 2014 年版，第 88 页。

上做到不加区分、能够涵盖到所有普通劳动者,实现在本城市居住的公民能够共享城市发展成果。① 具体而言,应强化居住年限、就业年限和年龄以及承担的服务义务等方面的比重,适当弱化学历等方面的比重。每年可拿出一定指标通过摇号的形式,给予未达到积分落户分值但在本地有着较长居住年限和对当地经济社会发展做出贡献的流动人口,让其能够享受到积分落户达标者同等的公共服务待遇。在公共服务的具体供给上,应坚持需求导向,向流动人口供给迫切需要的社会服务。

(二) 加快城乡公共服务政策的创新

基本公共服务均等化是城乡一体化发展战略中的灵魂,既是庞大农村转移人口市民化的根本之策,也是城市资本下乡的前提条件。加快城乡公共服务供给体制机制的创新就要在促进社会公平、共享经济发展成果、保持财政可持续、为经济长远发展夯实基础的原则下,逐步推进城乡基本公共服务的均等化。

一是夯实城乡公共服务的制度基础。在公共服务资源的配置上,将农业转移人口及家庭纳入城市基本公共服务体系,根据城镇常住人口来配置公共服务资源,使农业转移人口能够与市民同等享受公共服务资源。② 尤其是,社会保障作为基本公共服务的重要组成部分,是保障农业转移人口平等享受城镇基本公共服务的基准线。为此,需要持续完善农业转移人口及其家庭的社会保障体系。

在养老保险费用征缴方面,应根据农业转移人口家庭实际情况酌情减、免其缴纳额度,所减、免的缴纳数额由公共财政承担。统一城乡社会救助政策和救助对象,建立城乡统一的最低生活保障制度和医疗救助制度,为城乡困难群众提供均等化的社会救助服务。③ 同时,以打破城乡界限和制度壁垒为目标,将农民工完全纳入城镇社会保险体系中来,促进城乡社会资源配置均衡化,扩大农业转移人口社会保障覆盖面。

---

① 尤琳、陈世伟:《城乡一体化进程中的户籍制度改革研究》,《社会主义研究》2015 年第 6 期。

② 施远涛:《农业转移人口市民化的逻辑、困境及政策变革——基于家庭的视角》,《苏州大学学报》(哲学社会科学版) 2015 年第 1 期。

③ 张明珠:《新型城镇化下基本公共服务均等化探讨》,《宏观经济管理》2016 年第 2 期。

确保适龄子女享受城镇义务教育，是农业人口向城镇转移的重要动因。强化基本公共服务、完善公共服务政策体系，必须保证随迁子女平等接受义务教育。① 为此，应尽快将转移人口的子女教育纳入城镇的财政保障序列，允许其能够享受到转移地同等的教育资源等其他公共服务。

二是推进城乡公共服务的政策衔接与并轨。当前，城乡居民养老保险制度②的并轨运行意味着养老服务已由城乡二元向城乡一体转变，已经步入制度化统筹阶段。但应该看到，此轮全国层面的两项制度合并只是经办机构和信息系统合并，并不直接导致参保人待遇的变化。要想惠及亿万农民的统一城乡居民养老保险这一利好改革落实到位，还需要相应的配套措施。诸如，整合资源，推动城乡居民基本养老保险制度与其他社会保障制度相衔接；优化财政支出结构，加大财政投入；推行全国统一的社会保障卡，改进管理服务，做到方便利民等。

不可否认，从政策的效果来看，城乡统一基本养老保险制度的建立，也是推进基本公共服务均等化的重要举措。③ 就现阶段而言，仍然存在着诸多问题，需要继续通过改革予以实现。如尽管城乡居民养老保险开始并轨，但不同部门之间的养老保险仍处于制度分割状态。城乡医疗保险的并轨统筹，还有很长的路要走。这些问题成为到2020年实现均等化基本公共服务总体目标的现实掣肘，仍有待进一步完善。

二 城乡建设用地调控政策与农地产权政策协同推进

作为一项基础性制度安排，土地制度是整个社会结构的基础。其承载着重要的政治、经济和社会功能，不仅在推动农业发展、促进农村稳定和保障农民安居等方面做出了历史性贡献，而且构成新型城镇化发展

---

① 李仕波、陈开江：《农民工市民化面临的制约因素及破解路径》，《城市问题》2014年第5期。
② 中国的养老制度按照人员身份不同主要分为五种：一是针对在职职工的城镇职工基本养老保险，二是针对城镇非固定就业等人群的城居保，三是针对农村居民的新农保，四是事业单位职工养老保险制度，五是公务员养老保险制度。这次改革并轨的是第二种和第三种，即合并新农保和城居保，建立全国统一的城乡居民基本养老保险制度。
③ 王振耀：《让亿万城乡居民养老无忧》，《人民日报》2014年2月10日。

的基础性资源。整体来看,建设用地和耕地是新型城镇化进程中难以回避的土地类型,其中前者涉及农村集体土地向城镇建设用地转变和城镇内部建设用地更新问题,后者则是转移人口和在村人口土地利益的分配问题。而无论是前者还是后者,管制制度和土地产权制度共同构成激励或约束新型城镇化进程中土地利用的两大核心制度。

客观看来,现阶段推进的以农地"三权分置"和"三块地"改革试点构成农村土地制度改革的两大实践面向。前者主要是对农地产权制度的调整,后者是对城乡建设用地的改革。从这个意义上讲,实现农村建设用地调控与产权政策的协同推进非常重要。

(一)建设用地调控政策变革

在我国,城乡建设用地分属不同的所有权主体。其中,城市建设用地属于国家所有,农村建设用地属于村集体经济组织所有。当前,新型城镇化进程中的建设用地主要涉及两大类型,一类是农村土地转变为城镇建设用地,既涉及农村耕地通过土地征收形式成为国家所有的城镇建设用地,又涉及城乡建设用地增减挂钩(主要是宅基地的退出),更涉及农村集体经营性建设用地与城市建设用地的同地同权同价。还有一类是城市内部的内涵式增长即土地更新。

一是完善建设用地制度。以农村征地制度改革为契机,推动农地非农化政策调整。当前,我国土地非农化的唯一合法途径是通过政府征收形式,变农村集体所有为城镇国家所有。也就是说,政府在土地一级市场中处于垄断地位。由于公共利益界定不明确、征收程序不规范、补偿形式单一等问题,征地型群体性事件层出不穷。为此,完善建设用地制度,即要对土地征收制度进行修改。

通过列举形式,制定土地征收目录界定公共服务范围。考虑到征收目录难以穷尽,可探索政府听证实现形式。

在土地征收程序规范问题上,应在报批前建立社会稳定风险评估制度,将可能引发的矛盾冲突防患于事前;建立土地征收的民主协商机制,充分听取被征地农民的意见和合理需求;以建设法治国家引导被征地农民依法维权。在征收补偿问题上,既要综合考虑土地的用途、区位、经济发展水平和人均收入等因素确定征收的补偿标准,又要加大被征地农民的多元保障机制，尤其是就业和社会保障力度。

同时，鉴于政府在土地征收中的垄断地位以及由此引起的问题，应探索取消"从事非农业建设使用土地的，必须使用国有土地或者征为国有的原集体土地的规定，对土地利用总体规划确定为工业、商业等经营性用途，并经依法登记的集体建设用地，允许土地所有权人通过出让、出租等方式交由单位或者个人使用"①。

二是提高农地利用效率。全面摸清全国批而未征、征而未供、供而未用、低效利用的存量土地数量、分布情况的基础上，积极挖掘存量用地的潜力，推进城市公共基础设施建设，提高土地利用率和产出率。优先开发非耕地的农地资源，推动农地集体经营性建设土地的入市流转，盘活存量用地，保护有限的耕地资源。积极稳妥地开展土地整治工作，适度开发宜耕未利用地的同时加大土地复垦力度。② 严格立足"占一补一、占优补优"的原则，积极落实"耕地占补平衡"政策，完善耕地保护责任制度。

研究制定地方性节约集约用地指导性意见，结合地方经济社会发展、技术进步和各类规划、用地控制指标的实施情况，建立和完善建设用地指标控制体系，并作为建设项目立项、用地预审、供地审批和规划设计的重要依据，压缩不合理用地需求。提高土地开发利用强度，鼓励在不增加用地面积前提下，提高容积率和建筑密度，提高单位土地投入产出效率。提高闲置低效土地处理力度，完善和改进现有闲置用地单位名单公布制度，不仅城市建设各项用地均建立闲置用地单位公布制度，建立工商、税务、银行等横向联动体系，对闲置用地单位进行评级，并实行差别性的赋税、贷款等手段。

三是城市建设用地挖潜更新。就城市建设用地而言，其关键是要进行立体化发展，即通过城市更新推动建设用地的挖潜盘活。在这个过程中，应以规划管制和用途管制为基础，推动批而未用的土地依法使用和

---

① 王立彬、胡璐：《我国非农建设用地将不再"必须国有"》，《新华日报》2018 年 12 月 23 日。

② 殷小菲、刘友兆：《城市化与农地非农化的协调度分析——以江苏省为例》，《西北人口》2015 年第 5 期。

取缔，同时对长期处于闲置浪费的土地进行改造，用于市民化人口吸纳中的基础设施建设用地中。此外，应通过规划等手段，以"三旧"改造等方式进行内涵式的增长。而对于城乡建设用地增减挂钩而言，关键是要放开交易区域限制，通过指标的跨地域交易增加其经济价值。

（二）完善农村土地产权政策

土地是农民的命根子，农村居民依托其集体经济组织成员身份获得土地的承包权。这种人地关系决定了土地对农民兼具生产资料和福利保障功能。然而，随着城镇化进程的不断向前推进，农村土地的规模化经营和农村劳动力的非农就业及转移，已成为该背景下的必然发展趋势。[1]

某种程度上，土地构成农业转移人口市民化的现实羁绊。突出表现在两个方面，一是农民很难"带地进城"，也就是说，土地的财产性属性很难得到有效彰显，二是因农地承包经营权两权统一，使得农地规模化经营难以实现。无论是带地进城难还是规模经营难，本质上都是农地产权的不明晰造成的。因此，应以土地确权登记为基础，推动以"三权分置"为载体的农地权能细分，实现产权的合理流动，并对农地发展权做出明确界定，使农地产权具备法律基础以及经济意义上的双向有效性。[2]

一是继续抓好农村土地确权工作。应用全国二次土地调查成果[3]，大力开展农村集体土地确权登记，抓好数据库的建立、信息化的处理、证书的颁发、资料的归档等相关工作的落实；提高农村集体土地登记发证率，进一步明晰农村土地使用权主体、权利、义务、利益和责任，明晰农村集体土地所有权、使用权权能，使产权主体行使相应的权利，承担相应的责任和义务，为农村土地产权制度改革奠定基础。[4] 进一步提升平

① 耿宁、尚旭东：《产权细分、功能让渡与农村土地资本化创新——基于土地"三权分置"视角》，《东岳论丛》2018 年第 9 期。

② 曲福田：《城乡统筹与土地产权制度选择》，《中国地产市场》2011 年第 12 期。

③ 第二次全国土地调查于 2007 年 7 月 1 日全面启动，2009 年 12 月 31 日完成。调查的主要任务包括农村土地调查、城镇土地调查、基本农田调查等。此次调查首次采用统一的土地利用分类国家标准，全面查清了全国土地利用状况，掌握了各类土地资源家底。在调查的基础上，建立了土地资源变化信息的统计、监测与快速更新机制。

④ 张俊峰、张安录：《城镇化进程中的农地产权制度改革——以湖北省为例》，《中国土地》2013 年第 7 期。

台建设的质量，全面启动农地利用规划的编制。大力抓好土地的有序流转，推动现代农业快速发展。要继续抓好考核调度，确保工作有质量，有进度。

二是完善农村土地三权分置政策。加快推进农村土地的所有权、承包权和经营权三项权利分置，引导经营权规范有序流转，增加转移人口的土地财产性收入。其主要通过实现赋予农民土地承包权主体地位、强化农民以土地经营权为代表的土地处分权、以土地经营权让渡形式获得兼业性工资收入和其他收入，以及获得与城市居民同等的城乡改革和土地发展红利等形式实现。①

以农地三权分置为路径，增加农民土地财产性收益，关键是要赋予和保障农民永久的农村土地经营流转权，允许转移农民以地租、利息、股息、红利、增值收益等多种形式增加农民财产性收入，并带动农民经营性收入和工资性收入的提升。②

三是探索宅基地三权分置改革。2018 年中央一号文件指出，要完善农民闲置宅基地和闲置农房政策，探索宅基地所有权、资格权、使用权"三权分置"，落实宅基地集体所有权，保障宅基地农户资格权和农民房屋财产权，适度放活宅基地和农民房屋使用权。③ 对于转移人口而言，宅基地以适度放活使用权为主要内容的三权分置是增加其土地财产性收益的重要途径，而其关键是要有序放活流转权和释放发展权红利。④ 也就是说还权赋能，弥合宅基地保障维稳功能与财产功能的张力，探索建立农村房屋和宅基地流转市场应该是宅基地改革的核心面向。⑤

整体来看，农村产权制度改革的核心实则是赋予农民自由转让土地的权利，特别是要按照"权利平等"原则，公平对待国家土地所有权和

① 吴群：《农村土地"三权分置"催生的农民获得感》，《改革》2017 年第 1 期。
② 陈晓枫、翁丝柳：《"三权"分置改革下农民财产性收入的特点和发展趋势》，《政治经济学评论》2018 年第 2 期。
③ 《中共中央、国务院关于实施乡村振兴战略的意见》，《新华日报》2018 年 1 月 2 日。
④ 刘圣欢、杨砚池：《农村宅基地"三权分置"的权利结构与实施路径——基于大理市银桥镇农村宅基地制度改革试点》，《华中师范大学学报》（人文社会科学版）2018 年第 5 期。
⑤ 张勇：《农村宅基地制度改革的内在逻辑、现实困境与路径选择——基于农民市民化与乡村振兴协同视角》，《南京农业大学学报》（社会科学版）2018 年第 6 期。

集体土地所有权,有条件地允许集体建设用地使用权进入市场流转,进而推动城乡土地市场体系的完善和土地配置效率的优化。[1]

(三) 健全农村土地法律体系

在农地非农化管控政策与农地产权制度政策协同推进中,必然会发生不同利益主体诉求不一的情况,完善法律法规能够为协调不同主体行为和利益诉求提供基本框架。为适应新型城镇化的发展,农村土地法律体系的建设应遵循以下基本要求:在完善土地财产法的基础上,加快对集体建设用地流转和土地征收制度改革的立法工作,在此基础上逐步构建土地利用规划法、土地用途管制法及土地监察法等法律法规,并最终形成一整套较为完善的农村土地法律体系。[2]

以城乡一体化统一土地产权体系为出发点,进一步健全农村土地立法,在尊重现实和反复验证基础上对现行的相关农村土地法律制度进行适当调整,着手修改《宪法》、《土地管理法》及实施条例、《国有土地出让和转让条例》等现行的法律法规,使其适应土地市场化建设的要求,强化政府的土地市场监管职能。依据《土地管理法》,加快对集体建设用地流转和土地征收制度改革的立法工作,逐步制定《土地利用规划法》《土地用途管制法》及《土地监察法》等法律法规,进一步完善农村土地法律体系[3],明确农村土地产权归属,在政策法规层面为开展土地执法提供依据。

同时,适时推动相关政策上升为国家法律,弥补农村土地法律缺漏之处,借鉴发达国家的有益经验,制定一部专门的《土地征用法》,依法规范政府的征地行为[4],进而完善农村土地法律体系,为明晰农地产权、农地非农化等农村土地制度创新提供有力的法律保障。

---

① 陈志刚、曲福田、韩立、高艳梅:《工业化、城镇化进程中的农村土地问题:特征、诱因与解决路径》,《经济体制改革》2010 年第 5 期。

② 陈志刚、曲福田、韩立、高艳梅:《工业化、城镇化进程中的农村土地问题:特征、诱因与解决路径》,《经济体制改革》2010 年第 5 期。

③ 邹一南、苏长青:《乡村"人口减少、面积增大"悖论探析》,《中国党政干部论坛》2015 年第 12 期。

④ 王成艳、孙占文、王庆琨、孔玲:《市场化:农地非农化制度改革的必然选择》,《调研世界》2006 年第 6 期。

三　财政转移支付政策与社会多元融资政策协同促进

城镇化是大量人口向城镇集中的过程，势必要求城镇基础设施的完善和基本公共服务的供给抑或住宅的保障等，而这都需要充足的资金做支撑。2014 年 3 月，中共中央、国务院发布的《国家新型城镇化规划（2014—2020 年）》文件明确提出，要"创新资金保障机制，加快财税体制和投融资机制改革，创新金融服务，放开市场准入，逐步建立多元化、可持续的城镇化资金保障机制"[①]。可见，政府财政税收、金融市场融资和社会资本以及土地财政等，均构成新型城镇化建设的资金来源，多元化、可持续构成新型城镇化发展的资金来源基本要求。

当前，不仅亟须消除城镇居民和外来转移人口之间公共服务水平的不均等，而且还要提供能服务于今后 20 年即将进入城市的 3 亿新增转移人口的基础设施和社会服务。[②] 鉴于当前和未来新型城镇化推进过程中的资金需求总量庞大特征，仅仅依靠政府资金很难满足其现实需要的整体形势，应充分发挥市场的决定性作用，合理选择政府财政、金融市场等融资渠道，强化政府与金融市场的协作，构建全方位、多元化的资金保障机制。[③] 在这个过程中，理应更好地发挥政府作用。

（一）健全政府之间财政转移支付政策

我国大部分地区间经济发展水平不均衡，财政收入悬殊，既不利于全国城镇化的均衡发展，同时也对目前城镇化发展迅速的地区造成隐性影响。从经济发展和城镇化有序发展的角度出发，应继续完善政府财政转移支付制度，充分发挥转移支付的收入调节和促进公平的抓手作用，将推动新型城镇化的总体均衡发展作为我国目前经济社会改革和发展的目标之一。[④]

健全以央地事权划分和支出责任为依据的中央转移支付体系，意味

---

① 《国家新型城镇化规划（2014—2020 年）》，2014 年 3 月 16 日。
② 国务院发展研究中心和世界银行联合课题组：《中国：推进高效、包容、可持续的城镇化》，《管理世界》2014 年第 9 期。
③ 牛润盛：《新型城镇化资金供需分析》，《金融论坛》2015 年第 3 期。
④ 吴应运、谭静：《我国财政转移支付制度探析》，《人民论坛》2016 年第 5 期。

着划分政府间在新型城镇化过程中的公共服务责任等具体事项是其首要前提。而专项转移资金的专用性,则为新型城镇化推进提供了资金保障。

一是明晰政府间事权划分,完善一般性转移支付制度。当前,我国层级政府之间的事权虽有划分,但更多属粗线条的规定,突出表现在省级政府以下的事权划分上。合理界定和划分政府间事权,是实现政府间财权划分和建立政府间财政转移支付制度的前提条件。在深化行政体制改革、加快政府职能转变、明确政府和市场作用边界的基础上,应以法律规定、受益主体范围、成本效益占比和基层优先原则,合理界定中央和地方以及各级地方政府之间的事权和支出责任。适当统一省以下地方政府主要事权和支出责任划分标准,确定各级政府在教育、基本医疗、社会保障等公共服务方面的事权,建立健全城镇基本公共服务支出分担机制,使地方政府积极主动落实中央政府制定的城镇化目标。①

中央一般转移支付需考虑如何均衡省以下财力分配的问题,或是督促和指导地方调整省以下的财政体制,以均衡其财力分配。唯有这样,才能真正回归一般性转移支付调解上下级政府、不同地区间的财力不足,弥补地方政府履行事权存在的财力缺口,实现事权和支出责任的相适应的初衷。②

调整转移支付制度,建立地方政府在人口城镇化中的财力与事权相匹配的财税体制。③ 由于各地财政收入、负担能力不同,因此公共服务支出必须由上级财政主持调剂,中央财政可通过增加转移支付总额、调整转移支付比例、修订转移支付系数等方式来调节地区间、城市间的实际负担水平,将未来转移支付与常住人口挂钩、与户籍人口脱钩,更好地发挥地方建设新型城镇化的积极性。

根据受益范围和受众广度等,可将公共产品划分为全国和地方两个

---

① 黄先明、肖太寿:《我国新型城镇化建设中的财税支持体系设计》,《税务研究》2014 年第 11 期。

② 丁菊红:《近年来我国中央一般性转移支付问题研究》,《经济研究参考》2015 年第 44 期。

③ 黄先明、肖太寿:《我国新型城镇化建设中的财税支持体系设计》,《税务研究》2014 年第 11 期。

层次。其中，中央政府应承担覆盖全国范围、受众较多或跨地域的公共服务的事权责任，或通过转移支付形式将部分事权和支出责任委托地方承担，而对于地方性公共产品还要相应选择不同层级政府来提供，若属于跨区域的省以下地方性公共产品，则由它们所属的共同的上一级政府来提供。① 以界定事权责任为前提，按照事权责任与财权支出相适应原则，理顺各级政府之间的财政收支关系。在理顺关系的基础上，考虑到新型城镇化实践这样一项社会工程的综合性、复杂性和艰巨性，应在科学测算需求基础上，适当增加一般性转移支付的规模和力度。

二是整合项目，提高专项转移支付的效率。专项转移支付是资金使用具有指定用途的转移支付资金。与一般性转移支付旨在推进地方财力均等化不同，专项转移支付旨在满足地方政府完成中央政府指定事务和解决地区间公共服务外溢性问题，用以确保地方基本公共服务供给，实现中央政策目标。尽管理论上的中央财政专项资金用于中央政府的公共服务供给支出，但实践中的专项资金由地方具体落实。换言之，中央财政之所以使用专项资金是为了使地方政府完成中央政府的某项意图而落实的某项支出。②

提高专项转移支付的效率，重点是对该类项目进行结构性调整，以基本公共服务均等化为导向，归并整合专项转移支付项目，确定支出重点，形成以分类拨款为主要形式的专项转移支付体系。③ 以基本公共服务均等化为导向，确定支出重点进行分类拨款的价值在于，在保证地方基本公共服务供给能力基础上，对地方政府自主权不构成影响。

（二）健全城镇化金融和社会融资体系

政府财政资源有限性与新型城镇化建设资金需求无限性，决定了必须引导社会融资金和金融资源参与，根据城镇基础设施和公共服务性质

---

① 王双进：《加快推进新型城镇化建设财政支持的困境与对策》，《财政研究》2015 年第 2 期。

② 马海涛、任强：《我国中央对地方财政转移支付的问题与对策》，《华中师范大学学报》（人文社会科学版）2015 年第 6 期。

③ 鲍曙光：《我国财政转移支付财力均等化效应研究》，《中央财经大学学报》2016 年第 3 期。

的不同，建立和完善多元化多渠道投融资机制。

一是降低准入条件，引导社会资本参与公共基础设施建设。应建立公共事业特许经营领域制度，更多地放开公共领域竞争性业务。① 对于经营性基础设施领域，要放宽市场准入和加强市场监管，鼓励民间资本以独资、控股、参股等方式投资建设；对于公益性基础设施和基本公共服务领域，政府要加大财政投入力度，严格规范地方投融资平台运作，研究建立城市基础设施、住宅政策性金融机构，充分发挥政策性金融的支持和引导作用②；对于介于二者之间的城镇基础设施建设，应通过政府财政撬动社会资本，拓宽融资渠道。

二是开发公私合营融资模式。以 PPP 投融资平台为载体，由国有企业代表政府通过市场化举债方式与社会资本进行合作，创新资金供给形式。在这个过程中，融资平台应依托其良好信用或土地等优质资产，尽力降低举债成本。健全 BOT（建设—经营—转让）模式。由政府部门就某个基础设施项目与私人企业签订特许权协议，授予签约方的私人企业承担该项目的投资、融资、建设和维护，向社会提供公共服务，回收投资并赚取利润。由于 BOT 项目往往投资大、期限长，且条件差异较大，常常无先例可循，所以 BOT 模式风险较大。为此，亟须做好风险的规避和分担机制，优先采用国内融资方式，回避政府风险和汇率风险。推广BOT 的途径，不是依靠政府的承诺，而更应该侧重于深化经济体制改革和加强法制建设。

金融系统具有的汇集社会资金的显著优势，使得其成为资源配置的关键部门，从而通过期限错配和杠杆效应等为新型城镇化发展提供资金支持。但商业金融的逐利性和城镇化社会性之间存在的取向偏差，使得金融体系在新型城镇化建设中难以发挥其应有的作用。③

三是形成长效资金供给。新型城镇化实践中，应继续深化金融改革，

---

① 牛润盛：《新型城镇化资金供需分析》，《金融论坛》2015 年第 3 期。

② 王双进：《加快推进新型城镇化建设财政支持的困境与对策》，《财政研究》2015 年第 2期。

③ 胡朝举：《金融支持新型城镇化：作用机理、模式工具与优化路径》，《甘肃社会科学》2017 年第 4 期。

发挥政策性金融、商业性金融、合作性金融等银行金融机构，证券、保险、债券、信托、基金等资本市场，以及当前发展迅速的互联网金融等载体的积极作用。[①] 强化对金融风险的有效预警和规避。金融的逐利性特征和高风险性特征意味着，应创新金融监管体系，构建金融风险的预警系统和机制。金融监管部门应及时对新型城镇化领域的金融支持状况进行全面掌握，研究科学的规避政策，采用功能监管模式对金融风险进行日常监控与管理。实施合理的风险化解救援措施，能够在事中和事后最大限度地对金融风险进行缓释和控制。[②]

---

① 曾小春、钟世和：《我国新型城镇化建设资金供需矛盾及解决对策》，《管理学刊》2017 年第 2 期。

② 顾宁、关山晓：《新型城镇化进程中的金融创新与金融风险》，《求是学刊》2015 年第 1 期。

参考文献

一　中文著作类（包括译注）

蔡昉、王德文、都阳：《中国农村改革与变迁：30 年历程和经验分析》，上海人民出版社 2008 年版。

陈伟：《中国农地转用制度研究》，社会科学文献出版社 2014 年版。

陈耀华、林坚：《城市建设用地节约关键技术研究》，北京大学出版社 2014 年版。

陈志勇、陈莉莉：《"土地财政"问题及其治理研究》，经济科学出版社 2012 年版。

崔传义：《农民进城就业与市民化的制度创新》，山西经济出版社 2008 年版。

冯涛：《新型城镇化进程中的地方政府治理转型》，浙江大学出版社 2014 年版。

甘满堂：《农民工改变中国——农村劳动力转移与城乡协调发展》，社会科学文献出版社 2011 年版。

辜胜阻：《新型城镇化与经济转型》，科学出版社 2014 年版。

贺雪峰：《地权的逻辑 II：地权变革的真相与谬误》，东方出版社 2013 年版。

胡伟艳：《城乡转型与农地非农化的互动关系》，科学出版社 2012 年版。

华生：《新土改：土地制度改革焦点难点辨析》，东方出版社 2015 年版。

黄坤：《中国农民工市民化制度分析》，中国人民大学出版社 2011 年版。

李超、万海远：《新型城镇化与人口迁转》，广东经济出版社 2014 年版。

李华、胡奇英:《预测与决策教程》,机械工业出版社 2012 年版。

李太淼:《新型城镇化建设中的土地制度创新》,郑州大学出版社 2016 年版。

李铁:《城镇化是一次全面深刻的社会变革》,中国发展出版社 2013 年版。

林浩:《中国户籍制度变迁——个人权利与社会控制》,社会科学文献出版社 2016 年版。

刘承韪:《产权与政治:中国农村土地制度变迁研究》,法律出版社 2012 年版。

刘守英:《直面中国土地问题》,中国发展出版社 2014 年版。

刘守英、周飞舟、邵挺:《土地制度改革与转变发展方式》,中国发展出版社 2012 年版。

陆铭:《大国大城:当代中国的统一、发展与平衡》,上海人民出版社 2016 年版。

陆铭:《空间的力量:地理、政治与城市发展》,上海人民出版社 2013 年版。

陆学艺、李培林、陈光金:《社会蓝皮书:2013 年中国社会形势分析与预测》,社会科学文献出版社 2012 年版。

吕萍:《土地城市化与价格机制研究》,中国人民大学出版社 2008 年版。

骆祖春:《中国土地财政问题研究》,经济科学出版社 2012 年版。

倪鹏飞:《城市化进程中低收入居民住区发展模式探索——中国辽宁棚户区改造的经验》,社会科学文献出版社 2012 年版。

彭希哲:《中国大城市户籍制度改革研究》,经济科学出版社 2015 年版。

邱东:《多指标综合评价的系统分析》,中国统计出版社 1991 年版。

曲福田:《中国工业化、城镇化进程中的农村土地问题研究》,经济科学出版社 2010 年版。

盛来运:《大国城镇化:新实践 新探索》,中国统计出版社 2014 年版。

宋志红:《中国农村土地制度改革研究——思路、难点与制度建设》,中国人民大学出版社 2017 年版。

唐健、王庆日、谭荣:《新型城镇化战略下农村土地政策改革试验》,中国社会科学出版社 2014 年版。

田发:《基本公共服务均等化与地方财政体制变迁》,中国财政经济出版社 2013 年版。

田明:《农业转移人口的流动与融入——新型城镇化的核心问题》,科学出版社 2015 年版。

汪晖、陶然:《中国土地制度改革难点、突破与政策组合》,商务印书馆 2013 年版。

王权典:《新型城镇化存量土地再开发之调控与规制策略》,知识产权出版社 2015 年版。

新玉言:《国外城镇化:比较研究与经验启示》,国家行政学院出版社 2013 年版。

徐绍史、胡祖才:《国家新型城镇化报告 2015》,中国计划出版社 2016 年版。

许树柏:《层次分析法原理》,天津大学出版社 1988 年版。

张谦元、柴晓宇等:《城乡二元户籍制度改革研究》,中国社会科学出版社 2012 年版。

张占斌、宋志红、王静:《城镇化进程中土地制度改革研究》,河北人民出版社 2013 年版。

周黎安:《转型中的地方政府:官员激励与治理》,格致出版社 2008 年版。

[美] R. T. 伊利、E. W. 莫尔豪斯:《土地经济学原理》,滕维藻译,商务印书馆 1982 年版。

[美] E. 拉兹洛:《进化——广义综合理论》,闵家胤译,社会科学文献出版社 1988 年版。

[荷] 何·皮特:《谁是中国土地的拥有者——制度变迁、产权和社会冲突》,林韵然译,社会科学文献出版社 2014 年版。

二 中文论文类

"城镇化进程中农村劳动力转移问题研究"课题组、张红宇:《城镇化进程中农村劳动力转移:战略抉择和政策思路》,《中国农村经济》2011

年第 6 期。

操小娟：《土地利益调整中的地方政府行为分析》，《中国软科学》2004 年第 5 期。

常晨、陆铭：《新城：造城运动为何引向债务负担》，《学术月刊》2017 年第 10 期。

陈丰：《从"虚城市化"到市民化：农民工城市化的现实路径》，《社会科学》2007 年第 2 期。

陈明、王凯：《我国城镇化速度和趋势分析》，《城市规划》2013 年第 7 卷第 5 期。

陈胜祥：《农地产权"有意的制度模糊说"质疑》，《中国土地科学》2014 年第 6 期。

陈伟、王喆：《中国农地转用的制度框架及其软约束问题》，《中国人口·资源与环境》2014 年第 3 期。

陈映芳：《"农民工"制度安排与身份认同》，《社会学研究》2005 年第 3 期。

戴全厚、刘国彬、刘明义：《小流域生态经济系统可持续发展评价——以东北低山丘陵区黑牛河小流域为例》，《地理学报》2005 年第 60 卷第 2 期。

杜雪君、黄忠华、吴次芳：《中国土地财政与经济增长——基于省际面板数据的分析》，《财贸经济》2009 年第 11 期。

段靖、马燕玲：《市民化成本测算方法分析与比较》，《地方财政研究》2017 年第 10 期。

范辉：《委托代理理论与我国征地制度改革》，《农村经济》2007 年第 3 期。

范子英：《土地财政的根源：财政压力还是投资冲动》，《中国工业经济》2015 年第 6 期。

傅勇、张晏：《中国式分权与财政支出结构偏向：为增长而竞争的代价》，《管理世界》2007 年第 3 期。

顾书桂：《劣质土地财政是中国农地征收冲突的根源》，《现代经济探讨》2014 年第 3 期。

郭峰、胡军：《官员任期、政绩压力和城市房价——基于中国 35 个大中城市的经验研究》，《经济管理》2014 年第 4 期。

郭贯成、汪勋杰：《地方政府土地财政的动机、能力、约束与效应：一个分析框架》，《当代财经》2013 年第 11 期。

郭志勇、顾乃华：《制度变迁、土地财政与外延式城市扩张——一个解释我国城市化和产业结构虚高现象的新视角》，《社会科学研究》2013 年第 1 期。

洪世键、张京祥：《土地使用制度改革背景下中国城市空间扩展：一个理论分析框架》，《城市规划学刊》2009 年第 3 期。

侯力：《户籍制度改革的新突破与新课题》，《人口学刊》2014 年第 36 卷第 6 期。

胡燕燕、曹卫东：《近三十年来我国城镇化协调性演化研究》，《城市规划》2016 年第 2 期。

黄砺、谭荣：《中国农地产权是有意的制度模糊吗?》，《中国农村观察》2014 年第 6 期。

黄先明、肖太寿：《我国新型城镇化建设中的财税支持体系设计》，《税务研究》2014 年第 11 期。

黄颐琳、陈硕、傅冬绵：《中国土地财政的影响因素与区域差异特征——基于省际面板数据的实证研究》，《经济管理》2013 年第 6 期。

贾康、刘微：《"土地财政"：分析及出路——在深化财税改革中构建合理、规范、可持续的地方"土地生财"机制》，《财政研究》2012 年第 1 期。

简新华、黄锟：《中国城镇化水平和速度的实证分析与前景预测》，《经济研究》2010 年第 60 卷第 3 期。

孔晓妮、邓峰：《人口城市化驱动经济增长机制的实证研究》，《人口与经济》2015 年第 6 期。

李宝礼、胡雪萍：《我国土地城镇化过快的生成与演化——基于金融支持过度假说的研究》，《经济经纬》2016 年第 1 期。

李长健、徐海萍、辛晨：《权力、权利和利益的博弈——我国当前土地征收问题的法律与经济分析》，《经济体制改革》2008 年第 2 期。

李堃、张维风：《新型城镇化进程中县域政府债务风险防范分析》，《审计研究》2014 年第 3 期。

李昕、文婧、林坚：《土地城镇化及相关问题研究综述》，《地理科学进展》2012 年第 8 期。

李一花、刘蓓蓓、乔敏：《土地财政成因及其对财政支出结构影响的实证分析》，《财经论丛》2015 年第 12 期。

林毅夫：《中国城市发展与农业现代化》，《北京大学学报》（哲学社会科学版）2002 年第 4 期。

刘佳、吴建南、马亮：《地方政府官员晋升与土地财政——基于中国地市级面板数据的实证分析》，《公共管理学报》2012 年第 2 期。

刘杰、贺东航：《集体土地归属中的制度模糊与地权冲突》，《求实》2014 年第 12 期。

刘盛和、蒋芳、张擎：《我国城市化发展的区域差异及协调发展对策》，《人口研究》2007 年第 3 期。

刘守英：《中国城乡二元土地制度的特征、问题与改革》，《国际经济评论》2014 年第 3 期。

刘守英、王一鸽：《从乡土中国到城乡中国——中国转型的乡村变迁视角》，《管理世界》2018 年第 10 期。

龙华楼：《论土地利用转型与乡村转型发展》，《地理科学进展》2012 年第 2 期。

龙开胜、陈利根：《中国土地违法现象的影响因素分析——基于 1999 年—2008 年省际面板数据》，《资源科学》2011 年第 6 期。

娄成武、王玉波：《地方政府土地财政公共治理变革研究》，《当代财经》2011 年第 10 期。

陆成林：《新型城镇化过程中农民工市民化成本测算》，《财经问题研究》2014 年第 7 期。

陆大道、姚士谋、李国平：《基于我国国情的城镇化过程综合分析》，《经济地理》2007 年第 6 期。

陆铭、张航、梁文泉：《偏向中西部的土地供应如何推升了东部的工资》，《中国社会科学》2015 年第 5 期。

吕力:《制度模糊化、变通及其结果》,《管理学报》2016 年第 5 期。

吕晓、黄贤金、张全景:《城乡建设用地转型研究综述》,《城市规划》
    2015 年第 4 期。

聂伟、风笑天:《城镇化:概念、目标、挑战与路径》,《学术界》2014
    年第 9 期。

牛润盛:《新型城镇化资金供需分析》,《金融论坛》2015 年第 3 期。

任萃颖、金兆怀、李刚:《农村人口城镇化的制约因素与对策思考》,《经
    济纵横》2015 年第 6 期。

宋林飞:《中国农村劳动力的转移与对策》,《社会学研究》1996 年第
    2 期。

孙东琪、陈明星、陈玉福等:《2015—2030 年中国新型城镇化发展及其资
    金需求预测》,《地理学报》2016 年第 71 卷第 6 期。

孙秀林、周飞舟:《土地财政与分税制:一个实证解释》,《中国社会科
    学》2013 年第 4 期。

谭明智:《激励与严控并存:土地增减挂钩的政策脉络及地方实施》,《中
    国社会科学》2014 年第 7 期。

谭术魁、宋海朋:《我国土地城市化与人口城市化的匹配状况》,《城市问
    题》2013 年第 11 期。

陶然、汪晖:《中国尚未完成之转型中的土地制度改革:挑战与出路》,
    《国际经济评论》2010 年第 2 期。

王富喜、孙海燕、孙峰华:《山东省城乡协调性空间差异分析》,《地理科
    学》2009 年第 3 期。

王建康、谷国锋、姚丽等:《中国新型城镇化的空间格局演变及影响因素
    分析——基于 285 个地级市的面板数据》,《地理科学》2016 年第 1 期。

王磊荣:《当前我国农村土地违法案件存在的原因和对策》,《农业经济问
    题》2007 年第 6 期。

王守军、杨明洪:《农村宅基地使用权地票交易分析》,《财经科学》2009
    年第 4 期。

魏义方、顾严:《农业转移人口市民化:为何地方政府不积极——基于农
    民工落户城镇的成本收益分析》,《宏观经济研究》2017 年第 8 期。

吴群、李永乐：《财政分权、地方政府竞争与土地财政》，《财贸经济》
　　2010 年第 7 期。

吴业苗：《"人的城镇化"困境与公共服务供给侧改革》，《社会科学》
　　2017 年第 1 期。

吴毅、陈颀：《农地制度变革的路径、空间与界限——"赋权—限权"下
　　行动互构的视角》，《社会学研究》2015 年第 5 期。

项继权：《城镇化的"中国问题"及其解决之道》，《华中师范大学学报》
　　（人文社会科学版）2011 年第 1 期。

徐选国、杨君：《人本视角下的新型城镇化建设：本质、特征及其可选路
　　径》，《南京农业大学学报》（社会科学版）2014 年第 2 期。

杨灿明、詹新宇：《土地财政的再分配效应——来自中国省级面板数据的
　　经验证据》，《经济学动态》2015 年第 11 期。

杨帅、温铁军：《经济波动、财税体制变迁与土地资源资本化——对中国
　　改开发依赖"三次圈地"相关问题的实证分析》，《管理世界》2010 年
　　第 4 期。

杨玉珍：《需求诱致和体制约束下我国土地制度创新路径——兼论试点市
　　的土地制度创新行为》，《现代经济探讨》2015 年第 4 期。

姚士谋、陆大道、王聪等：《中国城镇化需要综合性的科学思维：探索适
　　应中国国情的城镇化方式》，《地理研究》2011 年第 11 期。

姚毅、明亮：《我国农民工市民化成本测算及分摊机制设计》，《财经科
　　学》2015 年第 7 期。

尹恒、朱虹：《县级财政生产性支出偏向研究》，《中国社会科学》2012
　　年第 5 期。

于建嵘：《经济下行背景下的社会稳定问题》，《华中师范大学学报》（人
　　文社会科学版）2017 年第 3 期。

郁建兴、高翔：《地方发展型政府的行为逻辑及制度基础》，《中国社会科
　　学》2012 年第 5 期。

袁方成、靳永广：《土地城镇化的现状与未来——以新型城镇化为背景》，
　　《武汉大学学报》（哲学社会科学版）2017 年第 6 期。

袁方成、康红军：《"张弛之间"：地方落户政策因何失效？——基于"模

糊—冲突"模型的理解》,《中国行政管理》2018 年第 1 期。

袁方成、康红军:《新型城镇化进程中的"人—地"失衡及其突破》,《国家行政学院学报》2016 年第 4 期。

张继良、马洪福:《江苏外来农民工市民化成本测算及分摊》,《中国农村观察》2015 年第 2 期。

张世全、彭显文、冯长春等:《商丘市构建农村宅基地退出机制探讨》,《地域研究与开发》2012 年第 2 期。

张卫东、石大千:《基础设施建设对人口城市化水平的影响》,《城市问题》2015 年第 11 期。

张秀利、祝志勇:《城镇化推进与居民消费关系的实证:伪城镇化及其破解》,《财经理论与实践》2015 年第 6 期。

张耀宇、陈会广、宋璐怡等:《基于城市规模的地方政府土地财政行为差异研究》,《自然资源学报》2015 年第 10 期。

张玉林:《大清场:中国的圈地运动及其与英国的比较》,《中国农业大学学报》(社会科学版)2015 年第 2 期。

赵可、徐唐奇、张安录:《城市用地扩张、规模经济与经济增长质量》,《自然资源学报》2016 年第 3 期。

周飞舟:《分税制十年:制度及其影响》,《中国社会科学》2006 年第 6 期。

周黎安:《中国地方官员的晋升锦标赛模式研究》,《经济研究》2007 年第 7 期。

周黎安、李宏彬、陈烨:《相对绩效考核:关于中国地方官员晋升的一项经验研究》,《经济学报》2005 年第 1 期。

周雪飞:《当前我国土地财政"倒逼金融"现象分析及对策研究》,《财政研究》2008 年第 9 期。

朱光喜:《工具替代、利益阻滞与户籍改革中的政策"粘附"剥离》,《甘肃行政学院学报》2014 年第 12 期。

三 英文著作类

Bogue D. J. , *Metropolitan Growth and the Conversion of Land to Non - Agricul-*

tural Use, Studies in Population Distribution, 1956.

Mincer J. , *Wage Changes in Job Changes: Research in Labor Economics*, London: JAI Press, 1978.

Young K. , *Urban Politics: An Overview. Essay on the Study of Urban Politics*, London: Macmillan, 1975.

Allen Richard and Daniel Tommasi, *Paris: Organization for Economic Cooperation and Development*, Managing Public Expenditure: A Reference Book for Transition Countries, 2001.

Castells. Manuel, *The Urban Question*, Boston: the MIT Press, 1979.

Decsai V. and Potter R. , *The Companion to Development Studies*, Paris: Hodder Education, 2008.

Phyllis Deane, A. W. Cole. *British Economic Growth, 1688 – 1959*, Cambridge: Cambrige University Press, 1962.

Paul L. Knox, Saille. A. *Marston, Places and Regions in Global Context*, Prentice Hall, New Jersey: Prentice Hall, 1998.

四　英文论文类

Li Hui, "An Empirical Analysis of the Effects of Land – Transfer Revenues on Local Governments' Spending Preferences in China", *China*, Vol. 14, No. 3, 2016.

Ong, Lynette H. , "State – Led Urbanization in China Skyscrapers, Land Revenue and Concentrated Villages", *The China Quarterly*, No. 217, 2014.

Robert J. Barro, "The Loan Market, Collateral, and Rates of Interest", *Journal of Money, Credit and Banking*, No. 8, 1976.

Graiger A. , "The Forest Trasition: An Alternative Approach", *Area*, No. 3, 1995.

Chenggang Xu, "The Fundamental Institutions of China's Reforms and Development", *Journal Economic Literature*, Vol. 49, No. 4, 2011.

D. Strading and P. Thorsheim, "The Smoke of Great Cities, British and American Efforts to Control Air Pollution, 1860—1914", *Environmental History*,

Vol. 4, No. 1, 1999.

Pan Maoxing and Berry B. J. L. , "Under urbanization policiesasseessed: China, 1949 – 1986", *Urban Geography*, Vol. 10, No. 2, 1989.

Prasanna K. Mohanty and Alok K. Mishra, "Cities and Agglomeration Externalities: Lessons for Urban Public Policy in Asian Countries", *Environment and Urbanization Asia*, Vol. 15, No. 2, 2014.

Levinson D. , "Density and dispersion: the Co – development of Land use and rail in London", *Journal of Economic Geography*, Vol. 8, No. 1, 2008.

Gerd Hohorst, "Sozialgeschichtliches Arbeitsbuch", *Materialien zur Statistik des Kaiserreichs* 1870 – 1914, Vol. 52, No. 1, 1975.

Walther G. , "Hoffmann, Das Wachstum der deutschen Wirtschaft der Mitte des 19", *Jahrhundert*, Berlin: Springer, 1965.

Rober Fishman, *Bourgeois Utopias: The Riseamd Fall of Suburbia*, New York: Basic Books, 1987.

Michelsen, Ted, "A look ahead: Cooling urban heat islands", *Roofing Siding Insulation*, Vol. 75, No. 5, 1998.

Mike Hodson, Simon Marvin, "Urban Ecological Security: A New Urban Paradigm", *International Journal of Urban and Regional Research*, Vol. 33, No. 1, 2009.

Herbert Ktter, "Changes in Urban – Rural Relationships in Industrial Society", *International Journal of Comparative Sociology*, Vol. 4, No. 2, 1963.

Richardson, H . W. , "The costs of urbanization: a four – country comparison", *Economic Development and Cultural Change*, Vol. 35, No. 3, 1987.

Henderson. V. , "Urbanization in developing countries", *The World Bank Research Observer*, Vol. 17, No. 1, 2002.

Yoshitsugu Kanemoto, "The Housing Question in Japan", *Reginal Science and Urban Economics*, Vol. 9, No. 27, 1997.

R. Harris and C. Giles, "A Mixed Message: The Agents and Forms of International Housing Policy", *Habitat International*, No. 27, 2003.

Charles L. Chonguill, "The Search for Policies to Support Sustainable Hous-

ing", *Habitat International*, Vol. 31, No. 3, 2007.

Ruth Uwaifo Oyelere and Maharouf Oyolola, "Do Immigrant Groups Differ in Welfare Usage? Evidence from the U. S. ", *Atlantic Economic Journal*, No. 90, 2011.